高等教育自学考试指定教材
法律专业

金融法

（2008年版）

（附：金融法自学考试大纲）

全国高等教育自学考试指导委员会　组编

编　著　吴志攀　刘　燕
审稿人　（按姓氏笔画为序）
　　　　罗培新　徐孟洲　管晓峰

图书在版编目（CIP）数据

金融法 附：金融法自学考试大纲（2008年版）/吴志攀，刘燕编著. —北京：北京大学出版社，2008.3
（全国高等教育自学考试指定教材. 法律专业. 本科）
ISBN 978-7-301-04205-2

Ⅰ. 金… Ⅱ. ①吴… ②刘… Ⅲ. 金融法-中国-高等教育-自学考试-自学参考资料 Ⅳ. D922.28

中国版本图书馆 CIP 数据核字（2007）第 170030 号

书　　　　名	金融法（2008年版）（附：金融法自学考试大纲） JINRONGFA
著作责任者	吴志攀　刘　燕　编著
责 任 编 辑	王　晶
标 准 书 号	ISBN 978-7-301-04205-2
出 版 发 行	北京大学出版社
地　　　　址	北京市海淀区成府路 205 号　100871
网　　　　址	http://www.pup.cn
新 浪 微 博	@北京大学出版社　@北大出版社法律图书
电 子 邮 箱	编辑部 law@pup.cn　总编室 zpup@pup.cn
电　　　　话	邮购部 010-62752015　发行部 010-62750672 编辑部 010-62752027
印 刷 者	河北滦县鑫华书刊印刷厂
经 销 者	新华书店
	880 毫米×1230 毫米　32 开本　14.25 印张　423 千字 1999 年 5 月第 1 版 2008 年 3 月第 2 版　2025 年 6 月第 16 次印刷
定　　　　价	36.00 元

未经许可，不得以任何方式复制或抄袭本书之部分或全部内容。
版权所有，侵权必究
举报电话：010-62752024　电子邮箱：fd@pup.cn
图书如有印装质量问题，请与出版部联系，电话：010-62756370

组编前言

21世纪是一个变幻莫测的世纪，是一个催人奋进的时代。科学技术飞速发展，知识更替日新月异。希望、困惑、机遇、挑战，随时随地都有可能出现在每一个社会成员的生活之中。抓住机遇，寻求发展，迎接挑战，适应变化的制胜法宝就是学习——依靠自己学习、终生学习。

作为我国高等教育组成部分的自学考试，其职责就是在高等教育这个水平上倡导自学、鼓励自学、帮助自学、推动自学，为每一个自学者铺就成才之路，组织编写供读者学习的教材就是履行这个职责的重要环节。毫无疑问，这种教材应当适合自学，应当有利于学习者掌握、了解新知识、新信息，有利于学习者增强创新意识、培养实践能力，形成自学能力，也有利于学习者学以致用、解决实际工作中所遇到的问题。具有如此特点的书，我们虽然沿用了"教材"这个概念，但它与那种仅供教师讲、学生听，教师不讲，学生不懂，以"教"为中心的教科书相比，已经在内容安排、形式体例、行文风格等方面都大不相同了。希望读者对此有所了解，以便从一开始就树立起依靠自己学习的坚定信念，不断探索适合自己的学习方法，充分利用自己已有的知识基础和实际工作经验，最大限度地发挥自己的潜能达到学习的目标。

欢迎读者提出意见和建议。

祝每一位读者自学成功。

全国高等教育自学考试指导委员会
2005年1月

目 录

导 论 …………………………………………………………（1）

第一编 金融机构与监管法律制度

第一章 中央银行与银行业监管法律制度 ……………（6）
第一节 中央银行法概述 …………………………………（6）
第二节 中国人民银行的组织机构 ………………………（9）
第三节 中国人民银行业务 ………………………………（11）
第四节 中国人民银行与银监会的监管分工 ……………（16）
第五节 银监会的监管与处罚措施 ………………………（22）
第六节 中国人民银行与银监会的法律责任 ……………（25）

第二章 商业银行法律制度 ………………………………（28）
第一节 商业银行法概述 …………………………………（28）
第二节 商业银行的市场准入与退出 ……………………（35）
第三节 商业银行的业务范围与监管 ……………………（46）
第四节 商业银行的审慎经营与监管 ……………………（56）
第五节 外资银行监管的特别规定 ………………………（71）

第三章 其他金融机构管理法律制度 ……………………（80）
第一节 概述 ………………………………………………（80）
第二节 农村信用合作社 …………………………………（82）
第三节 信托公司 …………………………………………（87）
第四节 金融租赁公司 ……………………………………（96）
第五节 财务公司 …………………………………………（103）
第六节 金融资产管理公司 ………………………………（108）

第二编　银行业务管理法律制度

第四章　银行与客户之间的法律关系 （114）
- 第一节　银行客户与账户 （114）
- 第二节　银行与客户之间的法律关系 （119）
- 第三节　银行的权利与义务 （125）
- 第四节　客户的权利与义务 （133）

第五章　存款与储蓄法律制度 （136）
- 第一节　概述 （136）
- 第二节　单位存款管理制度 （141）
- 第三节　储蓄存款的有关规定 （143）
- 第四节　存单纠纷的法律问题 （148）

第六章　贷款法律制度 （156）
- 第一节　概述 （156）
- 第二节　贷款种类与业务流程 （158）
- 第三节　贷款合同的内容 （163）
- 第四节　贷款合同的履行与债权保全 （167）

第七章　信贷担保法律制度 （174）
- 第一节　概述 （174）
- 第二节　保证 （177）
- 第三节　抵押 （183）
- 第四节　质押 （189）
- 第五节　留置与定金 （192）

第三编　货币市场法律制度

第八章　人民币管理法律制度 （195）
- 第一节　人民币概述 （195）
- 第二节　人民币的保护 （198）

第九章　外汇管理法律制度 ……………………………… (201)
第一节　外汇管理概述 …………………………………… (201)
第二节　我国的外汇管理制度的基本框架 ……………… (205)
第三节　外汇储备管理制度 ……………………………… (209)
第四节　经常项目与资本项目管理制度 ………………… (214)
第五节　外汇担保管理 …………………………………… (218)
第六节　对违反外汇管理行为的处罚 …………………… (222)

第十章　利率与汇率管理法律制度 ……………………… (225)
第一节　利率管理的必要性 ……………………………… (225)
第二节　我国的利率管理制度 …………………………… (229)
第三节　人民币汇率定值管理 …………………………… (233)
第四节　人民币汇率制度 ………………………………… (236)

第十一章　银行卡法律制度 ………………………………… (241)
第一节　概述 ……………………………………………… (241)
第二节　我国信用卡业务管理规则 ……………………… (246)
第三节　银行卡当事人之间的法律关系 ………………… (251)
第四节　信用卡诈骗罪 …………………………………… (257)

第四编　资本市场法律制度

第十二章　股票发行法律制度 ……………………………… (259)
第一节　证券法概述 ……………………………………… (259)
第二节　股票发行概述 …………………………………… (265)
第三节　股票发行的条件 ………………………………… (270)
第四节　股票发行审核程序 ……………………………… (274)
第五节　股票发行认购与承销 …………………………… (279)
第六节　股票发行的信息披露 …………………………… (286)

第十三章　股票交易法律制度 ……………………………… (293)
第一节　证券交易概述 …………………………………… (293)
第二节　股票上市与退市 ………………………………… (296)
第三节　股票交易规则 …………………………………… (301)

第四节　上市公司的持续信息披露 …………………（308）
　　第五节　禁止的股票交易行为 ……………………（313）
　　第六节　上市公司收购 ……………………………（321）
第十四章　公司债券法律制度 ………………………（327）
　　第一节　公司债券概述 ……………………………（327）
　　第二节　公司债券的发行与交易 …………………（329）
　　第三节　可转换公司债券概述 ……………………（334）
　　第四节　可转换债券的发行、交易与转换 ………（340）
第十五章　证券投资基金管理法律制度 ……………（345）
　　第一节　证券投资基金概述 ………………………（345）
　　第二节　证券投资基金的法律关系 ………………（350）
　　第三节　证券投资基金的募集与交易 ……………（357）
　　第四节　证券投资基金的运作和监管 ……………（361）
　　第五节　法律责任 …………………………………（366）
第十六章　期货交易管理法律制度 …………………（370）
　　第一节　期货交易概述 ……………………………（370）
　　第二节　期货交易的种类与交易过程 ……………（376）
　　第三节　期货交易所与经纪商管理制度 …………（381）
　　第四节　期货交易的法律制度 ……………………（384）
后记 …………………………………………………………（389）

金融法自学考试大纲

出版前言 ……………………………………………………（393）
Ⅰ　课程性质与设置目的 ……………………………（395）
Ⅱ　课程内容与考核目标 ……………………………（397）
第一编　金融机构与监管法律制度
　　第一章　中央银行与银行业监管法律制度 ………（397）
　　第二章　商业银行法律制度 ………………………（400）
　　第三章　其他金融机构管理法律制度 ……………（404）

第二编　银行业务管理法律制度

　　第四章　银行与客户之间的法律关系 …………………… (408)
　　第五章　存款与储蓄法律制度 ………………………… (411)
　　第六章　贷款法律制度 ………………………………… (414)
　　第七章　信贷担保法律制度 …………………………… (416)

第三编　货币市场法律制度

　　第八章　人民币管理法律制度 ………………………… (419)
　　第九章　外汇管理法律制度 …………………………… (421)
　　第十章　利率与汇率管理法律制度 …………………… (424)
　　第十一章　银行卡法律制度 …………………………… (426)

第四编　资本市场法律制度

　　第十二章　股票发行法律制度 ………………………… (428)
　　第十三章　股票交易法律制度 ………………………… (431)
　　第十四章　公司债券法律制度 ………………………… (434)
　　第十五章　证券投资基金管理法律制度 ……………… (437)
　　第十六章　期货交易管理法律制度 …………………… (440)

Ⅲ　有关说明与实施要求 …………………………………… (442)

Ⅳ　附录：题型举例 ………………………………………… (445)

后记 ……………………………………………………………… (446)

导　　论

一、什么是金融法？

本书的名称是"金融法"，什么是金融法呢？金融法就是关于我国国内的金融交易关系和金融管理关系的法律规范的总称。

所谓金融交易关系就是指金融交易过程中金融机构与客户之间建立的契约关系。例如，存款人到银行存款，银行获得了现金，存款人获得了存折，存折就是一种金融契约，它代表了银行与存款人之间的存储关系。又如，投资人买卖股票，股票投资人到证券营业部或在家里利用电话通过券商下单买入一定数量的某种股票，股票经纪人执行他的委托，借助交易所系统买到了这只股票，出卖股票的一方获得了现金，这也是一种金融契约，它是证券交易关系。

所谓金融管理关系是指政府主管部门对金融机构、金融市场和金融产品交易的管理所形成的社会关系。有关这方面的内容有《中国人民银行法》《商业银行法》和《证券法》等，这些法规使金融交易更加公平、公正、公开和有效，禁止欺诈和不讲信用的行为，从而保持金融市场的稳定和金融交易的安全。在金融管理关系中，中国人民银行批准一家新的银行成立，或宣布一家银行被接管；中国证监会对一家弄虚作假的上市公司进行处罚或核准一家企业上市等，这些都是金融管理关系的例子。

因为在多数学校的课程体系中，将"金融法"与"国际金融法"分别开设为两门课，前者主要介绍我国国内的情况，后者主要介绍国际的情况。所以，在这本金融法教科书中不涉及国际方面的情况，主要介绍的是我国国内金融法的情况。

目前，金融活动对国民经济、社会发展以及个人财富管理的影响越来越大，金融领域中的法律法规也越来越多。它既包括全国人大及常委会颁布的金融立法，如《中国人民银行法》、《银行业监督管理法》《商业银行法》《信托法》《证券法》《证券投资基金法》《保险法》等，又包括中国人民银行总行、中国银监会、中国证监会、中国保监会等金融主管机关颁布的各种规章。同时，合同法的基本原则与金融交易相关的部分以及最高人民法院针对新型金融纠纷作出的司法解释也是我国金融法的重要组成部分。

二、本课程的体系

金融法课程体系是一种学理上的描述，与金融法体系不完全相同。学理上的分类目的是为了研究与学习的便利，而在实际的立法与司法工作中，对法律的分类并不是按学理研究行事的。

金融法研究与教学体系在国内各大学里，从总体上看大致相同，但在对具体问题的处理上略有差别。例如，对于"保险法"和"票据法"的内容是否列入金融法的体系有不同的做法，有些教科书将两者归入了金融法的体系，有些则没有。

本书的体系采用了北京大学法学院多年教学中传统的分类方法，将金融法分为四个研究领域：

第一，金融机构与金融监管的法律。在这部分内容里主要介绍了我国的金融管理机构和金融经营机构，以及这些机构的设立、业务范围和管理规范等。在我国金融业目前分业经营、分业监管的格局下银行业金融机构种类最多，业务范围最广，因此本书在该部分主要介绍银行业金融机构的监管法。证券业金融机构将在"资本市场管理法"部分中进行简要介绍。

第二，金融服务市场管理的法律。金融业主要还是服务性的行业，它所提供的服务是金融服务。通过金融服务，金融机构与客户之间就产生了契约关系，例如，储蓄、贷款、信贷、担保、结算、保险箱、信用证、信用卡、证券交易、外汇买卖、期货交易和证券投资基金投资活动等。这些交易活动都是为了满足客户需求所提供的金融服务。金融服务形成了大众化的市场，在这种特殊的服务市场上，有着保证一定的质量、信用和安全等方面的要求，所以法律要对大众化的金融服务市场进行监管。由于我国目前资金融通的主渠道还是银行，因此本书在"金融服务市场管理的法律"这部分把以银行为主体进行的金融服务作为关注的重点,同时在"货币市场"、"资本市场"部分有对其他金融服务法律规范的介绍。

第三,货币市场管理的法律。这部分主要介绍有关货币流通关系的法律。货币表现为各种形态,有本币(在我国就是人民币)、外币和信用卡等。货币有时间上的使用价值,所以就有利率;有兑换价值,所以就有汇率。这些都需要专门的法律和法规来规范。

第四,资本市场管理的法律。在该部分本书主要介绍了证券市场中的股票、债券、可转换债券、证券投资基金等品种的发行、交易管理制度,以及与期货市场交易有关的法律和法规。

读者应该已经注意到在这个体系中没有保险法和票据法,因为在自学考试系列教材中已经将《保险法》和《票据法》单独设课了。

在现实金融生活中,各种金融契约关系和金融管理关系是互相交织在一起的,金融机构、金融工具和金融市场也是融合在一起的。例如,当商业银行的存款利率提高时,一部分资金就会从股票市场流到银行账户中来;当保险行业提高保险存款利率时,一部分现金就会从银行储蓄账户中流到保险公司的账户中去。同样的道理,当银行存款利率降低时,银行存款账户的部分资金就会流向证券市场,此时的证券市场由于资金的流入就越发高涨,而股票的价格越发高涨,从银行流出的资金量就越多。所以,各种金融市场是连通的,各种金融产品是相关的。

在研究时,出于研究的目的,将各种金融机构、金融市场和产品分开来研究,这样进行理论研究才能深入。当研究工作上升到一定理论层次后,还需要回到实践中去检验。理论研究与实践就是这样从实践到理论,再从理论到实践的不断反复的过程。理论研究中的分类、分科工作是研究者做的,而在实践中是难以按照研究者的分类或分科情况而存在的。

三、学习金融法的重要性

十年前的亚洲金融危机已经给我们免费上了一课,原来亚洲的几条"小龙"都受到了不同程度的影响。亚洲金融危机使我们认识到了金融经济生活的重要地位,同时也使我们看到,在危机中,凡是当地法制比较健全的金融市场受到的影响都比较小,恢复得也比较快。

中国加入 WTO 以来,金融市场对外开放步伐大大加快,金融机构面对的是全球金融一体化背景下的国际竞争,这反过来推动了我国金融市场改革向纵深发展,国有银行纷纷改制上市,金融创新也层出不穷。新的金融产品、新的交易形式都需要法律制度来提供保障。另一方面,随着中国国力的增强,老百姓手中的钱也越来越多,个人理财与家庭财产管理都成为时下的流行事物。2006 年中国证券市场进行股权分置改革后迎来了一波大牛市,全民参与证券市场投资,购买股票、债券、基金的热情空前高涨。老百姓与金融机构之间发生的法律纠纷也越来越多,对金融法知识的需求也更加强烈。

对金融法进行脱离民法或商法的专门学习是符合市场发展的趋势的,因为金融与一般民事的债权和物权有一些区别,也同一般的商法的规定有所不同。随着高科技成果在金融领域中的使用,金融业务的发展越来越具有特殊性,这些特殊性主要表现在:

第一,金融行业的风险已经成为一种系统风险,而一般民事契约和商事活动的风险属于局部风险。

第二,金融的流通性非常快,因此金融交易的安全就显得非常重要。而一般民事或商事交易的流通性没有这样快,例如房地产交易、商品交易或劳务交易等,因而安全系数比金融交易更高。

第三,金融交易是大众化的。在银行,存款人并不关心银行将他的存款贷放给什么人使用,所以银行在用存款人的钱发放贷款时,并不要征求存款人的同意;在证券交易所,股票的卖方也不关心自己的股票被什么人购买,所以证券公司在帮助客户买卖股票时,也不必要告知什么人买了您的股票,或者您买的股票是什么人卖出的。在大众化的金融市场上交易,与一般民事或商事交易的契约性不同,具有市场化、通用化和标准化的特征,并且受到法律的严格监管,所以这种交易契约中的权利义务转让并不要得到当事人另一方的同意。而一般民事或商事契约中的权利义务转让就要得到当事人另一方的同意,因为它们通常是为当事人双方"量身定做"的,符合此当事人双方的意思自治。

最近几年,高科技成果在金融领域得到了广泛的应用,金融交易已经发展到无纸化、无场所化和无疆界化的程度。面对金融电子化的迅速发展,原有的民事与商事法律显得有些不能适应新的变化。

由于上述特点,尽管传统上把银行法、证券法、保险法、票据法等都归入商法之中,但是,今天这些法律都具有浓厚的经济法色彩,它们所涉及的行业都受到政府不同程度的监管,从而形成了一个监管规则与契约原则共同发挥作用的金融法部门。其中,金融监管制度着眼于金融机构的规范运作,防范金融市场风险,保护大众投资人的利益;而金融交易的法律规则更关注交易本身的便捷、高效率的进行。二者结合起来,才能维护金融市场中的公平、公正和公开的运作过程,使参与该过程的金融机构和大众得到公平和公正的交易结果。

所以我们应当研究金融法,学习金融交易的特点以及与其发展相适应的专门的法律。只有当政府金融主管部门、金融市场中的机构以及参与金融交易的大众了解的金融法水平提高了的时候,我国的金融市场才会有真正稳定的发展,才能适应世界经济全球化的发展趋势,才能使我国的金融业发展步入法制化的轨道,才能在与世界金融强国的竞争中立于不败之地。

第一编　金融机构与监管法律制度

第一章　中央银行与银行业监管法律制度

中央银行是一国金融体系的核心,它是发行货币的银行、银行的银行以及政府的银行。我国的中央银行是中国人民银行,其职能传统上包括金融宏观调控和金融监管两大方面。随着中国金融市场的发展和改革的深化,中国人民银行的金融监管职能逐渐剥离出来,交由专门的金融监管机关行使。顺应金融市场形态的基本界分,国务院下设中国银行业监督管理委员会(以下简称银监会)、证券业监督管理委员会(以下简称证监会)以及保险业监督管理委员会(以下简称保监会),分别对以银行为中心的间接融资市场、证券市场、保险市场进行监管。《中国人民银行法》和《中国银行业监督管理法》分别明确了我国的中央银行以及银监会的组织框架与职责分工,《证券法》和《保险法》分别明确了证监会和保监会的监管职责。本章主要介绍我国的中央银行与银行业监管法律制度。

第一节　中央银行法概述

一、中国人民银行与《中国人民银行法》

1. 中国人民银行是中国的中央银行

中国人民银行是主管金融市场的政府部门,是我国的中央银行。中国人民银行成立于1948年12月1日,是在原华北银行、北海银行、西北农民银行合并的基础上于石家庄成立的。1986年1月7日,国务院颁布了《中华人民共和国银行管理暂行条例》,规定中国人民银行专门行使中央银行职能。1995年3月18日,八届人大三次会议审议通过了《中华人民共和国中国人民银行法》(以下简称《中国人民银行法》)。

根据《中国人民银行法》第2条的规定,中国人民银行是在国务院领导下主管金融事业的行政机关,是国家货币政策的制定者和执行者,致力于维护金融稳定,防范和化解金融风险。

2.《中国人民银行法》的立法目的和过程

《中国人民银行法》的立法目的是:"确立中国人民银行的地位,明确其职责,保证国家货币政策的正确制定和执行,建立和完善中央银行宏观调控体系,维护金融稳定。"制定中央银行法的必要性在于,它使我国货币政策的制定和执行更加法律化、制度化,有利于保持我国货币币值的稳定,同时通过赋予中央银行必要的职能来维持金融市场稳定,促进经济与社会的协调发展。

《中国人民银行法》自1979年开始起草,1993年10月草案提交国务院法制局,经过国务院第19次会议审议通过,提交全国人大常委会审议。全国人大常委会经过1994年6月、8月和12月三次审议,于1995年3月18日由八届人大三次会议审议通过该法。为顺应我国中央银行体制改革的需要,2003年12月27日,十届人大常委会第六次会议对《中国人民银行法》进行了较大的修改,以确认中央银行的金融监管职能与宏观调控职能的分离。

《中国人民银行法》的特点是,明确了国务院对中央银行的领导和全国人大常委会对中央银行的监督。这符合我国金融市场及其管理的历史和现状,体现了我国金融业发展的特色。

二、中国人民银行的地位和职责

1. 地位

在我国,中国人民银行是中央银行,也是国务院领导下的一个主管金融工作的部级政府机关。它专门负责国家货币政策的制定与执行,并通过调控金融市场的运行维持我国的金融稳定。中国人民银行的全部开支来源于财政,其全部资本由国家出资,列入中央预算单独管理。它从事公开市场业务以及其他业务活动形成的净利润全部上缴国库,亏损由中央财政拨款弥补。

2. 职责

中国人民银行的职责是:依法制定和执行货币政策;发行货币,管理货币流通;依法监督管理银行间同业拆借市场、银行间债券市场、银行间外汇市场、黄金市场;持有、管理和经营国家的外汇储备和黄金储备,经理国库;维护支付、清算系统的正常运行;指导、部署金融业反洗钱工作,负责反洗钱的金融监测;负责金融业的统计、调查、分析和预测工作;作为国家的中央银行,从事有关的国际金融活动。此外,中国人民银行还要完成国务院规定的其他职责。

三、货币政策目标

1. 货币政策目标的立法表述

我国中国人民银行的货币政策目标,在《中国人民银行法》第3条中有明确规定,具体表述为:"保持货币币值的稳定,并以此促进经济增长。"从法律条文上来解释货币政策目标,可以解释为:稳定货币币值是基础,发展经济是在稳定币值基础上进行的,或者说,稳定币值的目的是发展经济,稳定币值就是要促进经济的发展。

2. 立法规定货币政策目标的作用

《中国人民银行法》规定了货币政策目标,有三方面的作用:第一,对货币政策目标的表述引入了法律的准确性,从而使中央银行运用货币政策工具时有明确的方向。第二,使检验中国人民银行绩效的工作有了法律的标准:货币币值保持稳定,表明中国人民银行的工作做好了;反之,就没有做好工作。第三,从法律的角度否定了通货膨胀的货币政策,开始从双重目标制(既要保持货币币值的稳定,又要保障经济的发展)向单一目标制过渡。

四、货币政策的决定

依法制定和实施货币政策是中央银行最核心的职责。中国人民银行在国务院领导下依法独立执行货币政策,履行职责,开展业务,不受地方政府、各级政府部门、社会团体和个人的干涉。

按照《中国人民银行法》第5条,货币政策中涉及年度货币供应量、利率、汇率和国务院规定的其他重要事项的,中国人民银行作出的决定须报国务院批准后,方可执行。

对于上述重要事项以外的其他有关货币政策事项,中国人民银行作出决定后即可执行,并报国务院备案。

此外,中国人民银行应当向全国人民代表大会常务委员会提出有关货币政策情况和金融业运行情况的工作报告,接受立法机关的监督。

第二节　中国人民银行的组织机构

一、中国人民银行行长产生的程序与职责

1. 行长产生的程序

中国人民银行总行行长产生程序在《中国人民银行法》第10条作了规定。具体程序是:中国人民银行总行行长由国务院总理提名,由全国人民代表大会决定,由国家主席任免。在全国人民代表大会闭会期间,由全国人大常委会决定。中国人民银行总行副行长由国务院总理任免。

中国人民银行总行行长的任期在《中国人民银行法》中没有规定。由于中国人民银行总行行长属于国务院的组成人员,所以,应该遵循我国《宪法》对国务院组成人员任期的规定,即每届任期5年,可以连任。

2. 行长的职责

中国人民银行实行行长负责制,行长在国务院的领导下,主持中国人民银行的工作。副行长协助行长工作。中国人民银行不再设立理事会,由行长一人主持工作和承担责任。

行长的职责主要是:召集并主持行务工作会议,讨论决定中国人民银行的重大问题;负责中国人民银行的全面工作,签署中国人民银行上报国务院的重要文件,签发给各个分支机构的文件和指示;根据国务院有关规定,发布中国人民银行令和重要规章。

二、货币政策委员会及其职责

货币政策委员会是中国人民银行制定货币政策的咨询议事机构。该委员会是依照1997年《中国人民银行货币政策委员会条例》组成的,共11名委员,中国人民银行行长、国家外汇管理局局长、中国证券监督管理委员会主席为货币政策委员会的当然委员,其他委员中除一些相关部委的领导和国有独资银行两名行长外,还设有一名金融专家身份的委员。

货币政策委员会的职责是,在综合分析宏观经济形势的基础上,依据国家的宏观经济调控目标,对下列货币政策事项进行讨论,并提出建议:(1)货币政策的制定、调整;(2)一定时期内的货币政策控制目标;(3)货币政策工具的运用;(4)有关货币政策的重要措施;(5)货币政策与其他宏观经济政策的协调。

三、中国人民银行的总行与分支机构

1. 总行的组织机构

我国的中国人民银行总行设在北京,总行内设若干个职能部门,例如办公厅、货币政策司、金融市场司、金融稳定局、统计调查司、支付结算司、货币金银局、国库局、征信管理局、反洗钱局、财务会计司、条法司、国际司、人事司以及研究局等。

2. 分支机构

中国人民银行的分支机构原来是按照行政区划来设立的,除在北京设立总行外,在省、直辖市和自治区设分行,在地(市)设立地(市)分行,在县设县支行。现在,中国人民银行设在地方的分支机构进行了压缩调整,撤销了各省、自治区、直辖市分行,设立了跨行政区的九大分行和北京、重庆两大总行营业部,对设在同一城市的分、支行也进行了合并,在不设大区行的省会城市派驻中国人民银行的监督特派员。

中国人民银行分支机构是总行派出的办事机构,没有独立的地位。分支机构的行长由总行任免,日常工作由总行统一领导,完整地执行总行的方针政策。中国人民银行分支机构在总行授权的范围内,维护所在辖区的金融市场的稳定,并负责当地金融业的统计和调查工作。

中国人民银行分支机构分布图①

第三节 中国人民银行业务

一、中国人民银行的货币政策工具

1. 货币政策工具

中国人民银行货币政策是通过对货币供应量/流通量的调节来实现的,这就需要运用特定的工具,称为货币政策工具,它是实现货币政策的手段。中国人民银行作为我国的中央银行,可以采用的货币政策工具包括:存款准备金、中央银行基准利率、再贴现、向商业银行提供贷款以及通过公开市场业务买卖国债和外汇等。

2. 存款准备金

存款准备金制度,是指商业银行按照中央银行规定的比例,将其

---

① 参见中国人民银行网站,http://www.pbc.gov.cn/index_fenzi.asp。

吸收的存款总额的一定比例款额,缴存中央银行指定的账户。缴存中央银行指定账户的款额,称为存款准备金。这部分款额与商业银行吸收的存款总额的比例,称为存款准备金率。存款准备金作为货币政策工具的作用是:调节市场货币流通量,从而达到紧缩或放松货币供应量的目的。当存款准备金比例提高时,存入中央银行账户的款额就增加,市场上流通的货币量就会减少;反之,该比例降低时,市场上的货币流通量就会增加。近年来,我国外汇顺差的迅速扩大导致人民币流动性过剩,中央银行不断提高存款准备金率,至 2007 年 12 月,存款准备金率已达到 14.5%。

3. 中央银行基准利率

中央银行贷款给商业银行的利率,称为基准利率。它通常是整个社会利率体系中处于最低水平、同时也是最核心地位的利率。商业银行给客户的贷款利率受基准利率的影响。我国从 1984 年开始将原来的统一分配资金的作法,改为由中央银行借贷给商业银行资金,因此中央银行可以使用基准利率来调节市场的货币流通量。当中央银行的基准利率提高时,商业银行对客户的商业贷款利率也会相应提高,商业银行贷出的款项就会减少,市场上的货币流通量就会减少;反之,基准利率下调时,商业贷款利率也相应下降,市场上的货币流通量也会随之增加。

另一方面,随着我国利率市场化改革的深入,市场基准利率也初现端倪。2007 年 1 月 4 日,上海银行间同业拆放利率(Shanghai Interbank Offered Rate,简称 Shibor)开始运行。这是以位于上海的全国银行间同业拆借中心为技术平台计算、发布并命名的一种单利、无担保、批发性利率。首先由信用等级较高的银行组成一个报价团,自主报出人民币同业拆出利率,然后在这些报价的基础上计算出一个算术平均利率。它体现了市场主体对利率水平的认识和预期。以 Shibor 为基础建立我国的货币市场基准利率,不仅培育了金融机构的自主定价能力,也有助于中国人民银行合理确定中央银行基准利率水平,完善中央银行的货币政策传导机制。

4. 再贴现率

再贴现率也是中央银行影响商业银行利率水平、进而影响全社会货币供应量的一种形式。贴现,是指票据持有人在票据到期前,以票据为质押,向商业银行申请贷款的活动。商业银行办理票据贴现,是对票据持有人提供贷款的一种方式。当商业银行自身需要资金周转,而贴现取得的票据尚未到期时,它可以持票据向中央银行申请贴现,取得贷款,这种贴现就称为再贴现。中央银行根据一定的比率从票据全款中扣取自贴现日至票据到期日的利息,这一比率即为再贴现率。它反映了中央银行对商业银行提供贴现贷款的利率。当中央银行调低再贴现率时,会刺激商业银行通过贴现向中央银行借入资金,扩大信贷规模,市场上的货币流通量就增加了;反之,央行提高再贴现率,就会抑制商业银行再贴现的积极性,进而影响商业银行对客户的贷款,市场货币流动量也就相应缩减了。

5. 公开市场业务

中央银行与一般政府部门的一个区别就在于它可以在金融市场上从事买卖业务。中央银行从事这种业务的目的不是为了营利,而是为了调节市场货币供应量或汇率等指标,这种业务称为公开市场业务。例如,中国人民银行总行在上海开设了公开市场操作室,由它下达买卖的指令,通过一级交易商在二级市场上买卖国债、其他政府债券、金融债券或外汇。公开市场业务调节市场供应量的机理为:当市场中人民币太多时,中央银行就卖出国债或者外汇,从金融机构手中回收人民币,从而减少市场中人民币的供应量;当人民币短缺时,中央银行则买回国债或外汇,投放出人民币,从而增加市场中的货币。与其他货币政策工具相比,中央银行运用公开市场业务对市场中的货币供应量的调节在时间上、方向上都比较灵活,而且能够直接控制调节量的大小。

二、中国人民银行贷款

1. 中国人民银行贷款操作

中央银行对商业银行贷款也是调节市场货币流通量的一种手段。当中央银行对商业银行发放贷款时,市场上的货币流通量就会增加;反之,减少这种贷款时,市场上的货币流通量就会减少。比较前面几种货币政策工具,中央银行贷款是最直接的调节手段,而前面几种货币政策工具属于间接调节手段。

2. 中国人民银行贷款的条件和用途

中国人民银行贷款有一定的条件,例如,只对在中国人民银行开户的商业银行办理;商业银行申请贷款时,它的信贷资金用途应该正常,贷款用途符合国家的有关政策;商业银行能够按时缴纳存款准备金,归还贷款有资金的保障等。中国人民银行贷款的主要用途是解决商业银行临时性资金不足。中国人民银行禁止商业银行用这种贷款发放商业贷款,特别禁止用这种贷款投资于证券市场和房地产市场。近年来,中国人民银行的再贷款主要投向三个方面:支持农业发展、扶持政策性银行业务以及化解商业银行的不良资产风险。在最后一个方面,中国人民银行近年来对问题金融机构发放了数千亿的特别贷款,对于金融机构的存款人以及其他债权人的利益给予了有效保护。

三、经理国库与清算业务

1. 经理国库业务

我国财政部的预算资金通过委托的方式,由中国人民银行管理,财政部不再单独设立国库。从国库设置体系方面看,目前还是实行中央国库与地方国库两套体制:在中央国库的体系中,中央国库的总库设在中国人民银行总行,在地方设有中心支库和支库;在地方国库的体系中,各级人民银行分支机构再设立地方库。我国国库的存款货币以人民币计算。经理国库的具体工作按照《中华人民共和国国家金库条例》的规定办理。现在,随着人民银行省级分行的合并,中心支库系统也随之进行了调整。

2. 清算系统

我国目前采用的结算工具主要有:汇票、支票、银行本票、信用卡、汇兑以及委托收款等。中央银行负责维持结算中心的运行与结算纪律。根据《中国人民银行法》第27条的规定:"中国人民银行应当组织或者协助组织金融机构相互之间的清算系统,协调金融机构相互之间的清算事项,提供清算服务。"

中国人民银行负责维持结算体系,有利于金融市场的公平竞争,有利于中国人民银行掌握金融市场的信息与动态,有利于监督金融机构的活动,保证金融体系稳健运行。中国人民银行如发现商业银行在结算过程中,有压单、压票、无故占用客户结算资金的行为以及违反规定退票的情况等,要责令商业银行予以纠正;给客户造成经济损失的,商业银行需赔偿损失。

四、办理业务的限制性规定

1. 限制性规定的理由

中国人民银行在办理业务时,需要处理好币值稳定与经济增长的矛盾,这种矛盾主要体现在:国家发展经济需要货币投放,而货币投放过多时,又会导致通货膨胀。中国人民银行货币政策的目的就是要稳定货币的币值,所以,通货膨胀式的投放货币是违反货币政策的;但是,中国人民银行如果限制货币的投放,又可能会限制经济的增长,导致币值稳定、经济增长却放缓的情况。为了保证中国人民银行执行货币政策,中国人民银行在办理业务时,也要受到一些法定的限制。

2. 禁止向金融机构的账户透支

中国人民银行对商业银行不能透支,主要目的是防止通货膨胀。当商业银行资金短缺时,可以通过再贴现的方式,从中国人民银行获得贷款,但一般不能从中国人民银行透支。

3. 禁止对政府财政透支

中国人民银行不得对中央财政进行透支。财政预算资金的来源主要是税收和发行国债,而不能从中国人民银行透支。如果可以透支的话,就意味着中国人民银行多发放了货币,结果会导致通货膨胀,违反了中国人民银行的货币政策。此外,中国人民银行直接认购、包销国债和其他政府债券也会产生与透支同样的效果,因此也在禁止之列。

4. 禁止向地方政府贷款

中国人民银行的分支机构设在地方,但是这些机构是中国人民银行的派出机构,在业务上与地方政府没有直接的联系。当地方政府需要资金时,不能向分支机构要求贷款,地方的分支机构也不能向地方政府提供贷款。这项禁止性规定也是为了避免地方政府一旦不能偿还贷款,势必造成中国人民银行多发货币而引起通货膨胀。《中国人民银行法》第30条、第48条对这种行为作出了规定。

5. 禁止向任何单位和个人提供担保

中国人民银行不是经营单位,没有商业客户,所以,中国人民银行不能参与商业贷款的担保活动。如果参与商业贷款的担保活动,当借款人不能偿还时,中国人民银行就有义务偿还,但是,中国人民银行并没有相应资金来履行这种义务。中国人民银行的资金只能用于执行符合货币政策目的的有关项目,而不能用来支付商业贷款。《中国人民银行法》第30条、第49条明文规定禁止这种行为。

第四节 中国人民银行与银监会的监管分工

我国进行金融体制改革的目标之一,就是要建立符合中国国情的金融监管体系。目前,我国金融监管体系的主体包括银监会、证监会和保监会,同时,中国人民银行在履行维持金融市场稳定职责时也承担了一部分金融监管的工作。各金融监管机关在全国各地建立了众多分支机构,组成了严密的金融市场监管网,监控金融市场上任何不安全的活动。另外,监管主体还应该包括金融机构同业公会,这是一种行业自律性机构,我国目前正在完善这个体系。最后,金融监管还需要工商行政部门的市场监管与司法机关的法律强制力来协助、配合。

本章主要介绍银行业监管法律制度。

一、金融监管的目的与范围

1. 金融安全

金融监管的首要目的就是保证金融业的安全,保持金融市场运行的稳健。金融作为社会经济活动的资金分配渠道,被誉为"经济活动的神经中枢";同时它也关系到每一个普通百姓的个人和家庭财富的安全保障。另一方面,金融业又是一个运作"别人的钱"的行业,以负债经营、受托经营为特征,存在着一家金融机构倒闭引发整个市场系统性危机的潜在风险。因此,维护存款人、委托人、投资人对金融市场的信心,防范和化解金融风险就格外关键。

从国外的金融市场实践中,防范金融风险主要有三道防线:(1)日常监管,包括市场准入、退出和持续经营监管,前者如注册管理,后者如资本充足监管、风险资产管理、清偿能力评价、银行检查等。它属于预防性的监管手段。(2)救助措施,典型的如最后贷款人制度,即中央银行对陷于信用危机的商业银行提供紧急贷款,或者直接或通过一个或多个大银行对商业银行进行业务接管,以化解单个金融机构的流动性危机蔓延到整个市场的危机,维护存款人的信心。(3)善后措施,如存款保险制度或者投资者保护基金制度。当金融机构破产倒闭时,由专门的保险机构对一定金额以下的存款或客户资金给予保付。

我国目前已建立起以银监会为主体的日常监管体系,存款保险制度也正在建设当中。中央银行的最后贷款人制度虽然缺乏法律上的明文规定,但《中国人民银行法》第 30 条、第 32 条都提到经国务院批准,中国人民银行可以对金融机构发放特种贷款。实践中,中国人民银行已多次向证券公司、银行及非银行金融机构提供紧急救助贷款,以防止特定金融机构的倒闭引发系统性危机,从某种意义上说已经扮演了最后贷款人的角色。因此,我国正在朝建立、健全完善的金融风险防范机制的方向发展。

2. 保护存款人和投资者的合法利益

对金融市场实行监管的终极目的是保护存款人和投资者的合法利益。金融市场是一个信用市场,参加金融市场的公众存款人和大众投资者的合法利益必须受到保护。如果公众存款人和大众投资者的利益受到损害,他们就会远离金融市场;而离开公众的支持,金融市场就会成为"无源之水,无本之木"。

3. 提高国有商业银行信贷资产质量

由于历史的原因,我国国有商业银行承担了过多的政策性业务,导致不良资产比例过高;国有商业银行设在地方的分支机构,过去也曾迫于来自地方政府对发展本地经济的要求被动发放贷款,产生了一些不良资产。因此,我国的金融监管机关就有了一项特别的任务,就是促使商业银行,特别是国有商业银行提高信贷资产质量。例如,《中华人民共和国商业银行法》(以下简称《商业银行法》)的第1条已经将商业银行提高信贷资产质量当作一项法律义务来规定,对金融机构的监管当然也包括对资产质量的监管。

二、银监会的设立

传统上,中央银行通常集宏观调控与金融监管职能于一身。但是实践表明,货币政策与银行监管的目标经常存在一定的冲突——中央银行容易在宏观经济需要放松银根的时候,也同时放松对银行的监管;或者反之,在紧缩银根时严厉监管,从而导致货币政策与银行监管同步振荡。这导致调控与监管两种职能都很难有效行使。近些年来,许多国家都在探索改进中央银行职能的途径,纷纷采取央行分拆的模式,将货币政策职能与监管职能分开。这样,一方面强化了中央银行的独立性,使央行更好地承担货币政策的职能,另一方面给予银行监管机构相应的权限、资源和人力,可以大幅提高银行监管的专业水平。

我国金融市场的迅速发展也反映出货币政策与监管职能分离的要求。2003年3月10日,全国人大批准《国务院机构改革方案》,决定设立中国银行业监督管理委员会。考虑到银监会承接原央行的金融监管职能涉及对《中国人民银行法》的修改,在完成修改之前,为保证两个机关履行职责的合法性,2003年4月26日,十届全国人大常委会第二次会议专门作出了《关于中国银行业监督管理委员会履行原由中国人民银行履行的监督管理职责的决定》,同时要求国务院尽快修改《中国人民银行法》和《商业银行法》。2003年12月27日,十届全国人大常委会第六次会议通过了《中华人民共和国银行业监督管理法》(以下简称《银监法》),自2004年2月1日起正式施行。《中国人民银行法》、《商业银行法》同时进行了相应的修改。这也是我国政府机构建制第一次"法律先行",体现了立法者对金融监管与法律之间密切关系的认识。

三、银监会的监管范围与职责

1. 监管范围

按照《银监法》第 2 条,中国银监会负责对全国银行业金融机构及其业务活动进行监督管理。银行业金融机构包括在我国境内设立的商业银行、城市信用合作社、农村信用合作社等吸收公众存款的金融机构以及政策性银行。

此外,银监会的监管范围还包括金融资产管理公司、信托投资公司、财务公司、金融租赁公司以及经其批准设立的其他金融机构。"其他金融机构"的一个例子是 2007 年 1 月 22 日银监会发布的《贷款公司管理暂行规定》,批准设立一种新的非银行金融机构——贷款公司,主要为农村经济发展提供贷款服务。上述这些金融组织通常称为"非银行金融机构"。

银行或非银行金融机构在境外设立的分支机构或者其他境外的业务活动,也都属于银监会的监管范围。

其他的金融机构分别由中国证监会和中国保监会监管。其中,中国证监会监管的金融机构包括证券公司、基金管理公司、证券投资基金、期货公司等,保监会则监管保险公司、养老金管理公司等。

2. 银监会的监管职责

银监会的监管职责包括:(1)制定有关银行业金融机构监管的规章制度和办法;(2)审批银行业金融机构及其分支机构的设立、变更、终止及其业务范围;(3)对银行业金融机构实行现场和非现场监管,依法查处违法违规行为;(4)审查银行业金融机构高级管理人员任职资格;(5)负责统一编制、公布全国银行业金融机构数据、报表;(6)会同财政部、中国人民银行等部门提出存款类金融机构紧急风险处置的意见和建议;(7)负责国有重点银行业金融机构监事会的日常管理工作;(8)承办国务院交办的其他事项。

四、中国人民银行保留的监管职责

虽然银监会专司金融监管职能,但是中国人民银行还负有维护金融稳定,防范和化解金融风险的职责,这就使得其不可能完全放弃金融监管的职责,而是在实施宏观调控、监测金融市场运行情况的同时,承担相应的检查、监督工作。按照《中国人民银行法》的授权,中国人民银行的监督检查权有两种形式,即对特定行为的检查监督权以及对特定金融机构的全面检查监督权。此外,中国人民银行还负有金融统计的职责。

1. 对特定行为的检查监督权

《中国人民银行法》第 32 条规定,中国人民银行有权对金融机构以及其他单位和个人的下列行为进行检查监督:(1) 执行有关存款准备金管理规定的行为;(2) 与中国人民银行特种贷款有关的行为;(3) 执行有关人民币管理规定的行为;(4) 执行有关银行间同业拆借市场、银行间债券市场管理规定的行为;(5) 执行有关外汇管理规定的行为;(6) 执行有关黄金管理规定的行为;(7) 代理中国人民银行经理国库的行为;(8) 执行有关清算管理规定的行为;(9) 执行有关反洗钱规定的行为。

上述行为都发生在中国人民银行的业务范围内,属于中国人民银行在调控、监测银行间货币市场、债券市场、外汇市场、清算活动等过程中进行的检查监督。被监督的对象也不限于银行业金融机构,还包括参与上述市场活动的其他企事业单位和个人。

2. 对特定金融机构的全面检查监督权

当特定的银行业金融机构出现支付困难,可能引发金融风险时,中国人民银行为了维护金融稳定,有权对特定银行业金融机构进行检查监督。这也是中国人民银行提供特种贷款进行救助的前提。中国人民银行行使这一权力需要经国务院事先批准。

3. 金融统计职责

金融宏观调控建立在充分的信息基础上。中国人民银行的重要职责之一就是对金融市场数据进行统计,统一编制全国金融统计数据、报表,并按照国家有关规定予以公布。为此,中国人民银行有权要求银行业金融机构报送必要的资产负债表、利润表以及其他财务会计、统计报表和资料。在一些发达国家,金融信息已经发展成为一种产业,该产业正在朝国际化、一体化方向发展。我国原来金融市场统计和调查主要是由中国人民银行进行,但是现在,外国的民间金融机构也成为新的信息化产业的参与者,金融信息产业的规模发展得越来越大,并且已经成为金融业发展不可缺少的基础条件。

统计的原则是客观性、科学性和统一性。要具有客观性,就是要排除行政领导的主观性;要具有科学性,就是在统计调查方法上要科学;要具有统一性,就是对金融市场的统计与调查要具有一致的语言标准和计算方法,这些标准要与国际接轨。

五、中国人民银行与银监会之间的监管合作

1. 信息共享

监管金融市场的基础也是金融信息的调查与统计,银监会等其他金融监管机构也有权要求被监管对象报送财务资料以及相关信息,但各自关注的重点不同。为避免增加报送机构的成本,同时也提高各监管者之间的监管效率,《中国人民银行法》和《银监法》都规定了信息共享制度。

2. 检查建议

中国人民银行在执行货币政策或维持金融稳定职责时,针对发现的问题,有权建议银监会对特定银行业金融机构进行检查监督。银监会应当自收到建议之日起30日内予以回复。

3. 共同制定特定事项的规则

中国人民银行对金融市场运行的监测与银监会对金融机构业务活动的监管只是侧重点不同,在业务领域上有时是交叉甚至重合的,这就需要两个机构进行互相配合。《中国人民银行法》以及《银监法》都列举了一些需要两家机构共同决定的事项。例如,中国人民银行对清算系统的管理与银监会对金融机构的支付结算业务的管理存在一定交叉,因此,支付结算规则由中国人民银行会同银监会制定。再如,对于银行业突发事件的处置,银监会应当会同中国人民银行、国务院财政部门等有关部门建立处置制度等。

从金融市场发展的大背景看,不仅中央银行与银监会之间,整个金融监管体系中各监管机构之间的密切合作也是必不可少的。《中国人民银行法》第9条规定,"国务院建立金融监督管理协调机制"。资金在金融市场不同板块之间流动,金融机构从分业经营走向混业经营也是大势所趋,对监管体制也提出了综合监管的要求。英国近年成立的金融服务管理局就是一个例子,它是对银行、证券、保险市场进行统一监管的综合性金融监管机构。我国目前的多头分业监管体制也存在着进一步完善的必要。

第五节 银监会的监管与处罚措施

银监会作为银行业的监管管理机构,对银行以及非银行金融机构负有全面的管理职责——从市场准入、退出的审批,到日常业务活动的监管。《银监法》对银监会的监管地位、权限、可采取的监管措施和处罚手段都作出了详细的规定。应注意的是,不同的监管对象(如银行、信托公司等)有不同的特点,其市场准入的条件以及审慎经营的要求都不完全一致,它们体现在《商业银行法》以及《农村信用合作社管理规定》、《金融资产管理公司条例》、《信托公司管理办法》、《金融租赁公司管理办法》、《企业集团财务公司管理办法》、《贷款公司管理暂行规定》等法律法规中。针对不同金融机构的具体监管要求将在后面的相关章节中说明,这里仅介绍《银监法》所规定的具有普遍适用性的监管措施。

一、持续监管措施

银监会对银行业金融机构的监管包括市场准入监管与持续经营监管。市场准入涉及金融机构的设立、管理人员的任职资格以及从业人员资格等方面的管理,其法律规则将在各金融机构组织法部分加以介绍,这里主要讨论持续经营监管问题。银监会的持续监管措施包括现场监管与非现场监管。

1. 现场监管

为履行现场监管职责,银监会有权进入银行业金融机构进行检查,询问银行业金融机构的工作人员,要求其对有关检查事项作出说明,检查银行业金融机构运用电子计算机管理业务数据的系统,查阅、复制银行业金融机构与检查事项有关的文件、资料,对可能被转移、隐匿或者毁损的文件、资料予以封存。银监会进行现场检查,应当经相关负责人批准。检查人员不得少于两人,并应当出示合法证件和检查通知书,否则金融机构有权拒绝检查。

2. 非现场监管

非现场监管主要通过资料审查来实施。银监会有权要求银行业金融机构报送经审计财务资料、统计报表、经营管理资料审计报告。此外,银监会根据履行职责的需要,可以与银行业金融机构董事、高级管理人员进行监督管理谈话,要求其对所属机构的业务活动和风险管理的重大事项作出说明。

3. 账户查询与冻结

当银行业金融机构及其工作人员涉嫌金融违法时,经银监会或者其省级派出机构负责人批准,监管机构有权查询上述机构、人员以及关联行为人的账户。对涉嫌转移或者隐匿违法资金的,经相关负责人批准,可以申请司法机关予以冻结。

二、特别限制措施

特别限制措施是金融监管上的一个特色制度,体现为金融监管者直接干预被监管对象的经营活动,对其业务扩张、资产运用或者分配行为等进行特别限制。

1. 限制的必要性

银行业金融机构发生违反审慎经营规则的行为,通常带来过大的信用风险或法律风险。比如高息揽储,盲目扩张贷款业务,或者不规范经营,对股东过度分配股息红利,这些都会削弱金融机构的偿付能力,引发潜在的信用危机。对此,银监会或者其省一级派出机构有权责令其限期改正。违规的金融机构逾期未改正的,或者其行为严重危及自身的稳健运行、损害存款人和其他客户合法权益的,监管机构可以依法对其经营管理活动采取特定的限制措施,以控制风险的进一步扩大。

2. 特别限制措施的形式

(1)责令暂停部分业务、停止批准开办新业务;(2)限制分配红利和其他收入;(3)限制资产转让;(4)责令控股股东转让股权或者限制有关股东的权利;(5)责令调整董事、高级管理人员或者限制其权利;(6)停止批准增设分支机构。

受到限制的金融机构进行整改后,应当向作出特别限制措施的监管机构提交报告,由后者进行验收。已符合有关审慎经营规则的,监管机构应当自验收完毕之日起3日内解除特别限制措施。

三、接管、重组与撤销权

银行业金融机构已经或者可能发生信用危机,严重影响存款人和其他客户合法权益的,银监会可以依法对该银行业金融机构实行接管或者促成机构重组。如果有违法经营、经营管理不善等情形,不予撤销将严重危害金融秩序、损害公众利益的,监管机关有权予以撤销。

在接管、机构重组或者撤销清算期间,监管机构有权要求该银行业金融机构的董事、高级管理人员和其他工作人员继续履行职责。必要时,经银监会负责人批准,可以对直接负责的董事、高级管理人员和其他直接责任人员,采取限制出境措施,或者申请司法机关禁止其转移、转让财产或者对其财产设定其他权利。

四、对违反金融监管行为的处罚措施

金融业是一个实行市场准入的行业。违反金融监管的行为主体既包括金融机构及其从业人员,也包括未经批准从事金融活动的企事业单位和个人。

1. 对业内机构、人员的处罚

对于违反金融监管法规的金融机构,银监会可以采取的行政处罚措施包括责令改正、没收非法所得、罚款等。对于情节特别严重或者逾期不改正的,银监会有权责令停业整顿或者吊销其经营许可证。

对于金融机构违法违规经营负有直接责任的董事、高级管理人员和其他直接责任人员,银监会除有权责令相关金融机构对上述人员给予纪律处分外,还可以直接对上述人员给予警告,处以罚款,或对其采取市场禁入措施,即取消直接负责的董事、高级管理人员一定期限直至终身的任职资格,禁止上述董事、高管人员和其他直接责任人员一定期限直至终身从事银行业工作。

例如,2003年9月,银监会开出了该机构成立后的第一张罚单,处罚美联银行北京、上海两家代表处,共计罚款44万美元,同时还取消了美联银行上海代表处首席代表一年任职资格。

2. 对违反市场准入规则的处罚

对于未经批准擅自设立银行业金融机构或者非法从事银行业金融机构的业务活动的单位和个人,由国务院银行业监督管理机构予以取缔。构成犯罪的,依法追究刑事责任。尚不构成犯罪的,由银监会没收违法所得,并处违法所得1倍以上5倍以下罚款;没有违法所得或者违法所得不足50万元的,处50万元以上200万元以下罚款。

第六节 中国人民银行与银监会的法律责任

一、法律责任的特点

1. 直接责任者负责

根据《中国人民银行法》第48条、《银监法》第42条的规定,违反该法律的责任者个人承担法律责任,而中央银行、银监会本身作为一个政府机构整体,不为个人承担责任。所以,两部法律中使用的责任主体的表述是"负有直接责任的主管人员"、"其他直接责任人员"或者"从事监督管理工作的人员",在责任主体中没有整体意义上的中国人民银行或者银监会。

此外,按照《中国人民银行》第49条的规定,如果地方政府、各级政府部门、社会团体和个人强令中国人民银行及其工作人员违反规定提供贷款或者担保的,上述机构中负有直接责任的主管人员和其他直接责任人员也要承担相应的行政责任、刑事责任和民事责任。

2. 监管机构的行政诉讼的责任

根据《中国人民银行法》第47条的规定,当事人对中国人民银行所采取的行政处罚不服的,可以依照《中华人民共和国行政诉讼法》的规定提起行政诉讼,当事人是原告,中国人民银行是被告。这种"民告官"作法也是对中国人民银行行使权力的一种监督,是防止中国人民银行对当事人滥用职权的一种方法。

《银监法》本身没有明确规定不服银监会处罚是否可以提起行政诉讼。但是中国银监会2005年1月发布的《行政复议办法》与《行政处罚办法》都明确了被处罚的当事人提起行政诉讼的权利。

二、中国人民银行工作人员的法律责任

1. 违反贷款或担保的责任

对于违反法律进行贷款或担保的行为,对负有直接责任的主管人员和其他直接责任人员,依法给予行政处分;构成犯罪的,还要依法追究刑事责任;造成损失的,还应当承担部分或者全部赔偿责任。我国《刑法》第186条、第188条对这种违法行为有专门的规定。

2. 违反保密义务的责任

中国人民银行因为是中央银行,它发布关于利率、汇率、申请设立金融机构的情况、金融市场的对外开放的程度、金银配售情况、外汇使用情况等信息,在这些信息没有公布出来前,都属于保密范围。擅自将中央银行掌握的金融信息泄漏给外界的,直接责任人就要承担刑事责任。实践中曾经发生的一个案件,就是人民银行的一个工作人员把央行即将提高利率的消息泄露出去,引发了一定范围内的市场动荡,最后承担了法律责任。

3. 中国人民银行行员的渎职责任

根据《中国人民银行法》第50条规定,中国人民银行的行员有贪污受贿、徇私舞弊、滥用职权、玩忽职守等行为并且情节严重时,由国家司法机关依法追究刑事责任。《刑法》对此有专门的规定。

三、银监会工作人员的法律责任

1. 渎职责任

依照《银监法》第42条,从事银行业监督管理工作的人员有下列情形之一的,依法给予行政处分;构成犯罪的,依法追究刑事责任:(1)违反规定审查批准银行业金融机构的设立、变更、终止,以及业务范围和业务范围内的业务品种的;(2)违反规定对银行业金融机构进行现场检查的;(3)未依照本法第28条规定报告突发事件的;(4)违反规定查询账户或者申请冻结资金的;(5)违反规定对银行

业金融机构采取措施或者处罚的;(6)滥用职权、玩忽职守的其他行为。

上述列举的行为,不论是滥用职权,还是玩忽职守,都属于监管过程中的渎职行为。除行政处分外,构成犯罪的,适用《刑法》第397条渎职罪的规定。

2. 违反保密义务的责任

监管人员贪污受贿、泄露国家秘密或者所知悉的商业秘密,应承担行政责任与刑事责任,与前述中国人民银行的工作人员的情形类同。

第二章　商业银行法律制度

第一节　商业银行法概述

一、《商业银行法》的制定与立法目的

1. 立法经过

我国的《中华人民共和国商业银行法》(以下简称《商业银行法》)是 1995 年 5 月 10 日由八届全国人大常委会第十三次会议通过的。在此之前,我国一直适用 1987 年国务院颁布的《中华人民共和国银行管理暂行条例》。《商业银行法》从 1979 年开始起草,经过 16 年的努力,这部金融大法才公布实施。

从 1949 年以来,我国长期实行金融计划经济和行政对金融的指令性领导,没有进行金融市场化的运作,依靠政策多于依靠法律。从 1978 年国家的经济体制改革开展以来,1984 年中国人民银行专门行使中央银行的职能,成立了中国工商银行,加上 1979 年恢复的中国农业银行和中国人民建设银行(现名中国建设银行)均可从事商业银行的具体业务,金融业的管理与经营也要市场化,对《商业银行法》的需要日益迫切。1987 年颁布了国务院的行政法规《银行管理暂行条例》,金融业有了第一个行政规章。随着金融业的迅速发展,外资金融机构进入我国的数量增多,原来的法规已显过时,制定一部全面的银行法的呼声越来越高。1995 年,《商业银行法》终于公布实施,它的颁布标志着我国的金融体制改革与管理进入了法制化的新时期。2003 年 12 月,配合我国银行监管体制的变化以及商业银行分业经营监管的松动,《商业银行法》也进行了相应的修改。

2. 立法的目的

《商业银行法》的立法目的有四项:第一,保护商业银行、存款人和其他客户的合法利益;第二,规范商业银行的行为,提高信贷资产

质量;第三,维护金融市场秩序;第四,促进经济发展。前两项目的是微观方面的,它规定了银行与客户的关系,规定了商业银行经营管理的大量内容;后两项目的是从宏观方面来规定的,《商业银行法》也有大量规范金融市场和宏观经济与银行的关系的条款。所以,理解该法的立法目的,要从客户、银行、金融市场到国家的宏观经济几个方面全面进行理解。

二、商业银行的法律定义和法律地位

1. 法律定义

《商业银行法》第2条对商业银行下了一个定义:"本法所称的商业银行是指依照本法和《中华人民共和国公司法》设立的吸收公众存款、发放贷款、办理结算等业务的企业法人。"

上述定义的核心内容是对商业银行主要功能的描述,即吸收公众存款、发放贷款、办理结算业务。从功能的角度下定义通常是经济学对商业银行的定义方式;法律上对商业银行的定义多是从审批程序的角度提出的,如英、美等国的银行法一般把银行简略地界定为"获得银行牌照的机构"。产生这种差异的原因主要有两方面:一是银行业先有银行,后有立法;而商业银行的具体形式在不同国家、不同时期都有不同,业务范围也不断变化,给法律上以列举业务的方式下定义造成一定困难。二是银行法作为监管性质的立法,法律定义的目的主要在于确定市场准入的范围以及监管的对象,因此强调银行是一种特许经营的机构。

我国《商业银行法》的起草几乎是与国有银行的市场化改革、向真正的商业银行转型的历史过程同步进行的。在这个过程中,人们对"商业银行"这种特殊的金融企业的性质与功能的认识也越来越清晰。由于我国的经济立法往往同时承担着确认改革成果、引导改革方向的功能,因此,《商业银行法》在给"商业银行"下定义时,明确商业银行的核心业务和法律地位,便于社会各界以及银行自身更清楚地理解什么是商业银行,对于我国金融体制改革、特别是金融机构体系的规范化建设发挥着指引性的作用。

2. 商业银行的基本职能

商业银行业务范围随国别、时期而不同,但吸收公众存款、发放贷款和办理结算被公认是最核心的业务。这些业务使商业银行成为金融体系中最主要的资金分配渠道,集信用中介、支付中介、信用创造于一身。这一特点也把商业银行与其他从事贷款活动的金融机构,如信托公司、租赁公司、财务公司等区别开来。

商业银行有以下几个特点:首先,商业银行是以从事"零售性"金融服务业(面对大众)为主的金融机构,吸收公众存款就是"零售"金融服务业的主要特点。其他金融机构一般不能直接接收公众存款,而是吸收大额的、特定主体委托的、或者批发性的资金。其次,商业银行是可以提供各种期限贷款的金融机构,它利用吸收的公众存款放贷而获得主要收益。上述两个特点使得商业银行成为分配资金的信用中介。最后,银行为各类法人、个人开设活期账户办理结算,成为社会经济活动的支付中介。在信用中介职能与支付中介职能的基础上,商业银行的信用创造职能就充分体现出来:通过支票、银行卡等支付工具的使用,存款人使用自己的资金与银行将上述资金贷放出去并行不悖;这些贷款又形成新增存款,体现为更多的支票、银行卡等派生购买力;最终,商业银行体系派生出数倍于原始存款的资金。所以有些经济学家将商业银行家比喻成"用自来水笔创造货币的人"。

商业银行集信用中介、支付中介以及信用创造职能于一身的特点,也使得它成为最需要受到监管的对象。公众存款,特别是活期存款具有高流动性,而银行贷款则是期限越长利率越高,存款与贷款期限的不匹配导致公众存款面临到期不能偿付的风险。由于普通存款人缺乏对银行稳健运行与否的经验判断,因此一家银行的支付不能很容易引起存款人对其他银行偿付能力的怀疑,导致对整个银行体系的挤提,从而引发系统性危机。这就产生了对商业银行进行监管的必要性:通过规范商业银行的运作,保护存款人的利益,维持公众对金融体系的信心。

3. 商业银行的法律地位

我国《商业银行法》对商业银行定义的另一个特点,是明确了商业银行的法律地位和组织形式,即采取《公司法》规定的有限责任公司或股份有限公司形态的企业法人。这也就把商业银行与主要为成员提供金融服务、不以营利为主要目的的合作金融组织区别开来;公司是以营利为目的的法人,且实行一股一票的表决机制;而合作制的特点是一人一票。我国1995年《商业银行法》列举的商业银行形式曾包括了"城市合作商业银行"和"农村合作商业银行",但实践中设立的一些城市合作银行其实是股份制商业银行,不具有"合作"的性质。因此,1998年之后,这些银行经中国人民银行批准逐步改名为"城市商业银行"。2003年底修改《商业银行法》时,正式以"城市商业银行""农村商业银行"取代了原来的"城市合作商业银行"和"农村合作商业银行"。

三、我国现行的商业银行体系

1. 原国有银行

包括中国工商银行、中国建设银行、中国银行、中国农业银行,合称四大专业银行。1986年恢复的中国交通银行也可以属于这一群体。在过去的二十年中,国有专业银行经历了跨专业经营、政策性业务的剥离、股份制改造等一系列制度改革,逐渐转型为具有现代公司治理结构的商业银行。

2. 股份制银行

此处的"股份制银行"特指改革开放后以地方政府或者企业为主体投资设立的股份制银行。前者又称为地方性银行,如深圳发展银行、浦东发展银行、已经被关闭的海南发展银行等。后者如招商银行、华夏银行、中信实业银行等。这些银行的营业范围一度局限于地方或者主要投资企业所在地,现在也开始向全国性银行发展,其中多数都已经在证券交易所上市。

3. 城市商业银行

城市商业银行的前身是城市信用社。这是1978年以后建立的集体所有制金融机构,由集体所有制工商企业、个体工商户以及个人入股设立,主要为集体企业、私营企业、个体工商户办理信贷和一定范围内的结算业务,以及个人储蓄业务、代办保险等服务,以适应改革开放以来非国有经济迅速发展的需要。1995年出台的《商业银行法》确认了城市合作银行作为商业银行的一种组织形式,国务院发出了《关于组建城市合作银行的通知》,各地的城市信用社开始整合改制。1998年3月,根据中国人民银行和工商管理局的规定,城市合作银行正式更名为城市商业银行,其投资主体为地方财政和企事业单位,同时也吸收了部分自然人入股。2001年下半年以来,全国多家城市商业银行进行了增资扩股,有些还引入了境外的战略投资人,逐步转型为具有地方特色的、小而有活力的商业银行。2007年,宁波银行、南京银行和北京银行先后在国内A股市场上市。

4. 外资银行

包括外资法人银行、中外合资银行以及外国银行分行。

5. 中国邮政储蓄银行

中国邮政储蓄银行由中国邮政储金汇业局转型而来,2007年3月20日正式挂牌成立。以存款计,中国邮政储蓄银行位列工、农、中、建四大行之后,为我国第五大商业银行。邮政储蓄自1986年恢复开办以来,现已成为全国覆盖城乡网点面最广、交易额最多的个人金融服务网络,其中近60%的储蓄网点和近70%的汇兑网点分布在农村地区,成为沟通城乡居民个人结算的主渠道。邮政储蓄机构吸收的存款原先都存入中央银行,近年来逐步进入银行间债券市场,开始办理大额协议存款、银团贷款以及小额信贷等业务。

6. 全国性商业银行与地区性商业银行

对商业银行的上述划分主要基于其设立背景和产权性质。随着我国金融体制改革的深化,本土商业银行大多采取《公司法》规定的股份有限公司形式并上市,以顺应中国入世之后国际竞争的需要。故基于设立路径呈现的差异逐渐消除。2003年修改的《商业银行法》不再针对国有银行进行特殊规定,而是根据银行的业务活动的范围提出了新的分类:全国性商业银行、城市商业银行、农村商业银行,并确定了不同的最低资本要求。不过,在现行的金融监管规章中,还不时能看到针对国有控股商业银行的特殊要求。

四、商业银行与政府之间的关系

1. 政策性业务的剥离

商业银行是企业法人,按照《商业银行法》的要求实行"自主经营、自担风险、自负盈亏、自我约束"的经营方针。但是我国的银行在计划经济时期受政府干预较大,特别是四大国有专业银行身兼政策性银行和商业性银行的双重职能,发放了大量政策性贷款,以扶持对社会整体有利但微利甚至亏损的项目。银行在政府指令下发放的政策性贷款无法收回,这一方面违反了银行自主经营的方针,另一方面也形成了国有银行沉重的不良贷款包袱。

1994年进行的金融体制改革中,国务院批准成立了三家政策性银行,即国家开发银行、农业发展银行和中国进出口银行。国家开发银行主要办理国家重点建设(包括基本建设和技术改造)的政策性贷款及贴息义务。中国农业发展银行主要承担国家粮棉油储备、农副产品收购等方面的政策性贷款业务。中国进出口银行主要办理支持机电产品、成套设备及高科技产品出口的买方信贷、卖方信贷业务,并为我国企业的对外承包和技术交流提供担保融资服务。

三家政策性银行成立后,从原国有专业银行承接了相关的政策性贷款业务。

2. 国务院指定项目的贷款业务

我国1995《商业银行法》第41条第2款规定:"经国务院批准的特定贷款项目,国有独资商业银行应当发放贷款。因贷款造成的损失,由国务院采取相应补救措施。具体办法由国务院规定。"

国有独资商业银行应当向国务院指定的特定贷款项目贷款,原因有两个:第一,国家是国有独资商业银行的股东,是"老板",股东要求自己的银行向指定的贷款项目贷款,股东有权利,银行有义务;第二,国务院指定的贷款项目万一失败,造成损失,由国务院根据具体规定采取相应的补救措施。

在政策性银行与商业银行业务已经区分开的情况下,国务院指定的贷款项目应当尽量由政策性银行承担。但是1995年前后我国政策性银行的规模还不够大,还难以将所有国家需要支持的项目都包下来,所以在个别的情况下,国有独资商业银行还需要承担一小部分义务。现在,随着国有独资银行逐步转型为股份制商业银行,政策性银行也成长起来,因此2003年修改《商业银行法》时就把这项要求取消了。

3. 国家产业政策指导

商业银行应根据国民经济和社会发展的需要,在国家产业政策的指导下开展贷款业务。《商业银行法》第34条规定了这项政府行政指导原则:"商业银行根据国民经济和社会发展的需要,在国家产业政策指导下开展贷款业务。"

这条法律可以从两个方面理解:一方面,商业银行本来是自主经营、自负盈亏、自担风险、自我约束的商业企业,商业银行既然自己承担一切风险,不承担风险的其他单位就应尽可能减少对商业银行的指导,国家对商业银行的行政指导也应当越少越好。另一方面,商业银行同时又是中央银行特别批准的金融机构,国家给予商业银行从事金融业务特权,使商业银行能够接触公众存款人和其他客户,以最广泛层面掌握社会金融资源。在一般国家中,商业银行掌握的资产总和约等于这些国家每年国民生产总值,成为对国家和社会影响最大的机构。因此,商业银行也就承担了一定的社会责任,商业银行有义务配合国家产业政策开展业务。

4. 政府部门对商业银行的指导

《商业银行法》第4条第2款规定:"商业银行依法开展业务,不受任何单位和个人的干涉。"第41条规定:"任何单位和个人不得强令商业银行发放贷款或者提供担保。商业银行有权拒绝任何单位和个人强令要求其发放贷款或者提供担保。"

不是"任何单位和个人"都可以干预银行的。在实践中,只有政府部门和政府官员才能够干预或者影响银行,因为我国中央政府各部门和地方各级政府以及政府官员对商业银行,特别是国有商业银行有行政指导的传统。根据我国《宪法》第107条规定:"县级以上地方各级人民政府依照法律规定的权限,管理本行政区域内的经济、教育、科学、文化、卫生、体育事业、城乡建设事业和财政、民政、公安、民族事务、司法行政、监察、计划生育等行政工作,发布决定和命令,任免、培训、考核和奖惩行政工作人员。"可见政府对经济发展负有法律责任,政府行政指导并不能一概否定,只有不正当的干预才是法律禁止的。

第二节 商业银行的市场准入与退出

一、银行业的特许经营

1. 商业银行经营的特许制

商业银行是一个特许经营的金融行业,有市场准入的限制。由于它为社会公众服务,为企业提供贷款,为国民经济运行提供结算服务,所以,商业银行对经济和社会影响极大,必须经过中国银监会批准后才能经营银行业,这种批准就是银行的特许制,具体以银监会发放的经营金融业务许可证来体现。

由于银行是经过银监会特批才能够开业经营的,批准的条件极严,只有少数具有资金、专业人才和管理经验的单位才能获得批准,加之银监会对商业银行的日常经营监管严格,所以,获得银行牌照的单位,在市场上的商誉较一般公司高,在社会上的信用也较高。为了维护商业银行的信誉,任何未经过批准的单位和个人都不得擅自经营银行业务,也不得在其公司名称中使用"银行"或与银行类似的衍生词。

市场准入审查的另一个目的是限制金融机构的数量。金融市场的规模与金融机构的数量是有一定比例关系的,当市场上的金融机构过多而趋于饱和时,竞争就会变得过于激烈,经营成本过高,不利于金融市场的稳定和金融业务的发展,所以金融机构的数量一定要控制在合理的范围内。

2. 商业银行经营许可证的限制

已经获得银行经营许可证的商业银行不得出租或出借银行的许可证,银行许可证的转让也要经过银监会批准。这是我国维护金融市场秩序的一项重要措施,任何违反规定者,都将被银监会吊销许可证。

我国《商业银行法》规定了设立商业银行的基本条件和程序,中国银监会据此制定了《中资商业银行行政许可事项实施办法》《外资金融机构行政许可事项实施办法》《行政许可实施程序规定》,对商业银行的市场准入和退出的条件和审批程序作出了详细的规定。

二、设立商业银行的条件

1. 设立条件

我国《商业银行法》第12条规定了设立商业银行的条件:第一,有符合《商业银行法》和《公司法》规定的章程;第二,符合《商业银行法》规定的注册资本最低限额;第三,有具备任职专业知识和业务工作经验的董事、高级管理人员;第四,有健全的组织机构和管理制度;第五,有符合要求的营业场所、安全防范设施和与业务有关的其他设施。设立商业银行,还应当符合其他审慎性条件。

2. 最低法定注册资本数额

《商业银行法》第13条规定了商业银行的最低法定注册资本数额:设立全国性商业银行的最低注册资本数额为10亿元人民币;设立城市商业银行的最低注册资本数额为1亿元人民币;设立农村商业银行的最低注册资本数额为5000万元人民币。银行的注册资本必须是实缴资本。银监会有权根据市场的变化调整最低注册资本的数额,但是,调整后的银行最低注册资本不得低于前面所说的数额水平。

银行的注册资本是银行开展业务经营的财务基础,也是存款人利益的一定保障。银行最初建立时的固定资产投资都要从注册资本中提取,如果注册资本较低,银行必需的经营场所、结算网络和电子设备等都难以符合市场的要求。另外,注册资本还是银监会监管银行安全经营的一个指标。法律规定银行的资本充足率要不低于8%,这个数据就是银行的自有资本与银行风险资产总和的比例。资本过低,就无法充分吸收、弥补银行经营过程中的损失,造成存款人存入资金的亏蚀,导致银行无法履行对存款人的支付义务。

3. 大股东资格

按照《商业银行法》第28条,任何单位和个人购买商业银行股份总额5%以上的,应当事先经银监会批准。《银监法》第17条进一步明确对持股5%以上大股东进行审查的内容,包括股东的资金来源、财务状况、资本补充能力和诚信状况。

我国证券市场中以往经常发生大股东侵占上市公司资产的违法事件。商业银行大股东的信誉和财务状况如果不佳,出现侵占银行存款事件的概率就更大,后果也会更加严重。我国香港地区在20世纪80年代中,就曾出现一些小银行因为控制股东挪用银行资金后潜逃而被清盘的例子,引发了区域范围内的金融危机。为保护存款人的利益,许多国家的银行监管都对银行股东的资信状况进行详细审查,以排除潜在的"银行盗窃者"。

4. 董事、高管人员任职资格

任职资格包括积极条件与消极条件。积极条件就是任职必须具备的条件。银监会《中资商业银行行政许可事项实施办法》对各类中资银行中董事、董事长、高管的任职条件作出了非常详细的规定。例如,银行董事要求具有良好的个人品行以及良好的经济、金融从业记录,具有5年以上的法律、经济、金融、财务或其他有利于履行董事职责的工作经历,能够运用金融机构的财务报表和统计报表判断金融机构的经营管理和风险状况,等等。拟任国有商业银行、股份制商业银行董事长、副董事长的人员还应具有本科以上学历,从事金融工作8年以上,或从事相关经济工作12年以上(其中从事金融工作5年以上),等等。

所谓消极条件就是不能发生的条件,如果这些条件发生了就不能担任高级管理人员。我国《商业银行法》第27条规定了银行高级管理人员任职的四项消极条件:(1)犯罪,因犯有贪污、贿赂、侵占财产、挪用财产或者破坏社会经济秩序罪被判处刑罚,或者因犯罪被剥夺政治权利者;(2)破产,担任因经营管理不善而破产清算的公司、企业的董事长或者厂长、经理,并对该公司、企业的破产负有个人责任者;(3)担任因违法被吊销营业执照的公司、企业的法定代表人,并负有个人责任者;(4)信用不好,个人所负数额较大的债务到期未清偿者。《中资商业银行行政许可事项实施办法》进一步将下列人员排除在外:(1)有故意犯罪记录的;(2)对曾任职机构违法违规经营活动或重大损失负有个人责任或直接领导责任,情节严重,被有关行政机关依法处罚的;(3) 在履行工作职责时有提供虚假材料等违反诚信原则行为的;(4) 被金融监管机构取消终身的董事和高级管理人员任职资格,或累计 2 次被取消董事和高级管理人员任职资格的;(5) 累计 3 次被金融监管机构行政处罚的;(6) 与拟担任的董事或高级管理人员职责存在明显利益冲突的;(7) 有违反社会公德的不良行为,造成恶劣影响的;(8) 个人或其配偶有数额较大的到期未偿还的负债,或正在从事的高风险投资明显超过其家庭财产的承受能力的,等等。

5. 其他审慎性条件

这是 2003 年《商业银行法》修改新增加的要求。实践中,中国银监会在其制定的规章中,针对设立不同类型的商业银行提出了审慎性的具体要求。例如,《中资商业银行行政许可事项实施办法》第 7 条规定,设立中资股份制商业银行法人机构还应当符合的其他审慎性条件至少包括:(1) 具有良好的公司治理结构;(2) 具有健全的风险管理体系,能有效控制关联交易风险;(3) 地方政府不向银行投资入股,不干预银行的日常经营;(4) 发起人股东中应当包括合格的战略投资者;(5) 具有科学有效的人力资源管理制度,拥有高素质的专业人才;(6) 具备有效的资本约束与资本补充机制;(7) 有助于化解现有金融机构风险,促进金融稳定。

三、设立商业银行的程序

按照银监会的现行规章,商业银行法人机构设立须经筹建和开业两个阶段。

1. 筹建阶段

筹建商业银行,应当由发起人各方共同向银监会提交筹建申请,由银监会受理、审查并决定。发起人应提交《商业银行法》第 14 条规定的申请文件、资料:(1) 申请书,申请书应当载明拟设立的商业银行的名称、所在地、注册资本、业务范围等;(2) 可行性报告;(3) 银监会规定提交的其他文件、资料。银监会自受理之日起 4 个月内作出批准或不批准的书面决定。

商业银行法人机构的筹建期为批准决定之日起6个月。未能按期筹建的,该机构筹建组应在筹建期限届满前1个月向银监会提交筹建延期申请。银监会自接到书面申请之日起20日内作出是否批准延期的决定。筹建延期的最长期限为3个月。筹建组应在筹建期限届满前提交开业申请,逾期未提交的,筹建批准文件失效,由决定机关办理筹建许可注销手续。

2．开业申请与审批

商业银行筹建完毕,应向银监会提交开业申请。银监会审查符合规定的,申请人填写正式申请表,提交《商业银行法》第15条规定的文件资料,包括:(1)银行的章程草案;(2)拟任职的董事、高级管理人员的资格证明;(3)法定验资机构出具的验资证明;(4)股东名册及其出资额、股份;(5)持有注册资本5%以上的大股东的资信证明和有关资料;(6)经营方针和计划;(7)营业场所、安全防范措施以及与业务有关的其他设施的资料;(8)银监会规定的其他文件和资料等。

中国银监会自受理之日起两个月内作出核准或不予核准的书面决定。核准的,颁发金融许可证。

3．开业登记

商业银行应在收到开业核准文件并领取金融许可证后,到工商行政管理部门办理登记,领取营业执照,并自领取营业执照之日起6个月内开业。未能按期开业的,该机构应在开业期限届满前1个月向银监会提出开业延期申请。银监会自接到书面申请之日起20日内作出是否批准延期的决定。开业延期的最长期限为3个月。

商业银行未在前款规定期限内开业的,开业核准文件失效,由决定机关办理开业许可注销手续,收回其金融许可证,并予以公告。

4．违反准入许可的法律责任

《商业银行法》第81条规定了违反商业银行准入许可的行政责任,由银监会取缔擅自设立的商业银行。

《刑法》第174条规定了擅自设立金融机构罪。对擅自设立商业银行的,处3年以下有期徒刑或者拘役,并处或者单处2万元以上20万元以下罚金;情节严重的,处3年以上10年以下徒刑,并处5

万元以上50万元以下罚金。

《刑法》第174条规定了伪造、变造、转让金融机构经营许可证罪。对于伪造、变造、转让商业银行经营许可证或者批准文件的,处3年以下有期徒刑或者拘役,并处或单处2万元以上20万元以下罚金;情节严重的,处3年以上10年以下有期徒刑,并处5万元以上50万元以下罚金。机构犯上述两款罪的,处以罚金。

四、分支机构的设立

1. 商业银行的总分行制

我国的商业银行一般以总分行制来建立。原来的国有独资商业银行是按照政府的行政区划来设立分支机构的。例如,中国工商银行机构设置为四级,总行设在北京,在各个省、直辖市和自治区设立省级分行,在地(市)设立中心支行,在县设立县级支行。随着金融体制的改革,我国的商业银行机构设置也发生了较大的变化,改变了原来的设置方法,改为按照经济区划和业务与成本核算来设立分支机构,例如,中国工商银行合并了设在省会城市的省级分行与市分行,对农村的部分县级支行也进行了撤并。

银行的分支机构与总行之间是总公司与分公司之间的关系。分支机构不具有法人资格,其对外营业是经过总行授权的,代表总行进行的市场经营行为。按照《商业银行法》第22条的规定,商业银行对其分支机构实行全行统一核算,统一调度资金,分级管理的财务制度。因此,分支机构的最终的债权债务还是由总行来承担。要注意的是,为了方便银行系统的起诉与被诉,中国人民银行与最高人民法院联合作出了关于银行分支机构诉讼地位的决定,根据该决定,银行分支机构可以代表总行在各地的人民法院起诉或应诉,可以承担相应的民事债权债务;如果债务数额过大时,最终由总行承担责任。

2. 设立银行的分支机构

申请设立银行的分支机构应当向银监会提交下列文件:第一,申请书,申请书的内容包括拟设立的分支机构的名称、营运资金数额、业务范围、总行及分行所在地点等;第二,申请人最近两年的财务会计报告;第三,拟任职的高级管理人员的资格证明;第四,经营方针和计划;第五,营业场所、安全防范措施和与业务有关的设备资料;第六,银监会规定的其他文件和资料。

3. 分行的营运资金

为了避免金融市场上的过度竞争,必须限制银行过度地设立分支机构,以免经营成本过大而导致亏损,最终损害存款人和其他客户的利益。《商业银行法》第19条规定,设立银行分支机构时,应当按照规定拨付与分支机构经营规模相适应的营运资金额,拨付给各分支机构的营运资金额的总和,不得超过总行注册资本金额的60%。这意味着如果一家银行设立的分支机构越多,其总行的注册资本就要越大。

4. 分支机构营业执照

商业银行的分支机构被批准设立后,需要到当地工商行政管理部门领取营业执照。在该营业门市部开业时,营业执照应当在营业大厅中悬挂。分支机构的营业执照与总行的不同,总行领取的是法人营业执照,分支机构领取的是营业执照,其上没有"法人"的字样。从营业执照上已经可以看出,商业银行的分支机构不是独立的法人,只有总行才有法人的地位。

5. 设立公告与连续营业

经过批准设立的银行及其分支机构,由银监会予以公告。只有经过公告的金融营业机构才可以开展经营活动,否则法律手续就不完备。

开业后的银行及其分支机构应当连续营业,如果开业后自动停业连续超过6个月的,中国银监会将撤销其经营许可证。在历史上,由于技术方面的限制,银行及其分支机构的连续营业对客户来说具有非常大的意义,只有在银行营业的时间内,存款人和其他客户才能到银行来办理存款、取款、结算等业务。现在,电子设备的发展和通讯网络的发达,使银行可以在技术上实现"无人操作",提款机和网络化的银行对客户来说十分方便。但是,即便是电子银行也要连续营业,否则客户也不能享受到电子银行的信息化的金融服务。

五、银行变更

1. 变更事项

银行从名称到资本的任何变化,都可能对存款人和金融市场产生一定的影响,所以,法律要求银行的变更必须经过中央银行的批准。我国《商业银行法》第24条规定下列变更应当经过银监会的批准:(1)变更银行的名称;(2)变更注册资本;(3)变更总行或者分支行所在地;(4)调整业务范围;(5)变更持有资本总额或者股份总额5%以上的股东;(6)修改章程;(7)银监会规定的其他的银行变更的事项。

中国银监会规定了银行董事、高管的变更也属于需要审批的变更事项。银监会在审批变更申请前,需要先就拟任人员的任职资格进行审查。

2. 变更的批准与公告

由于上述银行变更可能会影响到银行的经营方针,可能对金融市场产生直接或间接的影响,所以,只有经过批准,这些变更才会生效。例如,1996年6月3日,中国人民建设银行改变名称,将原来名称中的"人民"两个字省略,称为"中国建设银行"。这一改变从表面上看,虽然只改去了两个字,但是对银行经营管理的意义是非常大的。这两个字的改变花了四十多年的时间,意味着建设银行从原来的政府行政管理体制下的国有专业银行,向在市场经济条件下的自主经营的国有商业银行的转变。

另外一个银行变更名称的例子是北京银行,原来的名称为"北京城市合作银行"。这家银行的名称的变更也具有很大意义。原来的城市合作银行是许多家城市信用社合并而成的银行,名称中有"合作"的字样,在经营上含有"合作经营"的性质,而不具有市场商业化的性质。"合作金融"是我国的一种特有的形式,是一种合作者不是股东,不是按份所有,而是共同所有的金融组织。

1992年,交通银行总行迁址,从北京市迁到上海市,这成为新中国成立以来较引人注目的大型银行总部地址的变更。

资本变更的例子如1993年中国银行增加注册资本,在国内国际的媒体上公告,注册资本从原来的 150 亿元人民币,增加到 300 亿人民币,这是当年较大的大型银行资本的变更。2004 年初中国银行又获得国家注资 225 亿美元,以补充资本金,为其上市奠定了基础。

六、银行的接管

1. 银行接管的意义

我国《商业银行法》第 64 条规定了银行的接管:"商业银行已经或者可能发生信用危机,严重影响存款人的利益时,国务院银行业监督管理机构可以对该银行实行接管。"接管出现信用危机的商业银行的目的是保护存款人的利益,恢复商业银行的正常经营能力,稳定金融市场的秩序,维护社会的安定。

我国的商业银行是自负盈亏,自担风险,以其法人的全部财产对外承担债务的独立法人。在银行出现信用危机时,政府可以不接管,而按照破产清算程序进行债权债务清理,然后进行商业银行注销。但是,由于银行不是一般的企业,它是同公众利益关系密切,同社会经济关系密切的金融机构,银行的破产对公众和市场的震动比较大。为了保护存款人和其他客户的利益,保证金融市场的稳健运行,金融监管者有权对发生信用危机的银行进行接管。

银监会的接管是行政行为,是银监会对金融市场监管的一项行政措施,而不是商业行为。它只是暂时改变了被接管银行中经营管理权的行使主体,被接管的商业银行的债权债务关系不因接管而变化。

2. 银行接管的程序

根据《商业银行法》第 65 条的规定,接管由银监会决定并组织实施。银监会的接管决定应当载明下列内容:(1) 被接管的商业银行名称;(2) 接管理由;(3) 接管组织;(4) 接管期限。接管决定由银监会予以公告。

接管可以由银监会自己进行,也可以委托其他机构实行。接管的期限最长不超过两年,自接管决定实施之日起算。接管期间,接管组织行使商业银行的经营管理权力,被接管银行原来的管理人员暂时停止工作,由接管人指定的人员接替他们的管理工作。

接管可以因下列原因终止:第一,接管决定规定的期限已经届满或者中国人民银行决定的接管延期期限届满;第二,接管期限届满前,该银行已经恢复正常的经营能力;第三,接管期限届满前,该银行被合并或者被依法宣告破产。

3. 银行接管的例子

我国实践中第一起比照《商业银行法》的程序接管金融机构的案例,是中国人民银行1995年9月接管中国银行信托投资公司(以下简称中银信托)——接管一年后,广东发展银行兼并了中银信托——这也是地方银行收购中央金融机构的第一例。1996年9月24日,广发银行同原中银信托签订了收购协议,从该日起,原中银信托董事会依法解散。中央银行和广东发展银行对此发布公告。由于原中银信托经营综合性金融业务,广东发展银行收购后,对原中银信托资产实行分业经营、分业管理,由广发证券承接中银信托的证券营业部,广发投资控股公司承接原中银信托在我国境内所有非金融性机构的投资权益。

七、银行的终止与清算

商业银行因解散、被撤销和被宣告破产等原因而终止。

1. 因解散而终止

商业银行可能因为分立、合并或者出现银行章程中规定的情况而解散,原来的银行就终止了。银行的解散程序依照法律规定包括两个程序:第一,申请解散;第二,银监会批准解散。

银行合并是原来银行解散的一个主要原因。合并有两种形式:第一,两家银行合并为一家银行,原来的两家银行都更名了,成立了一家新的银行,原来的银行宣告解散。在我国,因为合并而解散的银行要向银监会提出申请,并附解散的理由和保证支付存款本金和利息等债务的计划,因为合并成立新的银行时,原来银行的债务由新成立的银行承接。第二是吸收合并,即一家银行将另一家银行兼并,被兼并的银行不存在了,原来银行的业务由兼并银行承接。

无论以何种方式解散,法律要求"商业银行解散的,应当依法成立清算组,进行清算,按照清偿计划及时偿还存款本金和利息等债务。银监会监督清算过程"。

2. 因撤销而终止

商业银行因为违反法律、行政法规,被吊销经营许可证的,银监会可予以撤销。《商业银行法》第74条、第75条、第76条规定了商业银行的诸多违法行为,如果情节特别严重或者逾期不改正的,可能导致被吊销经营许可证的后果。例如,未经批准设立分支机构;未经批准进行合并或分立;未经批准发行金融债券或者到境外借款的;未经批准买卖政府债券或者买卖、代理买卖外汇的;违反国家规定从事信托投资业务和股票业务或者投资于非自用的不动产、向境内非银行金融机构和企业投资的;向关系人发放信用贷款或发放担保贷款的条件优于其他借款人;违反资产负债比例经营;提供虚假的或者隐瞒重要事实的财务会计报表;出租、出借经营许可证等。当银行被吊销营业许可证时,银监会应当依法组织清算组,立即开始清算,按照清偿计划及时偿还存款本金和利息等债务。

3. 因破产而终止

银行因为不能支付到期的债务,达到了《破产法》所规定的破产界限时,经过银监会同意,可由人民法院宣告破产。特别要注意的是,银行的债权人能否按照《破产法》的规定,在银行资不抵债时,要求宣告银行破产?依照2007年6月1日起施行的《企业破产法》第134条,商业银行、证券公司、保险公司等金融机构的破产只能由国务院金融监督管理机构向人民法院提出破产清算的申请,没有赋予债权人申请破产的权利。有关金融机构实施破产的具体办法还有待国务院制定。

4. 银行的清算

银行的清算程序与一般公司清算程序不同,银行的法定清算程序是:第一,支付清算的费用;第二,清偿所欠职工的工资和劳动保险;第三,支付个人储蓄存款的本金和利息;第四,偿还有优先权的债权人债务;第五,偿还其他一般债权人的债务;第六,股东分配剩余财产。

5. 实践中的一些做法

自新中国成立以来,已经有了金融机构破产的案例,也有了银行关闭清算的案例,例如,1997年中农信公司破产的案例,1998年海南发展银行被关闭的案例等。对于这些金融机构被关闭后的处理,中国人民银行采用了不同的方法:

其一,直接进入清算程序。例如中国人民银行宣布中创公司关闭,直接进入清算程序。

其二,托管。由中国人民银行指定一家金融机构,通常是大型国有商业银行对被关闭的金融机构进行托管。托管期间原来金融机构的管理人员停止工作,由托管单位派员管理,管理主要是完成从关闭之日起未完成的在途票据结算工作等。托管结束后,该金融机构进入清算程序。清算完毕,原金融机构解散。

从上述情况看,具体情况具体分析,采用不同的方法来处理金融机构关闭的问题,是符合我国目前金融市场的发展水平和社会经济发展承受能力的。

第三节 商业银行的业务范围与监管

一、《商业银行法》的规定

1. 商业银行业务范围

依照我国《商业银行法》第3条,商业银行可以经营下列部分或者全部业务:(1)吸收公众存款;(2)发放短期、中期和长期贷款;(3)办理国内外结算;(4)办理票据承兑与贴现;(5)发行金融债券;(6)代理发行、代理兑付、承销政府债券;(7)买卖政府债券、金融债券;(8)从事同业拆借;(9)买卖、代理买卖外汇;(10)从事银行卡业务;(11)提供信用证服务及担保;(12)代理收付款项及代理保险业务;(13)提供保管箱服务;(14)经国务院银行业监督管理机构批准的其他业务。

我国属于分业经营的国家,商业银行的业务范围较之于国外商业银行比较狭窄,而外国商业银行的业务范围比较宽泛。例如日本银行可以经营信托业和证券业务,美国银行也可以从事许多其他业务。但是,从我国的国情出发,考虑到国内金融市场的安全和国内商业银行的经营管理水平,目前法律对商业银行业务范围进行适当限制还是必要的。

2. 业务范围监管

一家商业银行经营业务的范围由银行章程规定,报国务院银行业监督管理机构批准。但商业银行经营结汇、售汇业务,须报经中国人民银行批准,因为中国人民银行对于国家外汇储备以及银行间外汇市场负有管理职责。

二、商业银行业务的分类

1. 银行业务与银行的资产负债表

银行作为社会资金的融通主渠道,扮演的主要角色就是吸收公众存款贷放给需要资金的单位和个人。吸收公众存款,构成了银行对存款人的负债,贷放给借款人的资金构成了银行的一种债权资产。对于银行上述业务活动最直观的反映就是银行的资产负债表。下图列示了一个简化的银行资产负债表。

单位:亿元

资产		负债与所有者权益	
现金	95	活期存款	350
政府债券	90	定期存款	310
存放于银行的存款	100.7	同业拆借资金	50
中央银行	95.7	金融债券	50
其他银行	5	坏账准备	30
放款与贴现	549.3		
固定资产	30	实收资本	60
其他资产	50	保留盈余	65
合计	915	合计	915

在上表中,右边的"负债和所有者权益"表示银行资金的来源,它可以分为来自于债权人(即存款人)的资金和来自于股东的资金两个部分。前者包括各种存款、从其他金融机构获得的同业拆借资金以及通过发行金融债券获得的长期资金等不同形式;后者包括股东投入银行的资本金以及银行盈利中没有分配出去、而是保留在银

行中的法定公积金、任意公积金等。

上表左边的"资产"表示银行对于吸收来的资金如何进行运用。不同的运用方式形成了银行的不同资产,如银行柜台的现金、购买的国债、存放在中央银行的存款保证金、对外贷款或者贴现、银行大楼等固定资产等。

以银行的资产负债表为核心,银行的业务通常划分为资产业务、负债业务、中间业务三大类,其中资产业务、负债业务又成为"表内业务",中间业务又称为"表外业务",不在资产负债表中反映。

2. 负债业务

从银行的资产负债表可以看出,银行的负债业务就是商业银行吸收、组织资金来源的业务。其中最主要的业务方式是吸收公众存款,包括活期存款、定期存款、通知存款、协议存款、委托存款等多种存款方式。此外,银行还有从不同渠道借入的资金,如向其他银行的同业拆借款、向中央银行的借款,甚至向国外货币市场的借款。另外,银行还可以通过发行金融债券、银行次级债等方式筹集资金。在负债业务中,银行是债务人,各类存款人或债券持有人是银行的债权人。

3. 资产业务

资产业务是商业银行运用、分配其吸收、组织的货币资金的业务活动,是银行取得收益的主要途径。银行集中的资金,除保留一部分现金应付存款人提现、交存中央银行作为存款准备金外,大部分都投放到贷款项目中,以获得利息收入。因此,商业银行最主要的资产业务就是发放贷款,包括各种期限的贷款、有担保或者无担保的贷款、对企业或对消费者的贷款,以及票据贴现等。此外,银行还可以运用资金进行外汇买卖、法律允许范围内的投资等业务活动。

4. 中间业务

按照中国人民银行2001年发布的《商业银行中间业务暂行规定》,中间业务是指不构成商业银行表内资产、表内负债,形成银行非利息收入的业务。中间业务的范围很广,我国《商业银行法》列举的结算、票据承兑、代理发行、代理兑付、承销政府债券、代理买卖外汇、提供信用证服务及担保、代理收付款项及代理保险业务、提供保管箱服务等,都属于中间业务。实践中,经监管机构批准,商业银行还可以从事投资基金托管、信托资金托管、证券客户资金托管、财务顾问、理财(包括QDII)、信息咨询业务等中间业务。银行对中间业务收取手续费或服务费。

我国银行目前的主要收入来源是利息收入,中间业务的服务性收入比较低,与国外银行相比差距很大。20世纪80年代后期到90年代中期,西方商业银行逐步转向为客户提供全方位服务,客户不仅享受到传统的存、贷、结算等方面的服务,还可以享受到各种信息服务、专家咨询、金融专门教育和金融考试服务等。甚至过去西方流传的一句老话现在又可以用了:"如果你病了,请你去找医生;如果你遇到法律纠纷,请你去找律师;如果你还有什么困难,你就尽管去找银行。"①我国商业银行应该借鉴一些有用的经验,开拓服务的新领域,增强银行的竞争力。

三、银行经营的分业限制

1. 我国银行经营的分业限制

我国《商业银行法》第43条规定了银行经营的分业限制:"商业银行在中华人民共和国境内不得从事信托投资和证券经营业务,不得向非自用不动产投资或者向非银行金融机构和企业投资,但国家另有规定的除外。"根据此项规定,在我国境内,银行只能从事银行业务和向银行投资,即从事储蓄、贷款和转账结算以及其他金融服务。

限制银行从事信托投资、证券经营业务和不动产投资业务,有下列原因:(1)这些业务风险较大,适于用长期资金投资,储蓄类短期资金则不适用于此类投资。(2)银行储蓄存款人与银行是债权人与债务人的关系,信托投资、股票业务和不动产投资的投资人与信托公司、证券公司和发展商之间是信托关系和产权关系,这两种关系在法律处理方面不同。(3)信托业务、证券业务和房地产业务受市场影

---

① 美国纽约第一国民银行前总裁乔治·斯科特语。参见郑先炳:《银行千能》,复旦大学出版社1993年版,第5页。

响较大,市场高涨时,可以获得巨大的利益;市场低落时,也可能受到巨大的损失。信托投资的风险投资人与信托公司有合同的约定,股票投资风险由投资者承担,房地产投资风险由发展商承担,银行的贷款风险由银行承担,存款人不承担任何风险。由于风险分担的不同,银行与其他金融行业分业经营。

我国法律也限制银行投资于非银行金融机构和企业,这种规定是对分业限制上述规定的补充。从我国和海外银行发展历史来看,商业银行的传统业务与上述投资性业务之间是经常发生交叉的。从海外来看,法律对两类业务限制开始放松,我国限制则比较严格。

2. **分业限制的环境**

研究海外银行分业经营的法律,可以发现银行业务是随着时间变化的。1929年世界经济大危机之前,西方银行业有分业式发展,也有兼营发展的,法律并没有严格的限制。有资料记载,英国银行分业经营的多,原因是英国工业革命比较早,企业积累的资金比较多,证券业比较发达,技术更新对银行依赖比较其他国家更少。相比之下,德国工业革命比较晚,企业积累资金比较少,工业技术更新对银行依赖比较多,允许银行从事信托业和证券业便于将资金投入到企业,形成德国式的全能银行。日本在银行兼营信托与证券业方面,法律也是比较松动的。

在1929年大危机时,兼营银行倒闭较多,分业经营银行倒闭较少。根据这个情况,西方国家法律有所变化,开始限制银行兼营其他金融业。美国在1933年通过《格拉斯—斯第格尔法案》,该法案将银行业与证券业分开,银行业不能从事证券承销和代理买卖业务,证券业也不能从事贷款和储蓄业务。美国当时通过该法案的目的是防止金融业的垄断,保护存款人的利益,减少证券市场的投机活动。其他国家也受美国的影响,纷纷开始对兼营进行限制。

1945年第二次世界大战结束后,德国和日本等国家的经济需要恢复,需要资金投入,证券市场的恢复也需要银行的参与,银行通过各种途径兼营信托业和证券业的情况多起来,法律随之改变,适度允许兼营。

现在,西方银行直接或间接兼营其他行业比较普遍,银行可以从事信托业、大额存单中间商业务、国库券交易业务、信用卡业务、信托基金管理业务、投资银行业务等。由于金融工具的创新,新的金融工具使原来的法律对它们不能限制,金融工具的多样化,使得银行在金融的各个领域都可以发展。另一方面,金融监管也在完善,逐渐从分业监管、按机构监管走向功能监管,增强了对金融风险的控制。代表性的法律变化是美国1999年颁布的《金融服务现代化法案》,它废止了《格拉斯—斯第格尔法案》对分业经营的一些严格限制。

3. 我国进行分业限制的原因

我国法律限制银行业经营其他行业,除了上述人所共知的原因外,还有国情方面的原因。新中国成立以来,长期实行大一统的单一银行体制;改革开放以后,各类银行信托投资公司、金融租赁公司和企业集团财务公司才发展起来,20世纪80年代证券公司才有新发展。由于金融机构发展的不平衡,国有银行在金融市场上占有巨大的份额,约占90%以上,其他金融机构合在一起占不到10%。所以,如果不限制银行进入其他金融领域,银行很可能垄断整个金融市场。当金融市场由一种金融机构垄断时,好比整个市场只有一个支点,而不是多个支点,当这一种金融机构出现问题时,整个市场就会发生剧烈动荡,当市场是由多个支点支持时,它就会稳定得多。

现行的法律限制银行进入其他金融市场,同时也限制其他金融机构进入银行经营领域,法律将银行与其他金融机构业务分离。但是,还有许多金融领域是不可能分开的。例如,银行为一些企业事业单位办理了工资账户管理,职工持卡在提款机上取工资,这项业务属于一种信托理财业务,法律只限制信托投资业务,并不限制信托代理业务。

4. 分业限制的变化

从2000年开始,我国银行业的分业经营模式开始发生一些间接的变化。例如,银行开始接受证券的股票质押融资。再如,证券公司的股民可以持存单买卖股票,银行与证券公司合作开办"银证通"业务等。与此同时,金融控股集团的雏形开始在我国出现,如中信集团旗下有中信银行与中信证券,招商局旗下有招商银行、招商证券与平安保险等,这些都显示出证券业、保险业与银行业一定程度上的融合。出现上述变化,一方面是我国金融市场发展的客观使然,另一方面也是我国银行以及其他金融机构为了应对入世后与国际综合性银行或全能银行竞争的需要。

在这一背景下,全国人大 2003 年修订了《商业银行法》,在第 43 条的分业限制后面增加了一个"但书":"但国务院另有规定的除外",这就为银行业进行投资业务留出了通道。2005 年 2 月 20 日,中国人民银行、中国银监会和中国证监会联合颁发了《商业银行设立基金管理公司试点管理办法》,允许银行设立基金管理公司,募集资金组成证券投资基金,到证券市场买卖股票。随后,建设银行、工商银行、交通银行等相继设立了基金管理公司,从事这项介入证券市场的金融业务。目前,由商业银行发起成立并管理的证券投资基金已经成为我国证券市场中规模较大的一类机构投资者。当然,严格从法律解释的角度看,由于《商业银行设立基金管理公司试点管理办法》作为混业经营的法律依据是由三家金融监管部门联合发布,而不是按照《商业银行法》的规定"由国务院制定",因此也存在超越立法权限的嫌疑。

四、担保物处分期限

1. 担保物处分期限的必要性

由于法律上的分业限制,我国商业银行不得直接持有股票、公司债券或者其他公司股权、不动产;但是,这些财产通常又是银行发放贷款中最常见的担保品。如果借款人到期不能偿还债务,银行依法行使担保权利而取得的不动产或者股票等,应当尽快予以处分,通过折价、变卖、或拍卖等方式转化成现金,这通常称为抵押物处分期限。《商业银行法》第 42 条规定:"商业银行因行使抵押权、质权而取得的不动产或者股权,应当自取得之日起 2 年内予以处分。"

1995 年《商业银行法》规定的处分期限是一年,主要参考我国香港地区的做法。但我国的实践证明一年的期限太短了。原因是多方面的,比如我国不动产市场的流动性没有那么快,二手物业市场的流动性比一手物业市场更慢一些,加上处理抵押物手续复杂,中间费用

(如评估费等)较高,更延长了处理的时间。这导致银行常处于一种尴尬的局面:或者因为一年内处理不完而违法,或者草率处理而亏本。

修改后的《商业银行法》把一年改为两年,除了上述市场流动性因素外,还考虑到不动产市场或证券市场经常发生变化,如果法律规定处分期限比较短,处分期限到期时市场可能正处在低谷,使银行的债务仍然得不到充分收回。在两年处分期限内,银行可以有比较充分的时间,等待市场好转时处分抵押物,以便充分收回债务。处分抵押物价款超过原来债权部分,银行应返还给借款人,所以,这种处理方法对借款人也是有益的。

2. 质押物品保管义务

商业银行接受客户质押发放贷款时,就承担了对质押品的保管义务。质押品可能是有价票据可能是有价证券,还可能是有商业价值的权利证书。这些物品在银行保管期间如果灭失或损毁,银行应当承担民事责任。由于质押物品大多数是权利质押,而权利质押无法办理保险手续,所以,银行在质押期间要特别谨慎。当客户用有形动产办理质押手续时,银行可以要求客户办理保险手续。

五、金融债券和境外借款业务管理

1. 特别业务

银行吸收公众存款、发放短期、中期和长期贷款、办理国内外结算等,明确规定在银行的营业范围之中,日常办理这类业务时就不必再申请有关部门批准。但发行金融债券却不同,虽然它也是银行业务范围内的业务,但发行债券是特殊业务,从事这项业务,还要经过特别批准。《商业银行法》第45条规定:"商业银行发行金融债券或者到境外借款,应当依照法律、行政法规的规定报经批准。"

目前,我国银行发行的金融债券分为普通金融债券和银行次级债券。普通金融债券与一般公司债券的特征相同;银行次级债券是指商业银行发行的、本金和利息的清偿顺序列于商业银行其他负债之后、先于商业银行股权资本的债券。商业银行发行普通金融债券由中国人民银行核准,发行次级债券由中国人民银行与银监会共同批准。

商业银行境外借款的管理机构是国家发改委、中国人民银行以及国家外汇管理局等机构。

2．证券业管理的要求

商业银行发行债券或者向海外借款要经过特别批准，反映了我国证券管理的要求和目前商业银行的特点。

从我国商业银行的资产安全角度看，国有商业银行占全部银行的总资产的绝大部分，因此，国家资产成分占重要地位。在这种情况下，商业银行发行债券或向海外借款，实际上是以国家信誉担保，来发行金融债券和向海外借款。虽然在法律上的债务人是国有商业银行或国家控股的银行，但在道义上债务人还是国家。如果国家持有100％股份的银行破产了，在法律上债权人的钱可以不还，但是在道义上国家的信誉也就下降了，甚至没有信誉了；在政治上国家不能没有信誉，否则，国家发行的货币也没有人要。在旧中国历史上，曾经就发生过旧政府发行的钞票如同草纸的情况。

在海外市场中，商业银行发行债券和向海外借款，有些国家或地区的法律规定银行发行债券要经过批准，原因是出于证券市场的管理需要，国外商业银行大多是私有的，银行资产与国家资产没有直接关系，银行信誉与国家信誉也没有直接关系。购买银行债券的投资者自担风险，海外贷款、银行借钱给外国银行时也是自担风险，或者采用抵押与质押方式担保债权实现。但是，从证券市场管理的角度来看，政府为了保护公众投资者的利益，要求发行债券的机构必须按法律规定报告财务情况，披露有关的资料，使投资者作决定时能够拥有法定应当有的资料，只有在这种情况下，投资者才能自担风险。例如，美国《证券法》规定，任何机构只要对公众发行债券，都要经过证券管理部门办理有关的登记手续后才能发行。我国台湾地区《银行法》第11条规定："本法称金融债券，谓银行依照本法有关规定，为供给中期或长期信用，报经中央主管核准发行之债券。"这些规定主要是从证券市场行政管理角度考虑的，政府监管债券发行在于保护投资者。

我国也是实行严格的证券监管的国家。银行不论在境内还是境外发行债券都需要经过监管部门的批准。

六、商业银行的同业拆借业务管理

1. 同业拆借业务的特点

同业拆借是金融机构因为资金周转需要，相互之间借入、借出的资金头寸。其特点是期限短、无担保、利率较低。同业拆借与银行对大众客户的存贷款业务有较大差异，监管方式也不相同。

同业拆借分成同业拆出与同业拆入。同业拆出指金融机构把自己的闲置资金提供给其他金融机构使用，同业拆入指金融机构从其他金融处借入资金。同业拆借既可以及时调配银行结算账户上的头寸，也可以成为银行贷款的一种资金来源。但是，我国银行的同业拆借有比较严格的限制，只可以作为调节头寸的手段，不可以成为贷款的资金来源。《商业银行法》第46条规定："拆出资金限于交足存款准备金、留足备付金和归还中国人民银行到期贷款之后的闲置资金。拆入资金用于弥补票据结算、联行汇差头寸的不足和解决临时性周转资金的需要。禁止利用拆入资金发放固定资产贷款或者用于投资。"这是为了控制短借长贷的风险。

中国人民银行1990年3月8日发布了《同业拆借管理办法》，对于我国境内金融机构的人民币同业拆借业务进行管理。2007年该办法进行了大幅度的修订。按照该办法，同业拆借活动应通过全国统一的同业拆借网络进行，不允许金融机构之间私下进行。

2. 商业银行同业拆借利率

《商业银行法》中没有规定商业银行的同业拆借利率。1986年1月7日国务院颁布的《中华人民共和国银行管理暂行条例》第45条规定："专业银行之间互相拆借的利率，由借款双方协商议定。"实践中，同业拆借的利率一直是合同利率。

3. 同业拆借的期限

同业拆借是一种短期资金融通。《同业拆借管理办法》对于各类金融机构参与同业拆借的最长期限有明确规定：（1）银行业金融机构拆入资金的最长期限为1年；（2）金融资产管理公司、金融租赁公司、汽车金融公司、保险公司拆入资金的最长期限为3个月；

(3)企业集团财务公司、信托公司、证券公司、保险资产管理公司拆入资金的最长期限为 7 天;(4)金融机构拆出资金的最长期限不得超过对手方由中国人民银行规定的拆入资金最长期限。中国人民银行可以根据市场发展和管理的需要调整金融机构的拆借资金最长期限。

第四节 商业银行的审慎经营与监管

商业银行作为高负债经营的金融机构,天然存在高风险。因此,商业银行的经营管理与监管都奉行审慎性原则。传统上,对商业银行进行风险控制的手段是限制其业务范围,不得进行混业经营。现代银行监管更多地采取资产负债比例监管的方式,要求银行为其风险业务配备充足的资本金或采取其他保障措施,以吸收风险,防范银行经营损失对存款人的不利影响。

一、商业银行的经营原则

1. 安全性原则

安全性作为商业银行经营原则是传统的理论,在全世界金融市场中都被接受,大多数国家的银行将安全性排为第一位的经营原则。因为银行业是涉及公众利益最多的金融行业,与社会的稳定、政治的安定和经济的发展都有密切的关系,所以,商业银行经营一定要稳健和安全。法律规定了许多措施来保证银行经营过程中的安全性,例如,法律规定存款准备金、备用金、资本充足比例、流动资金比例、分业经营、限制银行进入证券业和信托业以及房地产业务等,这些措施都是为了确保银行经营的安全,保护存款人的利益,保证金融市场的稳定。

我国的商业银行在市场化的进程中,安全性的问题也日益突出。一方面,从金融犯罪数量上升的趋势看,社会上发生金融诈骗案件数额越来越大,恶性金融盗窃案件越来越猖獗,特别是内外勾结作案的情况增加了防范的难度,这些金融犯罪对金融安全和公众利益造成了极大的威胁。另一方面,从银行经营方面看,1998 年海南发展银行的关闭也为各商业银行敲响了警钟,法律对金融安全问题要给予高度的重视,商业银行如果经营不好,资不抵债,就会破产。所以,商业银行经营中的安全性原则也是非常重要的。为此,我国《商业银行法》还对银行业务的具体操作规定了一些基本原则,如商业银行贷款应当实行"审贷分离、分级审批制度"(第35条),应当对借款人的借款用途、偿还能力等情况进行严格审查,订立书面合同(第37条)等。

2. 流动性原则

流动性原则是指商业银行的资金要保持较高程度的经常流动的状态。因为法律规定商业银行对存款人要保证支付的,无论存款人到期支取,还是提前支取,银行都要保证支付,如果银行不能支付存款人取款时,就会引发大规模的公众挤兑。相反,银行贷款一般都是要等到合同到期时才能收回,银行在借款人没有违约的情况下,不能提前收回贷款。一方面,银行要保证支付,另一方面银行不能提前收回贷款,如果没有外援或政府的支持,大多数银行都经不住公众挤兑。所以,为了保证银行的支付能力,银行必须保证资产的高度流动性。银行经营资产的流动性是安全性的基础,没有了流动性,银行经营不可能安全。

3. 效益性原则

效益性从狭义上来解释,指商业银行本身的经济效益。效益性还可以从广义上来解释,指符合国家宏观经济和产业政策指导的金融业整体效益。总之,商业银行不论它的产权性质如何,是国有的、股份化的还是合作制的,它只要称为商业银行,就应该以盈利为目的。所以,从计划经济环境下的金融管理体制,转向市场条件下的金融运作,效益性应该作为商业银行的重要的经营原则之一。

我国1995年的《商业银行法》曾把效益性列为银行经营的第一项原则,说明立法者对银行的效益性的重视程度。其中的原因可能是我国在1995年通过该法时,国有商业银行在金融市场上占主导地位,国有独资商业银行安全性的问题并不太紧迫,效益性的问题却非常突出,因为国有独资银行实际上是由政府来承担风险的,但是政府却无法代替商业银行实现转亏为盈。我国国有独资商业银行的不良资产过高,效益不好,这是立法者最为关心的。所以,将效益性原则排在了第一位。但是,经过了近十年的发展,传统的国有银行基本都实现了向商业银行的转型,也应该按照银行业的规律来进行经营。因此2003年修改《商业银行法》,调整了银行经营三原则的顺序,改为"安全性、流动性与效益性"。

二、资本充足率监管

1. 资本充足率

资本充足率是指银行资本与经过风险加权后的银行资产之比。这是衡量银行抵御贷款等资产业务损失风险的能力的重要指标。我国《商业银行法》第39条第1款规定,商业银行的资本充足率不得低于8%。

资本最低限的规定就意味着,如果银行发放的贷款越多,风险资产额越大,银行需要准备的资本额也越高。如果银行不能通过股东注资或者盈利而提供更多的资本,哪怕银行手中有再多的存款资金,也不能投放到贷款、投资或其他风险资产上去。按照这个比例衡量,我国原来的四大国有银行资本充足率严重不足,因此,国家在2004年分别对建行银行、中国银行注入资本金225亿美元,2005年对工商银行注资150亿美元。后续将对农业银行等其他国有银行进一步注资。

2. 巴塞尔协议与资本充足率监管

8%的银行资本充足率是在1987年12月由国际清算银行的12个发达国家提出的《巴塞尔协议》中首次确立的,作为国际公认的控制银行信贷风险的主要措施。其计算公式为:自有资本(分为第一类资本包括股本、公积金和第二类资本包括呆账准备金和部分资产重估)÷(资产负债表内资产×风险权数)+(资产负债表外资产×转换系数×风险权数)。其中,资本中第一类资本应当占自有资本的50%以上,即应占风险资产的4%以上;第二类资本最多可以占到风险资金的4%,由各国中央银行认可。资产负债表内的资产风险权数分为5级,如现金、存放中央银行存款为0%;短期债权为20%;抵押放款为50%;固定资产及公司贷款为100%。资产负债表外资产,例如,担保信用证先乘转换系数100%,开出信用证先乘转换系数20%,然后,再分别乘10%和100%风险权数。国际清算银行提出了在5年内提高资本充足率,至1990年底,国际清算银行的12家成员国的银行自有资本比率应达到7.25%,到1992年应提高到8%。

此后,巴塞尔委员会对协议进行了不断完善,于1999年至2006年间月发布了修改后新资本协议第一、二、三稿,在维持8%的资本充足率标准的基础上,对其计算方法以及资本监管方式进行了重大改革,形成了现代金融监管体系的"三大支柱",即"最低资本金要求、监管部门的监督检查和市场约束",以提高资本监管效率。新资本协议被国际银行界视为资本监管领域的重大突破。不过,由于《巴塞尔新资本协议》不是国际法或国际公约,对各国政府、银行监管当局及商业银行并不具有强制约束力或法律效力。

3. 我国资本充足率规定的沿革

1993年5月,公布了《深圳市银行资产风险监管暂行规定》,中国人民银行要求深圳特区内银行在1993年底资本充足率应达到6%,1995年以后,银行资本充足率达到8%—12%,非银行金融机构资本充足率应达到12%—16%。其中有具备独立法人地位的深圳发展银行,也有不具有法人地位的分行,所以,计算银行资本的时候采取了灵活的方法。银行的资本是考核计算资本,不是公司法意义上的注册资本。当时借鉴我国香港地区的经验,把银行资本分成2级,资产被分为9类,不同贷款的风险系数分为5个级别:0%、10%、20%、50%和100%。

经过深圳的试点,中国人民银行取得了相当多的经验,于1994年2月15日发布了在全国银行系统试行的《商业银行资产负债比例管理暂行监控指标》。在该指标中,对深圳试点的银行资本充足率指标进行了改进,资本部分分为核心资本(包括实收资本、资本公积、盈余公积和未分配利润)和附属资本(贷款呆账准备),风险权数划分与深圳特区试点办法相同。

1995年《商业银行法》正式规定了我国商业银行8%的资本充足率。2004年2月23日,中国银监会公布了《商业银行资本充足率管理办法》(2007年修订),借鉴《巴塞尔新资本协议》对银行资本充足率的计算公式进行了调整。

4. 现行资本充足率管理规定

按照现行《商业银行资本充足率管理办法》,商业银行资本充足率不得低于8%,核心资本充足率不得低于4%。计算公式为:

资本充足率 = (资本 – 扣除项) ÷ (风险加权资产 + 12.5倍的市场风险资本)

核心资本充足率 = (核心资本 – 核心资本扣除项) ÷ (风险加权资产 + 12.5倍的市场风险资本)

商业银行资本分为核心资本和附属资本。核心资本包括实收资本或普通股、资本公积、盈余公积、未分配利润和少数股权。在银行的资产负债表中,它们都属于"所有者权益"的范畴。附属资本包括重估储备、一般准备、优先股、可转换债券、混合资本债券和长期次级债务。其中,计入附属资本的长期次级债务不得超过核心资本的50%。整个附属资本总和在计算资本充足率时不得超过核心资本的总额,实际超过部分不予计入。

《商业银行资本充足率管理办法》对各类贷款业务的信用风险权重作出了明确规定。如对我国中央政府和中国人民银行本外币债权的风险权重均为0%;对我国政策性银行债权的风险权重为0%;对我国其他商业银行债权的风险权重为20%,其中原始期限4个月以内(含4个月)债权的风险权重为0%;对企业、个人的债权及其他资产的风险权重均为100%;个人住房抵押贷款的风险权重为50%。

三、其他资产负债比例监管

银行审慎性监管的目的在于控制银行过度承受风险。监管者通过考核银行的资产额(以贷款为核心)与负债额(以存款为核心)之间的一组比例关系来分析银行风险的大小,这称为资产负债比例监管。《商业银行法》第39条列举了资产负债比例监管中的一些核心指标,中国银监会2005年12月发布的《商业银行风险监管核心指标(试行)》规定了更多、更细致的考核指标。

1. 贷款余额限制

贷款余额的限制在我国《商业银行法》第 39 条第 1 款第 2 项作了规定:"贷款余额与存款余额的比例不得超过 75%。"限额以外的存款只能投放到库存现金、中央银行存款、国债等无风险资产或者低风险资产上。

我国银行资产主要来源依靠吸收公众存款,银行日常经营是保证存款人提款。由于法律限制贷款余额不得超过存款余额的 75%,所以,当存款余额数量减少时,贷款余额也要相应减少。由于银行经营新的信用业务如房地产信用、汽车信用业务以及商品销售信用业务,可能会使得银行的贷款业务增加,而存款业务并不能以同样的比例增加。

例如,信用卡持有者与存单持有者同银行的关系完全不同,信用卡持有者是银行的债务人,而存单持有者是银行的债权人。存单持有人在他离开人世时,他在银行可能还有存款,而信用卡持有人离开人世时,他可能还未还清银行的债务。于是,可以推断贷款余额可能由于新的信用业务的发展大量增加。用不得超过存款余额的 75%来限制,可能是传统银行业经验数据,随着新的信用服务的发展,限制比例也应该相应改变。

2. 流动性资产余额限制

(1) 我国法律的规定

我国《商业银行法》第 39 条第 1 款第 3 项规定:"流动性资产余额与流动性负债余额的比例不低于 25%。"流动性资产指 1 个月内(含 1 个月)可变现的资产,包括库存现金、在人民银行存款、存放同业款、国库券、1 个月内到期的同业净拆出款、1 个月内到期的贷款、1 个月内到期的银行承兑汇票等。

(2) 比较其他国家和地区银行法的规定

海外其他国家和地区的银行法对于流动性资产限制另有特点。例如,英国法律要求银行的存款准备金对其存款负债比率应保持在 8%,存款准备金加上其他准备金之和对存款负债比率应为 28%;又如,中国台湾地区银行法对银行的各类负债的流动准备金之比是 7%;新加坡规定所有银行必须保持相当于负债基数 20% 的流动资产;日本的银行规定流动资产占总存款比例不得低于30%。比较我国内地与海外其他国家和地区银行资产流动方面的规定,在资产流动比率方面规定相似,但是,在流动资产构成方面,我国银行流动资产比海外银行流动资产构成种类更少,例如,我国没有把黄金等贵金属作为流动资产。

(3) 资产流动性的意义

在财务管理学上,流动性指资产可以在不受损失的情况下迅速变现的能力。对于银行业来说,流动性是指银行能够随时应付客户提存,满足必要的、正常的贷款需求的能力。美国著名的财经记者托马斯·迈耶对银行资产流动性的重要性做过生动的描述:"银行是在一种特殊环境中活动的……如果银行发生不能——即使是暂时不能——支付活期存款的情况,它就有可能发生倒闭。因此,银行必须非常仔细地注视其清偿头寸的状况,确保有足够多的流动资产或者可靠的借款来源以应付出乎意料的存款外流。"资产流动性是银行支付能力的保证,因为银行是负债经营的,由于银行有能力灵活地调动资金,能够将不同资金的时间长短合理搭配,使得银行有稳定的支付能力。

3. 对同一借款人贷款限制

(1) 法律的规定

《商业银行法》第39条第4款的规定:"对同一借款人的贷款余额与商业银行资本余额的比例不得超过10%。"这个指标又称为贷款集中程度限制,目的是避免银行因某一大客户的破产而遭受巨额损失。也就是金融领域中的一个谚语:"不要把所有的鸡蛋放在一个篮子里。"

(2) 对"同一借款人"的理解

"同一借款人"在我国法律上是一个有两种理解的概念:其一,《商业银行法》第39条第1款第4项的规定:"对同一借款人的贷款余额与商业银行资本余额的比例不得超过10%。"其二,1994年2月15日《商业银行资产负债比例管理暂行监控指标》第6条第1款规定,"对同一借款客户的贷款余额与银行资本余额的比例不得超过15%。同一借款客户指任何一个自然人或任何一个法人"。由于

《商业银行法》中没有对"同一借款人"进行解释,也没有宣布《商业银行资产负债比例管理暂行监控指标》被废除,所以,这两种规定同时存在,在实践中一度引起了混乱。

理论上说,同一借款客户与同一借款人不是同样的概念。同一借款客户是指同一个自然人或同一法人,因此,这种解释没有包括自然人或法人与控股公司的关系。在实践中,母公司与若干子公司联合从一家银行借款,就不是同一借款客户,因为它们各自是独立法人,在银行单独开户,它们是若干个借款客户。如果所借的款项都用于母公司安排的同一项目,同一借款客户的贷款限制就没有意义。因此,同一借款人应该包括同一自然人或同一法人及其控股的、或担任负责人的子公司。

(3) 银监会的规定

上述法律文件之间的冲突在2005年银监会发布的《商业银行风险监管核心指标(试行)》中得到了一定程度的澄清。它区分了单独的一个法人与具有控股关系的法人两个层次,用"单一客户"指称一个法人,用"单一集团客户"指称具有控股或关联关系的一组法人,并分别规定了各自的贷款限额。

该文件第9条(2)规定:"单一集团客户授信集中度为最大一家集团客户授信总额与资本净额之比,不应高于15%。该项指标为一级指标,包括单一客户贷款集中度一个二级指标;单一客户贷款集中度为最大一家客户贷款总额与资本净额之比,不应高于10%。"

(4) 其他国家和地区法律对同一借款人的限定

香港特别行政区《银行条例》采用"同一借款人"概念,该法第81条第1款对"同一借款人"作了解释,同一借款人包括:(1) 任何一个人;(2) 两个以上公司,它们是同一控股公司的附属机构或有同一控股人(不是一家公司);(3) 任何控股公司及它们的一个或更多个附属机构;或(4) 任何一个人(不是一家公司)及以它为控股人的一家或多家公司。

美国的法律采用"借款客户"的概念,例如,美国法律规定对任何一个自然人、一个合伙、协会团体或公司的贷款或者负债总额不能超过该银行净资本和盈余的10%。

韩国《银行法》第27条规定,银行对同一个人或法人之贷款不得超过金融机构净值25%;对同一个人或法人之保证或承受债务,不得超过金融机构净值15%。

日本《银行法》第13条规定,银行对同一人之授信,不得逾该银行资本及公积金合计额乘以政令所定比率所得之金额。

德国《银行法》第13条规定,对一借款人之授信总额超过金融机构责任资本15%者(大额授信),应立即向德国联邦银行申报。最大之5项授信,不得超过金融机构责任资本之3倍;全部大额授信总额,不得超过金融机构责任资本之8倍。

四、关系人贷款限制

关系人贷款限制,是金融立法对银行业中的关联交易进行监管的具体形式。

1. 法律对关系人的规定

我国《商业银行法》第40条规定:"商业银行不得向关系人发放信用贷款;向关系人发放担保贷款的条件不得优于其他借款人同类贷款的条件。前款所称关系人是指:(1)商业银行的董事、监事、管理人员、信贷业务人员及其近亲属;(2)前款所列人员投资或者担任高级管理职务的公司、企业和其他经济组织。"法律限制对关系人提供无抵押贷款的目的,是提高银行的信贷资产质量,使贷款的条件公平、合理、安全、质量高。

2. 其他国家和地区法律对关系人的规定

其他国家和地区的法律对银行向关系人贷款规定得更为严格,原因是大股东控制银行,大股东的亲属或投资控股的其他公司可能对该银行的贷款产生影响。我国台湾地区的《银行法》第33条规定"有利害关系"的情况是指:"(1)银行负责人或办理授信之职员之配偶、三亲等以内之血亲或二亲等以内之姻亲。(2)银行负责人、办理授信之职员或前款有利害关系者独资、合伙经营之事业。(3)银行负责人、办理授信之职员或第1款有利害关系者单独或合计持有超过公司已发股份总数或资本总额10%之企业。(4)银行负责人、办理授信业务之职员或第1款有利害关系者为董事、监察人或经理人之企业。但其董事、监察人或经理人系因投资关系经中央主管机构核准而兼任者,不在此限。(5)银行负责人、办理授信之职员或第1款有利害关系者为代表人、管理人之法人或其他团体"。

我国香港特别行政区的《银行条例》第83条第2款规定:"除非第1款及第4款A项另有规定,在香港成为法团的认可机构,如遇以下情况,不得向第4款(a)、(b)、(c)、(d)、(e)或(f)款指明的任何人士(须是个人),提供或代其提供任何第(3)款指明的便利……"而该条例第4款规定的是:"(a)该机构的任何董事;(b)任何该董事的任何亲属;(c)该机构的任何雇员,而该雇员是以个人或以委员会成员身份负责决定借款申请的;(d)任何该雇员的任何亲属;(e)该机构的任何控制人(非是认可机构或是在香港以外成为法团、并非根据本条例领有牌照,但为施行本段而获得金融管理专员批准的银行);(f)任何是该机构控制人个人的任何亲属;(g)该机构、其任何控制人或董事、或该任何控制人或董事的任何亲属以董事、合伙人、经理或代理人身份而有利益关系的任何商号、合伙经营或非上市公司(除非该商号、合伙经营或非上市公司是认可机构或是在香港以外成为法团、并非根据本条例领有牌照,但为施行本段而获得专员批准的银行)。"

该《银行条例》第79条解释了"亲属"(relative)的法律含义,亲属是指:"(a)任何祖先或后裔,任何该祖先或后裔的任何配偶或前配偶,以及任何该配偶或前配偶的任何父母、兄弟或姊妹;(b)任何兄弟或姊妹、姑丈或姑母、姨丈、叔父或婶母、伯父或伯母、舅父或舅母、任何侄男侄女,及任何堂兄弟、堂姊妹、表兄弟、表姊妹;(c)任何配偶或前配偶,任何该配偶或前配偶的任何祖先,以及任何该配偶或前配偶的任何兄弟或姊妹、姑丈或姑母、姨丈或姨母、叔父或叔母、伯父或伯母、舅父或舅母、侄男或侄女,及任何堂兄弟、堂姊妹、表兄弟、表姊妹;就本定义而言,任何继子女须被当作是其亲生父母或继父母的子女,任何领养的子女须被当作是其领养父母的子女,而配偶包括以配偶方式生活的任何人。"可见香港法律对亲属贷款的限制是十分严格的。

五、银行不良贷款与风险防范

1. 法律的规定

《商业银行法》第 57 条规定:"商业银行应当按照国家有关规定,提取呆账准备金,冲销呆账。"呆账准备金是指根据国家规定,由银行按照贷款余额的一定比例提取的,专门为了冲销呆账的准备金。现行的金融监管法规一般称为"贷款损失准备金"。

银行发放的贷款因借款人无法偿还而遭受损失,是银行经营过程中必须面对的商业风险。以往国有银行承担的政策性贷款业务较多,加上经济高速发展过程中的粗放式经营,形成了大量的不良贷款以及其他不良资产。1999 年实行"债转股"时,我国四大国有银行向金融资产管理公司剥离了 1.4 万亿不良资产。2004 年开始的国有银行股份制改造,国家又批准国有银行用资本金冲销了积累下来的坏账。在转型为商业银行后,各银行应按依法经营,自我约束,自负盈亏,建立充足的准备金,应对不良贷款的损失风险。

2. 不良贷款

按照中国人民银行 2001 年发布的《贷款风险分类指导原则》,银行贷款根据其风险大小分成五类:正常、关注、次级、怀疑、损失,其中后三类贷款属于不良贷款。

正常类贷款的定义为:借款人能够履行合同,没有足够理由怀疑贷款本息不能按时足额偿还。关注类贷款的定义为:尽管借款人目前有能力偿还贷款本息,但存在一些可能对偿还产生不利影响的因素。次级类贷款的定义为:借款人的还款能力出现明显问题,完全依靠其正常营业收入无法足额偿还贷款本息,即使执行担保,也可能会造成一定损失。可疑类贷款的定义为:借款人无法足额偿还贷款本息,即使执行担保,也肯定要造成较大损失。损失类贷款的定义为:在采取所有可能的措施或一切必要的法律程序之后,本息仍然无法收回,或只能收回极少部分。

银行应对每个贷款项目的风险进行测定,考察借款人的财务基础、经营状况、还款能力等各方面的因素,以确定风险类别。这是一项经验性的工作,对于我国刚刚完成转型的商业银行的经营水平是一个重大考验。

3. 贷款损失准备金

确定贷款的风险类别后,银行就需要计提损失准备金,行业内称为"拨备"。在通常情况下,商业银行根据信贷资产的历史经验数据、行业内标准,结合中国人民银行《银行贷款损失准备计提指引》的规定,对正常、关注、次级、可疑以及损失类贷款的计提比例分别为1%、2%、25%、50%和100%。提取的贷款损失准备金应当计入当期损益,在税前扣除。发生贷款损失,应当用准备金冲销。已经冲销,但以后又收回贷款的,应当冲回损失或者增加准备金。

银行计提的贷款损失准备与其不良贷款之间的比率称为拨备覆盖率,其计算公式:拨备覆盖率=(贷款损失准备金计提余额/不良贷款余额)×100%。它代表着银行对信贷资产预期损失风险进行补偿的能力。我国2007年A股市场有12家上市银行,2006年拨备覆盖率平均水平为125.57%。例如,拨备覆盖率最高的宁波银行为405.3%;最低者是深发展,为48%;招商银行等银行的拨备覆盖率在140%左右。

六、银行经营行为的约束

1. 公平竞争

(1) 银行业公平竞争的意义

金融业的公平竞争规定体现在《商业银行法》的第47条,该条款规定:"商业银行不得违反规定提高或者降低利率以及采用其他不正当手段,吸收存款,发放贷款。"维持公平竞争秩序的目的,更主要为了防范银行在恶意竞争中承担过大的风险。实践中,一些银行通过高息揽储吸收存款,形成"存款大战"、"信用卡大战"等。为了支付给存款人高息,银行随后不得不在贷款业务中进行冒险,或者账外放贷,或者贷给风险较大、从而愿意支付高息的借款人,结果造成巨大的贷款损失,引发银行信用危机。这是得不偿失的竞争。

《商业银行法》采用了比较宽泛的语言规定了金融业的公平竞

争。利率竞争要符合中国人民银行的有关规定,在允许的幅度内进行竞争。"其他不正当手段"如何解释,法律没有具体规定,例如,有奖储蓄、派发纪念品、在街头文艺演出吸储、承诺付给高额利息等方法,是否是不正当竞争?这些要由立法者将来作出解释。相比之下,我国台湾地区《银行法》第 34 条规定得比较详细,值得借鉴:"银行不得于规定利息外,以津贴、赠予或其他给予方法吸收存款。"

(2) 海外银行的竞争

海外商业银行在市场竞争中,大致经过从利率竞争,发展到服务收费竞争,再发展到全面服务竞争几个阶段。20 世纪 60 年代末 70 年代初是商业银行利率竞争时期。商业银行之间竞相压低贷款利率,提高存款利率,竞争达到了白热化阶段,在西方报纸上称为"卡脖子"式的竞争,结果导致商业银行公会以利率协议使竞争逐渐平缓。

20 世纪 70 年代后期,商业银行之间展开服务收费竞争,银行竞相压低服务收费,吸引客户。例如,信用卡年费原来是比较高的,开设信用卡账户条件也比较严格,还要提供担保人。后来,信用卡年费逐渐降低,担保人条件也不要了,开户条件大幅度放宽。现在,一些信用卡公司不收年费,只要按时支付信用卡公司的贷款,持卡人就一分钱的费用和利息都不用付。

20 世纪 80 年代后期到 90 年代中期,西方商业银行已经从服务收费竞争转入全面服务竞争。全面服务已经不是劳动密集型柜员服务或延长工作时间服务,而是以技术密集型的电脑设备与联网技术为特征的全方位服务。每家银行都努力形成自己的服务特色和亮点。银行之间有了差异性,可以吸引不同组群的客户,这样就形成银行与客户双赢的局面。

2. 银行工作人员的纪律

银行工作人员的纪律与一般公司的工作人员不同。比较而言,一般公司的工作人员在法律上不限制兼职(可能在公司章程或雇用合同上限制兼职),但银行工作人员在法律上禁止兼职;一般公司工作人员没有法律上的禁止徇私经营(可能在公司章程或在雇用合同中有禁止规定),但是,银行工作人员禁止徇私向亲属和朋友贷款或提供担保。所以,银行工作人员的纪律更严。

《商业银行法》第52条规定:"商业银行的工作人员应当遵守法律、行政法规和其他各项业务管理的规定,不得有下列行为:(1)利用职务上的便利,索取、收受贿赂或者违反国家规定收受各种名义的回扣、手续费;(2)利用职务上的便利,贪污、挪用、侵占本行或者客户的资金;(3)违反规定徇私向亲属、朋友发放贷款或者提供担保;(4)在其他经济组织兼职;(5)违反法律、行政法规和业务管理规定的其他行为。"此外,《商业银行法》第53条规定了银行工作人员的保密义务,"商业银行的工作人员不得泄露其在任职期间知悉的国家秘密、商业秘密"。

法律在操作方面要注意的问题是界定银行工作人员的范围,学理上认为,在银行正式编制之内的工作人员和按劳动聘任制签订劳动合同的工作人员都是银行的工作人员。

七、商业银行的监督机制

1. 商业银行内部的稽核监督

银行内部设有稽核部门和监察部门,专门负责对银行的存款业务、贷款业务、结算业务、金融服务业务、信托业务和保管业务等财务情况进行稽核,对银行的会计与账目是否符合国家规定进行检查。例如,对银行的存款业务和存款质量金融稽核,检查存款的账实、账账相符情况;检查有无擅自挪用客户的存款、透支客户的取款、虚开没有存款的空头存单等情况;特别还要检查有无存款资金的账外经营情况。

再如,对于贷款业务和信贷资产质量的稽核工作包括:检查贷款业务中的贷款使用情况,贷款有无担保、抵押或质押情况;检查对于没有担保的贷款是否符合国家法律的规定;检查向"关系人"贷款的条件是否符合法律规定要求,有无违规徇私向亲属贷款的情况;检查贷款余额与存款余额控制比例的执行情况;检查逾期贷款和呆账贷款的冲销情况;特别要检查银行对外单位是否开出了担保文件以及是否符合法律规定的情况等。

对银行财务和会计工作的稽核检查,要注意财务会计的准确、完整、及时和认真记录银行财务的经营运行情况。检查银行财务的账账、账款、账实、账表、账据、内外账的核对相符;检查银行有无在法定账户外私设会计账户的情况;还要特别检查银行有无违反财务管理制度,擅自扩大开支,擅自增加成本的情况。

我国商业银行本系统内部也制定了《稽核工作基本程序》,稽核人员要按照规定的要求进行稽核,将稽核报告提交有关部门,并对检查出的问题进行稽核处理,或复议审查。

2. 商业银行的外部监督

(1) 银监会对商业银行的监督

银监会对商业银行的监督是其一项日常工作。《商业银行法》第62条规定:"国务院银行业监督管理机构有权依照本法第3章、第4章、第5章的规定,随时对商业银行的存款、贷款、结算、呆账等情况进行检查监督。检查监督时,检查监督人员应当出示合法的证件。商业银行应当按照国务院银行业监督管理机构的要求,提供财务会计资料、业务合同和有关经营管理方面的其他信息。"

(2) 中国人民银行对商业银行的监督

中国人民银行有权依照《中国人民银行法》第32条、第34条的规定对商业银行进行检查监督。商业银行应当向中国人民银行报送资产负债表、利润表以及其他财务会计、统计报表和资料。

(3) 国家审计部门对商业银行的审计监督

依照《商业银行法》第63条,商业银行应当依法接受审计机关的审计监督。实践中,审计监督的形式可能是国家审计部门依据《中华人民共和国审计法》对商业银行的财务会计情况进行审计监督,也可能是依据特定的金融审计规章,对国有金融机构的财务收支进行的经常性监督,或者对特定项目贷款合规性进行的检查监督。

此外,依据《商业银行法》第56条,商业银行应当于每一会计年度终了3个月内,按照国务院银行业监督管理机构的规定,公布其上一年度的经营业绩和审计报告。这是社会监督的一种方式。

第五节 外资银行监管的特别规定

一、外资银行概述

1. 外资银行的概念和法律地位

外资银行是指在我国境内设立的、由外国银行单独出资或者与其他外国金融机构或中国境内机构合资经营的银行类机构。按照我国现行《外资银行管理条例》的分类,包括外商独资银行、中外合资银行、外国银行分行、外国银行代表处三种形式。其中,前三者都从事商业银行的金融业务,故《外资银行管理条例》把它们合称为"外资银行营业性机构";外国代表处只是外国银行为进入中国市场而设立联络、信息收集、市场调查的派出机构,不从事经营活动。

从法律地位来看,外商独资银行及中外合资银行都是中国法人,依中国法律设立并自主经营,独立承担法律责任。外国银行分行是外国银行在中国境内的分支机构,不具有中国法人地位,其法律责任最终由外国银行总行承担。

2. 银行跨国经营的目的

外资银行是从东道国的角度对跨国经营的商业银行的称谓。从银行本身来看,到注册地国家(母国)以外的其他国家或地区设立分支机构,属于银行的跨国经营行为。在国际金融领域,设立海外分行或建立跨国银行的目的有多种,例如,为客户的海外贸易结算提供便利、逃避本国较高的税赋、在国际金融市场融资和为资本输出寻求较高的投资回报率等。许多国际著名银行都在海外设有庞大的分行网络,金融业务遍及各个国际金融市场和国内市场。

从东道国政府的角度看,一些国家为了发展本国金融业和其他事业,对外国金融资本的流入采取优惠政策,特别是那些国际金融中心所在地的国家和地区,以及许多发展中国家和地区,对外资银行实行低税优惠、放松或取消外汇管制、允许外国资金自由流动等政策,以鼓励外国银行在该地区发展。例如,1997年的一份资料显示,法国巴黎的外国银行和外资控股银行有96家,约占法国注册银行总数的27％。在香港注册的银行只有34家,而海外银行有129家,占香港持牌银行总数的79％。在伦敦注册的外资银行有429家。

3. 外资银行进入我国市场的历史

外资金融机构进入我国市场的历史可以追溯到19世纪。当时中国经济落后,政治软弱,但是我国的市场还是世界上最大的市场之一,所以,外资银行跟随着贸易商人,在贸易通商过程中进入了中国市场。现在我国上海外滩沿江边上的欧式银行大楼,就是当年外资银行的分支机构办公楼。

改革开放后,外资银行及其他金融机构重新进入我国。1979年,日本长期信用银行在北京开设代表处;1981年,香港南洋商业银行首家获准在特区设立营业性分支机构。随着中国经济的高速发展,大量跨国公司到中国投资设厂,特别是中国2001年加入WTO,承诺对外金融市场开放,这些都刺激了外资银行加快进入中国的步伐。根据中国银监会的统计,截至2006年9月末,在华外资银行本外币资产总额达到1051亿美元,占中国银行业金融机构总资产的1.9％;在中国注册的外商独资和中外合资法人银行业机构共14家,下设17家分支行及附属机构;22个国家和地区的73家外资银行在中国24个城市设立了191家分行和61家支行;41个国家和地区的183家外资银行在中国24个城市设立242家代表处;在华外资银行存款总额达到334亿美元,贷款余额为549亿美元。此外,还有26家境外金融机构投资入股18家中资银行,入股金额179亿美元。

4. 我国引进外资银行的意义

(1) 有利于吸引外资。外资银行来我国设分行或子银行,都需把资金投入我国,使我国外汇的数额增加,另一方面,外资银行对其他外资企业在华投资也有促进作用,外资企业可以在外资银行开户,办理存款和转账结算业务。而这些外资银行的业务质量、客户服务在国际上都居于领先地位,加之其文化背景与其他外资企业有相通之处,这都有助于增强外商来华投资的信心。

(2) 有利于我国学习外国银行的管理经验。外国银行在经营方面已经高度国际化,在国际金融市场有比较丰富的业务经验。外资银行在我国设立分行或设立子银行,能使我国同行有机会直接学习他们先进的管理经验与经营技巧,为我国的银行向海外发展金融业务提供参考经验。

(3)为我国金融管理体制改革提供参考经验。金融管理体制改革的设想,是要从原来单纯靠计划与行政管理方式,改革成为计划与市场相结合的管理方式;把原来单一的银行业务改革成种类齐全的银行业务;把原来辅助行政权力、被动起作用的银行,改革成为主动调节社会资金的银行。以上这些方面都可以参考借鉴市场经济发达国家的银行管理经验,以调整政府与银行、银行与客户在金融活动中的关系。

二、外资银行监管立法

1. 立法目的

许多国家和地区的银行法对外国银行有专门的规定,例如,1983年的《日本国普通银行法》第 7 章第 47 条至第 52 条,1978 年美国《国际银行法》中的有关条款,我国台湾地区《银行法》第 7 章第 116 条至 124 条都是专门规定外国银行法的条文。对外资银行的立法通常都会明确其准入条件、申请程序、业务范围、营运资金以及持续经营监管、清盘等内容。

对外资银行专门立法的目的主要有两方面:(1)对外资银行进行监管,避免外资银行跨国经营的风险蔓延,影响对东道国国内金融市场的稳定。(2)对外资银行的业务范围进行适当限制,保护本国存款人的利益。除了香港《银行条例》给予外国银行与本地注册的银行同等待遇外,其他许多国家都对外国银行作了不同程度的限制。

2. 我国对外资银行监管的历史沿革

1994 年 2 月 25 日,国务院第 148 号令发布了《外资金融机构管理条例》(以下简称《条例》),于 1994 年 4 月 1 日开始实施,同时废止了 1985 年 4 月 2 日国务院公布的《中华人民共和国经济特区外资银行、中外合资银行管理条例》和 1990 年 9 月 7 日国务院颁布的《上海外资金融机构、中外合资金融机构管理办法》,统一了我国不同特区原有的不同外资银行监管标准。该条例适用于外资独资银行、中外合资银行以及外国银行分行,还适用于外资在中国境内单独设立或者合资设立的财务公司。

2001年年底,为履行我国加入世贸组织承诺,国务院重新修订、公布了《外资金融机构管理条例》并于2002年2月1日起施行。中国人民银行对该条例的实施细则进行了相应修订。2003年,对外资银行监管职能从中国人民银行转移到中国银监会后,中国银监会再次对实施细则进行了修订,贯彻风险监管和审慎监管精神,同时与中资银行有关管理规定开始衔接。

2006年12月11日是我国加入WTO五周年的日子,也是国内金融业5年过渡期保护的结束。按照入世承诺,我国需要解除对外资银行从事人民币业务的地域限制与客户限制。国务院于2006年11月11日公布了新的《外资银行管理条例》,并于12月11日正式施行。

3. 2006《外资银行管理条例》的特点

一是全面履行入世承诺,取消人民币业务的地域和客户限制。

二是体现国民待遇原则,为中外资银行公平竞争创造法律环境。外资法人银行除设立条件按照入世承诺外,准入程序、业务范围、监管标准尽量与中资银行一致。如外资法人银行的最低注册资本为10亿元人民币或等值外币,遵守8%的资本充足率以及其他资产负债比例监管,董事及高级管理人员的任职资格管理等。

三是遵循国际监管惯例,实行法人银行导向政策。对于不具有本地法人资格的外国银行分行的人民币业务进行适度限制。

四是充分体现风险监管、合并监管和审慎监管的理念,保护存款人利益、维护银行体系稳健运行。

此外,《外资银行管理条例》的规范对象调整比较大,由原来的外资银行、合资银行以及外资/合资财务公司调整为纯粹的外资银行,同时把原来单独立规的外国银行代表处纳入《外资银行管理条例》的适用范围。现存的外资财务公司按要求转制为银行或实施关闭。今后的外资财务公司属于集团财务公司性质,将由适用于中、外资财务公司的《企业集团财务公司管理办法》统一规范,具体规则参见本书第三章第五节。

三、对外资银行股东资格的监管

1. 基本要求

股东资格监管是对外资银行监管的一项重要内容。按照《外资银行管理条例》，拟设外商独资银行、中外合资银行的股东或者拟设分行、代表处的外国银行应当具备下列条件：(1) 具有持续盈利能力，信誉良好，无重大违法违规记录；(2) 拟设外商独资银行的股东、中外合资银行的外方股东或者拟设分行、代表处的外国银行具有从事国际金融活动的经验；(3) 具有有效的反洗钱制度；(4) 拟设外商独资银行的股东、中外合资银行的外方股东或者拟设分行、代表处的外国银行受到所在国家或者地区金融监管当局的有效监管，并且其申请经所在国家或者地区金融监管当局同意；(5) 国务院银行业监督管理机构规定的其他审慎性条件。

此外，拟设外商独资银行的股东、中外合资银行的外方股东或者拟设分行、代表处的外国银行所在国家或者地区应当具有完善的金融监督管理制度，并且其金融监管当局已经与我国金融监管机构之间建立了良好的监督管理合作机制。

2. 对外商独资银行股东资格的特别规定

外商独资银行包括一家外国银行单独出资设立或一家外资银行与其他外国金融机构共同出资设立的外资银行。这些银行或金融机构，除应当符合前面第1项提到的"基本要求"外，其中唯一或者控股股东还应当具备下列条件：(1) 为商业银行；(2) 在中华人民共和国境内已经设立代表处2年以上；(3) 提出设立申请前1年年末总资产不少于100亿美元；(4) 资本充足率符合所在国家或者地区金融监管当局以及国务院银行业监督管理机构的规定。

3. 对中外合资银行股东资格的特别规定

拟设中外合资银行的股东，除应当符合前面第1项提到的"基本要求"外，其中的外方股东及中方唯一或者主要股东应当为金融机构，且外方唯一或者主要股东还应当具备下列条件：(1) 为商业银行；(2) 在中华人民共和国境内已经设立代表处；(3) 提出设立申请前1年年末总资产不少于100亿美元；(4) 资本充足率符合所在国家或者地区金融监管当局以及国务院银行业监督管理机构的规定。

4. 对设立分行的外国银行的特别规定

拟设分行的外国银行除应当符合前述基本要求外,还应当具备下列条件:(1)提出设立申请前1年年末总资产不少于200亿美元;(2)资本充足率符合所在国家或者地区金融监管当局以及国务院银行业监督管理机构的规定;(3)初次设立分行的,在中华人民共和国境内已经设立代表处2年以上。

四、对外国银行分行的特别规定

1. 最低营运资金要求

外国银行分行应当由其总行无偿拨给不少于2亿元人民币或者等值的自由兑换货币的营运资金。

2. 业务范围及限制

(1)法律规定

按照《外资银行管理条例》第31条,外国银行分行按照中国银监会批准的业务范围,可以经营下列部分或者全部外汇业务以及对除中国境内公民以外客户的人民币业务:(1)吸收公众存款;(2)发放短期、中期和长期贷款;(3)办理票据承兑与贴现;(4)买卖政府债券、金融债券,买卖股票以外的其他外币有价证券;(5)提供信用证服务及担保;(6)办理国内外结算;(7)买卖、代理买卖外汇;(8)代理保险;(9)从事同业拆借;(10)提供保管箱服务;(11)提供资信调查和咨询服务;(12)经国务院银行业监督管理机构批准的其他业务。外国银行分行可以吸收中国境内公民每笔不少于100万元人民币的定期存款。经中国人民银行批准,外国银行分行可以经营结汇、售汇业务。

(2)限制方式

与国内银行以及外资法人银行的业务范围相比,外国银行分行受到的限制主要有三方面:一是不得从事银行卡业务,二是对中国境内公民吸收的人民币存款不得少于每笔100万,且为定期存款,三是不得为中国境内居民个人提供人民币贷款业务。银行卡、个人消费信贷以及居民个人的人民币活期存款或小额定期存款,都属于典型的商业银行零售业务。因此,外国银行分行只能从事对个人的人民币批发业务。

(3) 限制的理由

外资银行必须以法人资格经营本币零售业务,是各国对外资银行监管的普遍做法,又称为法人导向政策。在美国,大多数外国银行分行只能吸收10万美元以上的存款,从事批发业务,资金主要来源于银行间市场和关联方。外国银行要从事零售业务,首先要加入联邦存款保险,而加入联邦存款保险的必须是法人银行,大多为外国银行的子行。

法人银行作为境内独立法人,是本地注册,由本国监管机构承担主要的监管责任;外国银行分行是境外注册银行的分支机构,由母国监管机构承担主要的监管责任。为了保障居民的存款安全,也为了便于监管存款市场上的风险,有必要区别对待。从客观上看,这一措施也在一定程度上起到了保护国内银行业,特别是其快速成长的零售业务的作用,因为设立法人银行的成本要比设立分行的成本高得多。

3. 审慎性监管

外国银行分行不是中国法人,民事责任由其总行承担,因此它也不适用资本充足率监管要求。但是,外国银行分行依然需要满足东道国关于营运资金以及流动性等方面的要求,以避免自身的资金不足波及东道国金融市场的稳定。

(1) 营运资金

外国银行分行营运资金的30%应当以国务院银行业监督管理机构指定的生息资产形式存在。其营运资金加准备金等项之和中的人民币份额与其人民币风险资产的比例不得低于8%。对于风险较高、风险管理能力较弱的外国银行分行,银监会还可以提高上述比例。

(2) 流动性

外国银行分行应当确保其资产的流动性。流动性资产余额与流动性负债余额的比例不得低于25%。

（3）境内资产比例

外国银行分行境内本外币资产余额不得低于境内本外币负债余额。

（4）合并管理

在中华人民共和国境内设立 2 家及 2 家以上分行的外国银行，应当授权其中 1 家分行对其他分行实施统一管理。银监会对外国银行在中华人民共和国境内设立的分行实行合并监管。

五、对外资银行经营人民币业务资格的特别规定

按照《外资银行条例》第 34 条，外资银行（包括法人银行与分行）经营法定业务范围内的人民币业务的，应当具备下列条件，并经国务院银行业监督管理机构批准：（1）提出申请前在中华人民共和国境内开业 3 年以上；（2）提出申请前 2 年连续盈利；（3）国务院银行业监督管理机构规定的其他审慎性条件。

外国银行分行改制为由其总行单独出资的外商独资银行的，前述第（1）项、第（2）项规定的期限自外国银行分行设立之日起计算。

六、对外国银行代表处的管理

1. 法律地位

外国银行代表处，是指外国银行在中国境内获准设立并从事咨询、联络、市场调查等非经营性活动的代表机构。

外国银行代表处不得从事经营性业务，其行为所产生的民事责任由其所代表的外国银行承担。

2. 设立条件与程序

设立外国银行代表处的外国银行，应当符合《外资银行管理条例》对外资银行股东资格的要求，并将下列申请资料报送拟设代表处所在地的银行业监督管理机构：（1）申请书，内容包括拟设代表处的名称、所在地等；（2）可行性研究报告；（3）申请人的章程；（4）申请人及其所在集团的组织结构图、主要股东名单、海外分支机构和关联企业名单；（5）申请人最近 3 年的年报；（6）申请人的反洗钱制度；（7）拟任该代表处首席代表的身份证明和学历证明的复印件、简历以及拟任人有无不良记录的陈述书;(8)对拟任该代表处首席代表的授权书;(9)申请人所在国家或者地区金融监管当局核发的营业执照或者经营金融业务许可文件的复印件及对其申请的意见书;(10)国务院银行业监督管理机构规定的其他资料。

拟设代表处所在地的银监会派出机构应当将申请资料连同审核意见,及时报送中国银监会。中国银监会自收到设立外国银行代表处完整的申请资料之日起6个月内作出批准或者不批准设立的决定,并书面通知申请人。

经批准设立的外国银行代表处,凭批准文件向工商行政管理机关办理登记,领取工商登记证。

3. 监管

中国银监会对外国银行代表处及其活动进行监管。主要监管内容包括其名称、首席代表、业务范围、资料报送、改制与撤销等方面。

外国银行代表处可以从事与其代表的外国银行业务相关的联络、市场调查、咨询等非经营性活动。不论是外国银行代表处还是其工作人员,都不得从事任何形式的经营性活动。违法从事经营性活动的,中国银监会可以给予警告、没收违法所得、罚款等处罚;情节严重的,甚至可能撤销代表处。构成犯罪的,依法追究刑事责任。

外国银行代表处未经批准变更办公场所、未按照规定向国务院银行业监督管理机构报送资料或者有其他违法违规行为,中国银监会除责令改正,给予警告,并处罚款外,情节严重的,取消首席代表一定期限在中国境内的任职资格或者要求其代表的外国银行撤换首席代表;情节特别严重的,撤销代表处。

第三章 其他金融机构管理法律制度

第一节 概　　述

一、其他金融机构的概念

"其他金融机构"通常是与银行、特别是商业银行相对而言的,因此又称为"非银行金融机构"。传统上,以银行为主体的间接融资方式是社会资金融资的主渠道,银行办理零售金融业务,吸收公众存款,然后发放贷款。其他金融机构,如信用合作机构、信托公司、财务公司、租赁公司、投资银行、证券公司等,都在提供一定的资金融通服务,但其业务范围比较有限,或者从事批发性金融业务,或者仅对内部成员提供金融服务,或者仅提供某种特定的融资服务。因此,从金融机构的重要性以及对社会的影响来看,银行与其他非银行金融机构都有较大差异,监管方式上也有所差异。

二、其他金融机构的范围

随着我国金融市场的发展,非银行金融机构的种类也越来越多,其从事的金融业务也发生着一定的变化。它们大致可以分为以下几类:

一是城市信用合作社和农村信用合作社。这是合作制的金融机构,它们与银行一样可以吸收公众存款,但采取合作制的管理模式,主要为社员提供金融服务。不过,我国以往的信用合作社作为集体所有制的金融机构,并非严格意义上的合作金融组织,存在产权不清、定位不准确、服务对象社会化、官办化等问题,因此近年来一直处于体制变革的过程中。其中,城市信用合作社已经基本改制为城市商业银行,纳入《商业银行法》的调整范围,不复为合作金融组织。农村信用合作社也在进行改革,根据不同情况分别改制为农村商业银行、农村合作银行以及严格按照合作制原则运作的信用合作社。

二是信托公司、财务公司、金融租赁公司、汽车金融公司、货币经纪公司、贷款公司等。它们从事批发金融业务,不得吸收公众存款,而是用自有资金或来自特定渠道的大额资金发放贷款或进行其他融资服务。它们被公认为是典型的"非银行金融机构"。

三是证券公司、基金管理公司以及以"金融公司"面目出现的投资银行。它们主要是直接融资市场(即资本市场)中的金融机构,为企业承销股票、债券等直接投资凭证,为大众投资人提供证券交易和投资管理方面的服务。按照现行监管体制,我国的期货公司也可以属于这个类别。它们主要受中国证监会监管。

四是保险公司以及养老金管理公司。它们主要受中国保监会监管。

此外,我国的金融资产管理公司也属于其他金融机构的范畴。它目前的主要业务活动是处置银行不良贷款,一般不直接参与贷款等资金融通活动,但未来的改革方向是成为提供包括证券承销服务在内的投资银行。

三、对其他金融机构的立法与监管

金融业是实行市场准入的行业。不论是哪一种非银行金融机构,还是依法定程序设立、经营金融业务的特许机构,都需要遵循相关领域中的监管立法,接受中央银行、银监会、证监会或保监会的监管。

由于不同金融机构的业务活动、组织方式各有特点,具体的监管方式也不相同,因此,我国目前对不同金融机构采取分别立法的方式。每一种金融机构都有专门的监管法规或规章,如《农村信用合作社管理规定》《信托公司管理办法》《企业集团财务公司管理办法》《金融资产管理公司管理条例》《汽车金融公司管理办法》《金融租赁公司管理办法》等。

本章仅介绍农村信用合作社、信托公司、财务公司、金融租赁公司、贷款公司、证券公司、金融资产管理的管理制度。

第二节　农村信用合作社

一、农村信用合作社概述

1. 农村信用合作社的概念

农村信用合作社(以下简称农村信用社)是指经中国人民银行批准设立,由社员入股组成的,实行社员民主管理,主要为社员提供金融服务的农村合作金融机构。农村信用社的社员,包括向农村信用社入股的农户、信用社职工以及农村各类具有法人资格的经济组织。

为了加强对农村信用社的管理,1997年9月,中国人民银行发布了《农村信用合作社管理规定》。根据该规定,农村信用社被定为独立的企业法人,以其全部资产对农村信用社的债务承担责任,依法享有民事权利,承担民事责任,其财产、合法权益和依法开展的业务活动受国家法律保护,任何单位和个人不得侵犯和干涉。

2. 农村信用合作社的发展历史

中国于1923年在河北省香河县组建了第一家农村信用社。在革命根据地,农村信用社这一形式得到了广泛应用,以解决农村地区农业生产资金不足的问题。1949年以后,农村三大合作组织即农业生产互助合作、农村供销合作和农村信用合作组织发展迅速。1955年,中国农业银行成立,负责指导和扶助几乎遍及中国每一个乡的15.5万个农村信用社。1996年,按照国务院《关于农村金融体制改革的决定》,农村信用社与中国农业银行脱钩,其业务管理和金融监管分别转由县联社和人民银行承担。中国银监会成立后,其又与中国人民银行联合发布了《关于明确对农村信用社监督管理职责分工的指导意见》,将两个部门对农村信用社的监管职责进行了合理分配。到2006年年底,全国已有农村信用社营业网点8万多个,各项存款已达30000多亿元,其中储蓄存款近24000多亿元,资产总额35000亿元,各项贷款余额24000多亿元。

改革开放以来,我国农村信用社有了很大发展,但也存在许多问题,如官办色彩浓厚,商业化倾向较重等,还不是完全意义上的合作金融组织,需要逐步进行改革。为此,国务院于2003年专门下发了《深化农村信用社改革试点方案》,要求试点地区按照"明晰产权关系、强化约束机制、增强服务功能、国家适当支持、地方政府负责"的总体要求,加快信用社管理体制和产权制度改革,"以县(市)为单位建立统一法人,而以省级联合社依法管理,银监会依法监督",从而把信用社逐步办成社区性地方金融机构。

截至2006年,全国已有30个省(区、市)开展深化农村信用社改革工作,农村信用社在管理体制、产权模式和组织形式等方面发生了变化:(1)基本完成管理体制改革,初步形成"国家宏观调控、加强监管,省级政府依法管理、落实责任,信用社自我约束、自担风险"的管理框架。(2)积极探索新的产权模式和组织形式。产权开始明晰,法人治理有所改善,经营机制初步转换。(3)消化历史包袱。有序落实了中央和地方政府扶持政策,消化历史包袱、化解风险,支农服务能力和水平明显增强。(4)盈利水平提高。农村信用社整体账面利润实现扭亏为盈并持续增长。

二、农村信用社的设立和变更

1. 农村信用社的设立条件

设立农村信用社,必须具备以下条件:社员不少于500个,可由银监会作适当调整,并备案;注册资本金一般不少于100万元人民币,也可同样调整和备案;有符合法律规定的章程;有具备任职资格的管理人员和业务操作人员;有健全的组织机构和规章制度;有符合要求的营业场所、安全防范措施和与业务有关的其他设施。另外,银监会各地监管局审查设立申请时,应当考虑经济发展的需要和金融业竞争的状况。

农村信用社营业机构要按照方便社员、经济核算、便于管理、保证安全的原则设置。农村信用社可根据业务需要下设分社、储蓄所,由农村信用社统一核算。分社、储蓄所不具备法人资格,在农村信用社授权范围内依法、合规开展业务,其民事责任由农村信用社承担。

2. 农村信用社设立的程序

设立农村信用社需经过筹建和开业两个阶段。

筹建农村信用社,申请人需向银监会提出筹建申请,并提交法律规定的文件、资料,如筹建申请书、可行性分析报告、筹建方案,以及监管部门规定的其他文件、资料,包括章程草案;拟任职的理事长、副理事长和主任、副主任的资格证明;法定验资机构出具的验资证明;发起社员名单及出资额;符合要求的营业场所的产权或使用权的有效证明文件和安全防范措施、办理业务必须的设施的资料等。

农村信用社筹建完毕,应向银监会申请开业,并提交开业申请报告、验资证明等相关资料,经银监会批准后颁发《金融机构法人许可证》,并凭此证在工商行政管理部门登记注册,领取法人营业执照。自银监会批准筹建之日起满6个月,仍不具备申请开业条件的,自动失去筹建资格,且6个月内不得再提出筹建申请。

农村信用社的分社、储蓄所的设立、撤并,由农村信用社提出申请,报监管部门审批,并颁发或注销《金融机构营业许可证》。

3. 农村信用社的变更

农村信用社发生法定的变更事项,如变更名称,变更注册资本,变更营业场所,调整业务范围,变更理事长、副理事长、主任、副主任以及农村信用社的分立、合并等,应当报经银监会批准,审批程序与开业审批程序相同。

三、农村信用社的股权设置和组织机构

1. 股权设置

(1) 入股方式。所有社员必须用货币资金入股,而不得以债权、实物资产、有价证券等折价入股,因为货币资金的流动性是最高的,其他资产都存在着变现的问题。

(2) 入股限额。单个社员的最高持股比例不得超过该农村信用社股本金总额的2%。

(3) 社员股权的转让。社员持有的股本金,经向本社办理登记手续后可以转让。

(4) 退股。农村信用社社员,经本社理事会同意后,可以退股。

年底财务决算之前退股的,不支付当年股息红利。

2. 组织机构

社员代表大会是农村信用社的权力机构,依法行使职权。社员代表大会由全社社员代表组成,选举社员代表时每个社员一票。社员代表每届任期3年。理事会是农村信用社的常设执行机构,其成员为5人以上(奇数)理事组成。理事会对社员代表大会负责,依法行使职权,理事长为农村信用社的法定代表人。监事会是农村信用社的监督机构,由3名以上(奇数)监事组成,监事由社员代表大会选举和更换。

农村信用社实行理事会领导下的主任负责制。主任由县联社推荐并进行考核,在银监会批准其任职资格后,理事会予以聘任。农村信用社规模较小的,其主任和副主任可由理事长、副理事长兼任。主任、副主任任期3年,可连聘连任,连续聘任时仍须进行资格审查。农村信用社主任主持农村信用社的日常经营管理工作,依法行使职权。农村信用社的理事、主任及其他主要负责人不得从事与本农村信用社竞争或者损害本农村信用社利益的活动。

四、农村信用社的业务管理

1. 业务范围

经银监会批准,农村信用社可经营下列人民币业务:办理存款、贷款、票据贴现、国内外结算业务;办理个人储蓄业务;代理其他银行的金融业务;买卖政府债券;代理发行、代理兑付、承销政府债券;提供保险箱服务;代理收付款项及受托代办保险业务;办理经批准的其他业务等。

2. 监督管理

(1)农村信用社必须按规定缴纳存款准备金。如需动用存款准备金,按中国人民银行有关规定办理。

(2)农村信用社对本社社员的贷款不得低于贷款总额的50%,其贷款应优先满足种养业和农户生产资金需要,资金有余,再支持非社员和农村其他产业。

(3)农村信用社坚持多存多贷、自求平衡的原则,实行资产负债比例管理和资产风险管理。农村信用社应按规定向当地监管部门、县联社报送信贷、现金计划及其执行情况,报送统计报表和其他统计资料。农村信用社应对所报报表、资料的真实性、准确性负责。

(4) 财务的监督管理

农村信用社执行国家统一制定的农村信用社财务会计制度,按照国家有关规定,真实记录并全面反映其业务活动和财务活动,编制年度财务会计报表,及时向当地监管部门报送会计报表,农村信用社不得在法定的会计账册外另立会计账册。

农村信用社应按国家规定提取呆账准备金和坏账准备金。

农村信用社执行中国人民银行统一制定的结算规章制度,按照中国人民银行的规定办理本地和异地结算业务。办理同城结算,可参加中国人民银行组织的同城票据交换和多边结算,也可通过县联社办理;办理异地结算可自由选择开户银行办理。

农村信用社应聘请经监管部门认可的会计师事务所或审计师事务所对其年终会计报表进行审计。农村信用社应定期向本社理事会、监事会报告其财务状况。

五、农村信用社的接管及终止

1. 接管

农村信用社在已经或者可能发生信用危机、严重影响存款人利益时,监管部门可以按有关规定对其进行接管、整顿,改善资产负债状况,恢复正常经营能力。接管期限不得超过 12 个月。接管期限届满,监管部门可视情况决定延期,但接管期限最长不得超过 2 年。

2. 终止

(1) 农村信用社因分立、合并或者出现章程规定的解散事由需要解散的,应当向监管部门提出申请,并附解散的理由和支付存款的本金和利息等债务清偿计划,经批准后解散。农村信用社解散的,应当依法成立清算组进行清算,按照清偿计划及时偿还存款本金和利息等债务,由监管部门进行监督。

(2) 农村信用社因吊销许可证被撤销的,由监管部门组织成立清算组及时进行清算,按照清偿计划及时偿还存款本金和利息等债务。

（3）农村信用社资不抵债，不能支付到期债务，经监管部门同意，由人民法院依法宣告其破产。

第三节 信托公司

在我国，信托公司是经银行业监管机构批准设立的、以经营信托业务为主的非银行金融机构。

一、信托的概念与法律关系

1. 信托的概念

信托是指为了实现一定的目的，把自己的财产或资金委托给他人代为管理或经营的一种法律行为。

信托最早起源于英国，19世纪英国的教徒愿意在过世后，把自己的土地捐赠给教会。后来英国法律禁止将无继承人的土地赠与教会，无主土地收归国有。为了避免土地被国家没收，教徒们便采用民间信托的方式，将土地信托给他人管理，再将教会作为信托受益人，从而形成了信托特有的法律结构：委托人—受托人—受益人。

由于信托安排能够让有能力的人来管理遗产或财产，所谓"受人之托，代人理财"，这就解决了家庭主要成员变故而引起的财产危机，有助于保持财产的延续和增值。因此，信托很快成为英国流行的家庭财产管理的工具，并被其他英联邦国家接受，发展成为英美国家财产管理、投资管理的主要工具，20世纪以后，一些大陆法系国家也引入了信托制度，我国在2001年颁布了《信托法》。

2. 信托法律关系的构成

信托法律关系的参加者通常有三方当事人：委托人、受托人和受益人。

委托人又称信托人，是指把自己的财产以信托的方式，委托给受托人经营的人。

受托人或称被信托人，是指接受信托财产，并按约定的信托合同对信托财产进行经营的人。传统上，受托人既可以是个人，也可以是法人。英美国家早期的信托中,受托人大多是家庭的律师或友人。19世纪下半期以后,金融市场的发展催生了信托业,由专业化的信托机构担任受托人的情形越来越普遍。

受益人,是指信托人指定的接受信托财产在经营中产生的利益的人。受益人通常是第三人,也可以是委托人自己。在受益人是委托人本人时,信托法律关系就变成了两方当事人,即委托人与受托人。

学理上通常把以第三人为受益人的信托称为"他益信托",把委托人自己作为受益人的信托称为"自益信托"。

3. 信托财产的独立性

信托财产上的所有权关系比较特殊。在英美等信托制度历史悠久的国家,信托上有双重所有权。一方面,委托人把信托财产的所有权转移给了受托人,受托人作为法律上的所有权人,可以占有、使用、处分信托财产;另一方面,受益人对于信托财产有衡平法上的所有权。两个所有权之间的关系是:信托财产的日常管理和处置都由受托人以所有权人的名义进行,但受托人的任何决策必须是为受益人的利益。如果受托人违反信托的目的,把信托财产处置给第三人,导致受益人利益受损时,受益人可以基于衡平法上的所有人的身份行使权利,从第三人处追回信托财产,不受善意第三人规则的约束。

大陆法系国家遵循"一物一权"原则,不承认双重所有权。因此我国的《信托法》没有明确规定信托财产的所有权人,而是强调信托财产的独立性。它独立于委托人、受托人、受益人的其他财产。《信托法》规定,信托财产与委托人未设立信托的其他财产相区别,也与受托人自己的固有财产相区别,同时也不属于受益人。由于信托财产由受托人管理,因此它与受托人固有财产之间的独立性就特别关键。受托人管理运用、处分信托财产所产生的债权,不得与其固有财产产生的债务相抵销。受托人必须将信托财产与自己固有的财产分别管理,对于以金钱或证券为财产的信托,应与受托人自己固有的金钱、证券分别计算。当个人受托人死亡或者信托公司终止时,信托财产不属于遗产或者清算财产。

4. 受托人的权利与义务

受托人是信托关系中最核心的主体,其行为决定整个信托的目的能否实现。因此法律上对其义务更加关注。

受托人的义务主要包括:受托人必须按信托合同对受托事务进行善意的管理,像管理自己的事务一样管理信托事务;受托人不能以任何理由,把信托财产变为自己的固有财产;受托者因自己的原因,管理不当,致使信托财产遭受损失,或违反信托合同处理信托财产时,受托人应在委托人、委托人的继承人或受益人的要求之下,支付补偿金;信托关系结束时,受托人应将信托财产交还委托人或受益人。

受托人的权利主要有:占有并经营管理信托财产的权利,从委托人处取得报酬的权利。受托人在经法院批准的情况下,可以中途解除受托的职责。受托人对信托财产所负担的租税、课税和其他费用,以及为了补偿在处理信托事务中不是由于自己的过失所蒙受的损失,可以出售信托财产,并可以优先于其他权利人行使该权利。

二、信托业与信托公司

1. 信托业的产生

信托业是受托人从个人转向专业化的机构后所逐渐形成的一个行业。其背景是19世纪末信托从个人遗产或家庭财产的管理工具逐步演变为大众投资的组织形式。从事信托业务的专业机构称为信托公司,或信托投资公司,它们接受大众委托,代理进行股票、债券投资或其他金融市场活动。学理上一般把作为个人家庭财产管理工具传统信托称为"民事信托",把由专业公司运作、主要为大众提供金融投资中介服务的信托称为"商业信托"或"营业信托"。

1893年,英国公布了《受托人条例》,后来又颁布了《官设受托人条例》。英国的银行和保险公司也在这个时期纷纷开办信托业。信托业从英国传入美国以后,美国便把信托发展成为产业筹集资金的金融工具,证券信托在信托业中占了相当大的比重。信托业从美国传入日本,1906年,日本成立了第一家信托公司,以金融信托为主业。1922年,日本颁布了《信托法》和《信托业法》。

由于信托是在现代社会中主要大众投资管理的工具,因此,许多国家将信托业纳入金融业的范畴。公司法人申请经营信托业务时,需经过金融监管机关批准。

2. 信托业务的主要种类

信托公司办理的信托可以从不同角度进行分类。以信托法律关系主体来划分,可以分为个人信托、雇员受益信托、公司法人信托和公益信托。如果按信托法律关系的客体来划分,可以分为贸易信托、不动产信托和金融信托等。

个人信托是以自然人作为委托人和受益人的信托,个人信托的内容主要有遗嘱信托、财产信托、监护和个人代理等。

雇员受益信托是指以其雇员为受益人将其部分财产办理信托。雇员受益信托的目的在于为公司雇员提供退休福利,也可以作为公司吸引人才的一种手段。这种信托的典型方式有养老金信托、利润分享信托、储蓄计划信托。

公益信托是指公益性社团法人为某种公益性目的设立的信托,如为了教育、宗教、科学、社会福利等目的的财产信托。

公司法人信托是指以公司法人为委托人和受益人,以银行信托部或信托公司为受托人的信托。

在信托业发达的西方国家,上述各种信托业务都比较普遍。在我国,2001年以前主要的信托业务是公司法人信托。2001年《信托法》颁布之后,个人信托逐渐多起来。

3. 信托业的特点

信托业与银行业、投资公司等相比,主要有以下几个特点:

(1) 信托财产的所有权转移到受托人手中,受益人不能要求受托人向自己支付信托财产。而在银行存款关系下,存款人可以随时要求银行返还存款本金。

(2) 信托收益来源于信托财产的经营利润,没有利润就没有收益,而客户在银行储蓄,不论银行经营有无利润都得支付客户利息。

(3) 信托业务的受托人为委托人的利益进行经营,受托人得到劳务报酬,而不是与委托人分享红利。信托业务不是共担风险式的联合投资,可以共分红利。实践中,信托公司经营信托业务,通常依照信托文件约定以手续费或者佣金的方式收取报酬。

从上述特点可以看出信托业务有其独特的所有权处理、风险与收益的分配方式,但是在实际经营中,信托业与银行业联系紧密,在投资方式上与投资公司实难分别。

从国外情况看,美国的银行业与信托业没有严格的划分,银行可以经营信托业务,信托公司也可以经营部分银行业务。日本的银行业务与信托业务也是互相融合的,虽然有时立法将这两种业务分开,但后来又以信托银行的形式允许两者兼营。

我国的信托业无论是20世纪20年代还是80年代,都是与银行业混合的,其表现是:银行设信托咨询公司,信托投资公司经营部分存款和贷款业务。虽然在理论界较多的学者认为信托与银行业应分开,但在实践中却很难,主要因为银行的信誉以及拥有金融专业人才等使银行更适于经营信托业。

三、我国信托业的发展

在20世纪20年代的上海,我国的信托业曾经有过相当发达的时期。当时,上海信托公司与金融资本结合,几经起伏。新中国成立后,金融信托在大陆逐渐被取缔,只保留了较少的商品旧货信托业。金融信托在台湾、香港等地仍继续发展。

1979年,国务院批准成立中国国际信托投资公司,从此我国大陆的金融信托业又得以恢复发展。1980年9月9日,中国人民银行发出《关于积极开办信托业务的通知》,提出因为改革的发展,企业、企业主管部门和地方财政留存归己支配的各种资金越来越多,这部分资金要寻找出路,银行应帮助企业办理委托放贷和委托投资业务,因此,各专业银行应开办信托业务。这样,我国的信托业就沿着两条线发展起来:一是各专业银行设立的信托咨询公司及其信托业务;二是中央和地方各级政府设立的专门的信托公司及其信托业务。个人不得经营信托业务。

随着信托业的迅速发展,也出现了一些问题。一些地方决定把存在银行账户的专项基金存款,转为地方"信托存款",由地方负责支配,这样做实际上是将银行统一管理运用的一部分信贷资金转作地方资金,导致基建规模迅速扩大,信贷收支失衡。为纠正这种做法,1982年4月10日,国务院发出《关于整顿国内信托投资业务和加强更新改造资金管理的通知》,规定除国务院批准和国务院授权单位批准的投资信托公司以外,各地区、各部门都不得办理信托投资业务,而主要由人民银行或人民银行指定的专业银行来办理;经批准举办的信托投资业务的全部资金活动,都要统一纳入国家信贷计划和固定资产投资计划,进行综合平衡,禁止采用转移银行存款的办法,在国家规定的投资计划指标以外,增加基建贷款。1983年1月3日,中国人民银行发布《关于人民银行办理信托业务的若干规定》,指出信托要纳入银行信用的轨道,可以办理委托、代理、租赁、咨询、票据贴现和补偿贸易贷款等业务。信托资金的来源,主要靠吸收委托代理的款项和保险收益结余资金以及单位可以完全自主运用的资金。信托业务的利率应在人民银行统一规定的幅度内,由委托单位与信托公司协商确定。同年7月15日,中国人民银行发布《关于信托投资公司要停止发放固定资产投资贷款的通知》,要求银行系统的信托投资公司立即停止发放固定资产投资贷款,已发放的贷款,应纳入固定资产投资计划和信贷计划,按银行信贷处理。

上述政策性文件对我国信托业的管理形成了初步的模式,即信托业主要由银行开办,资金来源主要靠吸收企业留成资金和地方财政自有资金,禁止转移银行存款资金,信托业主要从事委托、代理、租赁和咨询等业务,严格控制投资业务。1986年颁布的《中华人民共和国银行管理暂行条例》对成立信托投资公司的审批程序作了规定。同年中国人民银行颁布的《金融信托投资机构管理暂行规定》,对有关金融信托投资机构成立的一些问题,如资本金、准备金、经营范围、财务报表等内容作了详细的规定。

由于实践中信托投资公司违规发放信托贷款和信托投资,冲击了国家的基建规模控制和信贷计划控制,中国人民银行从1985年起陆续对信托业进行了5次全面清理整顿。1995年,经国务院同意,中国人民银行要求银行系统所办信托投资公司(包括该公司的分支机构及银行的信托部、证券部)与银行在机构、资金、财务、人事等方面彻底脱钩或改为银行的分支机构;各级政府主办的信托投资公司与原行政主管部门脱钩,归中国人民银行领导。此项工作到1996年底完成,全国信托投资公司总数由1994年年底的393家下降为244家。中国人民银行于2004年颁布了《信托投资公司管理办法》。但是,由于历史发展路径的影响以及我国金融市场发展阶段的制约,独立后的信托投资公司难以摆脱单纯依赖贷款与投资的营利模式,信托业务并没有真正发展起来。

2003年中国银监会成立,承接了中国人民银行对信托业的管理权限,对信托投资公司进行了进一步的清理整顿,强调信托投资公司向"信托主业回归",受人之托,代人理财。2007年1月,中国银监会发布了修订后的《信托公司管理办法》,把"信托投资公司"更名为"信托公司",对于信托公司设立、业务范围以及监管制度等都作出了明确的规定。同时,银监会还发布了新的《信托公司集合资金信托计划管理办法》,对目前信托公司最主要的信托业务进行规范。

四、我国现行信托公司的管理规则

1. 设立条件

根据《信托公司管理办法》,我国的信托公司采取有限责任公司或者股份有限公司的形式。设立信托公司应当经中国银监会批准,并领取金融许可证。

设立信托公司,应当具备下列条件:(1)有符合《公司法》和银监会规定的公司章程。(2)有具备银监会规定的入股资格的股东。(3)最低限额的注册资本为3亿元人民币或等值的可自由兑换货币,注册时一次缴足;但信托公司处理信托事务不履行亲自管理职责,即不承担投资管理人职责的,其注册资本可少于3亿元,但不得低于1亿元人民币。经营企业年金基金、证券承销、资产证券化等业务,还应符合相关法律法规规定的最低注册资本要求。(4)有具备银监会规定任职资格的董事、高级管理人员和与其业务相适应的信托从业人员。(5)具有健全的组织机构、信托业务操作规程和风险控制制度。(6)有符合要求的营业场所、安全防范措施和与业务有关的其他设施。(7)银监会规定的其他条件。

中国银行业监督管理委员会依照法律法规和审慎监管原则对信托公司的设立申请进行审查,作出批准或者不予批准的决定;不予批准的,应说明理由。

2. 业务范围与财产管理方式

(1) 信托业务的范围

信托公司可以申请经营下列部分或者全部本外币业务:(1) 资金信托;(2) 动产信托;(3) 不动产信托;(4) 有价证券信托;(5) 其他财产或财产权信托;(6) 作为投资基金或者基金管理公司的发起人从事投资基金业务;(7) 经营企业资产的重组、购并及项目融资、公司理财、财务顾问等业务;(8) 受托经营国务院有关部门批准的证券承销业务;(9) 办理居间、咨询、资信调查等业务;(10) 代保管及保管箱业务;等等。此外,信托公司可以根据《信托法》等法律法规的有关规定开展公益信托活动。

(2) 信托财产的运用方式

在上述业务范围内,信托公司可以根据市场需要,按照信托目的、信托财产的种类或者对信托财产管理方式的不同设置信托业务品种,接受委托人的资金或财产进行管理。信托公司管理运用或处分信托财产时,可以依照信托文件的约定,采取投资、出售、存放同业、买入返售、租赁、贷款等方式进行,但不得为对外借款的目的将信托财产用于质押。这是为了避免信托财产承受不必要的风险或损失。

(3) 信托公司的固有业务

信托公司除了按照信托计划管理委托人的财产外,还有自己的固有资产,运用固有财产经营的业务称为固有业务。按照现行规定,信托公司在固有业务项下可以开展贷款、租赁、投资等活动,其中投资业务限定为对金融类公司股权投资、金融产品投资和自用固定资产投资,原则上不得进行实业投资。信托公司可以开展对外担保业务,但对外担保余额不得超过其净资产的50%。

信托公司不得开展除同业拆入业务以外的其他负债业务,且同业拆入余额不得超过其净资产的20%,但银监会另有规定的除外。

3. 主要监管措施

《信托公司管理办法》对于信托公司的经营规则和监督管理都作出了详细的规定,这里择其要点介绍如下:

(1) 信托公司应当有良好的内部治理结构,健全各项规章制度,特别是信托财产独立管理等制度。信托公司应当对信托业务与非信托业务分别核算,并对每项信托业务单独核算。信托财产与其固有财产应分别管理、分别记账,并将不同委托人的信托财产分别管理、分别记账。信托公司的信托业务部门应当独立于公司的其他部门,其人员不得与公司其他部门的人员相互兼职,业务信息不得与公司的其他部门共享。

(2) 信托公司应当按照《信托法》以及《信托协议》忠实履行受托人职责,不得承诺信托财产不受损失或者保证最低收益,也不得利用受托人地位谋取不当利益,最大限度地避免利益冲突。

(3) 为增强委托人、受托人对信托公司的信心,信托公司应保持足够的净资本,每年应当从税后利润中提取5%作为信托赔偿准备金,但该赔偿准备金累计总额达到公司注册资本的20%时,可不再提取。信托公司的赔偿准备金应存放于经营稳健、具有一定实力的境内商业银行,或者用于购买国债等低风险高流动性证券品种。

(4) 中国银监会对信托公司的董事、高级管理人员实行任职资格审查制度。未经中国银行业监督管理委员会任职资格审查或者审查不合格的,不得任职。对信托公司的信托从业人员实行信托业务资格管理制度。符合条件的,颁发信托从业人员资格证书;未取得信托从业人员资格证书的,不得经办信托业务。

(5) 信托公司违反审慎经营规则的,由银监会责令限期改正;逾期未改正,或者其行为严重危及信托公司的稳健运行,损害受益人合法权益的,银监会可以区别情形,依据《银行业监督管理法》等法律法规的规定,采取暂停业务、限制股东权利等监管措施。信托公司已经或者可能发生信用危机,严重影响受益人合法权益的,中国银行业监督管理委员会可以依法对该信托公司实行接管或者督促机构重组。

第四节 金融租赁公司

一、金融租赁的概念与特点

1. 概念

金融租赁,是指出租人根据承租人对租赁物和供货人的选择或认可,将其从供货人处购得的租赁物按合同约定出租给承租人占有、使用,向承租人收取租金的交易活动。金融租赁与传统租赁的本质区别在于租赁合同签订时出租人是否实际拥有租赁物。在传统租赁中,出租人是将自己已经拥有的物品租借给承租人,而金融租赁却是租赁合同先成立,然后出租人再按照租赁合同的要求去购买租赁物。

金融租赁是一种资金融通方式,它一方面仍然具有租赁的一般特性,如承租者获得租用物品的使用权,出租者获得租金;另一方面,金融租赁又不同于一般租赁形式,它的出租人向承租人提供信贷,厂商提供设备,承租人使用设备;出租人把所有权的全部责任,包括维修、保险和纳税等,都转移给承租人,租期可长达接近资产的经济寿命。在多数情况下,租赁期满时,承租人可按不低于资产公平市价的价格来购买设备,也可以把资产还给出租人。

2. 金融租赁的优势

自从1952年美国租赁公司首先采用这种租赁形式以来,金融租赁发展得非常迅速,这主要取决于两个因素:一是商品经济发展的客观要求,生产与设备进一步社会化;二是租赁方式带来的明显经济效益。这两者之间重要的还是效益。金融租赁带来的效益是:(1)不需大量投资,就能及时得到所需技术设备;(2)可以保持技术设备的先进性;(3)对非经常性使用或尚无充分把握的技术设备,采取租赁方式较为有利;(4)引进技术设备较快,并可得到良好的服务;(5)处理方法灵活,并免受通货膨胀的影响;(6)能延长资金融通期限;(7)能使得现金预算的编制比较灵活。

3. 金融租赁的特点

(1)租赁的对象一般是固定资产。因为固定资产的价值往往比较高,企业直接购买会占用大量现金资产,或者根本购买不起,这时便需要作为第三方的融资租赁公司的介入。

(2)融资与融物相结合。承租者在租赁设备的同时解决了购置设备的资金。不是先向银行贷款再去购置设备,而是先得到设备,租物与借钱结合起来,借物还钱。

(3)所有权与使用权分离。在租期内,设备的使用权归承租人,设备的所有权仍归出租者。但是,承租者在租期内有责任对设备进行维修和保养,租赁期满还有续租、留购、退还等选择。

(4)以租金形式分期归还本息。承租者先以较少的投资取得设备使用权,同时,可以用新创造的价值支付租金,并可以获取相当的收益,"借鸡生蛋、以蛋还钱",对承租者有利。而出租者除可收取垫付的设备价款和相应的利息外,又可以获得一笔劳务费,所以出租者也有利可图。

此外,租赁还是扩大商品销售的好形式。

二、我国金融租赁业的发展与现状

1. 我国金融租赁业的历史沿革

1980年年初,中国国际信托投资公司率先开办了国际租赁业务。1981年4月,中日双方在北京成立中国东方租赁有限公司筹备处,这是我国第一家专营租赁业务的合资企业,1987年,成立了中国租赁有限公司。到1999年年底,全国共有金融租赁公司15家,资产总额182亿,累计业务额1900亿元。租赁业务范围也有较大的发展,租赁对象从单机发展到生产线;从新设备发展到第二手设备,种类较多;从注意引进设备发展到注意引进技术,即附带引进专利、软件的项目和引进增加出口创汇的设备增多;在国内租赁业务有较大发展的同时,国产设备出口租赁也有新突破,如广东船厂制造的1.8万吨散装货轮首次被租赁到国外。

但是,由于我国金融租赁业长期受到严格计划审批、业务范围限制、监管指标偏高、银行进入禁止等因素制约,其发展也受到了很大的限制。从实践来看,我国金融租赁业发展有如下的特点:

(1)先发展国际租赁业务,后发展国内租赁业务。

(2) 中外合资租赁企业比重较大,业务也比较活跃,但国内融资租赁业务发展相对缓慢。

(3) 我国的租赁机构除了负责资金融通以外,还代客户联系厂商、安排商务洽谈、组织考察、培训技术等,并办理有关进口手续,有时还协助落实原材料来源,疏通设备的销售渠道等。

(4) 根据国家政策,将租赁业务纳入国家计划。设备租赁一般涉及固定资产投资,80%以上都是技术改造项目。为了配合经济改革,合理调整投资结构,有计划、有步骤地进行技术改造,项目必须遵循国家的方针政策,租金偿还的资金来源和还款计划都必须按规定纳入国家和地方计划,同时必须按规定纳入各级财政计划。

这种重国外、轻国内、严格计划审批的情形长期制约了我国金融租赁业务的快速发展。2000年,中国人民银行在总结经验教训的基础上,参照国际公约与我国《合同法》的相应规定,制定了《金融租赁公司管理办法》。但该办法规定的最低注册资本和资本充足率偏高,业务范围不合理,银行仍然不能经营金融租赁业务,使得近年来金融租赁公司的数目不断减少,我国金融租赁业实际上处于"高门槛、严管制、乏资金"的艰难境地。2006年,我国金融租赁公司仅有12家,其中6家停业整顿或重组,另外6家全年新增业务量还不到50亿元。面对这种严峻形势,中国银监会于2007年年初发布了新的《金融租赁公司管理办法》,降低资本充足率与注册资本的门槛,并允许商业银行进入金融租赁业,这对于发展银行自身优势、促进我国金融租赁行业的健康发展具有重要意义。

2. 金融租赁的主要形式

(1) 自营租赁。承租者根据自己所需的设备,先同厂商洽谈供货条件,然后向出租者申请租赁预约,经出租者审查同意后,签订租赁合同。然后,出租者再向厂商订货,并让其向承租者直接发货,设备经承租者验收或使用被认为合格,租期即行开始。承租者按合同交付租金,并负责设备的维修保养。这种租赁期限较长,一般与设备耐用年限相同,中途不得任意解除合同。

(2) 售后回租租赁,简称回租。承租人将自有物件出卖给出租人,同时与出租人签订融资租赁合同,再将该物件从出租人处租回。

售后回租业务是承租人和供货人为同一人的融资租赁方式。回租的主要特点是企业既能保持原有设备的使用权,又能将该项设备占用的资金变成一笔应急的资金,可以增加流动资金或进行其他投资,以扩大再生产,同时又不会因为出售设备影响生产。为区别售后回租业务与纯粹的银行贷款,法律上通常要求出租人应真实取得标的物的所有权;标的物属于法定办理登记的财产类别的,还应进行相关登记。

(3) 转租赁,简称转租。承租者把租来的设备再转租给第三者使用,这种方式一般适用于引进外资或设备。国内租赁公司先选定国外租赁公司,以承租者的身份与其签订租赁合同,然后再将该设备转租给国内承租者使用,租金由两家租赁公司分成。转租的特点是,国内租赁公司是中间人。

3. 金融租赁业务运作过程

(1) 金融租赁的专业化

我国的租赁公司可分为两类,即全国性公司和地方性公司。就经营特点来看,有些公司专门经营国内设备的租赁,有些公司则以经营进口设备为主。

(2) 金融租赁运作过程

① 设备审批和选定。承租单位增添设备应按照相关的监管程序,由公司董事会或由有关部门批准。然后,承租人向供货单位选定设备,商定设备规格、型号、性能、技术要求、数量、价格、交货日期和质量保证等条件;也可由租赁机构代为选择供货单位或设备型号,再由承租者认定。

② 申请租赁。承租单位将选定的设备状况,连同相关的项目批准文件、项目可行性报告和租金支付计划等,同租赁机构洽谈租赁有关事宜。租赁机构可以要求承租单位提供具有法人资格的经济实体的担保。双方意见一致时,便可签订正式租赁合同。

③ 订购设备。租赁合同正式签订后,出租者与供货单位订立供货合同,也可通过变更合同的办法,转为由租赁方购入该项设备。必要时承租者可与供货单位另订设备维修合同。

④ 直接发货。租赁设备一般可委托供货单位直接向承租者发

货,但发货票、运单等单证仍交租赁机构。这样可以减少设备运输的周转环节,节约人力、物力和时间。

⑤ 设备保险和保养。租赁期间,设备所有权仍属出租者,所以由出租者办理保险手续。保险费计入租金,也可以由承租者向保险公司缴纳。在租赁期间,设备的维修、保养一般由承租者负责,以保证设备的正常运转。

⑥ 支付租金。在租赁期间,承租者应按合同规定向出租者缴纳租金。

⑦ 设备的转让、续租与退回。租赁期满,按照租赁合同规定,可以以象征性的价格向承租者转让设备的所有权,也可以续租或退回设备。

三、我国现行金融租赁公司的管理规则

目前对金融租赁公司进行监管的主要法律依据是2007年中国银监会新颁布的《金融租赁公司管理办法》(下简称《办法》),金融租赁公司的设立与经营须满足以下限制条件。

1. 设立条件

根据《办法》,我国的金融租赁公司采取有限责任公司或者股份有限公司的形式。设立信托公司应当经中国银监会批准,领取金融许可证,同时须满足以下条件:

(1) 股东资格,须具有符合《办法》规定的出资人。金融租赁公司的出资人分为主要出资人和一般出资人,前者指出资额占拟设金融租赁公司注册资本50%以上的出资人,其他为一般出资人。主要出资人可以是中国境内外注册的具有独立法人资格的商业银行、中国境内外注册的租赁公司以及中国境内注册的、主营业务为制造适合融资租赁交易产品的大型企业。主要出资人是其他金融机构的,须经中国银监会认可。一般出资人应符合中国银行业监督管理委员会对投资入股的金融机构的相关规定。

(2) 注册资本,须符合《办法》规定的最低限额。金融租赁公司的最低注册资本为1亿元人民币或等值的自由兑换货币,注册资本为实缴货币资本。

(3) 从业人员,须具有符合中国银监会规定的任职资格条件的董事、高级管理人员和熟悉融资租赁业务的合格从业人员。

(4) 内部治理,须具有完善的公司治理、内部控制、业务操作、风险防范等制度。

(5) 营业场所,须具有相应的安全防范措施以及与业务有关的其他设施。

(6) 中国银监会规定的其他条件。

2. 业务范围

经中国银监会批准,金融租赁公司可经营下列部分或全部本外币业务:(1) 融资租赁业务;(2) 吸收股东1年期(含)以上定期存款,但不得吸收银行股东的存款;(3) 接受承租人的租赁保证金;(4) 向商业银行转让应收租赁款;(5) 经批准发行金融债券;(6) 同业拆借;(7) 向金融机构借款;(8) 境外外汇借款;(9) 租赁物品残值变卖及处理业务;(10) 经济咨询;(11) 中国银行业监督管理委员会批准的其他业务。

3. 主要监管措施

(1) 风险监管。主要包括以下5项监管指标:第一,资本充足率。金融租赁公司资本净额不得低于风险加权资产的8%。第二,单一客户融资集中度。金融租赁公司对单一承租人的融资余额不得超过资本净额的30%。计算对客户融资余额时,可以扣除授信时承租人提供的保证金。第三,单一客户关联度。金融租赁公司对一个关联方的融资余额不得超过金融租赁公司资本净额的30%。第四,集团客户关联度。金融租赁公司对全部关联方的融资余额不得超过金融租赁公司资本净额的50%。第五,同业拆借比例。金融租赁公司同业拆入资金余额不得超过金融租赁公司资本净额的100%。

(2) 信息披露。金融租赁公司应按照相关企业会计准则及银监会有关规定进行信息披露。

(3) 风险资产管理。金融租赁公司应实行风险资产5级分类制度。

(4) 呆坏账准备。金融租赁公司应当按照有关规定制定呆账准备制度,及时足额计提呆账准备。未提足呆账准备的,不得进行利润分配。

(5) 关联交易规则。第一,不得优于对非关联方同类交易的条件。第二,应当建立关联交易管理制度。第三,重大关联交易经董事会批准。

4. 特殊经营规则——有关金融租赁业务的民事规定

除银监会发布的《金融租赁公司管理办法》外,我国现行法律还有一些调整金融租赁业务中出租人与承租人之间的民事法律关系的特别规定,这包括最高人民法院于1996年颁布的《关于审理融资租赁合同纠纷案件若干问题的规定》以及《合同法》中有关融资租赁合同的规定。

(1) 合同解除权限制。由于金融租赁的租赁物具有专用性质,而非通用设备,若承租人中途解约,出租人将很难将设备卖掉或重新出租。因此,金融租赁合同是不可撤销的合同,一般绝对禁止承租人解除合同。

(2) 出租人的免责。一般情况下,当租赁物不符合约定或者不符合使用目的时,出租人不承担责任,但以下三种情况除外:① 出租人根据租赁合同的约定完全是利用自己的技能和判断为承租人选择供货人或租赁物的;② 出租人为承租人指定供货人或租赁物的;③ 出租人擅自变更承租人已选定的供货人或租赁物的。因租赁物的质量、数量等问题对供货人索赔,如出租人无过错,不影响出租人收取租金的权利。

承租人占有租赁物期间,租赁物造成第三人的人身伤害或者财产损害的,出租人不承担责任。

(3) 承租人的维修、保养义务。承租人应当妥善保管、使用租赁物,适当维修、保养使设备保持良好状态,并承担由此产生的全部费用。

(4) 风险承担。尽管金融租赁中承租人不享有租赁物的所有权,却要承担租赁物灭失或毁损的风险。如果为租赁物投保,无论投保人是出租人或承租人,保险费都由承租人承担。

第五节 财务公司

一、财务公司概述

1. 财务公司的概念

财务公司作为一种非银行金融机构,在不同的国家有不同的业务范围,因此,对其下一个统一的概念有一定的困难。通说认为,财务公司是经营部分金融业务的准银行。其业务范围主要包括承办有存款期限规定的大额存款、发放贷款、经销证券、买卖外汇、代理保险、财务咨询等。财务公司的服务对象主要是大企业、大公司和集团公司,以此与银行相区别。

财务公司诞生于18世纪的法国,后来美、英等国纷纷设立。其中,部分财务公司由产品制造商设立,用于向零售商提供服务等业务而最终达到搞活商品流通、促进商品销售的目的。另一部分财务公司则是经营者为了规避政府对商业银行的监管而设立。

2. 财务公司的主要种类

按照财务公司的设立目的和控制人的不同,财务公司主要可以分为美国模式和英国模式两种类型,前者又称为公司附属型,而后者又称为银行附属型:

(1) 美国模式财务公司是以搞活商品流通、促进商品销售为特色的非银行金融机构。它依附于制造厂商,是一些大型耐用消费品(如汽车、家电等)制造商为了推销其产品而设立的受控子公司,主要为零售商提供融资服务。这种类型的财务公司主要分布在美国、加拿大和德国。

(2) 英国模式财务公司基本上都依附于商业银行,其组建的目的在于规避政府对商业银行的监管。因为法律禁止商业银行从事证券投资业务,而财务公司不属于银行,所以不受此限制。这种类型的财务公司主要分布在英国、日本和我国的香港。

我国实践中出现过的财务公司也有两类,分别是企业集团财务公司的和外商投资的财务公司,它们与上面两种模式的财务公司都不尽相同。企业集团财务公司主要为集团内部成员单位提供资金融通服务；外商投资的财务公司是由外国金融机构或中外金融机构按照有关外资金融机构管理法规设立的财务公司。在 2006 年 12 月《外资金融机构管理条例》被废止后,该类财务公司依照法律要求转制为其他形式的金融机构。

此外,在我国,也存在类似美国模式的财务公司,即汽车金融公司。但它受单独的法规调整,不适用关于财务公司的规定。

3. 财务公司的特点

财务公司与商业银行相比,主要有以下两个特点：

(1) 与商业银行不同,财务公司主要经营批发性金融业务,其服务对象主要是大企业、大公司和公司集团,不开立私人账户,不办理小宗存款、贷款。

(2) 相对于商业银行,财务公司注册资本额较少、人员精干、机构小、业务活、服务优良。所以财务公司可以弥补一般商业银行的不足。

二、财务公司在我国的发展

1. 企业集团财务公司

中国在 1979 年之后,陆续组建了一批企业集团,在企业集团的众多成员单位之间,存在着资金调剂的要求和可能,在这种情况下,企业集团财务公司应运而生。中国的财务公司是由企业集团内部各成员单位入股,向社会募集中长期资金,为企业技术进步服务的金融股份有限公司。它是实行自主经营、自负盈亏、自求平衡、自担风险、独立核算、照章纳税的企业法人。公司在业务上受中国人民银行的领导、管理和监督,在行政上则隶属于各企业集团。财务公司除总公司外,还可设立分支机构或代表处。财务公司是金融业与国民经济支柱产业相互结合的产物,也是金融体制改革深化与金融多样化的产物。1984 年,我国第一家财务公司在深圳经济特区成立。2003 年,我国进行金融体制改革,财务公司改由银行业监督管理委员会监管。截至 2006 年年底,全国共有企业集团财务公司 79 家,资产规模达到 8581 亿元。

在这期间,有关监管部门颁布了一系列规范企业集团财务公司的规范性文件。1992年11月12日,中国人民银行、国家计委、国家体改委、国务院经贸委曾联合发布《关于国家试点企业集团建立财务公司的实施办法》,对企业集团财务公司的设立及活动开展予以规范。1996年9月27日,人民银行发布实施《企业集团财务公司管理暂行办法》。2000年6月30日,中国人民银行对暂行办法进行修订,发布实施了《企业集团财务公司管理办法》,统一适用于中、外企业集团财务公司。在财务公司的监管职责转由银监会行使后,银监会于2004年7月27日发布新的《企业集团财务公司管理办法》,并于2006年12月28日对该管理办法作了小幅修订。

2. 外商投资财务公司

外商投资财务公司包括中外合资财务公司和外商独资财务公司两种形式。它们面向社会提供较广泛的金融服务。1986年,我国第一家中外合资财务公司——中国国际财务有限公司在深圳成立;1992年,第一家外商独资财务公司——正大国际财务有限公司在上海成立。截至2006年12月一般性金融财务公司的组织形式被废止时,全国共有3家该类财务公司。除上文提到的两家外,还包括1997年成立的通用电气金融财务公司。

我国对这类财务公司一直适用有关外资金融机构管理办法。2006年12月11日,国务院颁布生效的《外资银行管理条例》废止了《外资金融机构管理条例》,外商独资和中外合资财务公司不再具有合法的法律地位,原有的该类外资财务公司都将改制成为外资银行或中外合资银行。

三、我国现行的财务公司管理规则

我国现行的规范财务公司的规范性文件主要是《企业集团财务公司管理办法》。在该办法中,财务公司的具体定义是,以加强企业集团资金集中管理和提高企业集团资金使用效率为目的,为企业集团成员单位(以下简称成员单位)提供财务管理服务的非银行金融机构。该办法还适用于外资投资公司为其在中国境内的投资企业提供财务管理服务而设立的财务公司。

1. 设立条件

《企业集团财务公司管理办法》为设立财务公司的企业集团、企业集团中的母公司和拟设立的财务公司分别规定了一系列的条件,条件都满足才能设立财务公司。其中,"企业集团"是指在中国境内依法登记,以资本为联结纽带、以母公司为主体、以集团章程为共同行为规范,由母公司、子公司、参股公司及其他成员企业或机构共同组成的企业法人联合体。

申请设立财务公司的企业集团应当具备下列条件:(1)符合国家的产业政策;(2)申请前一年,母公司的注册资本金不低于8亿元人民币;(3)申请前1年,按规定并表核算的成员单位资产总额不低于50亿元人民币,净资产率不低于30%;(4)申请前连续2年,按规定并表核算的成员单位营业收入总额每年不低于40亿元人民币,税前利润总额每年不低于2亿元人民币;(5)现金流量稳定并具有较大规模;(6)母公司成立2年以上并且具有企业集团内部财务管理和资金管理经验;(7)母公司具有健全的公司法人治理结构,未发生违法违规行为,近3年无不良诚信纪录;(8)母公司拥有核心主业;(9)母公司无不当关联交易。

设立财务公司的外资投资性公司相当于企业集团的母公司,所以上述条件中关于母公司的规定也同样适用于外资投资性公司,即外资投资公司应满足上述第(1)(2)(5)(6)(7)(8)(9)项条件。另外,《企业集团财务公司管理办法》还为外资投资性公司设定了净资产和利润标准,即申请前一年其净资产应不低于20亿元人民币,申请前连续2年每年税前利润总额不低于2亿元人民币。

拟设立的财务公司,应当具备下列条件:(1)确属集中管理企业集团资金的需要,经合理预测能够达到一定的业务规模;(2)有符合《公司法》和本办法规定的章程;(3)有符合规定的最低限额即1亿元人民币的注册资本金,经营外汇业务的财务公司,其注册资本金中应包括不低于500万美元或等值的可自由兑换货币;(4)有符合银监会规定的任职资格的董事、高级管理人员和规定比例的从业人员,在风险管理、资金集约管理等关键岗位上有合格的专门人才;(5)在法人治理、内部控制、业务操作、风险防范等方面具有完善的制度;

(6)有符合要求的营业场所、安全防范措施和其他设施;(7)银监会规定的其他条件。

根据《企业集团财务公司管理办法》,企业集团财务公司采取有限责任公司的形式。

2. 注册资本金来源与业务范围

(1)注册资本金

财务公司的注册资本金应当主要从成员单位中募集,并可以吸收成员单位以外的合格的机构投资者的股份。其中,合格的机构投资者是指原则上在3年内不转让所持财务公司股份的、具有丰富行业管理经验的外部战略投资者。外资投资性公司设立财务公司的注册资本金可以由该外资投资性公司单独或者与其投资者共同出资。

(2)业务范围

财务公司可以经营下列部分或者全部业务:(1)对成员单位办理财务和融资顾问、信用鉴证及相关的咨询、代理业务;(2)协助成员单位实现交易款项的收付;(3)经批准的保险代理业务;(4)对成员单位提供担保;(5)办理成员单位之间的委托贷款及委托投资;(6)对成员单位办理票据承兑与贴现;(7)办理成员单位之间的内部转账结算及相应的结算、清算方案设计;(8)吸收成员单位的存款;(9)对成员单位办理贷款及融资租赁;(10)从事同业拆借;(11)中国银行业监督管理委员会批准的其他业务。

符合条件的财务公司,可以向中国银行业监督管理委员会申请从事下列业务:(1)经批准发行财务公司债券;(2)承销成员单位的企业债券;(3)对金融机构的股权投资;(4)有价证券投资;(5)成员单位产品的消费信贷、买方信贷及融资租赁。

3. 主要监管措施

《企业集团财务公司管理办法》为财务公司设立了一系列审慎经营标准的要求,包括:(1)资产负债比例符合该办法的规定;(2)建立、健全本公司的内部控制制度;(3)建立风险控制和业务稽核制度,每年向董事会和银监会报告;(4)每年委托有资格的中介机构对上一年度的经营活动进行审计,并向银监会报告;(5)按时向银监会报送所属企业集团的成员单位名单,提供集团业务经营状况及有关数据;(6)按人民银行的规定缴存存款准备金,遵守人民银行有关利率管理的规定;(7)对单一股东发放贷款余额超过其注册资本金50%或该股东对财务公司出资额的,应当及时向银监会报告。

银监会可以采取的监管措施有:(1)根据审慎监管的要求,有权依照有关程序和规定对财务公司进行现场检查;(2)财务公司的股东对财务公司的负债逾期1年以上未偿还的,银监会可以责成财务公司股东会转让该股东出资及其他权益,用于偿还对财务公司的负债;(3)可以与财务公司的董事、高级管理人员进行监督管理谈话,要求其就财务公司的业务活动和风险管理等重大事项作出说明。

另外,财务公司违反审慎经营原则的,银监会应当依照程序责令其限期改正;逾期未改正的,或者其行为严重危及该财务公司的稳健运行、损害存款人和其他客户合法权益的,银监会可以依照有关程序,采取下列措施:(1)责令暂停部分业务,停止批准开办新业务;(2)限制分配红利和其他收入;(3)限制资产转让;(4)责令控股股东转让股权或者限制有关股东的权利;(5)责令调整董事、高级管理人员或者限制其权利;(6)停止批准增设分公司。

第六节　金融资产管理公司

在我国,金融资产管理公司是指经国务院决定设立的收购国有银行不良贷款,管理和处置因收购国有银行不良贷款形成的资产的国有独资非银行金融机构。它是在我国上个世纪末集中对国有银行和国有企业进行改革与转型的过程中产生的一种非银行金融机构,属于国家全资投资的特定政策性金融机构。

一、国有银行不良贷款问题及其解决方式

1. 国有银行不良贷款问题

国有商业银行是我国金融体系的主体,是企业,尤其是国有企业筹措、融通和配置资金的主要渠道之一。但是,以往国有银行承担的政策性贷款业务较多,加上经济高速发展过程中的粗放式经营,形成了大量的不良资产,尤其是不良贷款;银行业本身的经营管理制度和

风险防范制度的缺陷,也在不良资产问题的进一步恶化中起到了一定的作用。

大量的不良贷款已经成为威胁我国金融体系稳定的重大隐患,如果不及时采取措施,不仅难以化解信贷风险,国家也将蒙受重大损失。因此,不良贷款处理是我国金融监管领域一个亟待解决的重大问题。而对于不良资产问题的良好解决,不仅能够降低国家金融风险,也可以以债转股等形式减轻贷款企业的负担。

2. 国有银行不良贷款问题的解决

提取坏账、呆账准备金的方法对改善银行的经营状况,提高资产质量能够起到一定的作用。1993年以后该制度在我国逐步建立起来,并在不良资产问题的解决中取得一定的现实效果,但是,准备金的提取无法解决已经累积的不良资产问题。对商业银行进行并购和注资,同样可以缓解不良贷款压力。但在我国,由于负有不良贷款的国有银行为国家所有,如果采用财政资金核销银行呆账、坏账,会受到政府财政资金的限制,难以一次性、大规模动用财政资金,因而很难大量开展,也不能从根本上解决问题。

在前两种手段难以彻底解决银行不良资产问题的状况下,美国设立债务处理信托公司以解决储蓄信贷机构的处理方式无疑是很好的参考。这种方式以不良贷款的剥离和重组为主要特征,切断了遗留的不良贷款和新发生不良贷款的联系,切断银行和"历史遗留问题"之间的关系,以减轻不良资产对金融体系的冲击;而专业化的运作和政府的支持则有助于不良贷款问题的最终解决。在这一思路的影响下,我国开始建立金融资产管理公司。

二、我国金融资产管理公司的发展

1999年,国务院决定建立华融、长城、东方、信达四家金融资产管理公司,分别收购、管理、处置从中国工商银行、中国农业银行、中国银行和中国建设银行中剥离的不良资产,以解决现有的四大国有商业银行不良资产问题。金融资产管理公司的主要目的是最大限度保全国有银行的资产、减少损失,同时也改善四大国有商业银行的资产状况,化解潜在的金融风险,提高资信度;以及通过债转股的方式支持国有大中型企业扭亏为盈,建立符合现代企业制度的法人治理结构。截至 2005 年 6 月,四家金融资产管理公司累计处置不良资产 7174.2 亿元,累计回收现金 1484.6 亿元,管理取得了一定的成效。

2000 年 11 月 10 日,国务院发布实施了《金融资产管理公司条例》(下简称《条例》),以规范和管理金融资产管理公司的活动,依法处理国有银行不良资产,促进国有银行和国有企业的改革和发展。依据《条例》的规定,由中国人民银行(2003 年后,中国人民银行的监管职能改由银监会行使),财政部和证监会等不同部门依法定职责对金融资产管理公司分别进行监督和管理。财政部先后发布了《金融资产管理公司资产处置管理办法(修订)》(2000 年 11 月发布,2004 年 4 月修订)、《金融资产管理公司不良资产处置考核办法(试行)》(2001 年 11 月经国务院批准发布)、《金融资产管理公司托管业务有关财务管理问题的规定》(2004 年 10 月发布),形成了一个基本完整的监督管理体系。

《条例》对金融资产管理公司规定了十年的存续期。随着金融资产管理公司日益接近法定期限的终了,其未来的存续选择、发展方向成为新问题:是取消还是继续存在,是仍然限制在解决国有银行不良贷款问题范围内营业,还是拓展业务范围?近年来市场上的一些事实似乎说明了金融资产管理公司的未来发展方向。2004 年,银监会批准信达资产管理公司扩增业务,标志着金融资产管理公司向市场化发展的趋势。2006 年 6 月,信达资产管理公司同澳洲联邦银行所属康联首域集团合资成立了信达澳银行基金管理公司。2007 年 9 月,华融资产管理公司和中国葛洲坝集团公司共同发起设立了华融证券股份有限公司,这些都意味着金融资产管理公司商业化转型的向前推进。

三、我国现行的金融资产管理公司管理规则

1. 设立和组织机构

(1) 注册资本

根据《条例》,4 家金融资产管理公司的注册资本均为人民币 100 亿元,由财政部核拨。

（2）设立批准

四家金融资产管理公司均由国务院决定设立，中国人民银行颁发《金融机构法人许可证》，并向工商行政管理部门依法办理了登记。

按照《条例》的规定，金融资产管理公司设立分支机构，须经财政部同意，并报中国人民银行批准，由中国人民银行颁发《金融机构营业许可证》，并向工商行政管理部门依法办理登记。鉴于中国人民银行的监管职能已于2003年由银监会接管，因此，设立分支机构的许可权现由银监会行使。

（3）组织机构设置

《条例》规定，金融资产管理公司设总裁一人、副总裁若干人，由国务院任命；总裁对外代表金融资产管理公司行使职权，负责金融资产管理公司的经营管理。金融资产管理公司监事会的组成、职责和工作程序，依照《国有重点金融机构监事会暂行条例》执行。

在资格监管方面，《条例》规定金融资产管理公司的高级管理人员须经中国人民银行（现改由证监会行使）审查任职资格。

2. 业务范围与经营管理

（1）业务范围

根据《条例》第10条的规定，金融资产管理公司在其收购的国有银行不良贷款范围内，管理和处置因收购国有银行不良贷款形成的资产时，可以从事下列业务活动：

① 追偿债务；

② 对所收购的不良贷款形成的资产进行租赁或者以其他形式转让、重组；

③ 债权转股权，并对企业阶段性持股；

④ 资产管理范围内公司的上市推荐及债券、股票承销；

⑤ 发行金融债券，向金融机构借款；

⑥ 财务及法律咨询，资产及项目评估；

⑦ 中国人民银行、中国证券监督管理委员会批准的其他业务活动。

此外，金融资产管理公司可以向中国人民银行申请再贷款。

(2) 收购不良资产的范围、额度及资金来源

按照《条例》规定,金融资产管理公司按照国务院确定的范围和额度收购国有银行不良贷款;超出确定的范围或者额度收购的,须经国务院专项审批。在国务院确定的额度内,金融资产管理公司按照账面价值收购有关贷款本金和相对应的计入损益的应收未收利息;对未计入损益的应收未收利息,实行无偿划转。

金融资产管理公司收购不良贷款后,取得原债权人对债务人的各项权利。原借款合同的债务人、担保人及有关当事人应当继续履行合同规定的义务。

金融资产管理公司收购不良贷款资金来源包括:① 划转中国人民银行发放给国有独资商业银行的部分再贷款;② 发行金融债券。实践中,中国人民银行把原发放给国有独资商业银行的再贷款划转给金融资产管理公司,实行固定利率,年利率为 2.25%。金融资产管理公司发行金融债券,由中国人民银行(现改由银监会行使)会同财政部审批。

(3) 以债转股方式处理不良资产的相关规定

金融资产管理公司收购的国有银行不良贷款取得的债权,其中一部分按照国家的"债转股"政策转为对借款企业的股权,从而减轻了企业的还本付息负担。由于1993年《公司法》对公司对外投资有"不超过净资产50%"的限制,《条例》特别明确了金融资产管理公司作为特殊类型的公司,其持有股权不受公司净资产额或者注册资本的比例限制。债权转股权后,金融资产管理公司作为企业的股东,可以派员参加企业董事会、监事会,依法行使股东权利。借款企业在实施债权转股权后,则应当按照国家有关规定办理企业产权变更登记。由于金融资产管理公司并非以实业经营为主,不宜长期持股,因此《条例》对于"债转股"形成的股权也规定了退出机制;金融资产管理公司可以按照国家有关规定向境内外投资者转让,也可以在一定时期内由债权转股权企业依法回购。

3. 治理与监管

(1) 内部治理

金融资产管理公司实行经营目标责任制。金融资产管理公司应

当根据不良贷款的特点,制定经营方针和有关措施,完善内部治理结构,建立内部约束机制和激励机制。

(2) 经营监管

金融资产管理公司管理、处置因收购国有银行不良贷款形成的资产,应当按照公开、竞争、择优的原则运作,对外转让资产,主要采取招标、拍卖等方式进行。根据业务需要,金融资产管理公司可以聘请具有会计、资产评估和法律服务等资格的中介机构协助开展业务。

金融资产管理公司资产处置管理办法由财政部制定。财政部根据不良贷款质量的情况,确定金融资产管理公司处置不良贷款的经营目标,并进行考核和监督。金融资产管理公司处置不良贷款形成的最终损失,由财政部提出解决方案,报国务院批准执行。金融资产管理公司的债权因债务人破产等原因得不到清偿的,按照国务院的规定处理。

(3) 税务监管

金融资产管理公司免交在收购国有银行不良贷款和承接、处置因收购国有银行不良贷款形成的资产的业务活动中的税收,具体办法由财政部会同国家税务总局制定。金融资产管理公司免交工商登记注册费等行政性收费。

(4) 会计审计监督

金融资产管理公司应当按照中国人民银行、财政部和中国证券监督管理委员会等有关部门的要求,报送财务、统计报表和其他有关材料。同时,金融资产管理公司还应当接受审计机关的审计监督。实践中,金融资产管理公司聘请财政部认可的注册会计师对其财务状况进行年度审计,并将审计报告及时报送各有关监督管理部门。

金融资产管理公司终止时,由财政部组织清算组,进行清算。

4. **法律责任**

金融资产管理公司违反金融法律、行政法规的,由中国人民银行依照有关法律和《金融违法行为处罚办法》给予处罚;违反其他有关法律、行政法规的,由有关部门依法给予处罚;构成犯罪的,依法追究刑事责任。

第二编 银行业务管理法律制度

第四章 银行与客户之间的法律关系

第一节 银行客户与账户

一、银行客户的含义

银行客户是指委托银行办理金融业务或者接受银行提供的金融服务的人。它有狭义和广义两种解释。

1. 狭义解释

银行客户是指在银行开立账户并委托银行办理支付结算业务的单位或个人。客户委托银行通过其账户办理转账、对外支付或对外收款等业务,他与银行之间形成了一种委托人与受托人之间的关系。"客户"这个词通常是专业服务中的用语,如律师的客户、会计师的客户等。客户与专业人士之间都存在一种委托—受托关系。在银行结算业务中,银行受客户的委托,对外支付客户开立的支票或办理汇兑,同时把客户收到的支票提交相应的付款银行收款,定期提供反映账户交易情况的对账单,向委托人报告履行受托责任的情况。

在银行实务中,那些没有开立账户,仅一次性委托银行提供现金汇款、现钞兑换、票据兑付等支付结算服务的人,通常也被视为银行的客户。

2. 广义解释

广义上说,银行客户泛指接受银行提供的任何金融服务的人,既包括机构客户,也包括公众客户;既包括结算客户,存款客户,又包括贷款客户。此外,还包括信用卡客户、保险箱客户、信用证客户和担保客户等。不过,在不同的金融业务中,银行与客户之间的关系的法律性质不一样,并非都存在"委托—受托关系"。

我国《商业银行法》《反洗钱法》以及金融监管规章都采用了广义的"客户"概念。

二、银行账户的基本分类

在银行开立账户是客户与银行建立契约关系的一个重要标志,也是客户接受银行金融服务的前提。我国《商业银行法》以及监管规章对于银行账户的开设与使用提出了一些基本要求。由中国人民银行发布的《人民币银行结算账户管理办法》自2003年9月1日起施行,它取代了1994年10月9日的《银行账户管理办法》。

1. 银行结算账户与存款/储蓄账户

这是根据账户的功能属性进行的基本分类。银行结算账户是指银行为存款人开立的办理资金收付结算的人民币活期存款账户。存款/储蓄账户是指存款人以获得利息为目的而开立并存入资金、到期支取本息的账户。存款/储蓄账户仅限于办理现金存取业务,不得办理转账结算。

2. 个人账户与单位账户

这是根据客户身份的属性进行的分类。在我国目前的监管体制下,单位账户比个人账户受到更多的限制。单位账户的开立主体包括企业法人、国家机关、事业单位、社会团体、军队、居民委员会、村民委员会、民办非企业组织、外国驻华机构等。此外,非法人企业、异地常设机构、个体工商户开立的账户也纳入单位账户管理。

前些年,普通老百姓接受的银行服务主要是储蓄业务,只开立储蓄账户。近十年来,银行提供的个人消费金融服务越来越多,如代缴电话费、水电费、信用卡、房屋抵押贷款等,因此居民个人普遍开始使用银行结算账户,与银行之间因账户使用而发生的纠纷也日益增多。

因此,上述两个角度的分类形成四类账户:个人储蓄账户与单位存款账户,单位银行结算账户和个人银行结算账户。

三、账户实名制

1. 基本要求

账户实名制是指客户应当以自己的真实姓名开户,不得使用假名、化名、笔名。按照我国现行账户实名制的要求,个人账户名称必须与个人身份证上的姓名一致,企业的账户名称则须与营业执照上的名称一致。

个人到银行开立账户应当出示个人身份证,由银行进行核对,并登记其身份证件上的姓名和号码。不出示本人身份证件或者不使用本人身份证件上的姓名的,银行不得为其开立个人存款账户。代理他人在银行开立个人存款账户的,代理人应当出示被代理人和代理人的身份证件。

单位开立账户需要提交单位营业执照正本或相关政府部门的批文或登记证书,以及单位法定代表人或负责人身份证件。拟设立的公司开立验资专户应提交工商部门颁发的名称预核通知书。

2. 实名制的意义

实名制有利于保护真正存款人的利益,建立个人信用,同时也便利国家的税收管理、惩治腐败以及洗钱行为。

国外银行业一直实行实名制,银行必须"了解你的客户",掌握账户的真实所有人,从而避免发生银行存款的错付或者支票的错收。我国长期以来的社会心理是"怕露富",因此银行对个人身份采取的是"记名制"而非"实名制"。由此产生了很多问题,引发大量银行与客户之间的争议。例如,存款提前支取或者存折、存单遗失挂失时,由于假名、化名不具有对应的身份证件,存款人就很难向金融机构提供有效的合法文件来证明其存款的真实性。此外,贪官的灰色收入、犯罪分子的违法所得、单位的"小金库"等可能都隐藏在以假名开立的账户中。自 2000 年 4 月 1 日开始,我国实行个人存款账户实名制,对单位账户也实行开户证管理。随着 2006 年《反洗钱法》的出台,建立、健全和执行全面的客户身份识别制度成为我国金融机构的一项法定义务。

3. 实名制的技术保障

在美国,个人自出生就获得一个社会安全号码,银行开户、办理驾驶执照、就业、纳税都使用这个号码进行身份登记。

我国从 2000 年开始实行个人存款账户实名制,经常出现个人用假身份证办理的情况。由于身份证归公安机关管理,而公安机关的身份核查系统不对外开放,银行无法确定身份证的真假,加之银行为了自身利益也愿意多拉存款,不太注重对存款人身份进行甄别,因此实名制形同虚设。

2006 年出台的《反洗钱法》大大推进了中国人民银行与公安部之间的信息共享建设。2007 年 6 月,全国联网核查公民身份信息系统开始投入使用,它由人民银行信息转接系统和公安部信息共享系统组成,公安部搭建的专用信息共享系统会定期将公民身份信息导入信息共享系统。各家商业银行可以通过中国人民银行的联网核查系统对开户储户的真实身份进行核查确认。未通过核查的储户可凭银行出具的证明前往公安机构进行查询、变更。有了这样的技术保障,银行账户实名制就可以得到真正落实了。

四、单位开户限制

1. 法律规定

《商业银行法》第 48 条规定:"企业事业单位可以自主选择一家商业银行的营业场所开立一个办理日常转账结算和现金收付的基本账户,不得开立两个以上基本账户。"

在我国经济生活中,单位(特别是公司、企业)是经营活动的主体,是社会大宗资金收付、流转的主体,也是银行结算账户的主要使用者。为了对社会资金流动秩序进行管理,控制现金的使用,防范商业贿赂、洗钱等违法犯罪行为,中国人民银行 1977 年 10 月 28 日发布了《银行账户管理办法》,对单位账户进行分类管理。尽管此后账户管理规则经历数次修改,但这一分类管理的方式一直延续到今天。

2. 单位结算账户的分类

(1) 基本存款账户

即《商业银行法》第 48 条所称的"基本账户",是存款人为办理日常转账结算和现金收付需要开立的银行结算账户。存款人日常经营活动的资金收付及其工资、奖金和现金的支取,应通过该账户办理。

(2) 一般存款账户

指存款人因借款或其他结算需要,在基本存款账户开户银行以外的银行营业机构开立的银行结算账户。一般存款账户用于办理存款人借款转存、借款归还和其他结算的资金收付。该账户可以办理现金缴存,但不得办理现金支取。

(3) 临时账户

指存款人因临时需要并在规定期限内使用而开立的银行结算账户。临时需要的例子包括设立临时机构、异地进行临时经营活动等。公司设立时的验资专户也属于临时账户。临时存款账户的有效期最长不得超过2年。使用完毕后,账户及时关闭。

(4) 专用存款账户

指存款人按照法律、行政法规和规章,对其特定用途资金进行专项管理和使用而开立的银行结算账户。特定用途资金的例子包括基本建设资金;更新改造资金;财政预算外资金;粮、棉、油收购资金;住房基金、社会保障基金等。该账户不得办理现金收付业务。

3. 限制开户数量的原因

金融监管上限制开户数量的原因主要有两方面:一是为了对现金使用和流通进行监管,二是为了防范企业逃税、逃债。前者主要是针对国有单位滥发奖金、高消费、腐败等行为,它们大多使用现金,不留下交易凭证。后者指我国一些企业在银行多开账户,利用多种账户调拨资金达到逃税、躲债、资金"体外循环"和逃避法院判决的强制执行等目的。在《商业银行法》颁布前,企业单位开设两个以上账户是普遍现象,还有少数单位开户竟达三十多个。在我国现有的管理水平和条件下,由于管理的硬件达不到,只能采取硬性限制的办法。

为了实现对单一基本账户的监管,中国人民银行设立了开户许可证,申请开户的单位由主管部门批准向当地人民银行分支机构领取开户许可证后,可以选择一家商业银行凭该许可证开户。没有上级主管部门的单位,从当地工商局申请批文,再领取许可证。没有许可证的单位,银行不能为其开户。不过,由于开户与银行有直接的利益关系,因此,银行在执行这项法律时,由于利益驱动可能还不能完全达到一企一户的程度。

4. 未来的变化

我国银行开户与海外商业银行开户有非常大的不同。海外商业银行为客户开户,不限制账户的数量,只对开户的自然人、合伙或法人的信誉及背景进行严格的审查,银行只是不希望本行账户被用心不良者用来"洗钱"。不限制的主要原因是银行管理与社会安全管理已经实现了电脑联网。通过社会安全号码或者身份证号码,政府安全部门或银行可以通过电脑网络迅速检索到个人的资料,包括人身档案和他的社会档案,以及银行账户(例如开户银行和账户数量)、纳税情况(例如有无偷税漏税情况)、诉讼情况(判决执行情况)和信誉情况(例如有无信用卡恶性透支或支票透支记录)等。如果国家的安全管理和金融管理能够达到电脑联网和迅速检索个人资料的程度,银行法就不必限制开户的数量。

我国目前刚开始实行身份证号码全国联网核查制度,对于户口簿、护照等其他身份证件的联网核查还有待下一步实施。企业登记资料和纳税资料的联网核查机制也正在建设中。等到我国也达到随时随地可以依法检索个人和企业相关资料的程度,银行法可能也不必限制开户的数量了。

第二节　银行与客户之间的法律关系

一、银行与客户之间的契约关系

1. 契约关系

我国在法律上没有明确规定银行与客户关系的性质,但是从法理上可以认为这种关系的本质是契约关系。契约关系的内容是银行向客户提供市场化的资金融通服务。

所谓市场化就是指银行与客户之间的关系是根据市场要求成立

的,而不是按照非市场的要求成立的。所谓服务,就是指银行与客户关系的内容体现为服务,即银行为客户提供金融服务。银行作为中介来完成资金融通是服务的核心内容。

2. 契约关系的法律性质

银行为客户提供的服务多种多样,不同业务中法律关系的性质不同。有些比较直观,如贷款业务属于《合同法》列举的"借款合同",保管箱业务属于《合同法》中的"保管合同",但有些业务的法律性质还需要分析一下。

(1) 储蓄存款业务

储蓄存款人与银行之间形成的契约关系,不属于我国现行的《合同法》列举的14种有名合同。其权利义务的核心内容是:① 存款的货币所有权转给了银行,因为货币的所有权随交付而转移,且银行的贷款业务必然涉及对存入货币的处置。② 存款人可以随时要求银行归还存入的款项。③ 银行在客户提出要求时有义务归还存入的款项,并按照约定支付利息。概言之,客户在交入存款后成为银行的债权人,而银行成为债务人,二者之间形成了债权债务关系。

(2) 结算业务

结算业务中客户与银行之间的契约关系,也不属于《合同法》中的有名合同。一般认为,这是一种委托代理关系。客户是委托人、被代理人,银行是受托人、代理人,按照客户的指示开立票据或者兑付结算。

如果银行为开立结算账户的客户提供透支的便利(如信用卡账户),当客户刷卡消费透支时,银行与客户之间除委托合同外,还形成了一个借款合同。

二、银行与客户间契约关系的法律规制

1. 双重调整

银行与客户之间的关系受到两类法律的调整:金融监管法的调整与民法的调整。契约关系虽然属于民事合同关系,但是金融业是一个受到管制的行业,因此银行与客户之间的契约关系除了遵守一般《民法通则》《合同法》原则外,更要遵守《商业银行法》以及其他金融监管法规的规则。依照我国《合同法》第 52 条的规定,合同不得违反法律或行政法规的强制性规定,否则合同无效。因此,如果银行与客户之间发生任何争议,《商业银行法》或者国务院颁布的金融法规中有明确规定的,应适用其规定;《商业银行法》或者金融法规中没有规定或者允许当事人协议确定的,可以适用一般《民法》或《合同法》的原则来处理。

2. 行业惯例的地位

银行业长期以来形成了一些行业惯例。其中,多数行业惯例涉及银行的业务处理流程,如柜台接受现金业务实行"双人临柜,复核为准";银行在核对支票印章时采用的"折角法"等。有些惯例与客户直接相关,如银行的保密义务、客户的谨慎开立支票的义务等。如今,这些银行惯例有的已经成为了法律规定,如银行的保密义务;有些则体现为银行与客户之间签订的合同中的标准合同条款,比如前些年信用卡合同中普遍规定的"挂失后 24 小时内的损失由客户自己承担",或者"客户如果对账单中记录的交易有异议,应当在 1 个月内通知银行"。还有很多惯例可能根本不会反映在书面的合同中。例如,我们到银行办理存款时,在存款凭单背面印着几条"客户须知",这其实是存款合同条款,但非常简略,并没有说明存款合同什么时间成立,存款上的风险何时转移等问题。但银行不觉得有什么不清楚的,因为它有行业惯例来指导。

行业惯例通常是经过长期实践而形成一些比较有效率的制度,它虽然与契约自由的原则相悖,但符合现代社会经济生活的要求,因此法律承认其对银行与客户之间的关系有约束作用。对于这样的惯例或格式条款,客户只能选择接受或不接受,有学者把这种现象称为"不能用嘴谈判,只能用脚投票"。当然,实践中对于某些银行惯例、特别是格式合同条款的合理性不乏争议,司法部门在具体案例中通常根据公平合理的原则进行个案判断。对于标准合同条款,按照我国《合同法》和《消费者权益保护法》的基本精神,格式合同应按照对起草人不利的一面进行解释,以防止银行利用其优势地位谋取不当利益或者推卸责任。

三、银行与客户关系的基本原则

《商业银行法》第 5 条规定:"商业银行与客户的业务往来,应当遵循平等、自愿、公平和诚实信用的原则。"这也是我国《民法通则》关于民事活动的一般原则。

1. 平等原则

平等原则是指银行与客户之间的法律地位平等。商业银行按照《公司法》的规定是一家公司,它的客户有企业事业单位,也有个人。相比之下,银行的经济实力可能比普通客户大一些,但是,在法律地位上它们都是平等的。银行的客户也可能是其他银行或金融机构,它们之间的经济实力也不相同,有大型的国有商业银行,也有中小型的股份制银行,但是无论银行的规模大小,它们的法律地位都是平等的。

平等的法律含义,还包括在金融市场上,没有任何人拥有任何经济上的特权,没有任何单位拥有任何特殊的地位。无论是政府、行政领导,还是关系人、关系单位,在金融市场上人人都是平等的。

2. 公平原则

公平原则是指商业银行与客户签订的合同要体现公平。金融合同的内容首先要符合国家的法律和中央银行的规章,符合国家和社会大众的最大的公众利益,这是最大的公平。其次,合同的内容要反映公平竞争,禁止不正当的竞争。最后,在金融市场上,不允许以强凌弱,以大欺小,更不允许从事显失公平或获取不当得利的行为。

3. 自愿原则

自愿原则是指当事人在金融市场中进行的各种交易都要自主表达意思,自由达成一致,自觉履行合同。参加金融市场活动,自愿原则是契约自由原则的具体体现。例如,存款人来银行存款时,要体现"存款自愿,取款自由"的原则,又如企业或事业单位向银行申请贷款时,是要银行自愿向企业贷款,而不能强迫银行贷款或提供担保。

尤其是在国有独资商业银行经营中,自愿原则显然更为重要。政府和政府官员可能会不自觉地干预银行的贷款或担保业务,或者由于社会安定、政治安定的原因,要求银行从事政策性贷款业务,银行也不得不执行。但是,现在银行的不良资产过多,无人承担商业银行的政策性亏损,政策性亏损最后还是成为商业银行的经营亏损。这种违反银行自愿原则的作法,应该引起各级政府的注意。

4. 信用原则

信用原则是商业银行与客户参加金融市场活动的基础。因为金融交易与实物交易不同,金融交易有较长的时间和空间的范围,维持交易安全稳健的进行就离不开市场参加者的信用。

金融市场是通过信用记录的方式来维持参加者的信用水平的。由于有了信用记录,记录良好的人容易被银行接纳,融资成本也较低,贷款条件也优惠;反之,信用记录不好的人,银行不愿意同他打交道,这种人融资的成本较高,一般得不到银行的贷款,就是得到贷款,条件也不会优惠。信用记录维持着市场纪律。

银行和其他金融机构也有信用评级的要求,金融机构由社会上的民间组织评级,有的信用评级公司是世界上著名的大公司。银行信用级别高的,在金融市场上的客户多,它的融资成本较低,发行的债券就容易销售,它的股票容易被投资者接受,信用好的银行发展呈现出良性循环;反之,信用评级低的银行客户少,特别是大客户更少,融资成本高,股票没有人要,这种银行经营往往出现恶性循环。

我国长期实行计划经济和用行政手段管理金融,没有市场金融的管理经验和基础,所以,我国金融市场建立信用记录体系是非常重要的。没有信用记录体系,就不可能建立市场纪律;没有市场纪律,就不会有稳定、健康、可持续发展的金融市场。没有信用记录的金融市场是不安全的,信用不好的人会利用市场没有纪律而获得好处,反之,信用良好的人会受到损害。这样一来,原来信用好的人,只有两种选择:要么退出金融市场,要么变成信用不好的人,最后,金融市场上只剩下骗子和赖账的人了。

四、银行与客户法律关系的成立

1. 存款契约

学理上一般认为,存款合同是实践性合同。合同的成立不仅需要当事人之间的合意,而且需要存款人交付存款以及银行接受存款的行为。具体来看,当银行接受存款并签发存款凭条、存单,或登记存折予以确认时,存款合同才成立。

与合同成立时间有关的一个经典案件是发生在新西兰的巴莫罗超级市场公司诉新西兰银行案。原告巴莫罗超市的出纳到被告银行存款。他把一些现金和支票从袋中取出,放在他与银行柜员之间的柜台上。柜员拿起一扎钞票开始点数。正当柜员将点完数的钞票放在一旁时,数名持枪歹徒闯了进来,抢走了柜台上未经点数的现钞。事后,原告起诉银行要求赔偿,理由是柜台上的现钞已由银行掌握,已属于银行的财产。但是,法院判决原告败诉,理由是:在意图存入的款项未经银行清点并签字收悉前,存款关系尚未成立,银行尚未成为客户的债务人。因此,歹徒抢走的钱还是客户自己的钱。

2. 贷款契约

贷款合同是诺成性合同,只要双方达成一致,并签订书面协议,合同就成立。这也就意味着,如果银行承诺贷款,但最后又没有放款,银行就构成违约。

3. 结算契约

银行与客户之间的结算契约,通常自银行在客户的开户申请书上确认盖章时起,合同成立。开户后,客户开始向银行提交支票,委托银行进行收款,或者存入资金委托银行对外支付,或者用银行卡消费。结算账户合同是一种无确定期限的服务合同。在合同存续期间,客户不断地对银行下达结算指令,指示其对外付款或收款。

4. 自动提款机交易

从法律性质上说,消费者在自动提款机上取款的交易属于结算账户交易的一种具体形式,即客户指示银行对自己付款。一般认为,当客户输入密码、提款金额后按下自动提款机的确认键时,就对银行发出了"取款"的指令。

五、银行与客户法律关系的终止

银行与客户之间法律关系的终止,通常表现为关闭银行账户,称为"销户"。

1. 单方面终止

这是最常见的终止情形,而且多出于客户方面的行为,如客户取出账户上的全部余额,自愿销户。实践中,银行自 2005 年开始对银行卡收取年费,许多持卡人清理手中不常用的卡,关闭了不少银行账户。

银行依法也可以单方面撤销账户。如《人民币银行结算账户管理办法》第 56 条规定:"银行对 1 年未发生收付活动且未欠开户银行债务的单位银行结算账户,应通知单位自发出通知之日起 30 日内办理销户手续,逾期视同自愿销户。"另外,如果客户利用银行账户从事违法犯罪活动时,银行业可以单方面撤销其账户。

2. 协议终止

由于客户可以单方面销户,因此采取与银行协商终止账户的情形比较少见。通常发生在客户对银行有借款或欠款的情形下。如近年来央行数次提高利率,个人房贷利率也相应上升。借款客户就与银行协商,提前还清房贷,从而提前结束与银行的贷款关系。

3. 因法定事由而终止

(1) 自然人客户死亡或丧失民事行为能力

自然人死亡,客观上导致账户的关闭。账户余额构成客户的遗产。如果客户有继承人,则客户账户上的权利义务均由客户的继承人继承。如果没有继承人,客户未偿付的债务或者对银行的债权都自动消灭。

(2) 解散、撤销、破产清算

解散、撤销或破产清算,是包括银行在内的公司法人的终止事由。无论是客户还是银行出现上述情况,都导致银行与客户关系终止。双方需要按照相关的清算程序结清债权债务。

第三节 银行的权利与义务

在银行与客户之间的法律关系中,银行的权利主要有两项:收费权和抵销权;银行的义务包括保证支付、为客户保密、遵守营业时间、遵守结算纪律等内容。

一、银行的收费权

1. 法律的规定

《商业银行法》第 50 条规定:"商业银行办理业务,提供服务,按照规定收取手续费。收费项目和标准由国务院银行业监督管理机构、中国人民银行根据职责分工,分别会同国务院价格主管部门制定。" 2003 年 6 月 26 日,中国银监会、国家发改委制定了《商业银行服务价格管理暂行办法》,规定对于人民币基本结算类业务(如票据、汇兑、委托收款、托收承付)实行政府指导价,按照保本微利的原则确定;其他项目实行市场价,由商业银行考虑个人和企事业的承受能力而制定。但是,银行不得对人民币储蓄开户、销户、同城的同一银行内发生的人民币储蓄存款及大额以下取款业务收费。大额取款业务、零钞清点整理储蓄业务可以适当收费。

银行是一个商业企业,其提供各项金融服务都有成本支出,自然也有权收取服务费用。其中,向借款人收取的利息就是银行最主要的收费项目。相对于贷款利息的风险性,银行因提供结算、担保、信用证、保函、保管箱、资信调查等中间业务而收取的手续费是一项无风险的收入。

2. 银行收费争议

过去我国银行由于提供的服务种类有限,收费种类不如海外多,而且主要集中于为企业所用的中间业务项目,普通居民接触收费项目很少。因此,近年来,随着个人消费金融业务等迅速增加,围绕着"银行卡年费""小额账户管理费""ATM 机跨行查询收费"等都引起很大争议。在上海还发生了"吴律师状告花旗银行收取账户管理费"的案件。消费者认为银行收费是滥用优势地位损害消费者利益,但银行则认为是为了弥补服务成本的支出。

3. 服务收费与竞争

在不违背法律规定的前提下,服务收费是一个市场行为,也应当靠市场竞争来解决。一旦有了充分竞争,银行就不可能随便提价,相反,可能竞相压低服务收费,吸引客户。海外银行在银行卡年费问题上的变化就是一个最好的例证。信用卡年费原来是比较高的,客户开设信用卡账户条件也比较严格,还要提供担保人。随着信用卡发卡公司之间竞争的加剧,信用卡年费逐渐降低,担保人条件也不要了,开户条件大幅度放宽。现在,一些信用卡公司不收年费,只要按时支付信用卡公司的贷款,持卡人就一分钱的费用和利息都不用付。

当然,过度竞争对于银行业来说是危险的。在20世纪60年代末70年代初,海外商业银行之间竞相压低贷款利率,提高存款利率,竞争达到了白热化阶段,在西方报纸上称为"卡脖子"式的竞争,结果导致商业银行公会以利率协议使竞争逐渐平缓。近二十年来,西方商业银行已经从服务收费竞争转入全面服务竞争,通过提供有价值的服务消除客户对银行收费的抵触心理。这样才能实现银行与客户的"双赢"结果。

二、银行的抵销权

1. 抵销权的含义

法律上的抵销指债务的抵销,即两个人互负债务时,一个债务与另一个债务相抵,从而使两个债务在等额内归于消灭。当事人行使抵销的权利称为"抵销权"。

依抵销权产生的依据,有法定抵销与合意抵销之分,前者指一方当事人根据法律的规定可以凭单独的意思表示而行使,后者指必须双方当事人达成协议才可以行使。

2. 银行的抵销权

抵销权在我国银行业务中一般称为"扣款还贷",即当客户欠银行的款到期时,如果客户拒不还款,银行可以扣收客户在银行活期存款账户中的款项归还贷款。

抵销权是银行维护自身权益的重要权利。由于1986年的《民法通则》和1995年《商业银行法》都没有规定银行抵销权,因此实务中银行通常采取合意抵销的办法。1996年中国人民银行发布的《贷款通则》中规定,在贷款到期时,银行依合同规定从借款人账户上扣划贷款本金和利息。

我国1999年《合同法》确立了抵销权制度,为银行行使法定抵销权提供了法律依据。该法第99条规定:"当事人互付债务,该债务的标的物种类、品质相同的,任何一方可以将自己的债务与对方的债务抵销,但依照法律规定或者按照合同性质不得抵销的除外。当事人主张抵销的,应当通知对方。通知自到达对方时生效。抵销不得附条件或者附期限。"

一般认为,银行行使抵销权应满足四个条件:(1)互负债务;(2)债务均已届清偿期;(3)债务标的种类相同;(4)债权有效存在。在银行实务中,活期存款账户因客户可随时提款,因此始终处于"可清偿"状态。这样,当银行对客户的贷款到期时,银行与客户之间就产生了"互负到期债务"的情形,银行可以行使抵销权,扣款还贷。

三、银行对客户的保密义务

1. 银行保密义务的含义

为客户保密是各国银行业长期以来奉行的一项基本原则。它是指银行未经客户明确或暗示同意,不得向第三人透露客户账户的情况、客户与银行的任何交易或从管理客户账户中所获得的任何有关客户的资料。银行为客户保密的义务源于受托人对委托人事务的保密义务。此外,我国《合同法》第60条第2款规定:"当事人应当遵循诚实信用原则,根据合同的性质、目的和交易习惯履行通知、协助、保密等义务。"

当然,银行的保密义务并不是绝对的。在某些情形下,银行可以免除保密义务。我国《商业银行法》第29条第2款、第30条第2款分别规定了对个人储蓄账户和单位存款账户保密义务的例外。

2. 为储蓄账户保密的例外

《商业银行法》第29条规定:"对个人储蓄存款,商业银行有权拒绝任何单位或者个人查询、冻结、扣划,但法律另有规定的除外。"我国制定法律的机关是全国人大及其常委会。目前全国人大及其常委会通过的法律专门规定的可以查询、冻结、扣划储蓄账户的部门有九个:法院、检察院、公安机关、安全机关、海关、税务机关、中国人民银行、证监会、银监会。

法院根据《民事诉讼法》(2007年修订)第218条规定可以查询、

冻结、扣划个人储蓄存款。公安机关、检察院根据《刑事诉讼法》的有关规定,可以查询、冻结储蓄账户。

国家安全部门根据第六届全国人大第二次会议通过的《关于国家安全机关行使公安机关的侦查、拘留、预审和执行逮捕职权的决定》,可以查询、冻结和扣划个人储蓄账户。

海关根据《海关法》第37条的规定,可以查询、冻结、扣划个人储蓄账户。

税务机关根据《税收征收管理法》第38条的规定,可以查询、冻结、扣划个人储蓄账户。

证监会根据《证券法》第180条,有权查询、冻结个人银行账户。

银监会根据《银监法》第41条,有权查询个人银行账户。

中国人民银行根据《反洗钱法》第25条、第26条,可以查询个人银行账户,并采取临时冻结措施。

除此之外,其他任何单位都无权查询、冻结和扣划个人储蓄账户。

3. 对单位存款账户保密的例外

《商业银行法》第30条规定,对单位存款,商业银行有权拒绝任何单位或者个人查询,但法律、行政法规另有规定的除外。

根据上述法律规定,除法院、检察院、公安机关、安全部门、海关、税务机关、中国人民银行、证监会、银监会有权查询单位存款账户外,国务院还授权一些行政机关有权查询单位存款账户,如外汇管理局、物价局、监察局、工商行政管理局、审计局,但这些机关不能冻结,也不得扣划单位存款账户。除此之外,其他任何部门、机关、单位都无权查询单位存款账户,例如,技术监督局、纪律检查委员会、电业局、企事业单位的保卫部门等,都无权查询单位存款账户和个人储蓄账户。另外,银行之间也无权互相查询对方客户的账户。

违反对个人储蓄账户和单位存款账户保密义务,非法查询、冻结、扣划个人储蓄存款或者单位存款的,根据《商业银行法》第73条第1款第3项规定,商业银行应对由此造成的存款人或者其他客户财产的损害,承担民事赔偿责任。

4. 银行工作人员的保密义务

根据《商业银行法》第53条规定,商业银行的工作人员不得泄露其在任职期间知悉的国家秘密、商业秘密。保密是商业银行工作人员的基本职责,除外来的单位查账方面应当保密外,银行工作人员本身也负有保密的责任。

银行工作人员保密责任既是主观的,也是客观的。从主观方面看,银行工作人员不得故意将存款人或其他客户账户内容向外泄露;从客观方面看,银行工作人员也不得无意地,或者过失地将存款人或者其他客户账户内容对外泄露。

例如,现行银行临柜工作人员仍然提倡"唱收唱付"式服务,以避免出现误差。有些银行的储蓄所为临柜工作人员安装了小型扩音器,使营业大厅内的客户能够更清楚地听到临柜工作人员的问话。由于临柜人员与客户的谈话被扩音放大,使得其他人也听到:"您贵姓啊?""您取多少钱啊?"等。说者无心,听者有意,有些存款人取了钱,刚出银行大门,就被人把钱抢走了。应该说,使用扩音器的做法在客观上与银行工作人员保密的义务不符。

四、银行保证支付的义务

1. 对存款人的保证支付

商业银行保证支付存款人取款是无条件的责任,因为这是债权人行使债权的行为,不应受到银行作为债务人的条件限制。保证支付同时也是银行信誉的基础。《商业银行法》第33条规定:"商业银行应当保证存款本金和利息的支付,不得拖延、拒绝支付存款本金和利息。"

法律规定的是"不得拖延",这与"不得无故拖延"是不同的,"不得拖延"是无条件的,"不得无故拖延"是有条件的。银行保证支付存款的提取款项是无条件的。例如,银行营业所白天开业的时候停电,电脑无法运行,银行的营业所就应当改为手工操作,而不能让存款人等有了电的时候再来,因为等有电再付款已经造成了拖延。无条件只限于支付本金和利息,不包括办理其他业务,如办理定期转存、办理存本取息等业务。

银行如果延期支付存款人的取款,银行可能要承担由此产生的后果。例如,存款人到银行取存款,由于数额较大,银行准备不足,延期支付。该存款人由于没有及时取到钱,使一份贸易合同的定金被对方扣掉。该客户如果起诉银行拖延支付,要求银行赔偿经济损失时,除了本金、原有的利息外,银行还应支付延期支付的利息,还要承担包括定金在内的其他经济损失的民事赔偿责任。

2. 遵守结算纪律

《商业银行法》第44条规定:"商业银行办理票据承兑、汇兑、委托收款等结算业务,应当按照规定的期限兑现,收付入账,不得压单、压票或者违反规定退票。有关兑现、收付入账期限的规定应当公布。"

商业银行与过去的专业银行不同。在专业银行时期,银行不但提供银行结算的各种服务,同时还承担了一部分中国人民银行监督结算过程、维护金融秩序的任务。在金融体制改革初期,一些银行考虑自身的经济利益,将客户结算在途资金较长时间压在手上,形成一笔无息贷款,使银行在资金头寸方面比较充足,但是,这样做使得客户资金周转不灵。由于一些银行压单和压票的情况严重,使得个体户结算大量使用现金,出现经济越发达,交易量越大,使用现金直接结算越多的怪现象。中国人民银行多次重申,商业银行在为客户办理转账结算时应按规定的期限,不按期限的规定而压单或压票,或违反规定退票,给客户造成损失的,该银行要赔偿由此产生的经济损失。

五、银行的营业时间

1. 营业时间的法律意义

《商业银行法》第49条规定:"商业银行的营业时间应当方便客户,并予以公布。商业银行应当在公告的营业时间内营业,不得擅自停止营业或者缩短营业时间。"

银行的营业时间对客户影响极大,因为客户只有在银行开业时间才能进入银行办理存款、支取和转账结算。如果一家银行不公布营业时间,随时可以开业,随时可以关门停业,客户什么时间去这家银行无法预期,他们也就无法与这家银行打交道了。从法律角度分析,营业时间不定的银行也侵犯了客户的权利,因为客户存款人是债权人,银行是债务人,银行营业时间不定使债权人无法实现债权。当然,营业时间不定的银行是个别例子,绝大多数银行都是正常营业的。

2. 缩短营业时间

法律规定银行不得"擅自"停业或缩短营业时间,也隐含着有例外。如果有特殊情况,银行需要缩短营业时间,或者需要停业1天——例如,某银行支行举办运动会,希望一线的年轻职工参加,活动一下身体,作为工会活动的一部分——银行应当事先申请银监会当地分支机构批准。经过批准就不是擅自缩短营业时间或擅自停业。

3. 延长营业时间

银行有无权利延长规定的营业时间？我国《商业银行法》不限制银行延长规定的营业时间,但是,我国有关劳动保护法律和法规对职工劳动时间有严格规定,职工每周劳动时间不得超过44个小时,只有在法定特殊情况下,才可以超过该时间限制,并且要有加班补贴或倒休。银行营业时间超过每周44个小时是普遍现象,但是银行职工工作时间每周不应超过44个小时,否则违反《劳动法》。

银行延长规定的营业时间的积极方面,是为客户提供了更多的服务时间,方便了客户。但是也有消极方面,银行延长营业时间有可能使客户挂失支付不起作用。英国法院有一个著名案例,一家银行在临近下班时为客户转划出一笔账款,办理完毕时已经超过规定的营业时间。次日上午银行开业时,被划款账户的止付通知到达银行。按惯例在止付通知到达之前已经付出的款项,银行没有责任。但是,受到损失的客户的律师发现一个重要事实:银行是在超过规定营业时间之后办理完此笔付款的。由于银行未按规定时间停止营业,才使得该止付通知不能起到止付作用。英国的法院判决,由于未按规定营业时间停止营业,所以造成客户损失,银行负有责任,应赔偿损失。

第四节　客户的权利与义务

一、客户的权利

1. 存款客户要求返还存款的权利

存款客户有权要求银行返还与存入时相等数额款项的全部或者部分,这是其作为债权人的权利。客户可以向开户银行主张,也可以向其他与开户银行通存通兑的银行主张。在活期存款账户中,客户一经提出,银行必须立即返还。在有期限的账户中,如果客户放弃固定期限的利息,也可以要求银行立即返还。当然,对于金额较大的提款,按照现行大额现金支付管理的规定,客户应当事先与银行预约,办理相应的手续。

2. 存款客户要求取得利息的权利

"存款有息"是我国《商业银行法》明确规定的存款人权利。存款相当于客户将特定货币资金"贷"给了银行,因此,客户有权取得利息收入。目前我国对存款利率尚未实行市场化,客户不能与银行协商利率水平,只能接受商业银行在中国人民银行规定的存款利率上下限内确定并公告的存款利率。

按照现行利息税的法律规定,银行是客户利息收入税的代扣代缴义务人。因此,客户取得的利息收入是税后净收入。

3. 知情权

客户在与银行办理业务前,有权获得银行服务的性质、风险、条件、收费等方面的信息。我国《商业银行法》第31条、第49条分别规定了商业银行进行利率公告和营业时间公告的义务,银行的营业厅里通常张贴着各项服务的收费标准。目前存在的问题是,银行服务是非常专业化的,其中某些理财服务可能蕴含着比较大的风险,而银行与客户处于信息不对称的状态,客户未能充分了解或者理解其中的风险。在客户的知情权方面,银行还有很大的改进空间。

二、客户的义务

1. 借款客户还本付息的义务

银行向客户贷款后,借款人便成为银行的借款客户,该类客户的数量之多在我国是非常突出的。我国国有企业的自有流动资金较少,所以,大部分国有企业的流动资金需要从银行贷款。由于企业在生产经营中也会有各种各样的风险,所以,贷款到期之后,能否还本付息,就成为一项重要问题。

借款人负有向银行还本付息的义务分别在《商业银行法》第7条和《合同法》中的"借款合同"的专章中均有规定。在我国已有法律明文规定借款人的还本付息义务之后,在现实金融生活中,还会看到相当多的借款企业到期不能履行义务的案例。有些是因为经济体制上的原因,也有的是因为社会保障系统还有待于更加完善,使不能履行该义务的企业最终以破产结束。

2. 诚信的义务

银行的客户对其开户银行负有诚实信用的义务,这是《民法通则》和其他有关法规普遍规定的一项原则。所谓对银行诚实信用,是指客户要以真诚、真实、讲信誉、守信用的态度对待自己的开户银行。例如,银行日常业务操作人员因为疏忽大意,将储蓄存款的数额多支付给取款的存款人时,存款人一经发现有义务如数归还给银行。又如,当客户使用自动提款机提款时,如果遇到机器发生故障,多支付取款时,提款客户也负有义务将多出的款额如数交还给银行。这也是民法上"不当得利"原则的应用场景。再如,客户在使用支票或汇票时,如果发现票据上的数额、签章有伪造或变造的情况时,应主动向银行通报。在客户明知是伪造票据,又放任不管造成损失的条件下,商业银行不负赔偿责任。

3. 谨慎的义务

客户在金融活动中,自己也负有谨慎的义务,以防范账户资金被盗或错误付出的风险。例如,客户账户的密码应该对他人保密,公章和名章应妥善保管,空白支票和汇票本应妥善保管。如果因为客户自己不谨慎,或自己不能妥善保管好自己的有关密码、印章或空白票据,而被他人盗用遭受损失时,客户自己承担责任,银行不承担责任。此外,客户签发支票时也应当谨慎,不谨慎签发支票造成损失银行不负赔偿责任。

但是,对于客户的谨慎义务的要求不能过高。毕竟金融业务的专业性很强,客户有时很难把握应谨慎到什么程度。相比而言,银行处于信息更充分的一方,很多情况下由银行采取防范措施更有效率。

《最高人民法院公报》2005年第4期上刊登了如下案例:一天晚上,顾某到自助银行提款,看到门禁上有一个装置,上面有"进门前请先刷卡并输入密码"的提示语。他按提示刷卡并输入密码后,自助银行的门却没有打开,无法入内在ATM机上进行刷卡取款的操作,顾某即离开。谁知该装置是犯罪分子在自助银行门禁系统上安装的盗码器。犯罪人通过上述方式窃取了原告借记卡上的信息和密码,迅速复制成伪卡,盗取了原告卡内的资金。该案中,银行认为自己没有过错,而是客户自己不谨慎,导致密码泄露。

法院审理认为:(1)犯罪分子在自助银行门禁上加装盗码器作案,手段隐蔽,连银行的保安和监控系统都未发现,一个普通公民更无法识破。(2)现今社会新产品层出不穷,原告对自助银行门禁上的新装置究竟是银行安装的,还是犯罪分子加装的,客观上无法作出分辨。况且没有任何人向原告提示遇到这种情况应当如何处理,故对犯罪分子以盗码器盗取借记卡上的磁条信息和密码,原告不负任何责任。(3)相对储户来讲,推出自助银行和ATM机的商业银行,有条件了解自助银行和ATM机的构造和工作原理,商业银行有条件、有机会、有能力防范犯罪分子利用自助银行和ATM机犯罪,有责任承担起这个防范犯罪的义务。最后,法院判决银行赔偿客户的资金损失。当然,银行承担责任后,可以向犯罪分子提起刑事附带民事诉讼。

第五章 存款与储蓄法律制度

第一节 概　　述

一、存款的概念与形式

1. 存款的概念与分类

"存款"一词既可以做名词解,也可以做动词解。前者指存款人存入银行或非银行金融机构的货币资金,后者指"存入银行"的行为。在我国银行实务中,通常将公众的存款称为储蓄,将企业事业单位的存款称为存款。

存款是银行资金的主要来源。从我国目前来看,各项存款占银行信贷资金来源的 2/3 以上,可以说是整个银行经营活动的基础。

存款可以依据不同的标准进行分类。如单位存款与储蓄存款、活期存款与定期存款、人民币存款与外币存款、信托存款与委托存款,等等。基于我国现金管制的特点,按照存款主体和存款期限进行的分类在监管上具有特别的意义。

2. 单位存款与储蓄存款

单位存款是指企业、事业单位、部队、国家机关、团体、学校等机构,将货币资金存入银行或非银行金融机构所形成的存款。储蓄存款是公民个人将自己的合法收入存入银行等金融机构所形成的存款。

我国实行一定范围内的现金管制,因此单位存款带有一定的强制性。而储蓄存款的特征是自愿性与有偿性,存款人可以随时提取现金。由于单位存款与储蓄存款下的权利义务有别,实行的监管制度不同,因此法律上禁止"公款私存"或者"私款公存"。

3. 活期存款、定期存款、定活两便存款、通知存款

这是按照存款期限和提取方式进行的分类。活期存款是无期限

限制,存款人可以随时提取的存款。定期存款是事先约定期限,到期后方可支取的存款。定活两便存款是存款时不确定存期,一次存入本金随时可以支取的存款,其利率最高不超过整存整取1年期存款利率的6折。通知存款是指存款人在存入款项时不约定存期,支取时需提前通知金融机构,约定支取存款日期和金额方能支取的存款,其利率介于活期存款与定期存款之间。

活期储蓄业务中,银行要经常准备现金以备客户随时支取,人力物力耗费较大,所以活期储蓄的利率比定期储蓄的利率低。相反,定期储蓄通常存期较长,资金比较稳定,银行可以在一定时期内有计划地运用这些资金支援生产建设,银行也可收到较多的贷款利息。此外,这部分资金在短时期内不流入市场,可以蕴蓄一部分购买力,对国家有计划地组织商品流通,合理安排市场都很有利。所以,定期利率比活期利率高。

根据存入本金与支取本息方式的差异,定期存款还可以进一步分为整存整取、零存整取、整存零取、存本取息几种方式。

4. 折实储蓄与保值储蓄

折实储蓄与保值储蓄是银行为使储蓄存款免受通货膨胀的影响,而给存款人提供的一种利益保护,体现了我国长期以来把储蓄当作社会建设重要资金来源而加以鼓励保护的政策。

折实储蓄是用人民币折成的实物为单位进行存取的一种储蓄,存入时按折实单位牌价存入,支取时则按取款时折实单位牌价支付,因而可以不受通货膨胀的影响。折实储蓄最早在解放区实行过。1949年新中国成立之初,中国人民银行为稳定市场物价,打击金融投机分子,保障群众生活,再次开办折实储蓄。这也是上世纪80年代后期银行采取的保值储蓄的前身。

人民币长期保值储蓄,是指我国在20世纪80年代末开始实行的对城乡居民个人3年期以上定期存款予以保值的储蓄制度,以保障储户所得利益不低于物价上涨幅度。具体做法是:在法定利率的基础上,参照国家统计局公布的零售物价指数确定全国统一的保值贴补率,储户实际享受的利率为"法定利率+保值贴补率"。储户提前支取则不享受保值补贴。随着国家宏观经济调控措施的到位,物价水平趋于稳定,中国人民银行于1996年正式取消了人民币长期保值储蓄。

5. 单位协定存款

在我国,单位协定存款是一种结算与存款相结合的特殊安排,指单位客户同时在银行开立结算账户与人民币单位协定账户,并约定结算账户的最低基本存款额度;一旦结算账户中的存款余额超过额度,银行自动将超过部分转入人民币单位协定账户,以优惠利率计息。由于结算账户存款按活期存款利率计息,实行单位协定存款安排后,超过存款额度的资金部分自动按更高的单位协定存款利率计息,这样就可以使单位客户一方面保持了结算账户使用的便利,另一方面最大限度地获得存款资金的利息收入。实践中,单位协定存款的最低基本存款额度一般不低于10万元。

二、存款关系的法律性质

1. 债权债务关系

从法律意义上说,存款表示银行与存款人之间的债权债务关系。对于这种关系的具体性质,学理上有一些分歧。我国现行《合同法》没有专门的"存款合同"。1995年《商业银行法》确认了我国储蓄实务中长期奉行的原则,即"存款自愿、取款自由、存款有息、为储户保密",它实际上高度概括了存款合同的主要内容。

从国外情况看,普通法国家一般直接把存款关系称为"债权债务关系"。大陆法系国家中,有些国家将"银行储蓄合同"作为单独的一类合同,并给予明确的界定。例如,《意大利民法典》第17节为"银行契约",其中第1分节为"银行储蓄",第1834条名为"金钱储蓄",规定如下:"银行对存入己处的货币享有所有权,并在约定期间届满时或者在存款人提出请求时负有返还同种类货币的义务。存款人要遵循双方约定或惯例确定的提前通知期间的要求。"这样就把存款关系的法律性质及其内容都规定得很清楚。

2. 存款法律关系的特点

(1)存款合同为实践性合同,存款人将款项交入银行并经银行签发存折、存单或者存款凭条时,存款合同成立。

（2）根据民法的一般原理，货币的所有权自交付而转移。因此，存款人向银行交入存款后，即丧失对该货币资金的所有权，而成为银行的债权人。银行则成为货币资金的所有人，可以自主处置该货币资金，发放贷款或者依法进行投资；同时，银行成为存款人的债务人，有义务在存款人要求时归还本金，并支付利息。当银行破产时，存款人作为债权人参与对破产财产的分配。

（3）存款关系存续的时间比较灵活。不论是活期存款还是定期存款，只要存款人没有向银行主张提取存款，银行就可以一直使用该资金。这一特点对于法律上确定履行时间、违约、诉讼时效等问题有直接的影响。例如，存款人不能因为有银行在其存款到期时没有主动履行偿还义务而要求银行承担违约责任。反过来，在存款人没有提出偿还主张前，存款关系一直存续，银行也不享有诉讼时效的抗辩。实践中有一个案件，某存款人在某信用社存了一笔3年的定期存款，但直到20年后才来取款。信用社主张已经过了诉讼时效。法院驳回了信用社的抗辩，判决信用社支付存款及利息。

（4）存款法律关系的具体内容依具体存款类型而定。不同存款形式，如整存整取、零存整取、存本取息等，其利息计算的方法有较大差异，具体规则往往体现为各家银行发布的"业务须知"或者直接印在存单背面。实践中，围绕着具体存款形式如何计息的一些技术性问题往往成为发生法律诉讼的原因之一。

三、我国储蓄存款管理制度的发展

1949年以前，旧中国银行储蓄业务极其落后。自1906年开办银行储蓄直到1936年的30年间，全国银行储蓄存款只有法币4.16亿元，折合黄金360万两。1939年以后，恶性通货膨胀使银行储蓄趋于衰退。

新中国成立之初，财政经济面临着金融市场混乱、通货膨胀、物价飞涨的严重困难。为争取国家财政经济状况的基本好转，同时筹集建设资金，1949年9月，中国人民政治协商会议第一届全体会议通过的《共同纲领》，确定了"鼓励人民储蓄"的方针。中国人民银行首先在华北地区开办了人民储蓄业务，逐步在全国建立起储蓄网络。到1952年年底，全国城镇储蓄机构已达1318个（所）。我国第一个五年计划中明确提出，要积极为社会主义工业化聚集资金，而国家银行吸收的储蓄存款已成为重要来源。为此，新中国宪法以及当时的其他有关法律中都强调对人民储蓄要采取鼓励和保护的政策。1958年，中共中央八届六中全会通过的《关于人民公社若干问题的决议》中也指出："社员个人所有的房屋、衣被、家具等生活资料和在银行、信用社的存款，永远归社员所有。"

中国人民银行认真贯彻党和政府鼓励和保护储蓄的政策，在50年代初期制定了储蓄存款章程、储蓄种类和利率制度，确立了"存款自愿，取款自由，为储户保密"的储蓄原则。由于受"左"的思潮影响，当时没有提"存款有息"这项直接关系到存款人利益的规定。1956年9月，国务院发出的《关于加强银行储蓄工作的指示》指出，根据自愿原则吸收城乡人民参加储蓄，是国家筹措建设资金的重要方法之一，也是帮助人民有计划安排收支、安排生活的一个重要手段。1958年，中央提出"勤俭建国，勤俭持家"的口号，强调要大力提倡储蓄，使"勤俭建国、勤俭办企业、勤俭办社、勤俭持家、学会过日子"的口号变为每个人的实际行动。当时没有明确提出保护存款人利益和存款有息，而是从帮助群众安排生活的角度提倡储蓄，这既反映了政府对人民群众的关心，又反映了当时储蓄工作还有不够完善之处。

"文化大革命"期间，银行储蓄遭到破坏。不少干部、职工、教师、民主人士，特别是民族资产阶级工商业者在银行的存款被冻结，储蓄存单被抄走，更有甚者，以所谓"革命组织"的名义把个人的储蓄存款取走或转移。在极"左"思潮的干扰下，有些地方还搞"无息存款"，甚至出现少数人"自愿上缴"个人储蓄存款等不正常现象。这些都严重打击了群众参加储蓄的积极性，有些人在取消存款利息后不敢再储蓄，有些人化整为零分散存储，有些人不敢领取应得的利息。

为了恢复人民的储蓄信心，1972年修改储蓄存款章程时，把储蓄原则进一步确定为"存款自愿，取款自由，存款有息，为储户保密"，即在原来的基础上增加了"存款有息"的内容。但是，当时极

"左"思潮仍然严重,银行不适当地降低了储蓄利率,减少了储蓄种类和利率档次,使群众的储蓄积极性受到影响。

直到1979年,情况才开始根本改变。政府从单纯按行政方法办事,转变为按经济规律办事,充分发挥利率的杠杆作用,为以后的政策奠定了基础。1980年,中国人民银行再次修订储蓄存款章程,进一步建立和健全各项规章制度。1993年国务院发布了《储蓄管理条例》,取代原来的储蓄存款章程,改进计息方式,第一次体现了用合同关系的思路来看待银行吸收储蓄的业务。

随着储蓄管理制度的不断改进并日见成效,我国银行储蓄存款也大幅度增加。1979年全国城乡储蓄余额为281亿元,1986年为2237.6亿元,1990年为6500亿元,1991年达到8507亿元,居民手持现金约2000亿元。1998年我国人均储蓄3800元,银行吸收储蓄存款总额45000亿元。到2007年6月底,我国储蓄存款已达到16.95万亿元。

第二节 单位存款管理制度

一、单位存款的概念

单位存款指企业、事业单位、机关、部队和社会团体等单位在金融机构办理的人民币存款。银行实务中一般称为"对公存款"。单位存款可以采取活期存款、定期存款、通知存款、协定存款以及金融监管部门批准的其他存款形式。

按存款资金性质及计息范围,单位存款可以划分为财政性存款和一般存款。财政性存款是指财政预算内资金存款以及集中待缴财政的各种款项形成的存款;一般存款是指各企事业单位、机关团体及部队存入并由其自行支配的各种资金。财政性存款通常不计付利息,一般存款则应计付利息。

二、单位存款管理制度的主要内容

我国对单位存款的管理制度,除《商业银行法》外,主要体现为

《现金管理暂行条例》《人民币单位存款管理办法》《通知存款管理办法》等金融规章中,这里就其主要内容归纳如下。

1. 限制现金的使用

单位现金适用强制存入原则,即在银行开立账户的单位应将其每日收入的现金中超过核定库存限额的部分全部存入银行,不得自行保存,不得"坐支"现金(即将收入的现金直接用于支付),也不得以个人名义存入储蓄机构。银行与开户单位核定库存现金限额,通常为3天至5天的日常零星开支;边远地区或交通不便地区可以适当放宽,但不得超过15天的日常开支。现金的使用限于规定范围内,结算起点(1000元)以下的业务,其他交易支付必须通过银行转账结算。

2. 对单位存款账户的管理

我国对机关、部队、企业以及学校等事业单位的经济收支实行严格的监控和管理。在一定意义上,对单位存款账户的管理可以说是这种监控和管理的核心环节。开户银行依法对开户单位支取和使用存款进行监督。开户单位在提取和使用存款时,应在有关的结算凭证上填明用途。单位存款账户只能用于自身业务经营范围内的资金收付,不得出租、出借或者转让给其他单位或个人使用,更不得利用存款账户进行非法活动。

3. 对单位定期存款的管理

单位办理定期存款时,须提交开户申请书、营业执照正本等,并预留印鉴。接受存款的金融机构给存款单位开出"单位定期存款开户证实书",证实书仅对存款单位开户证实,不得作为质押的权利凭证。支取定期存款时,存款单位须出具证实书并提供预留印鉴,金融机构为其办理支取手续,同时收回证实书。支取的定期存款只能转入其基本存款账户,不得用于结算或提取现金。

财政拨款、预算内资金及银行贷款不得作为单位定期存款存入金融机构。

三、禁止"公款私存"和"私款公存"

"公款私存"指将单位存款以个人名义开立储蓄账户。这是一种常见的逃避单位账户监管的行为。储蓄实行"存款自愿、取款自由、存款有息、为储户保护"原则,而且在特定时期国家还给予保值贴补的利益。这些特点与单位存款的强制存入、限制取现、财政性存款不计息以及银行监督管理等原则大相径庭。公款私存除获得了本来无法获得的利息收入外,还有如下的危害性:一是为单位私设"小金库"、逃避监督提供了便利,二是影响单位与银行间的正常资金周转,三是容易逃税、漏税,四是易滋生腐败。《商业银行法》第48条第2款规定:"任何单位和个人不得将单位的资金以个人名义开立账户存储。"

"私款公存",即个人存款以单位名义存入银行或其他金融机构。这个问题在2000年开征个人利息所得税时比较突出地显现出来。由于单位存款的利息收入不直接课征利息税,而是与单位的其他收入合并进行核算,因此一些个人将储蓄存款转入企业存款账户中,以逃避利息税。《人民币单位存款管理办法》禁止任何个人将私款以单位名义存入金融机构,也禁止开户单位将其他单位和个人的款项以本单位的名义存入金融机构。

第三节 储蓄存款的有关规定

一、储蓄存款利率与计息

1. 储蓄合同与管制利率

储蓄利率具有双重性。一方面,储蓄存款利率是受管制利率,属于中国人民银行规定的基准利率之一。另一方面,储蓄又是一种民事行为,存款人与银行之间有一个储蓄合同关系,其中利率是储蓄合同的必备条款。由此产生的问题是,在定期存款存期内,如果中国人民银行调整利率,储蓄合同是否随之调整?

在1993年《储蓄管理条例》实施之前,储蓄计息奉行的是"对储户有利"的政策,因此,存期内如遇国家调整利率,是否需要改变储蓄合同利率取决于哪种方式对储户有利:(1) 如果国家调高利率,则分段计息:国家调高利率日之前按照原合同利率计息;调高利率日之后按新利率计息;(2) 如果国家利率调低,则整个存期内仍按原利率计息。

1993年《储蓄管理条例》第一次用合同关系的思路看待银行与储户之间的关系,尊重储蓄合同条款的效力。它规定,定期储蓄存款遇国家利率调整不再实行分段计息,而是按照储蓄合同订立时的挂牌利率计算整个存期内的利息。

此外,对于定期存款的提前支取与逾期支取下的计息,《储蓄合同条例》也采取了合同法的观点,对于违反存期约定提前支取的存款,或者超过存期而未支取的存款,都不再适用原储蓄合同下定期存款利率,而是适用活期利率。

这里将《储蓄管理条例》实施前后定期存款的利息计算方式对比列表如下:

	《储蓄管理条例》实施前	《储蓄管理条例》实施后
国家调整利率	分段计息,利率就高不就低	按起存日利率,存期内不变
逾期支取	逾期部分仍按原存款所确定的利率计息;如果在逾期时间内遇有利率调整,则实行分段计息。	除自动转存外,按支取日活期利率计息
提前支取	按已存日期的同档次定期利率计息	按支取日活期利率计息

2. 利率调整与自动转存

由于按照《储蓄管理条例》央行调整利率不再影响已经订立的储蓄合同,因此,如果出现央行不断提高利率的情况,定期存款的储户一定来银行办理取款再存手续,以便获得较高的存款利息。这种情况在1993年3月《储蓄管理条例》刚开实施时出现过一次,2007年上半年央行连续升息时又出现了。但银行的处理方式却不同了。1993年时银行宣布,利率调高日以前存入的定期储蓄存款由银行自动转存,居民储户不必来银行排队办理取款再存的手续。但2007年时银行不给自动转存,储户只能一次次跑银行,排队现象很严重。公众和媒体对银行很有意见。

从法律的角度看,银行目前的做法无可厚非。自动转存一般要有两个基本条件:一是定期存款到期不取才发生转存,未到期的定期存款不应当发生转存。二是要有约定才能转存,并按定期利率计息,否则要按活期利率计息。2007年1—8月,中国人民银行4次提高储蓄存款利率,平均2个月一次,这个时间不够6个月、1年以及1年以上的各种期限的定期存款的期限,不应该发生自动转存。储户如果事先没有与银行订立自动转存协议,就只能到银行来办手续。

这便在金融法理论上产生一个选择的问题:法制的目标与社会道德的目标的选择。法制的目标是依法办事,法律生效后,未经正当程序修改前,任何其他规定不应与法律相矛盾。社会道德的目标是维持社会的合理性。法律强调的是程序,立法要有程序,修改法律也要有程序,废除法律还要有程序。社会道德强调的是理性,本质上的合理性程序在道德方面并不重要。过分强调程序,在特定时期可能会对社会道德产生侵犯;而过分强调社会道德也就没有完善的法制。在当前,我国正在进行向社会主义市场经济的转变,应该加强法制并逐渐完善法制。

二、代取、提前支取和挂失的规定

1. 代取

定期储蓄委托他人代取,凭存单、存款人身份证件及委托代取人身份证件办理。活期存款代取只凭存折,不需查验其他证件。

2. 提前支取

储户提前支取定期存款,凭存单或存折、本人身份证件办理。留有印章样本,凭印章和身份证件支取。提前支取部分金额时,提前支取部分按活期利率计算,剩余存款仍按原存日期和利率计算。

3. 挂失

存单、存折或预留印鉴如有遗失,应当及时拿本人的身份证件,说明丢失原因,并提供存款日期、户名、储蓄种类、存款金额和账号等情况,向原存款银行挂失止付。经银行核对相符,并交1元钱挂失费,在存款确未被支取时,由储户填写挂失申请书,办理挂失手续,银行经调查核实,于7天后(自挂失日算起)补发存单、存折或更换印鉴。如果是凭印鉴支取的,储户要在挂失申请书上签盖原留印鉴。

在储户申请挂失止付前,存款已被人冒领,银行不负责。挂失后补发新存单或存折前,又找到存单或存折,需要由储户凭身份证件注销原挂失。补发新存单或存折后,如找到原存单或存折,应将其送交银行注销。

三、查询、冻结、扣划个人存款的规定

1. 基本原则

依照《商业银行法》第 29 条第 2 款,获得法律明确授权的司法机关、行政机关、军事机关(以下简称有权机关)可以查询、冻结、扣划个人在银行的存款。银行有协助的义务,但应遵循依法合规、不损害客户合法权益的原则。具体事项由存款人开户的营业分支机构办理。

2. 程序

有权机关进行查询、冻结、划扣时,应当出具协助查询存款通知书、协助冻结存款通知书、协助扣划存款通知书或者法院的有关裁定书、判决书等。前来银行办理查询、冻结、划扣事项的具体经办人员应当出示工作证件,由银行审查。

有权机关查询存款资料,根据需要可以抄录、复制、照相,但不得带走原件。

按照现行金融监管规章,冻结银行存款的期限最长为 6 个月;期满后可以续冻,但有权机关应在冻结期满前办理续冻手续,否则视为自动解除冻结措施。在存款冻结期限内,银行不得自行解冻。

3. 银行的协助义务

主要有三个方面:

第一,银行在协助有权机关办理完毕查询存款手续后,有权机关要求予以保密的,银行应当保守秘密。

第二,银行在接到协助冻结、扣划存款通知书后,不得向被查询、冻结、扣划单位或个人通风报信,帮助隐匿或转移存款。但是,在办理完毕冻结、扣划存款手续后,银行根据业务需要可以通知存款单位或个人。

第三,银行在接到协助冻结、扣划存款通知书后,不得以相关客

户欠银行贷款为由,扣划应当协助执行的款项用于收贷收息。

四、存款人死亡后,存款提取、过户的规定

1. 合法继承

存款人死亡时,合法继承人为证明自己的身份和有权取得存款,应向当地公证处(未设公证处的地方向县、市人民法院)申请办理继承权证明书,银行凭此办理。

2. 遗产争议

如果该项存款的继承权发生争执,由人民法院裁判;银行凭法院的判决书、裁定书或调解书办理。

3. 无人继承财产

无法定继承人又无遗嘱的,经公证部门证明,暂按财政部门的规定办理。全民所有制企业事业单位、国家机关、群众团体的职工的存款,上缴财政部门收归国有;集体所有制企业单位的职工的存款,转为集体所有。此项上缴国库或转归集体所有的存款都不计息。

4. 境外人士的存款

境外人士在国内银行存款的继承问题,依继承人在国内或国外而有不同的处理方式。

原存款人为在国外的华侨、中国血统的外籍人或港澳台同胞的,而合法继承人在国内的,凭原存款人的死亡证(或其他可证明原存款人确实死亡的证明),向继承人所在地公证处申请办理继承权证明书,银行凭此办理。

继承人在国外的,凭原存款人死亡证明和经我驻该国使、领馆认证的亲属证明,向我公证机关办理继承权证明书,银行凭此办理。继承人所在国按上述规定办理有困难者,可由当地侨团、友好社团和爱国侨领、友好人士提供证明,并由派驻该国使、领馆认证后,向我公证机关办理继承权证明书,银行凭此办理。

5. 无国籍存款人

在我国定居的外侨(包括无国籍者)在我国银行的存款,其存款过户或提取手续,与我国公民存款处理手续相同,按上述规定办理。与我国订有双边领事协定的国家的侨民应按协定的具体规定办理。

6. 持单人、持折人领取存款

由于银行不可能及时掌握存款人的死亡情况,因此,对存款的支付仍宜按现行储蓄存款章程的规定和习惯的做法,即凭存款单(折)付款,留有印鉴的需验对图章。对定期存款提前支取者,需查看取款人的身份证明。存款人死亡后,在其合法继承人主张权利以前,存款如已被持单人、持折人按照银行正常程序取走,银行不负责任。

五、《刑法》中关于非法吸收公众存款的规定

1. 概念

这种犯罪包括非法吸收公众存款罪和变相吸收公众存款,前者是指没有金融许可证的机构或个人吸收公众存款的行为;后者是指通过某种形式,表面上看不是吸收存款,实际上是在吸收存款但是行为人又不具有经营金融业务许可证的犯罪。

2. 处罚

《刑法》第176条规定,对犯非法吸收公众存款罪的,处3年以下有期徒刑或者拘役,并处或者单处2万元以上20万元以下罚金;数额巨大或有其他严重情节的,处3年以上10年以下有期徒刑,并处5万元以上50万元以下罚金。机构犯本罪的,也应处罚金。

第四节 存单纠纷的法律问题

存单纠纷是前些年实践中较常见的一类存款纠纷,其中的法律问题比较复杂,最高人民法院专门在1997年发布了《关于审理存单纠纷案件的若干规定》。本节结合最高法院的司法解释,简要介绍处理存单纠纷的基本法律规则。

一、存单

1. 存单的概念与法律性质

存单是银行对存款人出具的证明其在该银行的存款金额的书面凭证。

存单与存折是银行办理储蓄业务出具的两种信用凭证。其中,存单通常用于一次存取、金额较大、存期较长的定期存款业务。存折则通常用于记录一段时期内连续发生的多笔存取款业务。

从法律上说,针对单次存款交易的存单可以看做是一份合同或者债权文书,它是对存款人与银行之间的存款合同关系的一个最直观的证明。

2. 存单的种类

(1) 记名存单与不记名存单

根据存单是否记载权利人,存单可分为两种,一种是记名存单,一种是不记名存单。记名存单是一种事先明确记载存单权利人的权利凭证。对银行来说,记名人为储蓄存款法律关系的相对方,银行只能向记名的相对方履行支付存款的义务。记名存单可以挂失。

不记名存单如同钞票,不得挂失。持票人是存单的权利人,银行须向持票人支付存款。

(2) 可转让存单与不可转让存单

根据存单是否可以转让,存单可以分为可转让存单与不可转让存单。我国前些年发行的大额可转让定期存单,就是属于可转让存单。有时,银行在存单上注明"不得转让",这样的存单就是不可转让存单。

记名存单的转让通常采取记名人背书的方式,但有关存单的监管法规对转让方式另有规定的除外。不记名存单的转让以交付方式完成。

3. 存单的用途

存单的用途有两个方面:一是持有到期而取得本息,二是用于融资。后一个用途是因为存单一般为定期存单,且时间较长。如果存单人急需要用钱,可以用存单质押给银行以获得贷款。此外,可转让存单也可以用于清偿债务。转让存单的行为在法律上属于债权的转让。

二、存单纠纷

1. 背景

存单纠纷是我国 20 世纪 90 年代以来比较突出的金融纠纷类型。一些金融机构(包括银行、信托公司、财务公司等,以下概称"银行")为了拉存款,出具的存单很不规范,如私下承诺高额利息或预先支付利息,甚至在委托贷款的情况下也对委托人出具存单。少数银行内部人员与犯罪分子共谋,出具无真实存款关系的虚假存单(即虚开存单),然后持存单要求银行付款,对银行进行诈骗。此外,某些存款人一边用存单进行质押贷款或者清偿债务,一边又到银行申请挂失后取走存款,导致质押权人或受让人到期无法实现存单利益。诸如此类的问题引发了大量存单纠纷,给银行带来了惨重损失,甚至导致中国人民银行在1997年4月叫停了大额可转让定期存单及其存单质押贷款业务。经过整顿后,1999年9月,中国人民银行颁布了《单位定期存单质押贷款管理规定》。2007年7月3日,中国银监会根据《物权法》等法律,公布了新的《单位定期存单质押贷款管理规定》和《个人定期存单质押贷款办法》,严格了存单的出具与使用程序。

为了解决存单纠纷,最高人民法院1997年12月发布了《关于审理存单纠纷案件的若干规定》,将存单纠纷区分为两大类:一般存单纠纷和以存单为表现形式的借贷纠纷。

2. 一般存单纠纷

一般存单纠纷是指存单持有人与银行就存单兑付发生的争议。由于存单既可能用于获得利息收入,也可能用于质押贷款,因此,在一般存单纠纷中,存单持有人可能是存款人,也可能是接受存单作为质押或债务清偿的第三人。而银行往往对存单持有人能否主张权利或者对特定存单的真实性有异议,要求确认存单无效。

一般存单纠纷的典型情形包括:

(1) 真实的存款人持真实存单来取款,银行以预先曾向存款人支付过高息为由,拒绝按照票面记载的本息全额进行支付。

(2) 存款人所持有存单凭证、印章等存在瑕疵,但有真实的存款行为,银行以涉及犯罪或其工作人员个人行为等为由,拒绝支付存单票面所记载的本息。

(3) 正常的质押贷款纠纷,即借款人以自己或他人的存单作质押物向银行办理质押借款,逾期未还款,银行持存单要求实现质权。

(4) 虚假存单质押贷款纠纷,即借款人以甲银行虚开的存单向乙银行办理质押借款,无法还款时,乙银行执行质押品无法实现权利,遂要求虚开存单的甲银行承担责任。

3. 以存单为表现形式的借贷纠纷案件

以存单为表现形式的借贷纠纷,本质上是一个委托贷款①或者资金拆借活动,只不过银行对委托人出具了存单,从而使借贷关系以存单关系的方式表现出来。当存款人持存单或者其他证明存款关系的凭证(如进账单、对账单、存款合同等,以下概称"存单")向银行主张兑付时,银行以存款人与第三方用资人之间存在委托贷款关系或资金拆借为由,拒绝支付存单票面所记载的本息。

在这类纠纷中,通常存在三方当事人:出资人、银行、用资人。出资人把资金拆借给用资人,取得比银行存款更高的利息。如果按照正常的途径,这一交易应当采取委托贷款的方式,即出资人把资金委托给银行转贷用资人,出资人承担收益和风险;银行作为中间人,只收取手续费,不承担风险。但出资人却要求银行出具存单,出资人依存单取得正常存款利息,同时从用资人处取得高额利差。出资人通过要求银行出具存单,把它与银行之间的委托关系变成了存款关系,从而向银行转嫁第三人不能还款的风险。银行之所以参与这类交易,或者为了拉存款而迎合了客户的要求,或者是存在内部人员徇私舞弊,损害银行利益的情形。

三、一般存单纠纷的处理规则

按照现行司法解释,处理一般存单纠纷的关键是证据与举证责任分配问题。存单持有人与银行各执一词,对于存单是否代表了真实的存单关系有不同的主张,司法实践中需要审查存单与存款关系两个方面,并在存单持有人与银行之间合理分配举证责任。

1. 存单与存款关系双重真实原则

存单是对存款人与银行之间存款关系的一个表证。但是,由于实践中存在虚开、伪造、变造存单的情形,因此存单并非存款关系真实存在的充分证明。法院还需要审查基础存款关系是否真实发生

---

① 关于委托贷款的法律特征,参见本书第六章第一节"委托贷款"部分。

过。只有存款关系也同时存在,银行才有义务兑付存单。换言之,如果要求银行兑付存单,那么存单真实性与存款关系的真实性二者缺一不可。

2. 如果存单真实,则存款关系是否真实的举证责任由银行承担

(1) 银行的举证责任

持有人以真实存单凭证为证据提起诉讼的,银行如果拒绝兑付,就应当举证证明持有人与自己不存在存款关系。如果银行有充分证据证明持有人未向自己交付存单所记载的款项,法院可以认定存款关系不存在,银行有权拒付。但是,如果银行不能证明存款关系不真实,人民法院应认定持有人与银行间存款关系成立,应当承担兑付款项的义务。

(2) 仅有银行底单的记载,不足以构成充分证明

银行在证明存单记载的存款关系不真实时,如果没有其他证据,仅有银行自己的底单记载,即便该记载内容与持有人存单上记载的内容不一致,这也只是金融机构的内部工作记录,不足以构成抗辩。例如,存单上记载的"利率10%"或者"本金2000元",但银行的底单上记载的是"利率8%"或者"本息之和为2000元"。如果没有其他证据,银行不能仅以自己的底单记载来对抗存单持有人。

3. 如果存单有瑕疵,举证责任在存单持有人与银行之间进行分配

存单持有人提起诉讼的存单在样式、印鉴、记载事项上有别于真实凭证,但无充分证据证明系伪造或变造的,称为"瑕疵存单",持有人应对瑕疵存单的取得提供合理的陈述。如持有人对瑕疵存单的取得提供了合理陈述,而银行否认存款关系存在的,银行应当对持有人与银行间是否存在存款关系负举证责任。

如果银行有充分证据证明持有人未向银行交付上述凭证所记载的款项的,可以认定持有人与银行间不存在存款关系。但是,如银行不能提供证明存款关系不真实的证据,或仅以银行底单的记载内容与上述凭证记载内容不符为由进行抗辩的,应认定持有人与银行间存款关系成立,银行应当承担兑付款项的义务。

4. 伪造、变造或者虚开的存单

如果有充足证据证明存单系伪造、变造，法院将确认存单无效，驳回持有人要求兑付的诉讼请求，或根据实际存款数额进行判决。如果法院认为伪造、变造、虚开存单涉嫌诈骗，还应将犯罪线索及时书面告知公安或检察机关，追究相关当事人的刑事责任。

四、以存单为表现形式的借贷纠纷的处理规则

1. 法律性质

以存单为表现形式的借贷，属于违法借贷，合同无效。出资人收取的高额利差，不论是银行支付的，还是用资人支付的，都用于充抵本金；其余损失由出资人、银行与用资人因参与违法借贷而共同承担。

实践中，由于违法借贷下用资人往往无力偿还贷款，或者根本找不到了，因此出资人盯住出具存单的银行要求全额付款。现行司法解释区分违法资金的流向而要求银行承担不同程度的责任。具体的责任分配，根据资金是否实际通过银行转账以及用资人是否由银行指定而有差别。

2. 责任分配的方式

（1）情形一：资金经过银行转账＋银行指定用资人

在这种情形下，出资人将款项或票据（以下统称资金）交付给银行，银行给出资人出具存单或进账单、对账单或与出资人签订存款合同（以下统称"出具存单"），并将资金自行转给用资人，由于出资人并未直接接触用资人，仅与银行打交道，因此，银行与用资人对偿还出资人本金及利息承担连带责任。

（2）情形二：资金经过银行转账＋出资人自己指定用资人

在这种情形下，出资人将资金交付给银行，银行给出资人出具存单，出资人再指定银行将资金转给用资人的，首先由用资人返还出资人本金和利息。银行因其帮助违法借贷的过错，应当对用资人不能偿还出资人本金部分承担赔偿责任，但不超过不能偿还本金部分的40%。

(3) 情形三:资金未经过银行转账 + 银行指定用资人

在这种情形下,出资人未将资金交付给银行,而是依照银行的指定将资金直接转给用资人,银行给出资人出具了存单。首先由用资人偿还出资人本金及利息,银行对用资人不能偿还出资人本金及利息部分承担补充赔偿责任。

(4) 情形四:资金未经过银行 + 出资人自己指定用资人

在这种情形下,出资人未将资金交付给银行,而是自行将资金直接转给用资人,银行给出资人出具了存单。首先由用资人返还出资人本金和利息。银行因其帮助违法借贷的过错,应当对用资人不能偿还出资人本金部分承担赔偿责任,但不超过用资人不能偿还本金部分的20%。

按照最高人民法院《关于审理存单纠纷案件的若干规定》,如果以存单为表现形式的借贷行为确已发生,即使银行向出资人出具的存单存在虚假、瑕疵,或银行工作人员超越权限出具存单等情形,亦不影响人民法院按以上规定对案件进行处理。

3. 当事人的确定

出资人起诉银行的,人民法院应通知用资人作为第三人参加诉讼;出资人起诉用资人的,人民法院应通知银行作为第三人参加诉讼。存单系公款私存的,人民法院在查明款项的真实所有人基础上,应通知款项的真实所有人为权利人参加诉讼,与存单记载的个人为共同诉讼人。该个人申请退出诉讼的,人民法院可予准许。

五、以伪造、变造、虚开存单进行质押的处理规则

1. 伪造存单的质押

存单持有人以伪造、变造的虚假存单质押的,质押合同无效。

2. 虚开存单的质押

存单持有人以银行开具的、未有实际存款或与实际存款不符的存单进行质押,以骗取或占用他人财产的,该质押合同无效。接受存单质押的人起诉的,该存单持有人与开具存单的银行为共同被告。

(1) 连带责任

利用存单骗取或占用他人财产的存单持有人对侵犯他人财产权

承担赔偿责任,开具存单的银行因其过错致他人财产权受损,对所造成的损失承担连带赔偿责任。

(2)接受存单质押的人存在过错

接受存单质押的人在审查存单的真实性上有重大过失的,开具存单的银行仅对所造成的损失承担补充赔偿责任。

接受存单质押的人明知存单虚假而接受存单质押的,开具存单的银行不承担民事赔偿责任。

3. **虚假存单或者虚开存单的核押**

存单核押是指质权人将存单质押的情况告知银行,并就存单的真实性向银行咨询,银行对存单的真实性予以确认,并在存单上或以其他方式签章的行为。

在存单持有人持伪造、变造、虚开的存单出质的情形下,当质权人向存单所指的银行进行询问时,如果该银行对存单给予了核押,则质押合同有效,该银行应当依法向质权人兑付存单所记载的款项。

第六章 贷款法律制度

第一节 概 述

一、贷款的概念和法律性质

1. 概念

"贷款"一词可作名词或动词解。作名词解时,贷款是贷款人向借款人提供的、并按约定的利率还本付息的货币资金。作动词解时,贷款是指金融机构向借款人发放款项的信用活动,又称为"贷款业务"。

发放贷款是商业银行的主要业务,发放贷款获得的利息收入是我国商业银行最主要的利息收入。例如,中国工商银行 2007 年中报披露,其在 2007 年上半年实现利润,其中 90% 以上来自净利息收入。

2. 贷款与民间借贷

在我国目前的金融监管框架下,借贷活动分为两类:一类是"贷款",特指金融机构对自然人、法人和其他组织的贷款;另一类是"民间借贷",指自然人之间的借贷活动。从资金融通量来看,金融机构对自然人、法人和其他组织的贷款,提供了全社会 95% 以上的间接融资。

我国对金融业务实行特许制,从事贷款业务的必须为中国银监会批准从事贷款业务的金融机构,包括商业银行、信用合作社、贷款公司、信托公司、财务公司以及金融租赁公司等。一般工商企业不得从事发放贷款的业务,企业之间的借贷也是受到禁止的。如果企业之间确有资金融通的合意,应采取委托贷款的方式,由金融机构作为受托人来进行资金转账。民间借贷活动不属于贷款业务的范畴,因此不需要中国人民银行和银监会的监管。

3. 贷款的法律性质

贷款业务是商业银行的资产业务,它反映了银行等金融机构作为贷款人与借款人之间的债权债务关系。贷款之债是合同之债,贷款人是债权人,借款人是债务人。

从合同的角度看,金融机构与自然人、法人和其他组织订立的贷款合同是诺成性合同。当事人意思表示一致达成书面协议,合同就成立。相反,合同法的通说认为,自然人之间的借款合同是实践性合同,仅当贷款人实际提供贷款时,合同生效。

二、贷款法律制度

在我国,调整贷款活动的法律制度包括两个部分:一是金融监管法有关贷款业务的规定,二是《合同法》《担保法》等民商事法律制度中与借贷合同有关的规则。

1. 合同法

《商业银行法》第37条规定,商业银行贷款,应当与借款人订立书面合同,合同应当约定贷款种类、借款用途、金额、利率、还款期限、还款方式、违约责任和双方认为需要约定的其他事项。我国《合同法》第12章对借款合同作了原则性的规定。需要说明的是,《合同法》中"借款合同"的大多数规则既适用于金融机构的贷款业务,也适用于个人之间、个人与法人之间的民间借贷活动。同时,针对贷款与民间借贷的差异,《合同法》也确立了各自适用的一些规则。

2. 金融监管法

我国《商业银行法》规定了商业银行贷款业务的基本规则,如银行内部审贷分离、分级审批的管理制度、存贷比例限制、贷款集中程度限制、不良贷款核销制度等,本书第二章已论述。中国人民银行1996年发布的《贷款通则》是对银行信贷活动进行管理的专门性规章。此外,央行和银监会还先后针对个人住房贷款、汽车贷款、股票质押贷款、扶贫贴息贷款等各种具体贷款业务制定了大量的监管规章,涉及信贷计划、信贷资金、贷款类型、利率水平、贷款流程、风险监管等各方面。贷款监管的目的在于规范金融机构的贷款行为,保护借贷双方的合法权益,保证信贷资产的安全,提高贷款使用的整体效益,促进社会经济的持续发展。

本章主要介绍与金融机构贷款业务相关的法律制度。需要说明的是,贷款监管法的一些具体规则近年来变化较大。随着我国金融市场迅速发展以及金融体制改革的深入,银行以及其他金融机构的风险意识和自主经营的水平都在提高,传统监管法对贷款业务的一些直接限制逐步取消,转向审慎性监管,督促金融机构依法经营,合理控制贷款的业务规模和风险。中国人民银行、中国银监会2004年4月发布了修订《贷款通则》的征求意见稿,对现行的《贷款通则》进行了较大的调整。

三、贷款活动的基本原则

商业银行和其他金融机构发放贷款和借款人在使用贷款时,应当遵守下列几项原则:

第一,合法原则。即贷款应符合国家的法律、行政法规和金融监管机关发布的规章,任何不符合法律规定和监管规章的贷款行为,都是应当禁止的。

第二,应当遵循资金使用的安全性、流动性和效益性原则,这也是《商业银行法》对商业银行规定的基本经营原则。

第三,自愿、平等和诚实信用原则。借款人与贷款人发生的借贷业务往来应当遵守自愿、平等、诚实信用的原则,借款人和贷款人在地位上是平等的,借贷行为是自愿的,执行借款合同是诚实信用的。这三个条件是市场经济存在与发展的基础,也是贷款业务的基础。

第四,公平竞争、密切协作的原则。贷款人开展贷款业务应当公平竞争、密切协作,不得从事不正当的竞争行为。

第二节 贷款种类与业务流程

一、贷款种类

我国金融机构的贷款种类按照不同的划分标准,可以分为多个类别。

1. 按照贷款期限分类

按贷款期限分类,可以分为:短期贷款、中期贷款与长期贷款。短期贷款是指贷款期限在1年以内(含1年)的贷款,是商业单位和生产企业日常周转需要的流动资金贷款,这是金融机构从事的最主要的贷款业务。中期贷款是指贷款期限在1年以上(含1年)5年以下的贷款。长期贷款是指贷款期限在5年(含5年)以上的贷款。这种分类的法律意义在于确定借款人的义务、安排风险防范措施以及确定利率高低。按照我国《借款合同条例》的规定,借款合同的基本法定条款之一就是借款期限。

2. 按照有无担保分类

按照贷款是否设定了担保来分类,可以分为:

(1) 信用贷款

信用贷款是指银行或其他金融机构基于借款人的信誉而发放的贷款。这种贷款没有担保,风险由银行或金融机构承担。如果借款人到期不能够还贷,应当按照合同的约定承担责任。

(2) 担保贷款

担保贷款包括三种形式:保证贷款、抵押贷款和质押贷款。(1)保证贷款,是指按《担保法》规定的保证方式,以第三人承诺在借款人不能偿还贷款时,按约定承担一般保证责任或者连带保证责任为前提而发放的贷款。(2)抵押贷款,是指按《担保法》规定的抵押方式,以借款人或者第三人的财产作为抵押物发放的贷款。(3)质押贷款,是指按《担保法》规定的质押方式,以借款人或第三人的动产或权利作为质物发放的贷款。

(3) 票据贴现

票据贴现是指贷款人购买未到期商业汇票,向贴现客户贷出资金的一种特殊贷款形式。票据贴现对贷款人的保障在于:如果该汇票到期被拒绝付款,贷款人作为票据的持票人可以对背书人、出票人以及汇票的其他债务人行使追索权。

3. 按照承担贷款风险的主体分类

(1) 自营贷款

自营贷款是指贷款人以合法方式筹集的资金自主发放的贷款,

其风险由贷款人承担,并由贷款人收取本金和利息。自营贷款有两个基本要素:(1) 贷款的资金来源必须是以合法方式筹集的资金。商业银行合法筹集的资金在《商业银行法》第 3 条已有规定,包括吸收公众存款、发行金融债券、同业拆借,等等。(2) 自主发放贷款,即商业银行自己承担风险、自己决策、以营利为目的的贷款。

(2) 委托贷款

委托贷款是指由政府部门、企事业单位及个人等委托人提供资金,由贷款人(即受托人)根据委托人确定的贷款对象、用途、金额、期限、利率等代理发放、监督使用并协助收回的贷款。贷款对象不能还款的风险由委托人承担。贷款人(即受托人)收取手续费,无代偿本金或利息的义务。

委托贷款有以下几个特征:(1) 委托单位提供资金,银行不得代垫资金。(2) 银行与委托单位签订委托协议,银行按委托协议发放贷款。银行作为受托人与委托人之间是委托关系,不是存储关系,所以,银行不能再给委托单位开出存单。(3) 银行监督使用并协助收回贷款。银行"监督"贷款的使用,应当明确"监督"不是担保贷款按约定使用;银行"协助"收回贷款,也不应该理解为银行担保该贷款能收回。(4) 贷款风险由委托单位承担,因为委托贷款下的借款单位是委托单位自己选择的;银行只是作为代理人,不承担风险。(5) 银行收取手续费,不收取利息。

4. 按照贷款组织方式分类

按照一个贷款项目的具体组织方式,可以分为单一银行贷款和银团贷款。

单一银行贷款指一家银行对一个借款人发放的贷款。法律关系上体现为一个债权人与一个债务人。这是实践中最常见的贷款方式。

银团贷款是指多家贷款人依据同一贷款协议向同一借款人提供资金的贷款方式。各参与机构按照实际贷款比例或合同约定享受权益和承担风险。在银团贷款中,需要确定一个贷款人作为牵头银行,负责组织、协调整个银团与借款人的谈判事宜,同时签订银团贷款协议,明确各贷款人的权利与义务。牵头银行要按协议确定的比例监督贷款的偿还。我国银团贷款的管理制度见于中国人民银行1997年发布的《银团贷款暂行办法》。

5. 其他经过批准的贷款种类

如同业拆借贷款、信用证贷款、信用卡贷款、援助性贷款等,在此不一一分析。

二、贷款业务的一般程序

1. 贷款申请

借款人需要贷款,应当向主办银行或者其他银行的经办机关直接申请。借款人应该填写包含借款金额、借款用途、偿还能力及还款方式等内容的《借款申请书》,并同时提供借款人的基本资料,包括经过审计的财务报表。有担保的,还需要提供保证人或者担保品的资料。

2. 调查与评估

贷款人应当按照《商业银行法》第35条的规定,实行"审贷分离、分级审批"的贷款管理制度。"审贷分离"是指一项贷款申请由银行的不同部门进行审查和批准。其中,贷款审查由银行的贷款业务部门进行,它包括调查与评估两个步骤:(1) 贷款人受理借款人申请后,应当对借款人的信用等级以及借款的合法性、安全性、盈利性等情况进行调查,核实抵押物、质物、保证人情况,测定贷款的风险度,以便保证贷款的安全与信贷资产的较高质量。(2) 在调查的基础上,贷款部门需要对借款人的资信进行评估,最终确定借款人的信用等级。这是贷款业务的关键环节。信用等级高的企业,优先取得贷款;信用等级低的企业,限制贷款。

3. 贷款审批

银行的贷款部门完成对贷款申请的审查后,将资料转交给审批部门审查批准。按照"审贷分离"的原则,审批部门不能直接接触借款人。审批部门批准了贷款,一切后果由审批部门负责。但是,如果借款人提供的资料有问题时,由贷款部门负责。按照《商业银行法》,贷款审批实行"分级审批"原则,是指根据贷款数额大小不同,由不同分支机构审批。各商业银行总行通常对分支机构逐级进行授权,如贷款金额在 100 万以下的项目由地市级支行审批,100 万—500 万元的项目由省分行审批等。各级分支机构在授权范围内批准贷款项目;超过本级授权范围的,由上一级分支机构审批。

需要说明的是,"审贷合一"与"审贷分离"是管理模式的不同,也是经营风格的不同。审贷合一,可能提高工作效率,但风险比较大,特别是对关系人贷款,风险更大。在审贷分离的管理模式下,风险比较小,但是工作效率可能差一些。在西方市场经济制度下,银行法可能不会规定到商业银行管理风格和经营模式这样具体的内容。但是,我国由于特殊的历史情况,造成国有商业银行的管理水平不高,信贷资产质量不佳,因此,国家的法律就对直接涉及信贷审批的程序加以规定,将贷款审批问题直接引入政府行政指导之中。

4. 签订借款合同

借款合同是贷款人与借款人签订的书面合同。借款合同的内容应包括:约定的贷款种类、贷款用途、借款金额、利率、还款期限、还款方式、借贷双方的权利和义务、违约责任以及双方认为需要约定的其他事项。

我国《商业银行法》限制银行提供信用贷款,所以,大多数的银行贷款都要求有担保。这样,在贷款人与借款人签订借款合同的同时,通常都会另外签订一份担保合同或在借款合同中订立担保条款。保证贷款应当由保证人与贷款人签订保证合同或保证人在借款合同上写明与贷款人协商一致的保证条款,并签名盖章。抵押贷款、质押贷款应当由抵押人、出质人与贷款人签订抵押合同、质押合同,并依法办理登记。这些内容在《担保法》中有详细规定,本书第七章专门加以讨论。

5. 贷款发放

贷款人要按借款合同约定按期发放贷款。贷款人不按合同约定按期发放贷款的,应偿付违约金。借款人不按合同约定用款的,应偿付违约金。

6. 贷后检查

贷款发放之后,贷款人应对借款人执行借款合同情况及借款人的经营情况进行追踪调查和检查,掌握借款人资信方面的重大变化和影响借款偿还的情况。

7. 贷款归还

借款人应按借款合同的规定按时足额归还贷款本息。贷款人在短期贷款到期1个星期之前、中长期贷款到期1个月之前,应当向借款人发送还本付息通知单;借款人应当及时筹备资金,按时还本付息。贷款人对逾期的贷款要及时发出催收通知单,做好逾期贷款本息的催收工作。对于不能按借款合同约定期限归还的贷款,应当按规定加罚利息;对不能归还或者不能落实还本付息事宜的,贷款人应当督促归还或者依法起诉借款人。借款人提前归还贷款,应当与贷款人协商。

第三节　贷款合同的内容

一、借款人的权利与义务

1. 借款人

借款人在我国《贷款通则》中有法定的含义:借款人应当是经过工商行政管理部门(或主管机关)核准登记的企事业法人、其他经济组织、个体工商户或具有我国国籍的具有完全行为能力的自然人。这是我国法律和法规第一次对"借款人"下定义。

同时,《贷款通则》还从审慎性原则出发对借款人申请贷款规定了一些条件,只有符合条件的借款人才能获得贷款。例如,借款人应当具有有良好的信用记录,有稳定的收入和必要的财产,具备按期还本付息的能力等等。借款人有尚未清偿的银行贷款的,应当已经作出了贷款人认可的偿还计划。

2. 借款人的权利

借款人的权利是法定的,主要包括下列几个方面:(1)可以自主向主办银行或者其他银行的经办机构申请贷款并依条件取得贷款;(2)有权按合同约定提取和使用全部贷款;(3)有权拒绝借款合同以外的附加条件;(4)有权向贷款人的上级和中国人民银行反映、举报有关情况;(5)在征得贷款人同意后,有权向第三人转让债务。

3. 借款人的义务

从商业意义上讲,商业银行发放了贷款后,只有权利,而没有义务。借款人则相反,收到贷款后,只有义务,而没有权利了。所以,借款人的义务是主要的,包括下列几个方面:(1)如实提供贷款人要求的资料(法律规定不能提供者除外),包括向贷款人如实提供所有开户行、账号及存款余额情况,配合贷款人的调查、审查和检查;(2)接受贷款人对其使用信贷资金情况和有关生产经营、财务活动的监督;(3)按照借款合同约定的用途使用贷款;(4)按照借款合同的规定及时清偿贷款本息;(5)将债务全部或者部分转让给第三人的,应当取得贷款人同意;(6)有危及贷款人债权安全的情况时,应当及时通知贷款人,同时采取保全措施。

4. 对借款人的限制

《贷款通则》以及其他金融规章对借款人行为也有一些限制,目的是保证贷款人的资金安全和金融市场稳定。它们主要包括:(1)不得用贷款从事股本权益性投资,国家另有规定的除外;(2)不得用贷款在有价证券、期货等方面从事投机经营业务;(3)不得套取贷款用于借贷,牟取非法收入;(4)除依法取得经营房地产资格的借款人以外,不得用贷款经营房地产业务,依法取得经营房地产资格的借款人,不得用贷款从事房地产投机;等等。

二、贷款人的权利与义务

1. 贷款人

《贷款通则》中规定了贷款人的概念。首先,贷款人在我国必须是经过中国人民银行(现为银监会,下同)批准,持有中国人民银行颁发的《金融机构法人许可证》或《金融机构营业许可证》,并经过工商行政管理部门核准登记的金融机构。其次,我国目前实行贷款业务特许制度,即只有经过中国人民银行批准的金融机构才能从事贷款业务,没有经过批准的金融机构与任何单位和个人不允许从事贷款业务。

2. 贷款人的权利

贷款人的权利主要包括:(1)要求借款人提供与借款相关的资

料;(2)根据借款人的条件,决定贷与不贷以及贷款金额、期限和利率等;(3)了解借款人的生产经营活动和财务活动情况;(4)依合同约定从借款人账户上划收贷款本金和利息;(5)借款人未能履行借款合同规定的义务,贷款人有权依合同约定要求借款人提前归还贷款或停止支付借款人尚未使用的贷款;(6)在贷款将受或已受损失时,可依据法律规定或合同规定,采取使贷款免受损失的措施。

贷款人根据贷款条件和贷款程序自主审查和决定贷款,除国务院批准的特定贷款外,有权拒绝任何单位和个人强令其发放贷款或者提供担保。

3. 贷款人的义务

贷款人的义务主要包括:(1)公布所经营的贷款的种类、期限和利率,并向借款人提供咨询;(2)公开贷款要审查的资信内容和发放贷款的条件;(3)及时审议借款人的借款申请,并给予书面答复。短期贷款答复时间不得超过1个月,中期、长期贷款答复时间不得超过6个月,国家另有规定者除外;(4)对借款人的债务、财产及生产经营情况保密,但对依法查询者除外。

4.《贷款通则》对贷款人的限制

为了减少信贷资产的风险,提高信贷资产的质量,《贷款通则》对贷款人从事贷款业务也规定了一些限制,主要有:

(1)不得对存在下列情形之一的借款人发放贷款:① 生产、经营或投资国家明文禁止的产品、项目的;② 建设项目按国家规定应当由有关部门批准而未取得批准文件的;③ 生产经营或投资项目未取得环境保护部门许可的;④ 在实行承包、租赁、联营、合并(或兼并)、合作、分立、产权有偿转让、股份制改造等体制变更过程中,未清偿原有贷款债务、落实原有贷款债务或提供相应担保的;等等。

(2)自营贷款和特定贷款,除按中国人民银行规定计收利息之外,不得收取其他任何费用;委托贷款,除按中国人民银行规定计收手续费之外,不得收取其他任何费用。

(3)不得为委托人垫付资金,国家另有规定的除外。

三、贷款利率和利息

目前,金融机构对客户的存贷款利率在我国还是受到中央银行的管制,尚未实现市场化,因此,贷款合同中的利率不是一个完全由借款人和贷款人自主协商的条款。

1. 贷款利率的确定

贷款人应当按照中国人民银行规定的贷款利率的浮动范围,确定每笔贷款利率,并在借款合同中标明。

2. 短期贷款利率

根据中国人民银行1999年发布的《人民币利率管理办法》,短期贷款按贷款合同签订日的相应档次的法定贷款利率计息。贷款合同期内,遇利率调整不分段计息。

3. 中长期贷款利率

中长期贷款是1年以上的贷款。中长期贷款利率原则上实行1年一定。根据贷款合同确定的期限,按贷款合同生效日相应档次的法定贷款利率计息,每满1年后,再按当时相应档次的法定贷款利率确定下一年度利率。

实践中,我国的个人住房贷款合同就是一种中长期贷款。每当中国人民银行调整贷款利率时,从调整日的下一个年度1月1日开始,住房贷款合同适用新的利率。近年来,由于央行多次提高法定利率,个人住房贷款合同利率也相应提高,导致借款人每月还款的金额(俗称"月供")也不断提高,增加了买房人的负担。为了便利借款人锁定利率风险,商业银行经央行批准,已经开始尝试办理固定利率贷款,即整个合同期内都适用贷款合同签订日的法定利率,不再1年一定,从而不受法定利率调整的影响。

4. 贴息、减息、免息

贴息指利息补贴,即借款人在按照贷款合同的利率支付贷款利息时,可以获得一部分利息补贴,因此实际承担的利率低于合同规定的利率。按照《贷款通则》,贷款贴息实行"谁确定谁贴息"的原则。应贴补的贷款利息,由利息贴补者直接补偿给借款人。根据国家政策,为了促进某些产业和地区经济的发展,有关部门可以对贷款补贴利息。对有关部门贴息的贷款,承办银行应当自主审查发放,并根据《贷款通则》有关规定严格管理。

除国务院外,任何单位和个人无权决定停息、减息、缓息和免息。贷款人应当依据国务院决定,按照职责权限范围具体办理停息、减息、缓息和免息。

第四节　贷款合同的履行与债权保全

一、利息的支付

支付利息是借款人的一项义务。它是借款人因使用贷款资金而应承担的对价,借款人在借款期限届满时或者在合同履行期间付给贷款人。具体的结息时间依照《人民币利率管理办法》,按季结息的,每季度末月的二十日为结息日;按月结息的,每月的二十日为结息日。

我国《合同法》第 200 条规定:"借款的利息不得预先在本金中扣除。利息预先在本金中扣除的,应当按照实际借款数额返还借款并计算利息。"比如,借款人向贷款人借款 100 万元,利率 5%,到期应当向贷款人支付的利息为 5 万元。但贷款人在提供借款时就直接将 5 万元利息扣除,仅向借款人支付 95 万元借款。预扣利息的做法使贷款人的利息提前收回,减少了贷款风险,但却使借款人实际上得到的借款少于合同约定的借款数额,影响其资金的正常使用,加重了借款人的负担,不符合公平原则。

需要说明的是,禁止预扣利息的规定不适用于票据贴现贷款。银行实务中,票据贴现都采用预先扣除贴现利息的做法,申请贴现人得到的是票面金额扣除贴现利息后的净额。

二、贷款的展期

1. 贷款展期的程序

贷款不能按期归还,借款人可以在贷款到期前,向贷款人申请贷款展期。原来的贷款有抵押或保证的,办理贷款展期申请时,原贷款保证、抵押或质押要同时办理展期手续,借款人要同原来的保证人、抵押人、出质人商议,并且取得他们的同意,出具同意延期的书面证明。如果原来的保证人、抵押人或出质人不同意展期,原来的保证、抵押或质押义务从贷款展期时起,自动解除。贷款展期的批准权属于商业银行或其他金融机构,不属于借款人。

2. 对贷款展期的限制

中央银行对展期贷款有一定的限制,这些限制是:(1)短期贷款展期期限累计不得超过原贷款期限;(2)中期贷款展期期限累计不得超过原贷款期限的一半;(3)长期贷款展期期限累计不得超过3年。法律另有规定的除外。

借款人未申请展期或申请展期未得到批准,其贷款从到期日的次日起,构成了逾期贷款。

3. 展期贷款的利率

展期贷款利率按签订展期合同之日的法定利率执行。贷款的展期期限加上原期限达到新的利率档次期限,则在原期限和延期内均按新的利率档次计收利息。

三、提前归还贷款

借款人提前归还贷款的行为,是一个经常引起争议的问题。严格地从合同角度看,定期贷款提前归还属于借款人的违约行为,需要承担违约责任,因为贷款人并不一定能把提前归还的贷款再贷放出去,这就导致原合同下利息收入的期待落空。因此,贷款人可以要求借款人按照原合同支付利息。但从情理上说,中国人并不习惯负债经营或者借贷消费,通常能提前就提前还,俗话说:"无债一身轻。"因此,法律上惩罚提前还款的借款人似乎有悖常理。

我国《贷款通则》规定,提前归还贷款的,应当与贷款人协商。《合同法》第71条规定:"债权人可以拒绝债务人提前履行债务,但提前履行不损害债权人利益的除外。"第208条规定:"借款人提前偿还借款的,除当事人另有约定的以外,应当按照实际借款的期间计算利息。"综合上述法律法规,可以得出如下几点:

(1)当事人在合同中对提前还款有约定的,按照约定来确定是否需要经贷款人同意及利息如何计算等问题。

（2）当事人在合同中对提前还款没有约定的,如果提前还款不损害贷款人利益,借款人可以不经贷款人的同意而提前还款,利息按照实际借款期间计算;如果提前还款损害贷款人利益的,贷款人有权拒绝借款人提前还款的要求,或者要求借款人承担违约责任,按原定合同期限支付利息。

（3）借款人与贷款人协商,贷款人同意提前还款的,等于贷款人同意变更合同的履行期,因此,借款人可以按照变更后的期间向贷款人支付利息。目前,在我国个人住房贷款实务中,借款人提前还款只需提前1个月向银行申请,银行一般都接受,并不要求借款人按原合同支付利息。这就属于协商变更合同期限的情形。

四、逾期归还贷款

借款人逾期还款,应承担违约责任。违约责任的形式是按照罚息利率支付罚息,其中,逾期归还的利息还要计入本金加收复利。罚息利率高于合同利率,所以对借款人有惩罚性。

按照《人民币利率管理办法》,逾期贷款从逾期之日起,按罚息利率计收罚息,直到清偿本息为止;遇罚息利率调整分段计息。对贷款期内不能按期支付的利息,按贷款合同利率按季或按月计收复利,贷款逾期后改按罚息利率计收复利。

举例说明如下:2005年1月1日,甲公司向银行办理了一年期贷款120万元,年利率10%,共应付利息12万元;按月结息,每月第20日应付利息1万元。逾期还款,罚息率为12%。甲公司前6个月都按时付息,但从7月开始一直未付利息。2006年1月1日贷款到期后,甲公司也未能归还本金。

银行追究甲公司的违约责任如下:(1)合同期内的逾期利息计入本金计收复利,因此银行在计算2006年8月的应付利息时,可以将甲公司7月份未付的利息1万元加入到100万本金中一起计算利息。以后各月依此类推。(2)从2006年1月开始,贷款本金逾期,因此银行可以按照罚息率12%计息,逾期贷款的利息则按照罚息率计收复利。

五、债权保全

1. 债权保全的重要性

贷款人的债权保全在于对借款人的借款管理。借款人借改制、重组或破产等途径逃废债务,或者借承包、租赁等途径逃避贷款人的信贷监管以及偿还贷款本息的责任,是我国当前的一个突出问题,给金融机构的贷款资产安全造成较大威胁。因此,金融机构加强债权保全工作非常必要。对于借款人法律地位的不同变化可能给贷款合同造成的不利影响,贷款人要采取相应的防范措施,例如在贷款合同中事先明确约定贷款人有权得到提前通知,同时积极参与到借款人实施的重要投资、重组交易中,落实有效的担保以及还本付息事宜。当出现借款人破产清算情形时,贷款人应及时参与破产清算程序,最大限度地收回贷款债权。

2. 借款人法律地位的变化

借款人主体状态的变化大体可以分为四类:一是借款人与其他企业进行合并、分立;二是借款人内部实行承包制、租赁制;三是借款人用全部或部分资产对外投资设立子公司,或者对外联营、合资经营,或者以其他方式处置资产;四是借款人进行股份制改造或重组等。

3. 对贷款合同的影响

从法律关系的角度看,上述四类变化对贷款合同的影响是不同的。

(1)借款人合并、分立时,贷款合同的借款人主体发生变更,按照《民法通则》的规定,合并后的企业承接合并前企业的债权债务,分立后的企业如果债务承担没有约定的,对原有的债务承担连带责任。此外,按照《公司法》的规定,合同合并或分立时,债权人可以要求借款人提供担保或者提前归还贷款。

(2)借款人内部实行承包制、租赁时,对外的法人主体通常并没有改变,贷款合同的借款人也没有改变。但是,由于承包、租赁中容易出现承包人、租赁人的短期行为,损害企业债权人的利益,因此,贷款合同中应当事先明确贷款人在此情形下有权得到的保障,如提前得到通知,要求借款人提供担保,或者提前清偿贷款,等等。

(3)借款人用全部或部分资产对外投资、联营、合资经营时,从理论上说,借款人用资产换取了所投资的子公司的股权或者联营企业的权益,不会直接损害债权人的利益。如果借款人不能还款,以前贷款人可能是申请查封、冻结资产来变卖清偿,现在则改为冻结子公司股权或联营权益来清偿。但是,实践中的结果并不是这样。由于我国的产权转让市场不发达,股权类的资产变现比较困难,银行拿着股权无实际意义。有的案件中,借款人为了恶意逃债,借对外投资、联营的机会把核心资产转移出去,然后故意造成子公司或联营企业亏损甚至清算的假象,导致银行颗粒无收。因此,贷款合同中最好事先明确规定对贷款人的保障措施,如提前得到通知,被投资企业提供担保,或者借款人提前归还贷款。

(4)借款人进行股份制改造或者重组,都导致法人资格的改变。依照最高人民法院《关于审理与企业改制相关的民事纠纷案件若干问题的规定》(法释[2003]1号),企业通过增资扩股或者转让部分产权,实现他人对企业的参股,将企业整体改造为有限责任公司或者股份有限公司的,原企业债务由改造后的新设公司承担。

4. "债务随资产转移"的司法规则

由于前些年债务人逃废银行债务的情形比较普遍,为保护债权人的合法权益,最高人民法院2002年底发布了《关于审理与企业改制相关的民事纠纷案件若干问题的规定》,突破了法人独立责任的基本法理,确立了"债务随资产转移"的司法规则。

按照这一规则,如果借款人以其优质财产与他人组建新公司,将债务留在原企业,从而导致原企业无法清偿债务的,属于恶意逃债行为。此时,虽然借款人本身依然存在,但是贷款人可以以新设公司和借款人作为共同被告提起诉讼,新设公司应当在所接收的财产范围内与借款人共同承担连带责任。

"债务随资产转移"的司法规则可以适用于上面提到的借款人以对外投资、联营、合资经营的名义转移资产、逃避债务的情形。实践中,最高人民法院正通过审判实务逐步明确"恶意逃债"的范围。

六、《刑法》中的贷款犯罪

1. 高利转贷罪

（1）高利转贷行为

这种行为是以牟取高额利息为目的，以转贷为手段，套取金融机构信贷资金再高利转借给他人，并且借款数额较大的一种犯罪。这种犯罪行为扰乱了我国的金融管理秩序，损害了金融机构和广大存款人的利益。

（2）对高利转贷罪的处罚

《刑法》第175条规定，对犯有高利转贷罪的，处3年以下有期徒刑或者拘役，并处违法所得1倍以上5倍以下的罚金；数额巨大的，处3年以上7年以下有期徒刑，并处违法所得1倍以上5倍以下罚金。机构犯高利转贷罪的，对机构处以罚金，并对该机构直接负责的主管人和其他直接责任人，处3年以下有期徒刑或者拘役。

2. 贷款诈骗罪

（1）贷款诈骗行为

贷款诈骗行为是以非法占有为目的，采取欺诈手段骗取银行或者其他金融机构的贷款，且数额较大的一种犯罪。欺诈手段包括：①编造引进资金、项目等虚假理由的；②使用虚假的经济合同的；③使用虚假的证明文件的；④使用虚假的产权证明作担保或者超出抵押物价值重复担保的等。

（2）对贷款诈骗罪的处罚

《刑法》第193条规定，对犯有贷款诈骗罪的，处5年以下有期徒刑或者拘役，并处2万元以上20万元以下罚金；数额巨大或者有其他严重情节的，处5年以上10年以下有期徒刑，并处5万元以上50万元以下罚金；数额特别巨大或者有其他特别严重情节的，处10年以上有期徒刑或者无期徒刑，并处5万元以上50万元以下罚金或者没收财产。

3. 虚假信用申请罪

这是全国人大常委会2007年6月29日通过的《刑法》修订案（六）新增加的一个罪名，列为《刑法》第175条之一："以欺骗手段取得银行或者其他金融机构贷款、票据承兑、信用证、保函等,给银行或者其他金融机构造成重大损失或者有其他严重情节的,处3年以下有期徒刑或者拘役,并处或者单处罚金;给银行或者其他金融机构造成特别重大损失或者有其他特别严重情节的,处3年以上7年以下有期徒刑,并处罚金。"

该罪与《刑法》第193条"贷款诈骗罪"的主要区别在于不需要以非法占有为目的。只要具有以下三个要件,就构成本罪:(1)在申请银行信用过程中有虚假陈述;(2)逾期不还贷款;(3)给银行造成巨大损失。此外,本罪侵犯的客体比贷款诈骗罪更广,不仅包括银行贷款,而且包括银行或者其他金融机构的票据承兑、信用证、保函等。

4. 银行工作人员违法发放贷款罪

该罪包括两种情形,一是向关系人违法发放贷款,一是向其他借款人违法发放贷款。

全国人大常委会2007年6月29日通过了《刑法》修订案(六),对违法发放贷款罪进行了修改。修改后的《刑法》第186条规定:银行或者其他金融机构的工作人员违反国家规定发放贷款,数额巨大或者造成重大损失的,处5年以下有期徒刑或者拘役,并处1万元以上10万元以下罚金;数额特别巨大或者造成特别重大损失的,处5年以上有期徒刑,并处2万元以上20万元以下罚金。

银行或者其他金融机构的工作人员违反国家规定,向关系人发放贷款的,依照前款的规定从重处罚。

银行或其他金融机构犯前款罪的,对机构判处罚金;对其直接负责的主管人员和其他直接责任人员,依照前述条款的规定处罚。

第七章 信贷担保法律制度

第一节 概 述

一、信贷担保的作用

1. 担保的概念

担保,又称为债的担保,是一种保障债权实现的制度。担保权人在债务人不履行到期债务时,依法享有就特定担保财产优先受偿的权利,或者可以要求充当保证人的第三人承担责任。

2. 信贷担保的作用

担保是市场经济条件下保障债权实现的重要法律制度,它广泛应用于借贷、买卖、货物运输、加工承揽等经济活动中,但发挥最大功效的领域还是银行及其他金融机构的信贷业务。因为信贷活动的本质特点是延期支付,贷款人一旦把贷款发放出去,就只能期待日后借款人还本付息。这个过程中可能出现各种风险,导致借款人不能依约还款。借助信贷担保,贷款人可以减少信用风险,保障贷款债权的实现。这样,银行也就愿意而且放心地发放贷款了。

举一个例子来解释:假如某商业银行将100万元贷款给企业,贷款期限为1年,年利率为12%。1年后银行收回贷款时,收回112万元本息。那么,结果可以有两种:第一种结果是,如果甲企业不能按借款合同约定的期限还贷,延期1年后才还清贷款。此时,银行不但可以收回本金,还可以收回两年的利息24万,罚息4万元,利息总计为28万元。第二种结果是,如果甲企业按期还贷,银行收回112万元。银行再将该100万贷给乙企业使用1年,年利率仍然是12%,到期乙企业按期还贷。此时,甲乙企业交给银行的利息总计为24万元。

分析上面假设的例子,如果从收益方面计算,从第一种结果来看,银行可以获得利息更多,银行并没有吃亏。但是,第一种结果的最大缺点是风险大于第二种结果。不过,银行如果按第一种结果的情况来贷款,设有保证,或设定抵押或质押的话,就不会受风险的威胁,通过处理抵押物又可以间接保证资金流动性。只有保证了资金流动性,债权的实现才能不受阻碍。因此,从银行和其他金融机构来看,保障资金流动性对金融机构来说是考虑资金的时间价值的最主要的目的,从法律上看保障债权是金融机构确保其民事权利的根本目的。

二、担保法律制度

我国担保法律制度集中体现于全国人大常委会1995年6月30日通过的《中华人民共和国担保法》(以下简称《担保法》)中。《担保法》第1条开宗明义宣布,该法的立法目的是"为了促进资金融通和商品流通,保障债权的实现,发展社会主义市场经济"。银行和其他金融机构的信贷活动是资金融通的主渠道,因此,《担保法》实际上是把信贷担保作为其最主要的应用方式。《担保法》规定了保证、抵押、质押、留置、定金五种担保方式。2000年12月8日,最高人民法院发布了《关于适用〈担保法〉若干问题的解释》(以下简称《担保法》司法解释),对《担保法》实践中的具体问题作出了进一步的规定。

2007年3月,十届全国人大第5次会议通过了《中华人民共和国物权法》(以下简称《物权法》),其中"担保物权"一节规定了抵押权、质权、留置的基本规则,增加了可用于担保的财产形式,改变了《担保法》的一些规定,其中有些对信贷业务影响很大。《物权法》从2007年10月1日开始实施。

三、担保的原则与性质

1. 担保的原则

担保的法定原则是平等、自愿、公平、诚实信用。所谓平等是指当事人在信贷担保活动中的地位平等。所谓公平是指信贷担保的内容公平。所谓自愿是指信贷担保不能违反当事人的意思,更不能强迫、欺骗或胁迫当事人提供保证和抵押等。所谓诚实信用是指信贷担保的当事人,特别是保证人必须诚实信用,人的保证完全靠保证人的信誉,信誉不好,保证就不能起到真正的作用。

2. 担保的性质

《担保法》第 5 条规定:"担保合同是主合同的从合同,主合同无效,担保合同无效。担保合同另有约定的,按照约定。"因此,在信贷担保业务中,借款合同是主合同,保证合同或抵押合同是从属合同,当借款合同无效时,保证合同也无效。担保合同被确认无效后,债务人、担保人、债权人有过错的,应当根据其过错各自承担相应的民事责任。

但是,我们也要看到,在实务中,保证合同或抵押合同往往是借款合同的前提,因为没有担保作为前提,银行可能就不会提供贷款。

四、担保的形式与分类

1. 物的担保与人的担保

物的担保是指以特定财产作为保障债权的手段,当债务人不履行到期债务时,债权人有权就担保财产优先受偿。抵押、质押、留置等都属于物的担保。

人的担保是以保证人的信用来担保债的履行。保证这种担保形式属于人的担保。

2. 单一担保与最高额担保

这是按照担保的运作方式进行的分类。

单一担保是指对单个主合同项下的某一特定金额的债权提供的担保。最高额担保,是指对一定期限内连续发生的多个债权,在预先确定的最高限额内提供的担保。例如,《担保法》第 14 条规定:"保证人和债权人可以就单个主合同分别订立保证合同,也可以协议在最高债权额限度内,就一定期间连续发生的借款合同或某项商品交易合同订立一个保证合同。"

3. 担保与反担保

我国《物权法》第 171 条规定:"第三人为债务人向债权人提供担保的,可以要求债务人提供反担保。"反担保是指债务人对为自己债权人提供担保的第三人提供的担保,又称为"担保的担保",其功能是保障第三人将来承担担保责任后,能够顺利实现对债务人的追偿权。举例来说,张三为李四向银行借款30万元提供连带保证,同时要求李四将其名下的一项房产抵押给自己作为反担保。一旦李四日后不能还款,由张三代为偿还后,张三可以向李四追偿,就该房产抵押物优先受偿。

第二节 保 证

一、保证和保证人

1. 保证的概念

《担保法》中所称的保证,是指保证人和债权人约定,当债务人不履行债务时,保证人按照约定履行债务或者承担责任的行为。保证是一种人的担保,这种保证的效力全靠保证人的信用,保证人有信用时,保证就可以起到担保的作用;反之,保证人没有信用,保证的担保作用就会减弱甚至没有了。

2. 保证人

《担保法》规定,有代为清偿能力的法人、其他组织或者公民,可以作为保证人。由于保证人是以其信誉为借款人担保的,所以,保证人的资格非常重要。法律禁止下列主体作为保证人:

(1)国家机关。但是,经过国务院批准为使用外国政府或者国际经济组织贷款进行担保的除外。外国政府或国际经济组织贷款一般是援助性的,或非商业性的,贷款期限长,利率低,宽限期长,所以我国政府指定财政部或中国人民银行提供担保,这种担保是国与国政府之间的关系,不是商务关系。

(2)学校、幼儿园、医院等以公益为目的的事业单位、社会团体。

(3)企业法人的分支机构、职能部门。但是,企业法人的分支机构有法人书面授权的,可以在授权范围内提供保证。在这种情况下,如果企业法人分支机构的财产不足以承担保证责任的,由企业法人承担民事责任。

3. 共同保证人

同一债务有两个或两个以上保证人的,保证人应当按照保证合同约定的保证份额,承担保证责任。没有约定保证份额的,保证人承担连带责任,债权人可以要求任何一个保证人承担保证责任,保证人都负有担保全部债权实现的义务。已经承担保证责任的保证人,有权向债务人追偿,或者要求承担连带责任的其他保证人清偿其应当承担的份额。

二、保证合同和保证方式

1. 保证合同

保证合同必须是以书面形式表示的,但是具体形式可以有多种,例如,可以是保证人与债权人签订的书面保证合同,可以是具有担保性质的信函或传真等,也可以是主合同中的担保条款。保证人与债权人可以就单个主合同分别订立保证合同,也可以协议在最高债权额限度内就一定期间连续发生的借款合同或某项商品交易合同订立一个保证合同。

2. 保证合同的主要条款

保证合同应该具备一些法定的主要条款,这些条款包括:(1)被保证的主债权种类、数额;(2)债务人履行债务的期限;(3)保证的方式;(4)保证的范围;(5)保证的期间;(6)双方认为需要约定的其他事项。

3. 保证的方式

保证的方式有两种,一般保证与连带责任保证。

一般保证是指当事人在保证合同中约定,债务人不能履行债务时,由保证人承担保证责任。一般保证的保证人在主合同的纠纷未经过审判或者仲裁,并就债务人财产依法强制执行仍不能履行债务前,对债权人可以拒绝承担保证责任,所以,一般保证责任是对主债务人不能履行的赔偿责任。但是,保证人在下列情况下,不得拒绝履行债务:① 债务人住所变更,致使债权人要求其履行债务发生重大困难的;② 人民法院受理债务人破产案件,中止执行程序的;③ 保证人以书面形式放弃法律规定的拒绝履行保证义务的权利的。

连带责任保证是指当事人在保证合同中约定保证人与债务人对债务承担连带责任的情况。连带责任保证的债务人在主合同规定的债务履行期届满没有履行债务的,债权人可以要求债务人履行债务,也可以要求保证人在其保证范围内承担保证责任。为了保护债权人的利益,法律还规定,当事人对保证方式没有约定或者约定不明确的,按照连带责任保证承担保证责任。

4. 保证人的抗辩权

一般保证和连带责任保证的保证人享有债务人的抗辩权,债务人放弃对债务的抗辩权的,保证人仍有权抗辩。所谓抗辩权是指债权人行使债权时,债务人根据法定事由,对抗债权人行使请求权的权利。

三、保证责任

1. 保证范围

保证担保的范围包括主债权及利息、违约金、损害赔偿金和实现债权的费用,保证合同另有约定的,按照约定。如果当事人对保证担保的范围没有约定或者约定不明确的,法律规定保证人应当对全部债权承担责任。

"全部债权"的范围是什么,法律没有解释。学理解释认为应包括借款协议中约定的主债权、利息加罚息。因为这些项目是可以事先在主债务中约定的,而保证合同才能够事先约定,主债务人不履行偿还责任时,保证担保的范围就是全部债权的范围。

2. 债权转让

在保证期间,债权人依法将主债权转让给第三人的,保证人在原有的保证担保的范围内继续承担保证责任,保证合同另有约定的,按照约定。需要注意的是,保证合同另有约定,一般是保证合同中明确约定了债权转让事先通知保证人并取得其同意。在这种情况下,如果事先不通知,又没有取得保证人同意,保证人对转让以后的新债权人不提供保证。

3. 债务转让

在保证期间,债权人许可债务人转让债务的,应当取得保证人的书面同意,保证人对未经过其同意而转让的债务,不再承担保证责任。

4. 主协议变更

在保证期间,债权人与债务人协议变更主合同的,应当取得保证人的书面同意,未经过保证人书面同意的,保证人不再承担保证责任,保证合同另有约定的,按照约定。主合同发生变更,可能是主债的数额、期限、利息和还款条件等发生了变化,该变化影响保证人的利益,所以一定需要得到保证人的同意和其他事先约定。不过,《担保法》司法解释承认了一种例外:如果变更的结果是减轻了债务人的债务,由于这样的变更是对保证人有利的,因此保证人应对变更后的合同承担保证责任。

5. 保证期间

保证期间指保证人承担保证责任的期间。由于一般保证与连带责任保证下保证人承担责任顺位不同,《担保法》及其司法解释区别了以下情况:

(1) 在一般保证中,如果保证合同明确约定了保证期间,按照其约定;如果没有约定保证期间的,保证期间为主债务履行期届满之日起6个月。

在上述保证期间内,如果债权人未对债务人提起诉讼或者申请仲裁的,一般保证人免除保证责任;如果债权人已经提起诉讼或申请仲裁的,保证期间适用诉讼时效中断的规定。

(2) 在连带责任保证中,如果保证合同明确约定了保证期间,按照其约定;如果未约定期限,保证期间为主债务履行届满之日起6个月。

在上述保证期间内,如果债权人未要求连带保证人承担保证责任的,保证人免除保证责任。

(3) 约定不明确。如保证合同中这样约定:"保证人的保证期间从主债务到期开始,到该债务本金加利息和有关费用还清为止。"这种写法在许多贷款保函中都被采纳。《担保法》司法解释认为这种情况属于"约定不明",保证期间为主债务届满之日开始起2年。

（4）保证合同约定的保证期间早于或者等于主债务履行期限的,视为没有约定,保证期间为主债务履行期届满之日起6个月。

6. 物的担保与人的担保并存

同一债权既有物的担保,又有人的保证,例如一个贷款合同既设定了抵押,又有第三人充当连带保证人,应当如何承担担保责任?按照《物权法》第167条的规定,担保合同中可以约定债权人首先执行哪一种担保。如果没有约定,或者约定不明的,债务人自己提供物的担保的,债权人应当先就该物的担保实现债权;第三人提供物的担保的,债权人可以就物的担保实现债权,也可以要求保证人承担保证责任。保证人承担保证责任后,有权向债务人追偿。

7. 过错责任

《担保法》第29条规定:"企业法人的分支机构未经过法人书面授权或者超出授权范围与债权人订立保证合同的,该合同无效或者超出授权范围的部分无效。"问题在于这种无效还要不要承担过错责任?法律接着规定:"债权人和企业法人有过错的,应当根据其过错各自承担相应的民事责任;债权人无过错的,由企业法人承担民事责任。"一般认为,分支机构凡未经过授权或超出授权范围而提供担保的都是有过错的,因为法律规定分支机构不能提供保证,在明知故犯的情况下,提供了担保即为过错。

8. 保证人的补偿权利

保证人有两项特殊补偿权利:一是追偿权,保证人承担保证责任后,有权向债务人追偿。二是代位追偿权,债权人在法院受理债务人破产案件后未申报债权的,保证人可以参加破产财产的分配,预先行使追偿权。

四、保证合同无效时的处理原则

1. 保证合同无效时保证人承担责任的前提和性质

保证合同无效有两种情形:一是保证合同本身由于违反的法律的强制性规定或诚实信用原则而无效;二是主合同无效,导致作为从合同的保证合同无效。

保证合同无效并不意味着保证人就不需要承担责任了。按照我国《担保法》的规定,债务人、担保人、债权人有过错的,应当根据其过错各自承担相应的民事责任。因此,如果保证人有过错,依然需要承担或分担损失赔偿。由于保证合同无效,故保证人承担的这种赔偿责任不属于担保责任,而是一种缔约过失责任。

按照《担保法》及其司法解释,在任何情形下,债务人作为主合同下的义务人,都需要承担清偿主合同债务的法律责任。同时,债权人以及担保人按照各自的过错承担责任或分担损失。

2. 处理规则

（1）担保合同本身无效

保证合同是债权人与保证人之间的合同。主合同有效而保证合同无效,通常意味着债权人或保证人中至少有一方是有过错的。这里存在三种情况:

第一,如果债权人无过错,仅保证人有过错,则保证人需要与债务人对主合同债权人的经济损失承担连带赔偿责任。

第二,如果仅债权人有过错,而保证人无过错的,如主合同债权人采取欺诈、胁迫等手段,使保证人在违背真实意思的情况下提供保证,则保证人不承担责任。

第三,如果债权人、担保人都有过错的,各承担一部分责任,其中,担保人承担民事责任的部分不应超过债务人不能清偿部分的1/2。

举例说明如下:A 公司向银行借款 100 万元,请 B 公司的分支机构 C 提供担保。后 A 公司破产,银行仅获得 20 万元清偿,遂要求保证人偿还。该担保因保证人不具有资格而无效。银行明知该分支机构不具有保证人资格而接受担保,也有过错。因此,按照《担保法》司法解释,B 公司最多承担债务人不能清偿部分(80 万元)的一半,即40 万元。

（2）主合同无效

主合同无效时,保证合同有两种状态:一是保证合同本身不存在无效因素,但作为从合同,随主合同无效而无效。在这种情形下,担保人通常没有过错。二是保证合同自身也存在无效因素,如贷款人违规发放贷款,同时担保人违规提供担保。《担保法》司法解释区分

上述两种情况,分别规定了责任规则:

第一,担保人无过错的,担保人不承担民事责任。

例如,主合同当事人双方串通,从银行贷款炒股票,同时欺骗保证人说是为购买原材料而贷款,保证人故提供了保证。后因股价暴跌,债务人无法还款,导致银行损失。该案中,贷款炒股违反我国金融监管法规,主合同无效。保证人被骗提供担保,自身并无过错,对银行的损失不承担责任。

第二,担保人有过错的,担保人承担民事责任的部分,不应超过债务人不能清偿部分的1/3。

例如,假设在上例中,保证人知道债务人贷款炒股,但出于与债务人的友谊而依然担保。在此情形下,虽然担保合同因主合同无效而无效,但保证人本身有过错,依然需要承担一部分责任。假设债务人不能偿还的贷款金额为90万元,保证人最多承担30万元。

第三节 抵 押

一、抵押和抵押物

1. 抵押的概念

《担保法》所称"抵押",是指债务人或者第三人不转移对财产的占有,将该财产作为债权的担保,债务人不履行债务时,债权人有权依照法律规定就该财产优先受偿。

在抵押关系中,债务人或者设定抵押的第三人称为"抵押人",债权人称为"抵押权人",提供担保的财产称为"抵押物"。

2. 法定的可以设定抵押的财产

《物权法》比《担保法》增加了一些可用于抵押的财产形式。按照《物权法》第180条,法定的抵押财产是指债务人或第三人有权处分的下列财产:(1) 建筑物和其他土地附着物;(2) 建设用地使用权;(3) 以招标、拍卖、公开协商等方式取得的荒地等土地承包经营权;(4) 生产设备、原材料、半成品、产品;(5) 正在建造的建筑物、船舶、航空器;(6)交通运输工具;(7)法律、行政法规未禁止抵押的其他财产。抵押人可以将前款所列财产一并抵押。

3. 房屋与土地同时抵押的原则

由于房屋与房屋所占有的土地不可分,所以《物权法》第182条规定:"以建筑物抵押的,该建筑物占用范围内的建设用地使用权一并抵押。以建设用地使用权抵押的,该土地上的建筑物一并抵押。"在操作上,计算房屋的价值时,就已经计算了该土地的价值,所以实际上抵押房屋就连同土地一起抵押了。

出于保护集体土地使用权的目的,《担保法》和《物权法》都规定,乡镇、村企业的建设用地使用权不得单独抵押。以乡镇、村企业的厂房等建筑物抵押的,其占用范围的建设用地使用权同时抵押。

4. 禁止抵押的财产

《担保法》和《物权法》规定了一些财产禁止设定抵押担保,这些财产包括:(1)土地所有权;(2)耕地、宅基地、自留地、自留山等集体所有的土地所有权,但法律许可抵押的除外;(3)学校、幼儿园、医院等以公益为目的的事业单位、社会团体的教育设施、医疗卫生设施和其他社会公益设施;(4)所有权、使用权不明或者有争议的财产;(5)依法被查封、扣押、监管的财产;(6)依法不得抵押的其他财产。

法律禁止使用上述财产设定抵押的目的是保护国家公益事业的发展和债务人的长远利益。

二、抵押合同和抵押物登记

1. 抵押合同

抵押人和抵押债权人应当以书面形式订立抵押合同,抵押合同应当包括以下内容:(1)被担保的主债权种类、数额;(2)债务人履行债务的期限;(3)抵押物的名称、数量、质量、状况、所在地、所有权权属或者使用权权属;(4)担保的范围;(5)当事人认为需要约定的其他事项。

上述内容是法定的抵押合同的内容;当抵押合同不完全具备上

述所列规定内容的,当事人可以补正。

2. 禁止流质条款

债权人与债务人商议抵押合同条款时,不得约定流质条款。流质条款具有典当的性质,其特点是:贷款到期不还时,债权人自动取得抵押物的所有权。《担保法》对此作了规定:"抵押权人和抵押人在合同中不得约定在债务履行期届满抵押权人未受清偿时,抵押物的所有权转移为债权人所有。"

3. 抵押的登记与生效

当事人设立财产抵押时,对于须登记才能确权的抵押物,如土地、土地使用权、建筑物等,必须办理抵押登记,且抵押权自登记之日起设立。对于生产设备、交通工具、原材料、产品等不存在登记确权要求的抵押物,抵押权自抵押合同生效时设立;但未经登记的,抵押权不得对抗善意第三人。

4. 办理抵押物登记的部门

抵押物登记根据不同的种类,在下列不同部门办理登记手续:(1)以无地上定着物的土地使用权抵押的,为核发土地使用权证书的土地管理部门;(2)以城市房地产或者乡(镇)、村企业的厂房等建筑物抵押的,为县级以上地方人民政府规定的部门;(3)以林木抵押的,为县级以上林木主管部门;(4)以航空器、船舶、车辆抵押的,为运输工具的登记部门;(5)以企业的设备和其他动产抵押的,为财产所在地的工商行政管理部门;(6)当事人以其他财产抵押的,可以自愿办理抵押物登记,抵押合同自签订之日起生效,当事人办理其他种类物品的抵押物登记时,登记部门为抵押人所在地的公证部门。

5. 抵押物登记的操作

办理抵押物登记手续,应当向当地登记部门提供下列文件或者其复印件:(1)主合同和抵押合同;(2)抵押物的所有权或者使用权证书。抵押登记办理完毕后,该登记的资料就具有证明的作用,可以供其他人前来查询。所以,登记部门登记的抵押资料,应当允许其他人查阅、抄录或者复印。

三、抵押的效力

1. 抵押担保范围

抵押担保的范围应当包括主债权及利息、违约金、损害赔偿金和实现抵押权的费用。如果抵押合同另有约定的,按照约定。

2. 孳息处理

孳息是指在抵押后,抵押物法定或天然产生的物质利益,如利息、红利、租金、使用费等。孳息的所有权归属问题如何解决呢?《担保法》对此作了明确的规定:第一,债务履行期届满,债务人不履行债务致使抵押物被人民法院依法扣押的,自扣押之日起抵押权人有权收取由抵押物分离的天然孳息以及抵押人就抵押物可以收取的法定孳息。第二,如果抵押权人未将扣押抵押物的事实通知应当清偿法定孳息的义务人,抵押权的效力不及于该孳息。抵押权人收取孳息时,应当先用孳息充抵收取孳息的费用。

3. 出租物设定抵押

抵押人如果将已出租的财产抵押的,应当书面告知承租人,原来的租赁合同继续有效。因为抵押是不转移财产的占有的,所以,设定抵押的财产在抵押期间并不改变它的使用权,如果抵押财产原来已经出租,出租继续有效,设定抵押并不影响承租人对财产的使用。

4. 抵押物的转让

在抵押期间内,抵押人转让已办理登记的抵押物的,应当先征得抵押权人同意,并告知受让人转让物已经抵押的情况。如果抵押权人不同意,抵押人不得转让抵押财产,但受让人代为清偿债务消灭抵押权的除外。

转让抵押物对债权的实现影响很大,所以转让抵押物的价款明显低于其价值的,抵押权人可以要求抵押人提供相应的担保;如果抵押人不提供担保的,抵押权人可以拒绝其转让抵押物。在转让操作上,抵押权人如果不配合,不交出抵押的房产证时,转让也不可能完成。

抵押人转让抵押物取得了价款,把原来的抵押物转移给新的所有者,抵押物已经不再存在。所以法律规定,抵押人转让抵押物所得价款,应当向抵押权人提前清偿所担保的债权或者向与抵押权人约定的第三人提存。超过债权数额的部分,归抵押人所有,不足的部分由债务人清偿。

5. 禁止抵押权再抵押

我国法律禁止抵押权再设定抵押。举例来说,银行接受了借款人的抵押物,在贷款期限未到期前,银行也需要周转资金时,银行是否可以将该抵押权再次抵押给另一家银行取得周转资金呢?抵押权的再抵押,在海外市场经济国家和地区是可以的,只是再抵押的期限不得超过原来第一次抵押的期限。但是,我国不允许抵押权再抵押,《担保法》规定,"抵押权不得与债权分离而单独转让或者作为其他债权的担保",禁止的目的是控制市场中的现金流通量,降低通货膨胀率。

6. 抵押物保值

抵押人实施的行为如果足以使抵押物价值减少,抵押权人有权要求抵押人停止其行为;由于这样的原因使抵押物价值减少时,抵押权人有权要求抵押人恢复抵押物的价值,或者提供与减少的价值相当的担保。如果抵押人对抵押物价值的减少无过错,抵押权人只能在抵押人因损害而得到赔偿的范围内要求提供担保,抵押物价值未减少的部分,仍作为债权的担保。

7. 抵押权与债权同时存在

法律规定抵押权与其担保的债权同时存在,债权消灭的,抵押权也消灭。

四、抵押权的实现

1. 实现抵押权的方式

债务履行期届满,抵押权人未受清偿时,债权人可以与抵押人协议以抵押物折价或者以拍卖、变卖该抵押物所得的价款受偿。但这种协议不得损害其他债权人利益,否则其他债权人可以在一年内请求法院撤销协议。

协议不成的,抵押权人可以向人民法院提起诉讼。

所谓折价,是指债权人与债务人之间协商抵押物的价值后,折抵债权的款额。所谓拍卖,是指在公开的拍卖市场上以公开竞价的方式,与出价最高的买者成交的买卖活动。所谓变卖,是指由第三方有权利的部门(如法院),将抵押物卖给一个或多个特定买者的活动。

抵押物折价或者拍卖、变卖后,其价款超过债权数额的部分归抵押人所有,不足部分由债务人清偿。处理抵押物所得的价款多于债务的本金利息的部分,应该归还给抵押人。

2. 债权人清偿顺序

同一财产向两个以上债权人抵押的,拍卖、变卖抵押物所得的价款按照以下规定清偿:

(1)抵押权已登记的,按照抵押物登记的先后顺序清偿;顺序相同的,按照债权比例清偿。

(2)抵押权已登记的先于未登记的受偿。

(3)抵押权未登记的,按照债权比例清偿,不区分抵押合同订立的时间先后。

3. 新增财产的处理

城市房地产抵押合同签订后,土地上新增的房屋不属于抵押物。需要拍卖该抵押的房地产时,可以依法将该土地上新增的房屋与抵押物一同拍卖,但对拍卖新增房屋所得,抵押权人无权优先受偿。债务人以承包的荒地的土地使用权抵押的,或者以乡(镇)、村企业的厂房等建筑物占用范围内的土地使用权抵押的,在实现抵押权后,未经法定程序不得改变土地集体所有的性质和土地的用途。

4. 国有土地使用权的拍卖

抵押权人拍卖划拨的国有土地使用权所得的价款,应当依法缴纳相当于应缴纳的土地使用权出让金的款额后,抵押权人才有优先受偿权。抵押权人的优先权只是优先于其他债权人,不得在补偿地价之前获得受偿。

5. 代位追偿

第三人用自己的财产为债务人做抵押担保的,在抵押权人实现抵押权后,有权向债务人追偿。

6. 抵押物灭失

抵押权因抵押物灭失而消灭。抵押物灭失所得的赔偿金,应当作为抵押财产。抵押物通常都会有保险,抵押物在抵押期间内灭失的,由保险公司赔偿损失。

五、最高额抵押

1. 最高额抵押的定义

为担保债务的履行,债务人或者第三人对一定期间内将要连续发生的债权提供担保财产的,债务人不履行到期债务或者发生当事人约定的实现抵押权的情形,抵押权人有权在最高债权额限度内就该担保财产优先受偿。

例如,商品批发业经常需要大批量的资金迅速周转,批发商业贷款与还款的周期非常短,可能几天就周转一次。因此,如果每次都签订抵押合同,而且合同在短时间内迅速完成,就显得比较麻烦,这时如果从事批发商业的单位同银行签订最高额抵押合同,就可以解决问题。

2. 最高额抵押权的实现

抵押权人实现最高额抵押权时,最高额抵押担保的数额与实际发生的数额可能不同。如果实际发生的债权余额高于最高限额的,以最高限额为限,超过部分不具有优先受偿的效力;如果实际发生的债权余额低于最高限额的,以实际发生的债权余额为限对抵押物优先受偿。

第四节 质 押

一、动产质押

1. 动产质押

动产质押是指债务人或者第三人将其动产移交债权人占有,将该动产作为债权的担保。债务人不履行债务时,债权人有权依法以该动产折价或者以拍卖、变卖该动产的价款优先受偿。

债务人或者设定动产质押的第三人称为"出质人",债权人称为"质权人",移交给质权人的动产称为"质物"。

2. 质押合同

出质人和质权人应当以书面形式订立质押合同,口头合同无效。质押合同自质物移交于质权人占有时生效。质押合同应当包括以下主要条款:(1)被担保的主债权种类、数额;(2)债务人履行债务的期限;(3)质物的名称、数量、质量、状况;(4)质物担保的范围;(5)质物移交的时间;(6)当事人认为需要约定的其他事项,例如,质物在质权人占有的时间内,质权人是否可以使用质物,使用该质物取得的孳息是否归质权人所有,质物是否需要买保险等。还有许多可以约定的问题,此处不一一列举。

3. 禁止流质条款

出质人和质权人在合同中不得约定在债务履行期届满质权人未获清偿时,质物的所有权转移为质权人所有。应该说,质押与典当有些类似,都转移了物的占有,但是,处理质物不是以所有权取得为特征,而是处分质物取得原来约定好的本金和利息。

4. 质押担保范围

质押担保的范围包括主债权及利息、违约金、损害赔偿金、质物保管费用和实现质权的费用。质押合同另有规定的,按照约定。

5. 孳息处理

质权人有权收取质物所生的孳息,质押合同另有约定的,按照约定。债权人取得该孳息时,孳息应当先充抵收取孳息的费用。

6. 质权人的保管责任

质权人负有妥善保管质物的义务,质权人不能妥善保管质物致使其灭失或者毁损的,质权人应当承担民事责任。质权人不能妥善保管质物可能致使其灭失或者毁损的,出质人可以要求质权人将质物提存或者要求提前清偿债权而返还质物。

质物有损坏或者价值明显减少的可能,足以危害质权人权利的,质权人可以要求出质人提供相应的担保。出质人不提供的,质权人可以拍卖或者变卖质物,并与出质人协议将拍卖或者变卖所得的价款用于提前清偿所担保的债权或者向与出质人约定的第三人提存。

7. 质物返还与质权消灭

债务履行期届满债务人履行债务的,或者出质人提前清偿所担保债权的,质权人应当返还质物。如果债务履行期届满质权人未受清偿的,可以与出质人协议将质物折价,也可以依法拍卖、变卖质物。出质人也可以请求质权人及时行使质权;质权人不行使,出质人可以请求法院拍卖、变卖质物。质物折价或者拍卖、变卖后,其价款超过债权数额的部分归出质人所有,不足部分由债务人清偿。为债务人质押担保的第三人,在质权人实现质权后,有权向债务人追偿。

质权因质物灭失而消灭。因灭失所得的赔偿金,应当作为出质财产。质权与其担保的债权同时存在,债权消灭的,质权也消灭。

二、权利质押

1. 权利质押

权利质押是指用代表金钱或财产的有价证券作抵押,对债权进行担保的行为。我国《担保法》规定了下列权利可以质押:(1)汇票、支票、本票、债券、存款单、仓单、提单;(2)依法可以转让的股份、股票;(3)依法可以转让的商标专用权、专利权、著作权中的财产权;(4)依法可以质押的其他权利。《物权法》增加了几种权利,主要有应收账款和基金份额。应收账款是指工商企业因赊销产品而形成的对客户的债权。

当事人设立权利质押必须签订书面合同,并转移占有相关的权利凭证。质权自权利凭证交付时起设立;无权利凭证的,质权自有关部门办理出质登记时设立。

2. 出质登记

在我国,股票、基金份额等权利凭证是电子化登记,知识产权以及应收账款等也没有类似汇票、存单那样的权利凭证,因此这些权利都只能通过在相关主管部门的登记来确立质权。

(1)以基金份额和上市公司股票出质的,质权自证券登记结算机构办理出质登记时设立;非上市交易的股权出质,质权自工商行政管理部门办理出质登记时设立。

(2)以注册商标专用权、专利权、著作权中的财产权出质的,质权自有关主管部门办理办理出质登记时设立。

(3) 以应收账款出质的,质权自信贷征信机构办理出质登记时设立。目前,我国的信贷征信机构由中国人民银行管理。

3. 先期处理

以载明兑现或者提货日期的汇票、支票、本票、债券、存款单、仓单、提单出质的,汇票、支票、本票、债券、存款单、仓单、提单兑现或者提货日期先于债务履行期的,质权人可以在债务履行期届满前兑现或者提货,并与出质人协议将兑现的价款或者提取的货物用于提前清偿所担保的债权或者向与出质人约定的第三人提存。

4. 权利出质后的转让

股票出质后不得转让,但经出质人与质权人协商同意的可以转让。出质人转让股票所得的价款应当向质权人提前清偿所担保的债权或者向与质权人约定的第三人提存。

以有限责任公司的股份出质的,适用《公司法》股份转让的有关规定。质权自股份出质记载于股东名册之日起设立。

无形资产的财产权利出质后,出质人不得转让或者许可他人使用,但经出质人与质权人协商同意的可以转让或者许可他人使用。出质人所得的转让费、许可费应当向质权人提前清偿所担保的债权或者向与质权人约定的第三人提存。

第五节 留置与定金

一、留置的概念

1. 留置的定义

留置是指债权人按照合同约定占有债务人的动产,债务人不按照合同约定期限履行债务的,债权人有权依法留置该财产,以该财产优先受偿。

留置主要应用于因保管合同、运输合同、加工承揽合同发生的债权。在这些合同中,债权人为提供保管服务、运输服务或加工服务已经占有了相关动产。债务人不履行债务的,债权人可以行使留置权作为担保。在民事活动中,留置的财产为可分割物品的,留置物的价值应相当于债务的金额。

2. 留置担保的实现

债权人与债务人应当在合同中约定,债权人留置财产后,债务人应当在不少于 2 个月的期限内履行债务。债权人与债务人在合同中未约定的,债权人留置债务人财产后,应当确定 2 个月以上的期限,通知债务人在该期限内履行债务。

债务人逾期仍不履行的,债权人可以与债务人协议将留置物折价,也可以依法拍卖、变卖留置物。留置物折价或者拍卖、变卖后,其价款超过债权数额的部分归债务人所有,不足部分由债务人清偿。

3. 留置权消灭

留置权因下列原因灭失:(1)债权消灭的;(2)债务人另行提供担保被债权人接受的。

二、银行业务中的留置

1. 留置的空白

留置在银行中采用的不多,在我国法律中目前没有规定。《担保法》与《票据法》中有关将留置用于金融机构中的问题还是空白,例如没有规定"票据留置"的条款,但是,票据留置在海外结算市场还是有的。例如,海外银行为客户托收票据,在该票据收妥前,为客户垫付票款,同时,银行对该票据可以有留置权。当银行不能收回该票款时,银行将依照其与客户的约定,从其账户中拨款冲抵。

2. 空白的原因

我国银行结算中的原则是银行不垫款和票据收妥抵用,所以,票据留置的做法在我国不能发展。但是,在我国开设的外国银行可能愿意承担一部分风险,为客户垫款,票据留置就可能出现。在我国,中国人民银行的《银行结算办法》和其他有关法律对外资银行垫款并没有限制。

为了加快结算效率,银行如果承担了垫款的风险,银行的结算收费也会相应提高,银行则可以从垫款中得到较高的收益。所以,商业银行是会朝着结算垫款方面发展的。

三、定金

1. 定金的概念

定金是指当事人之间约定,由一方向对方给付定金作为债权的担保,债务人履行债务后,定金应当抵作价款或者收回,给付定金的一方不履行约定债务的,无权要求返还定金,收受定金的一方不履行约定债务的,应双倍返还定金。

2. 定金合同与比例

定金应当以书面形式约定。当事人在定金合同中应当约定交付定金的期限。定金合同从实际交付定金之日起生效。

《担保法》中对定金的比例有所限制,不得超过主合同标的额的20%,在法定限制之下定金的具体数额可以由当事人约定。

3. 金融业务中的定金担保

在许多金融业务中都可以约定定金,例如,银行为客户开出信用证时,要求客户交给银行一定数额的钱款作为定金,银行垫付另一部分。由于信用证定金一般在30%以上,所以不符合《担保法》的规定,只能用银行与客户之间的合同来约定。

在股票信用交易以及期货交易业务中,证券商也要求客户按照买卖证券与期货和约数额的比例,交付定金,或称保证金。在客户的支付能力受到一定限制不能继续履行交易规则时,证券商可以将定金平仓。由于证券业中的定金也是浮动的,比例超过20%时不适用《担保法》的规定,只能用证券商与客户之间的合同来约定。

第三编 货币市场法律制度

第八章 人民币管理法律制度

第一节 人民币概述

一、人民币的法律地位

1. 人民币的法偿性

人民币是在1948年12月1日,也就是中国人民银行成立的当天发行的。当时的华北人民政府发布了《关于建立中国人民银行和发布人民币的布告》。该布告规定:"一、华北银行、北海银行、西北农民银行合并为中国人民银行,以原华北银行为总行。所有三行发行之货币及其对外之一切债权债务,均由中国人民银行负责承受。二、于本年12月1日起,发行中国人民银行钞票,定为华北、华东、西北三区的本位货币,统一流通。所有公私款项收付及一切交易,均以新币为本位货币。新币发行后,冀币、边币、北海币、西农币逐渐收回。"

随着解放战争的胜利,人民币也在全国形成稳定的市场。1955年2月20日,人民币进行了重大的改革,收回旧版发行新版,我们现在使用的人民币就是在1955年改版的基础上确立的。人民币的法偿性在《中国人民银行法》第16条作了规定:"中华人民共和国的法定货币是人民币。以人民币支付中华人民共和国境内的一切公共的和私人的债务,任何单位和个人不得拒收。"

我国的人民币在票面上没有"法偿货币"的字样,在此之前也没有法律规定它的法偿性,但也从来没有拒收人民币的案例记录。然而,作为法定的本位货币,从法律的角度考虑,还是应当在其票面,或在有关的法律中规定人民币的法偿性。《中国人民银行法》填补了人民币在这方面的空白。

2. 人民币使用范围的特点

《中国人民银行法》第 16 条的规定,主要是指人民币在我国内地市场上的使用。由于我国的台湾、香港和澳门地区实行"一国两制"的政策和其他特殊政策,当地原来的货币可以继续使用,所以,人民币在台湾、香港和澳门地区不作为当地的法定货币。

不过,由于中国内地国力的增强,人民币的购买力很稳定,而且近年来一直处于升值的过程中,香港、澳门以及周边国家的机构及个人逐渐开始接受人民币作为支付工具。

3. 法偿货币的支持

人民币的法偿性来源于国家法律的保障。人民币是信用货币,没有黄金和美元的支持,它是通过国家中央银行的信贷程序发行的,发行依据国家计划进行,国家计划考虑物价水平、社会购买力和经济发展的情况。

二、人民币的发行

1. 人民币的发行原则

人民币的发行原则是:(1) 经济发行的原则,即根据市场经济发展的需要和货币流通规律的要求发行货币;(2) 计划发行的原则,即根据国民经济和社会发展计划来发行货币;(3) 集中发行的原则,即货币的发行权集中在中央银行,禁止其他单位擅自发行货币。

2. 中国人民银行发行人民币

国家将人民币的发行权授予中国人民银行,由它来统一负责人民币发行和货币流通量的调节工作。《中国人民银行法》第 18 条规定:"人民币由中国人民银行统一印制、发行。中国人民银行发行新版人民币,应当将发行的时间、面额、图案、式样、规格予以公告。"

3. 发行的程序

人民币的具体发行由中国人民银行设置的发行库来办理,分为发行基金的调拨以及货币投放、回笼两个环节。

发行库又称发行基金保管库。发行基金是中央银行为国家保管的待发行的货币。它是货币发行的准备基金,不是流通中的货币。发行基金由设置发行库的各级人民银行保管,总行统一掌管,根据各分支库的需要进行发行基金的调拨。《中国人民银行法》第 22 条规定:"中国人民银行设立人民币发行库,在其分支机构设立分支库。分支库调拨人民币发行基金,应当按照上级库的调拨命令办理。任何单位和个人不得违反规定,动用发行基金。"

实践中,货币发行主要是依靠央行与商业银行之间的现金收付活动进行现金投放或回笼来实现的。商业银行在中国人民银行开设存款账户,每日向中国人民银行办理一次交存或支取现金手续。商业银行向人民银行支取现金时,现金就从央行发行库发出,进入商业银行的业务库,称为"现金投放";商业银行再通过各分支网点将现金支付给客户,这样货币就从发行库中流出来,进入了流通领域。另一方面,当商业银行业务库中的现金超过了核定的限额,就需要把超过的部分交回到央行发行库,称为"现金归行"。货币从发行库到业务库的过程叫"出库",即货币发行;货币从业务库回到发行库的过程叫"入库",即货币回笼。

在一定时期内,流出发行库的货币额大于入库的货币额,意味着货币发行的增加;流出发行库的货币额小于入库的货币额,意味着货币发行的减少,流通中的货币也就减少了。

三、残损人民币的兑换与销毁

1. 残损人民币的兑换

《中国人民银行法》第 21 条规定,残缺、污损的人民币,按照中国人民银行的规定进行兑换,并由中国人民银行负责收回、销毁。1955 年 5 月 8 日,中国人民银行发布了《残损人民币兑换办法》,从即日起公布实行,今日仍然有效。该办法将残损人民币兑换的标准分为三类:一是全额兑换。如果票面残缺不超过 1/5,其余部分图案、文字能照原样连接者,或票面污损、熏焦、水湿、油浸、变色,但能照原样连接者,可以全额兑换。二是半数兑换。票面残缺 1/5 以上至 1/2,其余部分图案文字能照样连接者,照原面额半数兑换。三是不予兑换。票面残缺超过1/2以上,或票面污损、熏焦、水湿、油浸、变色,不能辨认真假者,或故意挖补、涂改、剪贴、拼凑、揭去一面者,不予兑换,也不能流通使用。

2. 残损人民币的销毁

中国人民银行将收回的残损人民币,在发行库进行复点,然后在票面上打洞。清点后登记入库,等待销毁。销毁人民币的方式有蒸煮粉碎、打成纸浆、机器粉碎或火焚等。

第二节 人民币的保护

一、人民币的保护

1. 禁止伪造、变造人民币

《中国人民银行法》第19条规定,禁止伪造和变造人民币。伪造人民币是指仿造人民币的形状、特征、色彩,制造假币冒充真币的行为。变造是指用剪贴、挖凑、涂改、正背两面揭开等方法,增大票面额或增多张数的行为。这些都是犯罪的行为,国法不容。

我国早在1951年4月19日就由当时的政务院发布了《妨害国家货币治罪暂行条例》,1951年3月6日又发布了《中华人民共和国禁止国家货币出入国境办法》。这两部法规在新中国建设初期对稳定货币、打击伪造货币的犯罪行为起到了重要的作用。

1979年7月1日,《中华人民共和国刑法》颁布,1980年1月1日开始实施。该法第122条规定了伪造国家货币或者贩运伪造国家货币罪。

1995年6月30日,八届全国人大常委会第14次会议通过了《关于惩治破坏金融秩序犯罪的决定》(以下简称《决定》),对伪造货币罪加大了处罚力度。1997年3月14日,八届全国人大五次会议通过的修订后的《中华人民共和国刑法》第170条吸收了1995年全国人大常委会《决定》的相关内容。对伪造货币者,处3年以上10年以下有期徒刑,并处5万元以上50万元以下罚金;对伪造货币集团的首要分子,或伪造货币数额巨大者,或有其他特别严重情节者,处 10 年以上有期徒刑、无期徒刑或者死刑,并处 5 万元以上 50 万元以下罚金或没收财产。

2. 禁止出售、购买伪造、变造的人民币

《关于惩治破坏金融秩序犯罪的决定》中的有关规定被修订后的《刑法》第 171 条吸收,对出售、购买伪造的货币或者明知是伪造的货币而运输,数额较大的,处 3 年以下有期徒刑或者拘役,并处 2 万元以上 20 万元以下罚金;数额巨大的,处 3 年以上 10 年以下有期徒刑,并处 5 万元以上 50 万元以下罚金;数额特别巨大的,处 10 年以上有期徒刑或者无期徒刑,并处 5 万元以上 50 万元以下罚金或没收财产。

修订后的《刑法》对银行工作人员购买伪造的货币,或者利用职务上的便利,以伪造的货币换取真币的行为作出了特别规定。对这种行为,司法机关可以判处 3 年以上 10 年以下有期徒刑,并处 2 万元以上 20 万元以下罚金;数额巨大或者有其他严重情节的,处 10 年以上有期徒刑或者无期徒刑,并处 2 万元以上 20 万元以下罚金或者没收财产;情节较轻的,处 3 年以下有期徒刑或者拘役,并处或者单处 1 万元以上 10 万元以下罚金。

3. 禁止使用伪造货币

如果明知是伪造的货币而持有、使用,并且数额较大的,也属犯罪行为。依照《最高人民检察院、公安部关于经济犯罪案件追诉标准的规定》,"数额较大"的标准是"总面额在 4 千元以上"。《刑法》第 172 条规定,对于这种行为,处 3 年以下有期徒刑或者拘役,并处 1 万元以上 10 万元以下罚金;数额巨大的,处 3 年以上 10 年以下有期徒刑,并处 2 万元以上 20 万元以下罚金;数额特别巨大的,处 10 年以上有期徒刑,并处 5 万元以上 50 万元以下罚金或没收财产。

4. 情节轻微的行为

对于变造人民币、出售变造人民币或者明知是变造的人民币而运输,或者购买伪造、变造的人民币,或明知是伪造、变造的人民币而持有、使用,但情节轻微的,根据《中国人民银行法》第 42 条和第 43 条的规定,由公安机关处 15 日以下拘留,1 万元以下罚款。

二、人民币图样保护

人民币的保护不仅在于禁止伪造或变造人民币,而且对于人民币的图样也要保护。《中国人民银行法》第 19 条规定,禁止在宣传品、出版物或者其他商品上非法使用人民币图样。这一条款应当理解为,未经中国人民银行批准,禁止在图书封面、杂志封面、商品外观设计或外包装上使用人民币图样;禁止用人民币的纸币装饰其他商品、生活用品或工艺品;禁止用人民币的纸币或硬币制作商品、生活用品或工艺品;禁止使用人民币纸币或硬币作为装修材料;禁止使用或焚烧人民币作为祭拜物品等。

《中国人民银行法》第 44 条规定,在宣传品、出版物或者其他商品上非法使用人民币图样的,中国人民银行应当责令改正,并销毁非法使用的人民币图样,没收违法所得,并处 5 万元以下罚款。

三、禁止代币票券

早在 20 世纪 60 年代,我国东北一些地区,少数企业仿照人民币的式样印刷了企业内部使用的代币票券,并且流入市场。1962 年 8 月 22 日,中国人民银行发布了《关于严格禁止各单位模仿人民币样式印制内部票券的报告》。同年 9 月 24 日,国务院批转了这个报告,并且指出,模仿人民币样式印制内部票券,是国家法律不能容许的。这种做法,不仅会造成国家金融秩序的混乱,影响人民币的威信,而且会助长营私舞弊,给坏分子以可乘之机,必须坚决制止。

20 世纪 70 年代,又有一些公司为了职工福利,印发代币券在商店使用。80 年代,复印机广泛使用,社会上也出现过一些单位用复印机印制人民币的情况。1984 年 8 月 15 日,中国人民银行和公安部联合发布了《禁止使用复印机复印人民币的通告》,对故意复印人民币,并且造成严重后果的,依法追究刑事责任。

《中国人民银行法》第 20 条规定,任何单位和个人不得印制、发售代币票券以代替人民币在市场上流通。第 45 条规定,印制、发售代币票券以代替人民币在市场上流通的,中国人民银行应当责令停止违法行为,并处 20 万元以下罚款。

第九章 外汇管理法律制度

第一节 外汇管理概述

一、外汇的定义和范围

在经济交往中,我们越来越多地接触到美元、日元、港币、英镑和德国马克等外币;外贸部门和商业银行越来越多地接触到以外汇表示的汇票、支票和本票以及外币存单等支付凭证;公司企业也已经有了外汇表示的股票、债券和外国政府的债券;在报纸上每天公布的外汇牌价里,除了十几个国家的外汇,还包括特别提款权和刚使用不久的欧元。

1996年4月1日国务院颁发的《中华人民共和国外汇管理条例》第3条规定,下列以外币表示的、可以用作国际清偿的支付手段和资产为外汇形式:(1) 外国货币,包括纸币、铸币;(2) 外币支付凭证,包括票据、银行存款凭证、邮政凭证等;(3) 外币有价证券,包括政府债券、公司债券、股票等;(4) 特别提款权、欧洲货币单位;(5) 其他外汇资产。

上述法规定义的外汇,泛指一切我国本币以外的外国货币。但是,在金融界经常使用的外汇不是任何国家的货币。由于一些工业发达国家的经济发展较快,国际贸易又非常发达,加上历史和传统的原因,这些国家的本位货币被世界各国普遍接受,可以在国际市场自由兑换其他货币,这种外汇成为自由外汇。

目前,国际金融界普遍接受的自由外汇有:美元、日元、欧元、英镑。同时,瑞士法郎、港币、丹麦克朗、新加坡元等也可以在一定程度上自由兑换。但是,在作为国际储备时,后者不如前者在国际储备中占的比重大。

外汇管制主要是对这几种自由兑换的外汇的管制。在严格外汇管制的国家中,自由外汇与本国货币之间的兑换,事先要经过有关当局的批准。我国目前也实行外汇管制,当自由外汇兑换人民币时,在不同情况下适用不同的管制措施。在我国与非自由外汇的国家进行贸易时,曾经采用过计账方式来进行贸易。例如,过去中苏两国曾采用计账方式进行贸易;现在,中俄两国采用易货贸易,或采用美元结算。

二、外汇的作用

自由外汇在国际市场上有四种作用:价值尺度、支付手段、信用手段和储备手段。由于黄金同美元脱钩,黄金较少作为硬通货在国际市场上流通,因而,它作为国际货币的手段越来越少了,而更多地被作为交易的商品来对待。

自由外汇在外汇管制国家的作用主要是:国际支付手段、信用手段和国际储备手段。

对我国来说,外汇的作用主要是国际贸易中的支付手段和储备手段。我国属于发展中国家,工业技术和管理水平比较发达国家而言还相当落后,需要进口发达国家的工业生产线和零配件,如汽车生产线、家电生产线、西医和医疗器械辅助生产线以及电子通信设备等。另外,我国虽然是一个农业大国,但是我国每年都要进口大量的粮食。由于人民生活水平的提高,在一些大城市的生活消费品中,进口商品从服装到食品,从家具到烟酒糖果,应有尽有,这些都需要外汇。

三、外汇管理的意义

外汇管理是国家对进出本国境内的外汇收付、借贷、买卖、汇进汇出、汇率、携带进出境等活动进行的管理。各国根据各自的目的进行不同程度的外汇管理。有些国家对外汇实行严格的管理,对贸易、非贸易资本项目的收支均加以管理,许多发展中国家采取这种管理方法。我国在1996年1月1日前,也属于严格外汇管理的国家。有些国家采取比较宽松的管理,这些国家一般对经常贸易项目外汇收支不加限制,只对资本项目收支加以一定程度的限制,一些发达的工业国家,采取这种宽松的管理,如北欧一些国家及亚洲的日本。还有一些经济发达的国家和地区,特别是在历史上采用亚当·斯密自由经济理论的国家,几乎没有外汇管理,允许外汇自由兑换、自由买卖和自由携带进出境,如美国、英国、瑞士和外汇储备较多的沙特阿拉伯等中东石油出口国。

从实行外汇管理的国家看,尽管各自的政策有特殊性,但是它们也有明显的共性,即采取外汇管制的目的都是:

(1)维护本国货币的汇价水平的稳定。稳定的汇率一方面有助于企业、特别是进出口企业合理安排生产经营,另一方面有助于维护人们对本币的信心。

(2)保持国际收支平衡。国际收支平衡意味着外汇的流入与流出基本相符,这是稳定汇率的基础。收支不平衡有逆差与顺差两种状态。出口大于进口为顺差,进口大于出口为逆差。逆差容易造成一国的货币贬值、物价上涨、社会生活水平下降等不良后果。该国就必须设法减少其他外汇支出,扩大各种外汇收入,来扭转逆差。另一方面,过大的外汇顺差可能导致本国的货币升值,出口产品价格上涨,从而在国际市场上失去竞争力。因此,只有保持国际收支平衡,才能保证国内经济的稳定发展,促进国际贸易的发展。

(3)保证本国经济独立自主地发展。对第三世界发展中国家来说,它们要在经济上摆脱发达国家的控制,阻止大国的金融渗透,必须用法律保证本国货币是唯一合法的本位货币,任何外币只能同本币兑换,不能在市场上使用。这种强制性的管理措施,可以保证本国的产品不被过低估价,使本国的生产要素保持在一个合理的水平上。

四、我国实行外汇管理的必要性

我国实行外汇管理有历史方面的原因,也有现实方面的原因。从历史方面看,由于1949年以前,国民党政府发行的金圆券已经大幅度贬值,人民大众不愿接受这种恶性通胀的货币,导致市场上各种外币的流通,在广东流行港币,在上海流行美元,在北京和天津流行使用银圆和金条。

新中国成立前夕,中国人民银行在河北省石家庄市成立,并发行人民币。随着全国的解放,人民币迅速占领国内市场,金圆券被兑换后退出市场。新中国政权成立初期,在大城市里还流行着各种外币和金条银圆的情况下,人民币信誉的建立,需要法律的保护。

1949年9月,中国人民政治协商会议第一次全体会议通过的《共同纲领》中规定,禁止外汇在国内流通,外汇、外币和金银买卖应由国家银行经营。

此外,各地人民政府也颁布了外汇管理办法或命令,禁止一切外国货币在我国市场上流通;还规定无论我国公民,还是外国来访者,凡是持有外币者,均应在使用之前,按政府规定的牌价到中国银行兑换成人民币,或作为外币存款存入中国银行;凡是我国的一切外汇业务,包括国际结算、国际汇兑、外汇买卖,必须由中国银行办理或在中国银行的监督下,由指定的银行办理。这些最初的外汇管理命令,对我国新本位货币的流通和信誉的建立,起到了保障的作用,这些最初的规定也发展成为后来的外汇管理法。

从现实方面的原因看,我国还属于发展中国家,生产力水平与工业生产技术在许多方面还比较落后,仍然需要从国外进口先进设备,引进先进技术和管理经验,因此,需要大量外汇。目前虽然贸易顺差比较大,但出口产品构成不合理,农副产品、工业初级产品和初加工产品仍然占较大的比重,而进口的主要是高技术产品,这对于外贸收支平衡是一种潜在的威胁。此外,外汇管制还有利于稳定人民币币值,保障人民币在国内市场上的唯一合法地位,保证外汇收支平衡与信贷、财政、物资的综合平衡。

五、外汇管理的消极影响

首先,外汇管制限制了市场自由调节作用的充分发挥。如果允许外汇自由买卖,市场调节机制会由于外汇供求关系的变化而自发地调节汇率,使汇率保持在一种供求平衡的状态。但是,在外汇管制的条件下,外汇汇率由官方规定,外汇不能自由买卖,官方汇率不可能像自由汇率一样反应灵敏,因而,经常发生官方汇率与市场汇率相背离的情况。在这种情况下,国内商品成本无法同国际市场上同类产品成本相比较,它反映的是国内垄断定价或者扭曲的价格,而不是市场竞争价格。这不利于经济资源的有效配置。

其次,外汇管制往往阻碍国际贸易的发展,加重各国之间的矛盾。外汇管理国家往往采取鼓励出口、限制进口的政策,这是贸易自由流通的障碍之一,甚至可能引起其他国家的报复。历史上曾出现过贸易战、货币战,使各国之间的矛盾加深,不利于世界的和平与发展。

最后,外汇管制下一国外汇储备的过快增长,容易引发国内通货膨胀。我国在2006年、2007年间就处于这样一种状态中。由于贸易顺差以及外商投资,流入国内的外汇数量大增,它们都通过银行的结售汇系统而卖给了中央银行,中央银行为此被迫向银行系统、进而向全社会投放了大量的人民币,这就产生了严重的货币流动性过剩问题,引发通货膨胀。2007年上半年,我国粮食、猪肉等基本消费品以及房产、股票等资产价格急剧上涨,通货膨胀已经成为全社会关注的一个焦点。

第二节 我国的外汇管理制度的基本框架

一、我国外汇管理制度的演变

新中国成立初期,我国中央人民政府颁布了《外汇分配使用暂行办法》。当时,外汇管理的主要任务是,取消外币在我国的流通特权,保障人民币的唯一合法地位,稳定人民币币值,建立独立自主的外汇管理体制。这种管理制度包括:建立独立的供汇结汇制度和自主的汇价制度,建立外汇业务专业银行办理制度和禁止人民币、外币及金银自由进出境制度。

随着国内经济的恢复与发展,我国外汇管理主要集中在对外贸易领域。外汇使用根据中央统一计划,统收统支。贸易进出口部门以进出口报关单和结汇单统一向中国银行出售或购买外汇。各单位不得私自保存外汇,也不得在境外保存外汇。外贸部门的一切外汇收支都必须通过中国银行结算,贸易外汇收支计划也按合同落实,由中国银行监督执行。

1978年以后,随着经济体制改革和对外开放政策的执行,我国开始吸引外资来沿海与内地投资,外汇管理的重点也包括对资本项目外汇管理。外汇管理体制也逐步完善。首先,成立了国家专门的外汇管理机构,外汇的行政管理与中国人民银行的外汇业务分开;其次,国家颁布了许多关于外汇管理的法规,使外汇管理工作有章可循;最后,为调动出口积极性,给企业更大的自主权,国家允许创汇的企业有一定比例的外汇留成,并成立了外汇调节中心,允许企事业单位之间互相调剂外汇的余缺。这就形成了官方汇率与市场调剂汇率并存的汇率双轨制。同时,逐步放开居民个人持有外汇的限制,在一段时期内发行并使用外汇兑换券,以保障外汇持有人的利益。此外,中国银行之外的其他银行和金融机构开始经营外汇业务。

1994年我国外汇管理体制进行了重大改革,取消外汇上缴与留成以及用汇的指令性计划审批,实行银行结汇售汇制。成立了统一的银行间外汇市场——上海中国外汇交易中心,各地的外汇调剂中心逐步被关闭。外汇兑换券被终止使用,禁止在中国境内以外币计价、结算和流通。通过上述改革,我国实现了人民币经常项目有条件的可兑换,并且在1996年12月最终实现了人民币经常项目的可兑换,取消了所有对经常性国际支付和转移的限制。但对于资本项目项下的外汇依然实行严格管理。

近年来,随着我国综合国力的增强及外汇储备的增加,我国逐步推进人民币资本项目的可兑换,促进国内企业对外投资,跨国经营,同时大幅度提高了个人购汇的限额。这些改革措施都促进了我国对外经济交往的进一步发展。

二、我国外汇管理体制

1. 中国人民银行

按照《中国人民银行法》,中国人民银行负责制订我国的汇率政策,报国务院批准。同时,中国人民银行负有如下职责:(1)实施外汇管理,监督管理银行间外汇市场;(2)监督管理黄金市场;(3)持有、管理、经营国家外汇储备、黄金储备。

2. 国家外汇管理局

我国外汇管理的职能部门是国家外汇管理局及其分局。1979年3月,国务院设立了国家外汇管理总局,它与中国银行合署办公,实际上是一个机构,两块牌子。1982年8月,国家外汇管理总局并入中国人民银行,属于中央银行管理外汇的一个职能部门,其名称改为国家外汇管理局。1988年,国务院进行了机构调整,将国家外汇管理局划为国务院直属局,业务上由中国人民银行代管;在地方各省、自治区、直辖市设立一级分局,在全国大部分市设立二级分局,有个别外汇集中的县、市还设立了支局,从中央到地方建立了外汇管理的行政管理体系。

根据国务院"三定方案",国家外汇管理局的主要职责是:(1)设计、推行符合国际惯例的国际收支统计体系,拟定并组织实施国际收支统计申报制度,负责国际收支统计数据的采集,编制国际收支平衡表。(2)分析研究外汇收支和国际收支状况,提出维护国际收支平衡的政策建议,研究人民币在资本项目下的可兑换。(3)拟定外汇市场的管理办法,监督管理外汇市场的运作秩序,培育和发展外汇市场;分析和预测外汇市场的供需形势,向中国人民银行提供制订汇率政策的建议和依据。(4)制定经常项目汇兑管理办法,依法监督经常项目的汇兑行为;规范境内外外汇账户管理。(5)依法监督管理资本项目下的交易和外汇的汇入、汇出及兑付。(6)按规定经营管理国家外汇储备。(7)起草外汇行政管理规章,依法检查境内机构执行外汇管理法规的情况、处罚违法违规行为。(8)参与有关国际金融活动。(9)承办国务院和中国人民银行交办的其他事项。

三、我国外汇管理法律制度

伴随着经济体制改革,我国逐步形成了一个较为完善的外汇管理法律体系。

1980年12月5日,国务院发布了《中华人民共和国外汇管理暂行条例》,它是我国第一部比较系统地管理外汇的行政法规,为国家外汇管理工作发挥了重大的作用。该条例共分7章34条,创造了按主体不同分别管理外汇的模式,即区分国家单位、集体经济组织、个人、外国驻华机构及其人员、侨资企业、外资企业、中外合资经营企业(后三者合称"三资企业")及其人员,实行不同的外汇管理制度。这种模式一直沿用到1996年的《外汇管理条例》颁布,才改为按用途不同分别管理外汇。

1994年以后,我国全面改革外汇管理体制,分步实施人民币经常项目可兑换,并建立起了保障人民币经常项目可兑换的外汇管理法律框架。1996年1月29日,国务院发布了《中华人民共和国外汇管理条例》,并于1996年4月1日实施,使1994年外汇管理体制改革的成果法制化。

1996年7月1日起,中国人民银行在全国将外商投资企业的外汇买卖纳入银行结售汇体系,同时修改并发布了《结汇、售汇及付汇管理规定》,取消尚存的经常项目的汇兑限制,提前达到了《国际货币基金组织协定》第8条款的要求。我国政府于1996年11月27日正式对外宣布:中国从1996年12月1日起实现人民币经常项目可兑换。为此,国务院又于1997年1月14日及时对《外汇管理条例》进行了修改,将"国家对经常性国际支付和转移不予限制"写进了总则中,并对经常项目外汇管理相应条款作了修订和补充,随后对整个外汇管理法律框架进行了清理和修改,为人民币在经常项目可兑换提供了法律保障。

近年来,中国人民银行以及国家外汇管理局陆续发布了一系列法规规章,如《银行外汇业务管理办法》《中国人民银行关于完善人民币汇率形成机制改革的公告》《外债管理暂行办法》《商业银行开办代客境外理财业务管理暂行办法》《个人外汇业务管理办法》等,进一步完善我国外汇管理制度。

四、外汇管理基本原则

1997年《中华人民共和国外汇管理条例》依然是现行有效的最高效力级别的外汇管理法规,其中确立的我国外汇管理的基本原则

主要有:

(1) 实行国际收支申报制和外债登记制度。通过国际收支申报和外债登记,国家外汇管理机关可以清楚地了解各项涉外贸易与投资活动对外汇资金流动所产生的影响,控制我国的债务风险,及时采取相应的利率调整甚至稳定人民币汇价等行动。

(2) 禁止外币在境内流通。《中国人民银行法》第15条规定:"中华人民共和国的法定货币是人民币。以人民币支付中华人民共和国国境内的一切公共和私人的债务,任何单位和个人不得拒收。"

(3) 人民币经常项目项下的外汇可兑换,国家对经常性国际支付和转移不予限制。

(4) 资本项目项下的外汇流动依法审批或核准。

(5) 金融机构外汇业务特许制。在我国境内经营外汇业务必须经过外汇管理部门批准,领取经营外汇业务许可证,并且还要在经营许可证批准的范围内经营,不得超出范围限制。未经过批准的任何单位和个人都不得经营外汇业务。经营外汇业务的金融机构应当按照国家有关规定缴存外汇准备金,并接受监管。

第三节　外汇储备管理制度

一、我国的外汇储备

1. 外汇储备的含义

如同任何货币一样,外汇的首要功能是作为支付工具。当外汇多了,暂时用不了时,便作为一种储备工具而存在。在外汇自由兑换的国家,暂时沉淀不用的外汇分散在企业、个人和政府手中,其中企业、个人作为经营单位和用汇主体掌握大多数外汇,以便随时使用。政府持有部分外汇储备,用于清偿国家对外债务,并根据需要对外汇市场进行调控。

国际金融实务中,"外汇储备"这个概念通常指政府手中持有的外汇,它是一国维持国际收支平衡的基础。因此外汇储备通常被视为一国的国际清偿能力的象征。

2. 我国的外汇储备

我国自改革开放以来,国民经济持续增长,特别是入世以来对外贸易的迅速发展,形成了巨额的外汇储备。1978年,我国的外汇储备仅有1.67亿美元;1996年首次突破了1000亿美元;2006年年底突破1万亿美元;2007年6月底则增长到1.3万亿美元。改革开放三十年,中国从一个外汇极度匮乏的国家,跃升为世界头号外汇储备大国,令世界为之瞩目。

充足的外汇储备对中国经济安全具有重要意义。它有助于增强国内外投资者对中国经济的信心,防范和抵御金融风险,推动中国经济持续稳定地发展,维护和巩固中国作为大国的国际经济地位和国际影响。

二、外汇储备管理的必要性

外汇储备管理的必要性,与我国外汇储备的来源及其法律性质密切相关。

1. 外汇储备的来源

目前,我国的外汇储备除少量自有黄金外,主要来自三个渠道:一是出口企业的创汇;二是在鼓励引进外资的政策背景下,资本项目的净流入外汇;三是我国对外举债所募集的外汇资金。因此,我国外汇储备主要由三大部分构成:经常项目下的贸易盈余、资本项目下的资本净流入及部分外国政府和国际金融组织提供的借款。

2. 外汇储备对应的债务特征

在上述外汇储备的三大部分构成中,对外举债部分形成的外汇按照约定的借款期限将来肯定要还的。资本项目下形成的外汇实际上也属于一种或有负债,如果将来中国经济出现衰退达不到资本的预期收益,这些逐利资本就会流出中国,到其他收益更好的市场,因此这些外汇也是要归还资本所有者的。只有贸易盈余部分形成的外汇可以视为我国自有外汇。

但即使是自有外汇,其中绝大部分依然具有负债的性质。人民币是我国境内唯一流通的法定货币,国家禁止外汇在境内流通或计价。这样,外汇在我国境内是没有使用价值的,相反还有保管成本以及贬值的风险,因此个人与企业手中一般都不会保留外汇。再加上我国长期对境内机构实行强制性的银行结汇售汇制,出口企业创收的外汇不允许自己保留,或者经批准保留少量部分,其余外汇卖给指定外汇银行,后者再卖给中央银行。因此,我国的外汇储备都集中于中央银行。中央银行获得外汇资产靠的是发行货币,而货币的发行是央行的负债,因此我国的中央银行在掌管外汇储备的同时,也形成了央行"欠民间的债务"。这就是所谓的"外汇储备与债务相对应"的特征。

3. 外汇储备对应债务特征所蕴含的意义

第一,外汇储备及其对应债务这一特征表明外汇储备虽然是一国政府掌管的外汇资金,但它并非"多出来的财富",更不是国家的财政收入。不能像使用预算资金那样"使用"国家的外汇储备。一些常见的提法,如"将外汇储备划拨社保基金",或者"用外汇储备投资教育和医疗产业"等,是不正确的。

第二,我国外汇储备的快速增长并集中于中央银行,导致央行被动增加基础货币的投放,加剧我国国内的流动性泛滥问题。外汇储备增长越快,央行因买入外汇而投放的货币越多,就容易造成经济过热,出现泡沫,给政府的宏观调控带来困难。

4. 改善外汇储备管理的必要性

一是通过调整外汇币种结构和投资方向,实现外汇储备的保值增值;二是适度控制央行持有的外汇储备规模,减轻流动性压力,实现国内经济宏观调控目标;三是实行藏汇于民的政策,推动我国企业走出国界进行国际化经营,满足居民个人日益丰富的消费需求。

以往我国外汇资源高度集中于央行,而作为用汇主体的企业和个人则缺乏外汇,或者使用外汇受到诸多限制。这就约束了经济主体的市场活力,不利于企业的跨国经营。近年来,我国外汇储备管理思路的一个重大改变,就是要藏汇于民,在保证国家金融安全的同时,适度控制国家外汇储备的过快增长,增强市场主体对外汇的支配能力。

三、外汇储备管理制度的改革

1. 外汇资产种类的合理配置

由于历史以及贸易结构的原因,我国的外汇储备绝大部分是美元。而美国长期实行的赤字财政政策,导致美元多数时期处于贬值状态,给我国的外汇储备带来很大的风险。因此,有必要合理配置外汇储备资产的种类,适度增加黄金、欧元、日元等外汇资产种类的比重。

2. 从消极投资到积极管理

稳定汇率、维持国际收支平衡一直是我国外汇储备的首要功能,央行需要保有一定数量的可流动外汇以维持人民币汇率的稳定。因此,长期以来,我国在管理外汇储备上一直遵循着安全性、流动性和盈利性三条原则,外汇储备主要投资于发达国家的国债,如购买美国政府发行的国库券等。

国债投资是一种消极投资,无信用风险,但收益有限。随着人民币的不断升值,投资外国国债的收益率将进一步降低。因此,有必要在保持合理的低风险投资规模的同时,对新增外汇储备采取更加积极的投资管理方式。其中,借鉴其他国家的成功经验,将一部分外汇储备交由专门的投资机构进行积极有效的管理,是我国近年来外汇储备制度改革的一个基本思路。

2003年,国务院批准成立了汇金公司,以其为管道,将一部分外汇储备用于补充国有银行资本金。汇金公司首批对中国建设银行、中国银行各注资225亿美元,后又对中国工商银行注资150亿美元。在国有银行完成股份制改造并上市后,汇金公司持有的股份显著增值,实现了外汇储备的保值增值。当然,从法律角度看,央行投入外汇储备设立汇金公司的程序是有问题的,忽略了央行掌管的外汇储备对应的债务特征。有鉴于此,我国2007年对国家外汇投资公司的注资采取了财政注资的方式,从而保证了法律的严肃性。

四、国家外汇投资公司

1. 法律性质

经国务院批准,2007年9月29日,中国投资有限责任公司在北京正式挂牌成立,对国家的外汇储备进行专业化经营。这是我国借鉴新加坡淡马锡公司的成功经验所设立的政府持股的投资性公司。

从法律地位来看,中国投资有限责任公司是依据《公司法》设立的国有独资公司,2000亿美元资本金来源于1.55万亿元特别国债。该公司实行政企分开、自主经营、商业化运作,在可接受的风险范围内,实现长期投资收益最大化。

2. 资本金注入

中国投资有限责任公司的资本金为2000亿美元,全部由中央财政注资,其注资过程严格依法进行。由于财政部手中并无外汇储备,故拟分批发行总共1.55万亿人民币的特别国债向中央购买外汇。2007年6月29日,全国人大常委会作出决议,批准财政部发行特别国债购买外汇,同时调整2007年末国债余额限额。鉴于《中国人民银行法》禁止央行对政府财政透支,禁止其直接认购、包销国债和其他政府债券,在实务操作中,财政部于2007年8月29日定向对中国农业银行发行了2007年第一期特别国债6000亿元,用所得资金向中国人民银行购买外汇。同日中国人民银行进行了公开市场操作,从中国农业银行买入了该批特别国债,从而保证了银行体系流动性的需要。

3. 业务范围和运作方式

按照国务院对于中国投资有限责任公司的定位,其基本业务是利用超出储备规模的外汇进行境外实业投资和金融产品组合投资,以期提高外汇经营收益。

中国投资有限责任公司的业务范围,主要包括境外金融市场投资、股权投资和国内金融机构注资等。2007年6月,尚处于筹备阶段的中国投资有限责任公司进行了第一笔外汇投资,出资30亿美元认购了美国著名的私募基金——黑石集团首次公开发行股份的

10%。美国黑石集团是一家全球领先的另类资产管理和提供金融咨询服务的机构,这也是全球首家私募基金公开上市。此外,2003年成立的汇金公司作为子公司被注入中国投资有限责任公司中,继续持有对重点金融企业的股权投资。同时,中国投资有限责任公司将逐步扩展对海外重要战略资源,如一些大型的铁矿公司、石油公司等的投资,从而增加我国的战略资源储备。

由于背靠中国庞大的外汇储备,中国投资有限责任公司被一些海外媒体视为全球最大的"潜在收购人"。现阶段,该公司处于组建初期和国际金融市场的敏感期,按照国务院的指示,除海外投资循序推进和国内金融机构注资外,中国投资有限责任公司主要将外汇资金委托外汇管理局或其他商业金融机构经营。

第四节 经常项目与资本项目管理制度

一、经常项目外汇管理

1. 经常项目的含义

经常项目是指国际收支中经常发生的交易项目,包括贸易收支、劳务收支、单方转移等项目。其中,贸易收支指一国出口商品所得收入和进口商品的外汇支出的总称。劳务收支指对外提供劳务而引起的货币收支,包括境外建筑安装工程、国际运输、保险、跨国文化体育的商业表演等。单方面转移指对外进行单方面的、无对等往来的支付,如华侨汇款、政府的对外援助和捐赠等。

在上述项目中发生的外汇,就是经常项目下的外汇。依照《外汇管理条例》,"国家对经常性国际支付和转移不予限制"。

2. 境内机构经常项目管理

这里所称的"境内机构",是指在我国境内的企业事业单位、国家机关、社会团体、部队等,包括外商投资企业和金融机构。

(1)境内机构的经常项目外汇收入必须调回境内,不得违反国家有关规定将外汇擅自存放在境外。

（2）外汇收入意愿结汇制

从2007年8月起,境内机构经常项目项下的外汇收入实行意愿结汇制,可以卖给银行,也可以自己保留。此前,我国实行强制结汇,境内机构的所有外汇收入都必须按照《结汇、售汇及付汇管理规定》卖给外汇指定银行,或者在外汇指定银行开立外汇账户,在经批准的限额内保留一部分。这里所称"外汇指定银行",是指经外汇管理机关批准经营结汇和售汇业务的银行。

（3）外汇支出售汇制

境内机构经常项目使用的外汇,持有效凭证、合同和商业单据向外汇指定银行购汇支付,不需要审批。

国家外汇管理局对经常项目外汇收支活动进行监管。境内机构依据出口收汇核销和进口付汇核销管理办法到当地外管局办理核销手续。

二、资本项目外汇管理

1. 资本项目的含义

资本项目是指国际收支中因资本输出和输入而产生的资产与负债的增减项目,包括直接投资、各类贷款、证券投资等。在资本项目下的外汇称为资本项目外汇。

我国传统上对资本项目下的外汇管理比较严格,尤其强调对外汇流出的控制。近年来,随着中国经济实力的增强以及外汇储备的增长,我国逐渐开始推进资本项目的可兑换,特别是鼓励企业及个人走出国门,到境外进行投资经营。同时,由于我国经济持续高速增长与人民币升值预期的增强,国际热钱开始涌入我国,以图快速牟利。因此,近年来我国资本项目管理思路的一大转变是改变了以往"宽进严出"的政策,加强对资本项目下外汇流入的管理。

2. 直接投资项下的外汇管理

直接投资包括外商来华直接投资以及我国企业的境外投资。

（1）对于外商直接投资,外汇管理方面比较宽松。外商投资企业依照经国家批准的投资合同,可以保留其资本金或进行结汇;利润分配作为经常项目管理,汇出不受限制;投资回收经批准后可以购汇汇回。

(2) 对于境内企业到境外投资,我国实行项目审批与外汇审查的双审制。境外投资项目由国家发改委、商务部及其授权机关审批,由外汇管理机关审查其外汇资金来源,然后按照国务院关于境外投资外汇管理的规定办理有关资金汇出手续。以前对境外投资的外汇控制比较严格,要求用自有外汇对外投资,且投资收益要调回国内。近年来,为鼓励企业的国际化经营,同时为减轻外汇储备过大的压力,我国已经允许企业用人民币向银行购买外汇到境外去投资,且实现的利润可以全部保留在境外。

3. 证券投资项下的管理

与直接投资相比,证券投资下的外汇流动的特点是速度快,金额大,交易频繁,容易对本国金融体系造成较大冲击。1997年亚洲金融危机就是一个例证。因此,有必要对证券投资项下的外汇流动给予特别关注。目前实行的是总量控制及合格机构投资者制度。

(1) 对于境外投资者进入中国证券市场,目前的规定是,境外投资者可以直接进入我国境内的B股市场购买B股,无须审批;进入A股市场购买股票、债券等投资品种,需要通过合格境外机构投资者(Qualified Foreign Institute Investor,简称QFII)进行,且通过QFII汇入的外汇资金不得超过国家批准的外汇额度。

(2) 对于境内投资者到境外证券市场投资,实行合格境内机构投资者(Qualified Domestic Institute Investor,简称QDII)制度。境内商业银行、保险公司、信托公司等作为机构投资人,在外汇管理部门批准的外汇额度内,可以直接到境外进行证券投资,也可以接受客户委托到境外证券市场投资。2007年8月,我国开始试点境内个人直接进入境外证券市场,其外汇资金可以是自有外汇,也可以从境内银行购买外汇。这是我国资本项目开放的一个重大举措。

4. 对外债的管理

依照国家发展计划委员会(现为国家发改委)、财政部、国家外汇管理局2003年12月发布的《外债管理暂行办法》,外债指境内机构对非居民承担的以外币表示的债务,包括境外借款、发行债券、国际融资租赁等。境内机构对外提供担保形成的潜在外汇偿还义务,是一种或有外债,也纳入外债管理。国家发展计划委员会、财政部和国家外汇管理局是我国的外债管理部门,根据外债类型、偿还责任和债务人性质,对举借外债实行分类管理。主要内容有:

(1) 国际金融组织(如世界银行、IMF 等)贷款和外国政府贷款由国家统一对外举借。它属于主权外债,以国家信用保证对外偿还。

(2) 境内中资企业等机构从境外举借中长期国际商业贷款,须经国家发改委批准;举借短期国际商业贷款,由国家外汇管理局核定外债限额,实行余额管理。

(3) 外商投资企业借用国外贷款的,不需要有关部门批准,但需要报外汇管理机关备案,其外债限额控制在国家批准的投资总额与注册资本的差额之内。

(4) 金融机构在境外发行外币债券,必须经过国务院外汇管理部门批准,并按照国家有关规定办理手续。

三、对个人的外汇管理

1. 个人外汇管理思路的变化

在 1997 年《外汇管理条例》中,对个人外汇的管理是放在"经常项目外汇"名下的,且"个人"是指中国公民和在我国境内居住满 1 年的外国人。对个人外汇的管理的重点是本国居民的非经营性收支下取得或使用的外汇。

随着我国对外开放的深化,个人外汇收支出现了一些新特点,如经常项目中的经营性收支比重增加,对外投资等资本性项目需求增大,非中国居民在华的经济活动更频繁,等等。为便利新形势下的个人外汇收支,简化业务手续,中国人民银行于 2006 年 12 月发布了《个人外汇管理办法》,就个人外汇管理的总体要求、经常项目外汇、资本项目外汇、个人外汇账户以及外币现钞的管理等作出了规定。该办法适用的对象包括境内个人与境外个人,前者指持有中国居民身份证、军人身份证或武警身份证的中国公民,后者指外国公民(包括无国籍人)及港澳台同胞。

2. 分类管理原则

个人外汇业务按照交易主体区分境内与境外个人外汇业务,按照交易性质区分经常项目和资本项目个人外汇业务。国家外汇管理机关按上述分类对个人外汇业务进行管理。其中，经常项目项下的个人外汇业务按照可兑换原则管理，不需要审批；资本项目项下的个人外汇业务按照可兑换进程管理，逐步扩大个人资本项目外汇的自由兑换范围。

3. 结汇、购汇年度总额控制

个人外汇收入可以自己保存，也可以向银行结汇。个人向银行结汇、购汇及对外支付，不论是资本项目还是经常项目，在年度总额内的，凭身份证件在银行办理；超过年度总额的，经常项目项下凭身份证和有交易额的相关证明等材料在银行办理，资本项目项下按照有关规定，办理相应的核准或者登记手续。依照国家外汇管理局2007年发布的《个人外汇管理办法实施细则》，目前结汇、购汇的年度总额分别为每人每年等值5万美元。国家外汇管理局可根据国际收支状况，对年度总额进行调整。

4. 银行对个人的外汇业务监督

银行为个人办理外汇收付、结售汇及开立外汇账户等业务，应对个人提交的有效身份证件及相关证明材料的真实性进行审核，并通过外汇局指定的管理信息系统办理个人购汇和结汇业务，真实、准确录入相关信息。对于大额、可疑外汇交易，银行应根据有关《反洗钱法》的规定进行记录、分析和报告。银行不得以将大额交易分拆等方式逃避限额监管，也不得使用虚假商业单据或者凭证逃避真实性管理。

此外，个人跨境收支应当按照国际收支统计申报的有关规定办理国际收支统计申报手续。

第五节 外汇担保管理

一、外汇担保的概念

外汇担保是指我国境内机构对国外其他机构借入外债或发行外汇债券等向外国债权人提供的担保。此种担保承诺，在我国债务人不能履行债务时,由担保人代为履行债务。

外汇担保的债务均为以外国货币表示的外债,担保者均为我国境内资信良好、并有相当外汇资产能力的银行和其他金融机构。传统的理论认为外汇担保合同是从合同,它以外汇借款主合同为基础,主合同有效时,担保合同也有效;主合同无效时,担保合同也无效。但现在,担保合同独立化已成为发展趋势。

我国外汇担保合同主要有以下几种:

(1) 借款担保。它既包括境内的机构和外商投资企业境外借款的担保,也包括我国驻外企业的境外借款的担保,还包括我国工程承包公司在国外借款和外国公司提供的信贷的担保。

(2) 投标担保。它是我国外汇担保人为我国工程承包公司对外国招标项目投标时提供的担保,保证投标公司履行标书中约定的义务,如果投标公司不能履行其义务,担保人负责赔偿招标人的损失。

(3) 履约担保。它是特指在国际贸易中,出口商或进口商及其银行向对方保证履行合同义务的担保。出口商的履约担保是保证按期、按约定地点和约定的货物交货;进口商的履约担保是保证按约定条款接货与付款。

二、外汇担保管理的必要性

一方面,外汇担保在我国利用外资、发展对外经济技术贸易合作过程中有着重要作用。外汇担保信誉与实际保障能力,早已成为取得外债的前提和保障条件,成为我国在国际经济交往中的信誉标志,它增强了外商来华投资的信心,成为减少我国投资环境风险的重要因素。

另一方面,境内机构外汇担保形成了潜在的对外偿还义务,称为或有外债。当债务人不能清偿债务时,或有负债就转化为现实负债,担保机构需要实际承担担保责任,对外支付外汇。如果担保人无外汇,或者国家外汇储备无法提供足够的外汇,就会出现信用违约。从这个意义上看,外汇担保潜在地增加了我国的国际债务,有必要纳入外债项目管理。由于上述两方面的原因,完善外汇担保管理的法律制度就具有重大的现实意义。

在20世纪80年代后期,我国各省市利用外资规模迅速发展。由于法律对担保资格问题没有明确规定,一度出现了一些地方的政府部门、财政厅局、企业上级主管机关都对外提供担保的情况。由于政府机关不是企业法人,没有独立资产和实际偿付能力,这些担保最后只有转嫁给企业。针对这种混乱情况,自1984年6月以来,国家外汇管理局公布了批准的有资格对外担保的单位名单。这些单位主要有三类:(1)我国银行及其信托咨询公司;(2)全国性和地方性的信托投资公司;(3)外国银行和金融公司设在我国的分行或子公司。除此之外,未经国家外汇管理局批准的单位对外担保无效。在这以后,国家外汇管理局的此类文件不断更新,国家批准的有资格对外担保的单位也越来越多。1987年2月20日,中国人民银行发布了《境内机构提供外汇担保的暂行管理办法》,对外汇担保管理进行了更详细的规定。

目前,我国对外担保工作的法律依据是《外汇管理条例》以及中国人民银行等相关机构制定的《境内机构对外担保管理办法》、《外债管理暂行办法》等,它们对于外汇担保的资格、条件和管理程序等作出了明确的规定。

三、外汇担保人资格及担保对象范围

1. 外汇担保人的主体资格

目前,只有两类机构有资格对外担保。一是经批准有权经营外汇担保业务的金融机构,二是具有外汇收入来源、具备代位清偿能力的非金融企业法人,包括内资企业与外资企业。其中,担保人为贸易型内资企业的,其净资产与总资产的比例原则上不得低于15%;担保人为非贸易型内资企业,其净资产与总资产的比例原则上不得低于30%。除经国务院批准为使用外国政府或者国际经济组织贷款进行转贷外,国家机关和事业单位不得对外担保。

2. 外汇担保的对象范围及其限制

外汇担保的对象是有外汇借款、境外投标及履约等活动的企业。根据现行法规和规章,对外汇担保范围有以下几个方面限制:(1)不得为非经营性质的境外机构提供担保;(2)不得为经营亏损企业提

供对外担保;(3)不得为外商投资企业注册资本提供担保;(4)除外商投资企业外,担保人不得为外商投资企业中的外方投资部分的对外债务提供担保;(5)内资企业只能为其直属子公司或者其参股企业中中方投资比例部分对外债务提供对外担保。

3．外汇担保的限额

根据现行法规,外汇担保限额根据担保人的性质而不同:(1)金融机构的对外担保余额、境内外汇担保余额及外汇债务余额之和不得超过其自有外汇资金的 20 倍。(2)非金融企业法人对外提供的对外担保余额不得超过其净资产的 50%,并不得超过其上年外汇收入。

四、外汇担保的监管程序

1．外汇担保的审批

我国外汇担保的审批机关是国家外汇管理局。其中,为境内内资企业提供对外担保和为外商投资企业提供 1 年期以内(含 1 年)的对外担保,由担保人报其所在地的省、自治区、直辖市、计划单列市或者经济特区外汇管理分局审批;为外商投资企业提供 1 年期以上(不含 1 年)的对外担保和为境外机构提供对外担保,由担保人报经其所在地的省、自治区、直辖市、计划单列市或者经济特区外汇管理分局初审后,由该外汇管理分局转报国家外汇管理局审批。

2．外汇担保合同的登记

经外汇局批准后,外汇担保人方能提供对外担保。担保人应当与债务人、被担保人订立书面合同,约定担保人、债权人、被担保人各方的权利和义务,并到所在地的外汇局办理担保登记手续。

非金融机构提供对外担保后,应当自担保合同订立之日起 15 天内到所在地的外汇局进行登记。履行担保合同所需支付的外汇,须经所在地的外汇局核准汇出,并核减担保余额及债务余额。金融机构提供对外担保实行按月定期登记制,在每月后的 15 天内填写《对外担保反馈表》,上报上月担保债务情况。

外汇担保人未经批准擅自出具对外担保,或者在无须审批时未办理登记手续的担保合同,依据现行外汇监管规章的规定,它们不具有法律效力。此时,担保人还是否需要承担责任,学理上存在一定争议。实务操作中,一般要求担保人按照缔约过失原则承担相应的赔偿责任。同时,外汇管理机关对于未经批准擅自出具对外担保或者担保人出具对外担保后未办理担保登记的,可以根据情节,给予警告、通报批评、暂停或者撤销担保人对外担保业务等行政处罚。

第六节 对违反外汇管理行为的处罚

1997年《外汇管理条例》把违反外汇管理行为分为三大类:逃汇、非法套汇、扰乱金融秩序。全国人大常委会1998年发布的《关于惩治骗购外汇、逃汇和非法买卖外汇犯罪的决定》增加了外汇违法行为的具体表现形式,并规定了相应的法律责任。

一、逃汇行为及其处罚

逃汇指境内机构和个人逃避外汇管理,将应该结售给国家的外汇私自保存、转移、使用、存放境外,或将外汇、外汇资产私自携带、托带或者邮寄出境的行为。根据现行外汇管理法规,下列行为属于逃汇行为:(1)违反国家规定,将应调回境内并结售给国家的外汇擅自保存或者存放在境外的。例如,境外举债募集的资金擅自存放境外;境内企业以低报出口货价、佣金等手段少报外汇收入,或者以高报进口货价、费用、佣金等手段多报外汇支出,将隐匿的外汇私自保存或者存放境外的;出访代表团或人员不按专项计划使用外汇,将出国经费或者从事各项业务活动所得外汇存放境外等。(2)违反规定,擅自将外汇汇出或携带出境,或者擅自将外币存款凭证、外币有价证券等携带或邮寄出境等。

对于逃汇行为,由外汇管理机关责令其限期调回,强制收兑;并处逃汇金额30%以上5倍以下的罚款。构成犯罪的,按照《刑法》第190条追究刑事责任。犯有逃汇罪的公司、企业或者其他单位,判处逃汇数额5%以上30%以下罚金,并对其直接负责的主管人员和其他直接责任人员处5年以下有期徒刑或者拘役;数额巨大或者有其他严重情节的,对单位判处逃汇数额5%以上30%以下罚金,并对其直接负责的主管人员和其他直接责任人员处5年以上有期徒刑。

二、套汇行为及处罚

套汇指境内机构和个人用人民币或物资非法换取外汇或外汇收益,从而套取国家外汇资源的行为。

传统的套汇行为主要有三类:(1)直接套汇,即违反规定,以人民币偿付应当以外汇支付的进口贷款或者其他款项;或者出访人员未经批准,将出国经费移作他用,以人民币偿还等。(2)代支付套汇,即境内机构或个人以人民币为境外机构或来华外国人支付其在国内的各种费用,由对方付给外汇。(3)贸易套汇,即境内机构以出口收汇或者其他收入的外汇,直接抵偿进口物品费用或其他支出的。

在经常项目项下外汇可兑换后,境内用汇单位和个人可以凭真实的交易凭证到银行购汇,传统套汇行为大大减少。但又出现了一种新的套汇行为——骗购外汇,即使用虚假出口单据、合同等向银行购汇,从而套取国家外汇资源。骗购外汇导致国家掌握的外汇资源流失,极大地冲击了经常项目可兑换的基础,因此全国人大常委会1998年《关于惩治骗购外汇、逃汇和非法买卖外汇犯罪的决定》增设了骗购外汇行为的刑事处罚。

对套汇行为,由外汇管理机关给予警告,强制收兑,并按套汇金额处以30%以上3倍以下的罚款。对于骗购外汇,根据其骗购金额及情节,《关于惩治骗购外汇、逃汇和非法买卖外汇犯罪的决定》分别规定了从拘役、有期徒刑至无期徒刑的处罚,并处骗购外汇数额5%以上30%以下罚金。情节特别严重的,还可并处没收财产。

三、扰乱金融行为及其处罚

扰乱金融的行为泛指上述逃汇、套汇之外,其他违反外汇监管规定的行为。它可以分成四类:(1)金融机构未经批准,擅自经营外汇业务,或者超越批准经营范围扩大外汇业务。(2)境内机构未经批准,擅自在境外举债,发行具有外汇价值的有价证券,接受贷款或者提供外汇担保等。(3)违反外汇流通管理秩序的行为,如未经批准,境内机构以外汇计价结算、借贷、转记、质押,或者以外币流通使用,或者私自买卖外汇、变相买卖外汇以及倒买倒卖外汇等。(4)其他扰乱外汇管理秩序的行为,如未依法办理外汇核销、外债登记、担保登记,未进行国际收支申报等。

对扰乱金融行为的行政处罚由国家外汇管理机关作出,处罚形式依具体违法行为而有所不同,主要包括:(1)对越权经营者,分别责令其停止经营外汇业务,停止经营超越批准经营范围的外汇业务,或者没收非法所得,或者处以非法经营额等值以下的罚款,或者罚款、没收并处。(2)对擅自境外举债者,不准其发行新的债券或者接受新的贷款,并处10万元以上50万元以下罚款。(3)对擅自在境内以外汇计价经营者,强制收兑违法外汇,没收非法所得,或者处以违法外汇等值以下的罚款,或者罚款、没收并处等。

对于非法买卖外汇行为,依照《刑法》第225条的规定进行处罚。该条规定,对这种行为可处5年以下有期徒刑或者拘役,情节特别严重的,处5年以上有期徒刑,并处违法所得1倍以上5倍以下罚金或者没收财产。如果是机构从事非法买卖外汇的,依照《刑法》第231条的规定处罚。

第十章　利率与汇率管理法律制度

第一节　利率管理的必要性

一、利率的概念和种类

1. 利率的概念

利率,也叫利息率,它是一定时期内利息与贷出或存入款项的本金的比率。利息与贷出金额的比率,叫贷款利率,利息与存款金额的比率,叫存款利率。

银行利率是调节经济的重要杠杆,银行通过利率的上升和下降,可以引导社会资金的流向,调节资金的使用规模,提高资金使用效率。银行利率的变动可以影响商品市场、其他资金市场、外汇市场、地产市场、对外贸易等许多市场的价格变化。因此,银行对利率进行有效的管理,对整个国民经济的影响非常大。

2. 利率的种类

利率可以从不同角度进行分类。

（1）按资金融通关系的主体分,有中央银行与商业银行间的存贷款利率,商业银行及金融机构之间的同业拆借利率,银行与客户之间的存贷款利率。

（2）按借贷合同中利率的状态分,有固定利率与浮动利率。固定利率是指借贷合同中确定的利率在整个合同期间保持不变;浮动利率是指借贷合同利率随着市场利率水平的变化而不断调整。

（3）按利率所反映的货币价值分,有名义利率与实际利率。名义利率是没有考虑通货膨胀的利率,一般银行公布的利率都是名义利率。实际利率则是考虑了通货膨胀因素在内的利率水平,反映的是货币的实际购买力,用公式表示为:实际利率 = 名义利率 - 通货膨胀率。当通货膨胀高于名义利率时,我们说储蓄是负利率,在银行存钱是亏本的。

我国在20世纪八九十年代实行的保值储蓄,对长期存款到期支取适用的利率为"名义利率+保值贴补率",这个利率水平基本上相当于当时的通货膨胀率,这样就避免了出现储蓄贬值的结果,对存款人非常有利。

二、利率管理的必要性

1. 利率的基础是市场资金供求关系

利率反映着货币的时间价值。从本质上说,它是由资金的市场供求关系来决定的。社会上对资金的需求大,但提供资金者少,利率就上升;反之,市场中资金很充裕,但没有什么人要用钱,利率就会下降。

2. 利率管理的意义

在不同国家,利率管理体现为中央银行或者银行业协会对市场利率形成机制以及引导作用的不同程度的干预。进行管理或干预的必要性主要有三个方面:一是有效发挥利率杠杆对经济的调节作用;二是维护正常的金融秩序,创造公平有序的竞争环境,避免恶性利率竞争;三是避免行业垄断利率,保护存款人和借款人的合法权益。

在许多市场经济国家,政府通常采用金融政策来间接调控利率,或者由银行之间的同业公会或称利率卡特尔来直接管理。我国银行利率在传统上主要是由国务院及中国人民银行直接决定,更多地具有行政管理的色彩。1996年以后我国启动了利率市场化改革,利率管理中逐渐体现市场供求关系的影响。

尽管不同国家利率管理方式有所不同,但共同的特点是用法规或行业规章的方法来管理利率。这是因为:(1)采用法规或行业规章管理银行利率,具有统一性,它可以使银行统一地在一定范围内竞争,以便减少存款人的风险。(2)国家可以通过制定与修改法规或行业规章,控制银行利率的变化趋势,从而实现对国民经济的宏观调控。(3)法规与行业规章明确规定了禁止性条款,如果银行违反就要受到处罚,因此,法律手段是促使银行保护存款人利益的有效手段。

三、我国利率管理制度的沿革

新中国成立以来,我国利率管理制度大致上可以分为五个时期。

第一个时期是新中国成立初期。利率管理的主要特点是:针对多种经济成分同时并存的情况,利率管理上也实行多种政策配合使用。一方面允许私营银行钱庄参照当地利率委员会的行业利率协商确定各自的利率;另一方面积极发展国家银行利率对宏观经济的影响。当时大中城市的私营钱庄的利率由当地的利率委员会决定。利率委员会由金融工商各界代表组成,其中金融界代表占半数以上,工商联及金融业职工各派 1 名至数名代表,其他有关团体每单位派 1 名代表列席,工商主管机关代表最多不超过 2 人。利率委员会以中国人民银行规定的最高放款利率为标准,在标准以下协商制定钱庄的放款利率,并报当地人民银行核定。以后随着金融界的公私合营,私营钱庄取消了,利率委员会也停止办公,全国银行的各种利率统一由中国人民银行总行拟定,经国务院批准后执行,逐渐形成高度集中化的利率管理体制。

第二个时期是从第一个五年计划时期到"文化大革命"之前。这个时期的特点是:利用利率杠杆促进私营金融体制社会主义改造,同时多次降低利率,简化利率档次,导致利率管理向单纯的行政管理方式发展。

第三个时期是"文化大革命"期间。由于受到政治运动的影响,利率管理工作从指导思想到具体做法都出现了违背经济规律的情况,进一步地降低存贷款利率和缩小利率差额及档次的做法,极大地挫伤了人民群众的储蓄积极性,降低了贷款的使用效率。在利率管理体制上,中央高度集中化的行政管理也使得利率的杠杆作用难以发挥。

第四个时期是改革开放后至 20 世纪 90 年代中期。随着经济建设中心地位的确立,国民经济管理逐步由实物管理转向价值管理,调控方式逐步由以指令性计划为主的直接控制转向以经济手段为主的间接调控,利率在国民经济宏观调控中的重要性重新显现出来,利率管理体制也不断得到完善和发展。1988 年 10 月 5 日,中国人民银行下发了《关于加强利率管理工作的暂行规定》,首次以部门规章的形式对利率管理进行了专门规范,初步明确了人民银行利率管理的主体地位和管理范围。1990年人民银行下发了《利率管理暂行规定》,对人民银行利率管理的职责范围进行了全面的界定,并明确了人民银行各级机构在利率管理中的职责。此时,人民银行对利率管理的范围覆盖了几乎涉及所有资金价格和对计息规则的管理。在完善利率管理制度的同时,通过适度扩大金融机构存、贷款利率浮动幅度和下放利率浮动权的形式,对利率管理体制改革进行了积极尝试。

第五个时期是90年代中期后开始的利率市场化改革。1993年,中共中央《关于金融体制改革的决定》提出,我国利率改革的长远目标是:建立以市场资金供求为基础,以中央银行基准利率为调控核心,由市场资金供求决定各种利率水平的市场利率管理体系。参照域外的经验,利率改革的基本步骤是:货币市场利率先放开,银行与客户的利率后放开;银行间利率先放开,银行以外的利率后放开;贷款利率先放开,存款利率后放开;大额存款利率先放开,小额存款利率后放开;直接金融利率先放开,间接金融利率后放开;证券公司交易利率先放开,银行交易利率后放开;国际金融交易先放开,本地金融交易后放开。

1996年,我国建立了统一的银行间市场,逐步放开金融机构间的业务利率,如1996年6月放开银行间同业拆借利率,1997年6月放开银行间债券回购利率。1998年8月,国家开发银行在银行间债券市场首次按市场利率发行债券;次年,国债发行也开始采用市场招标形式,这就实现了银行间市场利率、国债和政策性金融债发行利率的市场化。与此同时,中国人民银行逐步扩大金融机构对企业和个人贷款利率的浮动幅度,统一了不同期限档次利率的浮动政策,放开了规定标准以上大额定期存款的利率,使金融机构拥有更多的定价权。

在外币利率管理方面,1984年以来,中国人民银行授权中国银行公布境内外币存贷款利率。2000年,中国人民银行放开了境内外币贷款利率和300万美元(或等值其他外币,下同)以上的大额存款利率,300万美元以下的小额外币存款利率由人民银行对外公布。

2002年3月,中国人民银行统一了中、外资金融机构外币利率管理政策,将境内外资金融机构对境内中国居民的小额外币存款,纳入人民银行现行小额外币存款利率管理范围。2003年7月,放开了英镑、瑞士法郎和加拿大元的外币小额存款利率管理,由商业银行自主确定。2003年11月,对美元、日元、港币、欧元小额存款利率实行上限管理,商业银行可根据国际金融市场利率变化,在不超过上限的前提下自主确定。

1999年3月2日,中国人民银行修订并下发了《人民币利率管理规定》,强调了利率杠杆对国民经济的调节作用,进一步简化了利率管理的种类,明确了人民银行利率管理和金融机构自定利率的范围,使利率管理体制改革的成果以规范的形式明确下来。目前,我国利率管理基本上是在该《规定》的框架内进行。截至2006年年底,中国人民银行累计放开、归并或取消的本、外币利率管理种类为114种,尚管理的本外币利率种类有34种。

第二节 我国的利率管理制度

一、利率主管机关及其权限

1. 利率主管机关的权限

中国人民银行是经国务院授权的利率主管机关,代表国家依法行使利率管理权,其他任何单位和个人不得干预。中国人民银行制定的各种利率是法定利率。法定利率具有法律效力,其他任何单位和个人均无权变动。

《人民币利率管理规定》第5条规定:"中国人民银行制定、调整以下利率:(1)中国人民银行对金融机构存、贷款利率和再贴现利率;(2)金融机构存、贷款利率;(3)优惠贷款利率;(4)罚息利率;(5)同业存款利率;(6)利率浮动幅度;(7)其他。"

2. 中国人民银行对商业银行的存贷款利率

中央银行对商业银行的贷款构成了基础货币的投放,这种贷款的利率水平对其他种类的利率以及全社会的资金使用成本影响很大。新中国成立以来,中国人民银行与其分行和其他商业银行的关系是行政领导关系,主要使用行政命令来指挥。1979年后,我国银行信贷管理体制和银行机构管理体制开始改革,国有专业银行与中国人民银行逐渐形成存款与借款的金融债权债务关系,并对存、贷款计息。随着专业商业银行向商业银行的转型,中国人民银行根据社会资金的供求情况调整对商业银行的存贷款利率,间接影响商业银行对客户的存贷款利率,进而影响整个社会的资金供应。

为稳步推进利率市场化改革,健全中央银行利率形成机制,理顺中央银行和借款人之间的资金利率关系,完善货币政策间接调控体系,经国务院批准,中国人民银行从2004年3月25日起实行再贷款浮息制度。再贷款浮息制度是指中国人民银行在国务院授权的范围内,根据宏观经济金融形势,在再贷款(再贴现)基准利率基础上,适时确定并公布中央银行对金融机构贷款利率加点幅度的制度。

按照《人民币利率管理条例》第28条的规定,中国人民银行对金融机构再贷款也应签订贷款合同,明确贷款利率;合同期内遇利率调整不分段计息。对贷款期内不能按期支付的利息按合同利率计收复利。本金逾期,按逾期日的罚息利率计收罚息,直到归还本息,遇罚息利率调整分段计息。对逾期期间不能按期支付的利息按罚息利率按季计收复利。

3. 金融机构存、贷款利率

金融机构的存、贷款利率是指金融机构对客户的存贷款利率。在目前的利率管理体制下,中国人民银行决定金融机构对客户存贷款的基准利率,同时规定利率浮动幅度。商业银行及金融机构在此范围内确定具体利率。例如,中国人民银行宣布,自2007年8月22日起,金融机构一年期存款基准利率由现行的3.33%提高到3.60%;一年期贷款基准利率由现行的6.84%提高到7.02%;其他各档次存贷款基准利率也相应调整。

4. 罚息利率

罚息是借贷合同下借款人逾期归还本息时适用的违约责任方式。中国人民银行2003年12月发布了《关于人民币贷款利率有关问题的通知》(银发[2003]251号),对此前实行的罚息利率的确定

方式有了一定的调整,具体内容如下:

(1)逾期贷款罚息利率由现行按日万分之二点一计收利息,改为在借款合同载明的贷款利率水平上加收30%—50%;

(2)借款人未按合同约定用途使用借款的罚息利率,由现行按日万分之五计收利息,改为在借款合同载明的贷款利率水平上加收50%—100%;

(3)对逾期或未按合同约定用途使用借款的贷款,从逾期或未按合同约定用途使用贷款之日起,按罚息利率计收利息,直至清偿本息为止。对不能按时支付的利息,按罚息利率计收复利。

二、商业银行及其他金融机构的利率管理

1. 利率权限

按照《人民币利率管理条例》第6条,金融机构有权确定以下利率:(1)浮动利率;(2)内部资金往来利率;(3)同业拆借利率;(4)贴现利率和转贴现利率;(5)中国人民银行允许确定的其他利率。

2. 浮动利率

《商业银行法》第38条规定:"商业银行应当按照中国人民银行规定的贷款利率的上下限,确定贷款利率。"商业银行是自主经营和自负盈亏的商业机构,自主经营的关键是利率自主决定权。在市场经济制度下,有的国家采取完全的自主定价,如美国的联邦储备银行不直接规定商业银行贷款利率,而是根据市场货币供应量变化,通过调整中央银行的基础货币贷款利率、调整存款准备金和公开市场运作来间接控制商业银行贷款利率。有的国家和地区则采取浮动定价。例如,香港特别行政区没有中央银行,金融管理局和外汇基金通过银行公会的利率协议来控制利率,银行公会将银行分类,规定每一类别适用的贷款利率浮动上下限。

目前我国中央银行对浮动幅度的管理包括三种方式:上下浮动,上限管理,下限管理。

(1)上下浮动

上下浮动指央行确定利率浮动的上下区间。例如,中国人民银

行2003年12月10日发布了《关于扩大金融机构贷款利率浮动区间有关问题的通知》(银发[2003]250号),规定自2004年1月1日起,商业银行贷款利率浮动区间扩大到[0.9,1.7],即商业银行对客户贷款利率的下限为基准利率乘以下限系数0.9,上限为基准利率乘以上限系数1.7。以一年期贷款利率6%为例,商业银行可以在浮动区间为下限5.4%(=6%×0.9),上限10.2%(=6%×1.7)的范围内确定利率。

(2) 下限管理

下限管理指央行确定利率浮动的下限,但上不封顶。按照中国人民银行2004年10月发布的《关于调整金融机构存、贷款利率的通知》(银发[2004]251号)规定,自2005年起,我国商业银行贷款和政策性银行按商业化管理的贷款实行下限控制,为基准利率的0.9倍,上浮幅度不限。

(3) 上限管理

上限管理是指央行确定浮动的上限,但下不封底。按照前述《关于调整金融机构存、贷款利率的通知》,目前商业银行对个人的人民币存款实行以基准利率为上限的利率下浮制度。以一年期存款利率为例,当前的基准利率为3.60%,上限管理意味着金融机构接受一年期储蓄存款最高可支付3.60%的利率,最低利率不限,在0—3.60%的区间内自主确定。当然,如果一家商业银行给出的储蓄利率太低了,储户也就不会来存款了。

三、我国的货币市场基准利率

1. 货币市场基准利率的概念

货币市场基准利率一般是指银行间同业拆放利率。它是一种单利、无担保、批发性利率,在金融市场上具有普遍的参照作用,其他利率水平或金融资产价格均根据这一基准利率水平来确定。

各主要发达国家都有自己的货币市场基准利率,如美国的联邦基准利率、日本的无担保隔夜拆借利率、英国的伦敦同业拆放利率(Libor)等。其中,伦敦同业拆放利率对国际融资交易影响很大,许多国际借贷合同都采用"Libor+若干基点"的计息方式。

2. 我国的货币市场基准利率

2006年,中国人民银行发布了《关于构建中国货币市场基准利率有关事宜的通知》(银发[2006]316号),建立了我国的货币市场基准利率机制——"上海银行间同业拆放利率"(Shanzhai Interbank Offered Rate,简称Shibor)。

Shibor以位于上海的全国银行间同业拆借中心为技术平台计算、发布并命名,是在由银行报价团自主报出的人民币同业拆出利率基础上计算出的一种单利、无担保、批发性利率。Shibor报价银行团现由16家信用等级较高的商业银行组成,它们都是公开市场一级交易商或外汇市场做市商,在货币市场上人民币交易相对活跃、信息披露比较充分。全国银行间同业拆借中心负责Shibor的报价计算和信息发布。每个交易日根据各报价银行的报价,剔除最高、最低各2家报价,对其余报价进行算术平均计算后,得出每一期限品种的Shibor,并于上午11点30分对外发布。目前,对社会公布的Shibor品种包括隔夜、1周、2周、1个月、3个月、6个月、9个月及1年期利率。中国人民银行成立Shibor工作小组,依据《上海银行间同业拆放利率实施准则》确定和调整报价银行团成员,监督和管理Shibor运行,规范报价银行与指定发布人的行为。

Shibor是我国利率市场化改革的一个重大成果。它能够综合反映我国货币市场的资金供求状况和利率的期限结构,为货币市场的产品定价提供了初步参考,有助于提高我国金融机构的自主定价能力。同时,它也完善了货币政策调控机制,便利中国人民银行科学地确定各存贷款的基准利率,灵活地调整市场供求。

第三节 人民币汇率定值管理

一、汇率的概念

汇率是一个国家的货币和另一个国家货币之间兑换的比率。在表示汇率的方法上,通常采用另一国货币来表明本国货币的价格。例如,可以用1个或100个外国货币单位折合成若干本国货币,比如

1美元＝7.5元人民币。这种表示方法叫做直接标价法。也可以采用1个或100个本国货币单位折合成外国货币来表示汇率，这种方法叫间接标价法，英国和美国就是采用这种标价方法来表示英镑和美元的汇价。

汇率反映了各国货币价值之间的比例关系。货币之所以有价值，是因为货币代表了一定的价值量。一种货币代表的价值量越多，同其他货币兑换时的汇价就越高。

从世界各国货币发展的过程来看，都经历过使用金属货币的阶段，如采用金币或银元。因为金属本身具有价值，所以货币的价值就由其所含的贵金属的价值来决定，不需要其他物质来支持。第二次世界大战后，金本位货币制度瓦解，各国以纸币作为主要流通手段。起初纸币的物质支持是纸币可兑换的金银。但是，黄金少而纸币多，纸币兑换金银越来越不可能。于是，1944年7月的布雷顿森林会议规定了各国货币同美元挂钩，美元同黄金挂钩的新办法。1971年8月，美国政府宣布停止各国中央银行向美国中央银行按官价兑换黄金，从此，以美元支持的各国货币便失去了支持，开始了浮动汇率阶段。

所以，在金本位制和美元本位制时期，各国货币的汇价高低无非是代表黄金或美元的多少，现在各国货币汇价的高低是看它代表的商品的多少，也就是在本国市场上的购买力的高低。举例来说，如果同样的物品在甲国的价格为乙国价格的2倍，说明甲国货币的购买力只有乙国的一半，因此两国货币的汇率为：1单位甲国币＝0.5单位乙国币。

二、人民币汇率定值的基础

人民币汇率制度在很大程度上取决于人民币货币制度。人民币汇率定值的基础，从一开始就既不是黄金，更不是美元，而是它所代表的商品价值。人民币是中国人民银行于1948年12月1日成立时开始发行的货币。1948年12月7日，新华社发表题为《中国人民银行发行新币》的社论，其中明确声明："解放区的货币，从它产生第一天开始，即与金银脱离关系。"同时，解放区人民政府还发布命令，禁止在解放区内以黄金或白银计价、流通、抵押和放贷,只允许个人收藏,不允许私下买卖,如果要卖,只能卖给中国人民银行。

在人民币发行之初,为了抑制通货膨胀、稳定市场物价和人民币币值,中国人民银行还在一个时期实施了人民币储蓄折实方法,以粮、布、油、煤、盐、铁、药等商品的物价上涨情况折合成利息付给储蓄者。物价趋于平稳后,银行便取消了折实保值方法。1989年9月,中国人民银行采取了人民币保值储蓄的办法,这与折实保值的办法在道理上相同,只不过保值储蓄计算物价上涨所选择的商品比折实保值要多得多。这两种方法都更加直观地使人们感受到人民币的价值取决于它所代表的商品的价值这一原理。

三、人民币汇率定值管理的主要考虑因素

1. 货币购买力

人民币同外币的汇率不是用人民币与外币的黄金平价来确定的,而是以两国货币在本国市场上的实际购买力的比较来确定的,这种方法叫做购买力平价方法。

以这种方法确定人民币汇率是一个基础,具体汇率的确定还取决于其他因素。在行政确定汇率年代,主要参考我国的外贸进出口情况及侨汇情况,兼顾出口企业的换汇成本以及侨汇利益。这两方面因素都有压低人民币汇率的倾向。近年来,我国人民币汇率进行市场化改革,汇率更多地受到人民币供求关系的影响,并呈现不断升值的趋势。

2. 换汇成本

换汇成本是出口企业考察出口业务盈亏的参数。国内企业将出口商品获得的外汇收入兑换成人民币,用该人民币收入与出口商品的生产经营成本进行比较,以确定出口业务是盈利还是亏损。如果汇率不合适,外汇收入兑换成的人民币太少,甚至无法弥补出口企业的生产成本,企业就没有出口的积极性。在汇率相对稳定的时候,企业获得出口订单后就可以知道出口商品的人民币预期收入,从而判断该笔出口业务的盈亏。为了鼓励出口,人民币汇率在20世纪80年代一度刻意保持在较低的水平。

3. 侨汇利益

侨汇是海外华侨汇给国内亲友的外币。由于我国境内禁止外汇流通计价,侨汇在国内须兑换成人民币才能使用,兑换比例参照侨汇与人民币的购买力而定。如果汇率不合适,外汇兑换的人民币太少,人们就会选择直接在国外购买相关的物品运进国内消费,而不是寄外汇。侨汇一度是我国的主要外汇来源,对于国家进口必要的物资设备意义重大,因此在确定人民币汇率定值时应考虑保障侨汇利益。随着侨汇比重的下降,该因素的影响正逐渐减弱。

4. 市场供求关系

货币作为一种商品,其价格受到供求关系的影响。也就是说,如果市场对人民币的需求大,人民币汇率就上升;如果对外汇的需求大,人民币汇率就下跌。贸易逆差或境外投资增加都会导致对外汇需求上升,人民币就会贬值。相反,外贸顺差或者外商来华投资增加都导致对人民币需求上升(因为多余的或者流入的外汇须兑换成人民币在我国境内使用),人民币就面临升值。

我国目前就处于贸易收支与投资双顺差的状态,所以人民币受到很大的升值压力。但是,目前国内人民币与外汇的供求关系并不是一种真实的市场供求关系,而是外汇需求受到抑制下产生的扭曲状态。我国长期实行外汇管制,且一直采取"宽进严出"的政策,限制境内机构及个人的用汇,特别是限制境外投资。近年来,国家逐步放开对资本项目的兑换,释放市场对外汇的真实需求,这对于缓解人民币升值压力是非常必要的。

第四节 人民币汇率制度

一、人民币汇率制度的演变

1. 1949—1978 年

从新中国成立到改革开放之前,人民币汇率由国家实行严格的管理和控制。根据不同时期的经济发展需要,我国的汇率体制经历了新中国成立初期的单一浮动汇率制(1949—1952 年)、五六十年代的单一固定汇率制(1953—1972年)和布雷顿森林体系后以"一篮子货币"计算的单一浮动汇率制(1973—1980年)。

1949年1月19日,中国人民银行在天津市公布了人民币对若干外国货币的第一个汇率,1美元兑换600元旧人民币(折合230元新人民币)。以后,从1953年至1972年的19年里,人民币主要同英镑联系,采用固定汇率,人民币对其他国家的汇率,再用英镑同其他货币的汇率折算而成。在1968年11月英镑大幅度贬值之前,人民币与英镑的汇率是100英镑兑换689.3元人民币,英镑贬值后,相对升值为100英镑兑590.8元人民币。

1971年以美元为中心的固定汇率体系崩溃后,世界各国改为浮动汇率,我国人民币也改为以国际上较坚挺的几种货币组成的"一篮子货币"作为参照系,来调整人民币与各国货币的汇率。1973年,人民币对美元的年平均汇率是1美元兑换2.02元人民币。

2. 1978—1994年

改革开放之初,为鼓励外贸企业出口的积极性,我国的汇率体制从单一汇率制转为双重汇率制,实行官方汇率与贸易外汇内部结算价并存的汇率双轨制(1981—1984年)。后为便利企业之间在协商基础上的外汇调剂,又实行了官方汇率与外汇调剂价格并存的双轨制(1985—1993年)。随着改革开放的深入,人民币汇率双轨制的弊端逐渐显现出来。一方面多种汇率的并存,造成了外汇市场秩序混乱,助长了投机;另一方面,长期外汇黑市的存在不利于人民币汇率的稳定和人民币的信誉。

3. 1994—2005年

1993年11月《中共中央关于建立社会主义市场经济体制若干问题的决定》提出:"改革外汇体制,建立以市场供求为基础的、有管理的浮动汇率制度和统一规范的外汇市场,逐步使人民币成为可兑换货币。"1994年1月1日,人民币官方汇率与外汇调剂价格正式并轨,我国开始实行以市场供求为基础的、单一的、有管理的浮动汇率制。企业和个人按规定向银行买卖外汇,银行进入银行间外汇市场进行交易,形成市场汇率。中央银行设定一定的汇率浮动范围,并通过调控市场保持人民币汇率稳定。

1997年亚洲金融危机爆发,为防止亚洲周边国家和地区货币轮番贬值使危机深化,中国主动收窄了人民币汇率浮动区间,为维护地区乃至世界经济金融的稳定作出了积极贡献。实践中,人民币利率逐渐变成一种盯住美元的固定利率,保持在8.3∶1的水平。

4. 2005年以后

近年来,我国经常项目和资本项目双顺差持续扩大,加剧了国际收支失衡,也使我国与主要贸易国之间频生摩擦。这其中有人民币汇率随不断贬值的美元而人为低估的因素。因此,适当调整人民币汇率水平,改革汇率形成机制,一方面有利于改善国际收支,优化资源配置,推动以内需为主的经济可持续发展;另一方面有利于我国增强货币政策的独立性。2005年7月21日,中国人民银行发布《关于完善人民币汇率形成机制改革的公告》,正式宣布开始实行以市场供求为基础、参考一篮子货币进行调节、有管理的浮动汇率制度。当天,人民币对美元汇率升值2%,为8.11∶1。此后人民币步于小幅升值的通道,2006年5月15日,人民币对美元汇率中间价突破8∶1的心理关口。

二、人民币汇率制度

我国现行的人民币汇率制度是以市场供求为基础、参考一篮子货币进行调节、有管理的浮动汇率制度。

1. 市场供求为基础

市场供求通过银行间即期外汇市场的交易报价体现出来。按照2006年1月3日中国人民银行发布的《关于进一步完善银行间即期外汇市场的公告》,中国外汇交易中心于每日银行间外汇市场开盘前向所有银行间外汇市场做市商询价,并将全部做市商报价作为人民币兑美元汇率中间价的计算样本,去掉最高和最低报价后,将剩余做市商报价加权平均,得到当日人民币兑美元汇率中间价。

人民币兑欧元、日元和港币汇率中间价,由中国外汇交易中心分别根据当日人民币兑美元汇率中间价与上午9时国际外汇市场欧元、日元和港币兑美元汇率套算确定。

2. 中国人民银行对汇率的管理与调节

中国人民银行负责确定美元等主要外币对人民币的交易价围绕中间价上下浮动的幅度,并根据市场发育状况和经济金融形势适时调整汇率浮动区间。

同时,中国人民银行根据我国对外经济发展的实际情况,选择若干种主要货币,赋予相应的权重,组成一个货币篮子。在市场询价基础上,中国人民银行参考一篮子货币计算人民币多边汇率指数的变化,对人民币汇率进行管理和调节。其目的是维护人民币汇率的正常浮动,保持人民币汇率在合理、均衡水平上的基本稳定,促进国际收支基本平衡,维护宏观经济和金融市场的稳定。

3. 人民币汇率的公布

中国人民银行授权中国外汇交易中心公布人民币汇率,后者于每个工作日上午9时15分对外公布当日人民币对美元、欧元、日元和港币汇率中间价,作为当日银行间即期外汇市场以及银行柜台交易汇率的中间价。各金融机构在人民银行规定的浮动区间内,自行确定本机构对客户的挂牌价。

三、人民币汇率的标价方法与价格种类

1. 直接标价法

我国人民币的汇价采用直接标价法,这种方法是以100或1万或10万外币单位作为标准折算为一定数量的人民币,外币的100、1万或10万单位数字不变,人民币的数额每日调整报出新的汇价。

2. 价格种类

人民币汇价的种类分为即期汇率与远期汇率两大类。

即期汇率是当前外币与人民币的兑换价格。主要有以下几种:(1)中国外汇交易中心每日公布的人民币外汇牌价,它是银行间即期外汇市场交易以及银行柜台交易汇率的中间价。(2)银行间市场交易汇率。它是交易参与人围绕中间价以单方询价或者集中撮合方式成交所形成的价格。(3)银行柜台对客户的挂牌价,包括买入外汇价、卖出外汇价、买卖外币现钞价等。买入价与卖出价之间有一个差价,作为银行买卖外汇的收益。银行外币现钞买入价是按照国际

市场的外币现钞价,通过人民币对外币买入价扣除现钞运送费、保险费和垫付人民币资金的利息来计算的,因此比买入外汇价要低一点。卖出外币现钞,与卖出汇价相同。

　　远期汇率是汇率期货的价格,指在未来特定时日买卖外汇或人民币所使用的兑换价格。通过签订远期汇率合同,当事人可以事先确定未来的货币兑换价格,从而锁定市场汇率变动的风险。这对进出口企业意义重大,它们可以提前锁定未来外汇收入或外汇支出的人民币金额,准确匡算进出口业务的成本与收益,减少汇率损失。

第十一章 银行卡法律制度

第一节 概 述

一、支付工具与立法

1. 支付工具的形式

在现实生活中,每个人都使用一定的支付工具来购买商品或服务。由于社会分工的存在,任何人都已经不可能完全自给自足,必须与他人交换商品,实现个人生存的基本需要。支付工具的功能就是充分交换的媒介。

支付工具的形式有多种。最常见的是现金货币。几乎每个人口袋中都有数量不等的人民币,以应付不时之需。此外,企业进行交易时大量使用票据,包括支票、汇票和本票。票据的优点在于可以根据交易的金额填写票据上的付款额,不论多大金额的交易,都可以用一纸票据来支付,从而避免了携带大量现金的麻烦。

银行卡是另一种支付工具。它以塑料卡片的形式出现,利用信息技术,在其表面以及内嵌的磁条上记载着有关发卡银行与持卡人的诸多信息,通过刷卡而完成对特定交易的支付。

从支付工具的历史发展来看,从现金、票据到银行卡,体现了社会发展和技术的进步给人们的支付活动创造的便利。支付工具是为商品交换服务的,因此支付工具的多样化与便捷化也就极大地促进了社会交换的发展,进而提高了社会生产规模与人们的生活水平。

2. 支付工具与立法

支付工具能够用于交换,在于其本身有价值或者能支配特定的价值。例如,现金本身就是价值的载体,有一定的金额。票据则有票面记载的货币金额。银行卡则意味着持卡人可以对发卡银行下达支付命令。在现代国家普遍实行信用货币制度的条件下,支付工具的价值来源于法律的规定,如人民币法偿性的规定,票据立法对票据的形式与功能的规定,银行卡立法对银行卡的要件及使用方式的规定,等等。只有法律上确认或者承认了一种支付工具的法律地位,人们才可能接受、使用这种支付工具。

本书第八章介绍了人民币法律制度,本章主要介绍银行卡法律制度。有关票据的法律规定在我国集中体现在《票据法》中。由于《票据法》在自学考试中是一门单独的课程,因此,本书不再涉及《票据法》的内容。

二、我国银行卡的概念与发展

1. 银行卡的概念

银行卡是由商业银行向社会发行的,具有消费信用、转账结算、存取现金等全部或部分功能的信用支付工具。我国目前只允许银行(包括中国邮政储蓄银行的前身——邮政储蓄机构)发行这种支付工具,所以称为"银行卡"。在国外,也可由专门的信用卡发行公司甚至某些商业公司来发行这种信用支付工具。

从形式上看,银行卡是一种名片大小的塑料卡片,表面载有发行银行名称、持卡人的姓名、卡号、有效期限等,有的银行卡还印有持卡人的相片。银行卡的使用方式依银行是否提供信用而略有不同。如果是信用卡消费,商店或饭店的收银员将银行卡在专门的刷卡机上刷一下,联机打印出签购单,上面记录有商户名称、持卡人的卡号、交易目的、金额等信息,由持卡人在签购单上签字,这就相当于持卡人向商店和饭店付了账。商店或饭店将该账单的其中一联转交有关银行,由银行将该账款从银行划到商店或饭店。然后,银行要求持卡人在预先规定的期限内(最长60天)对银行付账。由于银行提供了信用,使持卡人可以提前消费,后付款。只要持卡人按期付款,银行对持卡人按规定不计利息,这就是银行对持卡人的信用。

2. 我国银行卡的发展

银行卡或者信用卡是现金、支票之后的新型支付工具。世界上最早的信用卡是1946年的美国狄纳斯俱乐部和运输公司发行的商业信用卡。1952年,美国加州的富兰克林国民银行首次发行了银行信用卡。到1959年,美国已经有60多家银行发行了银行信用卡。后来又出现了信用卡组织来统一发卡标准,同时为不同发卡机构之间提供清算服务的便利。这样,信用卡呈现出方便、快捷、安全等特点,成为备受金融业界及消费者青睐的现代支付结算工具。

我国银行卡业起步较晚。1985年中国银行发行了长城卡,1989年中国工商银行发行了牡丹卡,1991年中国农业银行发行了金穗卡,1990年中国建设银行代理人民币万事达卡和人民币维萨卡。在经历了缓慢的市场培育阶段后,近年来我国信用卡市场进入了快速发展的时期。截至2005年年底,我国已发行银行卡近8亿张,其中信用卡3308万张,发卡机构达110多家,银行卡特约商户接近30万家,684个城市实现了银行卡联网使用。随着我国经济发展和国力的增强,人民币银行卡也开始走出国门,被境外银行的自动柜员机(ATM)和商户销售终端(POS)接受。2004年1月和9月,中国内地银行发行的有"银联"标识的人民币银行卡先后登陆我国香港和澳门地区,2005年1月,中国银联又正式开通人民币银行卡在韩国、泰国和新加坡的受理业务,并把银联卡的使用范围逐步扩大到美国、德国、法国等国。

三、我国银行卡的种类

银行卡可以分为不同种类。按它的使用对象来划分,可以分为单位卡与个人卡;按信誉等级分类,可以分为金卡与普通卡;按币种划分,可以分为人民币卡与外币卡;按载体来分类,可以分为磁条卡与智能卡(或IC卡)。从法律角度看,最重要的分类是按照发卡银行是否提供信用来进行区分,有信用卡与借记卡两大类。

1. 信用卡及其种类

信用卡因银行提供信用而得名,具有透支的功能。

按照持卡人是否须向发卡银行交存备用金,信用卡可以分为贷记卡、准贷记卡两类。

贷记卡是纯粹意义上的信用卡,持卡人无需在发卡银行事先存款,而是在发卡银行授予的信用额度内先消费、后还款。

准贷记卡则要求持卡人须先在发卡银行交存一定金额的备用金,当备用金账户余额不足支付时,可在发卡银行规定的信用额度内透支。

实践中,银行发行的贷记卡与准贷记卡可以从号码上加以区别。例如,中国工商银行发行的牡丹信用卡就属于准贷记卡,其卡号的开头四个数字固定为4580。而该银行发行的以4518开头的信用卡则为贷记卡。

2. 借记卡及其种类

借记卡类似一种电子钱包,持卡人须先在发卡银行的账户中存入款项,才能进行刷卡消费或取现,发卡银行不得为持卡人垫付资金。因此,借记卡不具备透支功能,发卡银行不提供信用。

借记卡按功能不同分为转账卡(含储蓄卡)、专用卡、储值卡。

转账卡是实时扣账的借记卡。在刷卡使用时,商店的终端要与发卡银行连线,经持卡人输入密码后,确认持卡人账户有足够款项支付消费金额,才能完成刷卡支付程序。同时,发卡银行登记持卡人账户金额的减少。借记卡具有转账结算、存取现金和消费功能。

专用卡是具有专门用途、在特定区域使用的借记卡。如北京市交通管理局与中国工商银行联合发行的牡丹交通卡。专用卡仅具有转账结算、存取现金功能,不能用于百货、餐饮、饭店、娱乐行业的消费。

储值卡是发卡银行根据持卡人要求将其资金转至卡内储存,交易时直接从卡内扣款的预付钱包式借记卡。储值卡如同钞票一样使用,不记名,也不能挂失。为了避免持卡人不慎遗失造成太大损失,我国的《银行卡管理办法》规定储值卡的面值或卡内币值不得超过1000元人民币。

四、银行卡法律制度

1. 健全银行卡法律制度的必要性

银行卡将逐步代替现金,在流通领域产生巨大的作用。由于信用卡是一种新的技术,融合银行结算、商业销售和电子联网技术等多方面技术,使得信用卡成为更加迅速、准确、有效的结算与信用工具。

相比于现金结算和支票结算,信用卡结算所涉及的当事人更多,各方的法律关系更为复杂,产生的纠纷和诉讼也是多种多样。如信用卡冒用的损失分配、大量邮寄信用卡行为带来的发行风险、个人信用申请中的歧视、消费者隐私权危机等。以往有关现金、支票结算的法律和法规不能适应信用卡技术发展的需要,所以,必须制定符合信用卡结算特点的法规,保护发卡银行、特约商店和持卡人的合法利益,防止信用卡犯罪。健全的信用卡业务法律法规体系是信用卡产业得到健康发展的一个根本保障。

2. 我国银行卡法律制度的构成

(1) 银行卡管理法规

中国人民银行1992年颁布的《信用卡业务管理暂行办法》,是我国第一个信用卡管理规章。它在1996年、1999年两次进行了修改,并更名为《银行卡业务管理办法》。此后,中国人民银行、银监会陆续制定了一系列关于规范和管理信用卡业务的法律文件,新的《银行卡条例》也即将出台。到目前为止,我国立法机关尚未出台信用卡管理方面的专门立法,法律层面的规范仅有《刑法》关于信用卡犯罪的规定。

(2) 合同法与消费者权益保护法

银行卡法律制度中很重要的一方面是对银行卡当事人之间法律关系的调整,特别是对作为持卡人的大众消费者权益的保护。它涉及合同法与消费者权益保护法两个部门。目前我国这两个部门法中专门针对银行卡法律关系的法律规范还非常匮乏。在英美等国,信用卡法律体系重点并不在于信用卡透支额度、发卡机构等具体业务内容,而重点在于保障消费者平等获取信用、信用卡公平结账、信用卡债务合法催收等方面。这些法律有助于形成一个成熟的信用文化,为信用卡行业的蓬勃发展奠定坚实的法制基础。

3. 中国银联公司的业务规则

中国银联是经中国人民银行批准,在合并了全国银行卡信息交换总中心和各城市银行卡中心的基础上,由国内80余家金融机构投资设立的股份制金融服务机构。其功能是建设和营运全国统一的银行卡跨行信息交换网络系统,制定统一的业务规范和技术标准,管理和经营"银联"标识,推动我国银行卡产业的迅速发展。

中国银联自2002年3月成立后,制定了一系列信用卡业务规则,十分详细地规定了发卡业务、收单业务、特约商户管理、业务授权与转授权、业务处理、资金清算以及手续费和网络服务费等各个环节的业务规则。2004年的《银联卡争议处理裁判规则(试行稿)》规定了发卡机构和收单机构之间的责任分配,以及一些具体业务中的争议解决方式,如信用卡冒用时发卡机构和收单机构之间的责任分配,等等。这些规则有利于明晰实践中各方当事人的权利义务,便利相关争议的解决。

由于中国银联的企业性质,由其发布的银联卡业务规则不属于法规范畴,而是关于业务流程的操作规程,以及发卡行、收单行与银联等主体之间权利义务的约定。然而,鉴于银行卡业务的技术性特征,法律法规很难事无巨细地作出详细规定,因此,中国银联的操作规程在一定程度上对现行的银行卡法律制度是一个有益的补充。

第二节 我国信用卡业务管理规则

一、业务管理

1. 特许业务

银行卡业务属于金融特许业务。只有开业3年以上,具有办理零售业务的良好业务基础,满足《银行卡业务管理办法》规定条件的商业银行可以发行银行卡。商业银行应当制订统一的信用卡章程以及业务管理办法,报金融监管机关审批。变更银行卡名称、修改银行卡章程等事项也需要报金融监管机关事先审批。

商业银行分支机构办理经监管机关批准的银行卡业务,需要持批准文件和其总行授权文件向当地金融监管机关备案。分支机构发行区域内使用的专用卡、联名卡的,应当持商业银行总行授权文件、联名双方的协议书报当地金融监管机关备案。

我国目前尚未对非中国法人的外国银行分行放开人民币银行卡业务,其只能办理收单业务,即向签约商户接受的签购单提供本外币资金结算服务。外资金融机构经营银行卡收单业务也必须报金融监管机关批准。

2. 银行卡章程主要内容

按照《银行卡业务管理办法》,发卡银行各类银行卡章程应载明下列事项:(1)卡的名称、种类、功能、用途;(2)卡的发行对象、申领条件、申领手续;(3)卡的使用范围(包括使用方面的限制)及使用方法;(4)卡的账户适用的利率,面向持卡人的收费项目及标准;(5)发卡银行、持卡人及其他有关当事人的权利、义务;(6)中国人民银行要求的其他事项。

二、银行卡计息与免息

1. 银行卡账户中的存款

借记卡(不含储值卡)、准贷记卡账户内的存款,发卡银行按照中国人民银行规定的同期同档次存款利率及计息办法计付利息。贷记卡账户的存款、储值卡(含IC卡的电子钱包)内的币值,不计付利息。

2. 贷记卡刷卡消费的优惠措施

(1)免息还款期

贷记卡持卡人进行刷卡消费,减少了现金使用,可以享受免息还款期的待遇。从银行记账日至发卡银行规定的到期还款日之间为免息还款期。持卡人在到期还款日前偿还所使用的全部银行款项,可享受免息还款期待遇,无须支付非现金交易的利息。

《银行卡业务管理办法》规定的免息还款期最长不超过60天。实践中各发卡银行的免息还款期略有差异。以中国工商银行牡丹贷记卡为例,银行要求持卡人在刷卡消费交易的次月25日(含)之前归还透支的款项。也就是说,如果持卡人1月1日刷卡消费,可以最迟至2月25日免息还款,免息还款期为56天;如果1月31日消费,也是最迟至2月25日免息还款,可以享受25天的免息还款期。

(2) 最低还款额待遇

持卡人在到期还款日前偿还所使用全部银行款项有困难的,可按照发卡银行规定的最低还款额还款。首月最低还款额不得低于其当月透支余额的10%。

3. 透支利息与其他费用

对于消费者来说,使用信用卡作为支付工具有利有弊。如果持卡人自我约束比较好,在信用额度内透支并按时还款,就可以享受免息待遇,无偿使用银行资金。如果自我约束不好,超过信用额度刷卡,或者未及时偿还,则需要付出更大的代价。信用卡透支的利息比银行通常贷款的利率要高一些,同时银行在特定情形下还会收取超限费或者滞纳金。从国外的银行实践来看,信用卡业务也是银行开办的个人金融业务中盈利最好的部分。

(1) 支付透支利息的情形

贷记卡持卡人支取现金,或者在刷卡消费时选择最低还款额方式,或者超过发卡银行批准的信用额度用卡,以及准贷记卡持有人透支,上述四种情形不享受免息还款期待遇,持卡人应当支付未偿还部分自银行记账日起计算的透支利息。

(2) 透支利率

透支利率为日利率万分之五。贷记卡透支按月记收复利,准贷记卡透支按月计收单利。中国人民银行可适时调整透支利率。

(3) 滞纳金与超限费

贷记卡持卡人未偿还最低还款额的,发卡银行按最低还款额未还部分的5%收取滞纳金。贷记卡持卡人超信用额度用卡的,发卡银行按超过信用额度部分的5%收取超限费。

三、信用卡申领、销户与挂失

1. 申领资格与程序

个人申领银行卡(储值卡除外),应当向发卡银行提供公安部门规定的本人有效身份证件,经发卡银行审查合格后,为其开立记名账户。凡在中国境内金融机构开立基本存款账户的单位,凭中国人民银行核发的开户许可证申领单位卡。

银行卡及其账户只限经发卡银行批准的持卡人本人使用,不得出租和转借。

2. 账户管理

单位卡账户的资金一律从其基本存款账户转账存入信用卡账户,不得交存现金,也不得将其他存款账户和销货收入的款项存入单位卡账户。单位外币卡账户的资金应从其单位的外汇账户转账存入,不得在境内存取外币现钞。

个人卡账户的资金只限于其持有的现金存入,或以其工资性款项及属于个人的其他合法收入转账存入。严禁将单位的款项存入个人卡账户。将单位款项存入个人信用卡账户的情况是公款私存的一种表现,为法律所禁止。

3. 提现限制

发卡银行对贷记卡的取现应当每笔授权,每卡每日累计取现不得超过2000元人民币。对持卡人在自动柜员机(ATM)机取款设定的交易上限,《银行卡业务管理办法》规定每卡每日累计提款不得超过人民币5000元。2007年,为缓解银行排队问题,中国人民银行将ATM机取款上限提高到2万元。

4. 销户

持卡人在还清全部交易款项、透支本息和有关费用后,可申请办理销户。销户时,单位人民币卡账户的资金应当转入其基本存款账户,单位外币卡账户的资金应当转回相应的外汇账户,不得提取现金。

5. 挂失

信用卡遗失或被盗,持卡人应立即持本人身份证或其他有效证明就近向发卡银行或代办银行申请挂失,并按规定提供有关情况办理挂失手续。持卡人申请挂失后,找到信用卡的,可申请撤销挂失止付。

信用卡遗失后被人冒用,损失由谁承担,是实践中最常见的信用卡纠纷,法律上没有明确规定。以前的银行惯例是,挂失前及挂失后24小时内的损失由持卡人承担,此后的损失由银行承担。现在信息技术更发达了,银行能够及时更新止付名单,从而防范冒用风险。因此目前银行卡章程一般都取消了银行"挂失后24小时内免责"的条款。

四、信用卡业务的风险控制

1. 风险控制程序

信用卡持卡人透支消费,实际上也是一种银行贷款,存在着持卡人到期无法偿还的信用风险。发卡银行应当认真审查信用卡申请人的资信状况,根据申请人的资信状况确定有效担保及担保方式,并定期复查持卡人的资信状况,并根据资信状况的变化调整其信用额度。同时,发卡银行应当加强对止付名单的管理,及时接收和发送止付名单。

2. 风险控制指标

1999年《银行卡业务管理办法》设定了一些风险控制指标,如:

(1) 同一持卡人单笔透支发生额,个人卡不得超过2万元(含等值外币,下同)、单位卡不得超过5万元。

(2) 同一账户月透支余额,个人卡不得超过5万元,单位卡不得超过发卡银行对该单位综合授信额度的3%。无综合授信额度可参照的单位,其月透支余额不得超过10万元。

(3) 外币卡的透支额度不得超过持卡人保证金(含储蓄存单质押金额)的80%。

(4) 180天以上的月均透支余额不得超过月均总透支余额的15%。

(5) 准贷记卡的透支期限最长为60天。

近年来,随着我国信用卡交易的迅速增长以及银行风险控制能力的增强,上面提到的一些风险控制指标已经不适应现实的发展。例如,一些银行对信誉很好的客户提供的信用额度已经达到数百万甚至上千万元。因此,未来出台的新信用卡条例也会相应地调整银行卡业务的风险控制指标。

第三节 银行卡当事人之间的法律关系

一、银行卡业务中的法律关系

银行卡可用于提取现金,但更主要的是作为转账结算的支付工具,而在不同业务中,其法律关系的内容是不同的。

1. 提取现金

在提取现金的情形下,如果是在发卡行的自动柜员机上提现,就是一般的银行与客户之间的关系。

如果跨行提现,则提供自动柜员机服务的中间银行是作为持卡人的代理人,向发卡行要求提取现金,因此在银行与客户的关系外,还存在一个委托代理关系。持卡人作为委托人要支付手续费。按照《银行卡业务管理办法》,持卡人在其领卡城市之内跨行取款,每笔收费不得超过2元人民币;异地跨行取款,每笔收费不得低于8元人民币。

2. 刷卡消费

银行卡刷卡消费又称POS机交易,指持卡人在银行卡的特约商户处,通过银行设置的POS终端用银行卡进行的消费结算。这是信用卡最为基本、最为原始的业务。持卡人在特约商户处消费购物、用餐或者接受服务时,无须即时支付任何费用,只要出示商户接受的信用卡即可,商户收银员通过POS终端对交易进行处理,持卡人的消费款项就可以由银行代消费者向商户支付,从而完成购买行为。

POS交易的基本法律结构包括持卡人、发卡行、特约商户三方当事人,存在三个交易环节:(1)持卡人在特约商户处刷卡消费;(2)发卡人向特约商户付款结算;(3)持卡人向发卡人支付透支款项。由此构成三方法律关系,即持卡人和特约商户之间的关系、发卡人和特约商户的关系以及持卡人和发卡人的关系。其法律关系如下图所示。

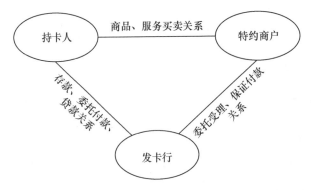

实践中,特约商户一般把签购单等收款资料交给自己的结算账户开户银行,委托后者收款,而不是直接去找发卡行。收取签购单的银行被称为"收单行"。如果发卡行与收单行不是同一家银行,二者之间必须通过信用卡组织——中国银联的网络进行信息交换。由此形成的法律关系如下图所示。

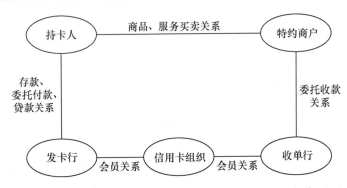

此外,我国实践中仍然存在有担保信用卡。此时,担保人和发卡银行之间存在着担保法律关系。

由于收单行与特约商户之间就是一般的银行与客户关系,收单行与发卡行通过中国银联的信息交换与银行体系的清算大体相同,因此,下面仅讨论发卡行、持卡人、特约商户、担保人之间的法律关系。

二、持卡人与特约商户之间的法律关系

1. 买卖合同或服务合同

持卡人和特约商户之间存在着购物或消费的行为,二者是商品买卖或者服务合同的关系。与现金交易的不同之处仅在于,持卡人使用的支付工具是银行卡。学理上通常认为,信用卡本身是一种塑料货币,持卡人出示信用卡并签单确认的行为,即发生债务清偿效力。如果发卡行因故暂时停止支付,特约商户只能起诉发卡银行,而不能直接向进行消费的持卡人提出清偿债务的请求。

2. 银行卡支付具有终局效力的理由

第一,从法律关系看,特约商户与发卡行之间存在特约受理协议,发卡行在持卡人签单后有付款的义务,如果违约不付款,则需要对商户承担违约责任。第二,持卡人作为普通消费者,与商户之间是即时清结的交易,不会签订合同或留下地址,商户通常无法找到持卡人。

三、持卡人和发卡行之间的法律关系

1. 法律关系的性质

持卡人与发卡行之间的法律关系,是银行与客户之间围绕银行卡账户而形成的一种结算关系。在第四章"银行与客户之间的法律关系"中,我们已经指出,结算关系本质上是一种委托代理关系,持卡人指示发卡银行按照其指令(体现为签购单上的签字)向特约商户付款。此外,在借记卡法律关系中,由于银行不垫付资金,因此借记卡用户需要在银行保持一定的存款,因此二者之间还存在存款关系。在信用卡法律关系中,当信用卡持卡人透支时,还存在发卡银行对持卡人的贷款关系。

《银行卡业务管理办法》对发卡行与持卡人各自的权利义务有具体规定。而且,关于银行卡的分类、使用方式、计息付费等内容,都属于监管规章的强制性规定,不可能由当事人协商。实践中,银行卡申请人先填一份申请表,申请获准后再与发卡银行签订一份银行卡领用合约。银行卡申请表、领用合约都是发卡银行单方拟定的契约

性文件,明确发卡银行和持卡人各自的权责,持卡人在领用合约上签字即表示接受其中各项约定。

2. 发卡银行的权利与义务

发卡银行的权利主要包括:(1)审查申请人的资信状况,决定是否向申请人发卡及确定信用卡持卡人的透支额度。(2)对不遵守其章程规定的持卡人,有权取消其持卡人资格,并可授权有关单位收回其银行卡。(3)对持卡人透支有追偿权。对持卡人不在规定期限内归还透支款项的,可以扣减持卡人保证金或向保证人追索,也通过仲裁诉讼程序进行追偿。

发卡银行的义务主要包括:(1)发卡银行应当本着权利与义务对等的原则制定银行卡申请表及信用卡领用合约,不得加入不公平损害持卡人利益的格式合同条款。(2)向银行卡申请人提供有关银行卡章程、使用说明及收费标准等资料。(3)按月向持卡人提供对账服务,但已向持卡人提供存折或者本月无新交易时除外。(4)向持卡人提供挂失服务,设立24小时挂失服务电话。(5)保密义务。(6)银行卡章程或领用合同中其中应特别说明密码的重要性。按照《银行卡业务管理办法》,发卡银行依据密码等电子信息为持卡人办理的存取款、转账结算等各类交易所产生的电子信息记录,均为该项交易的有效凭据。发卡银行可凭交易明细记录或清单作为记账凭证。银行卡通过联网的各类终端交易的原始单据至少保留两年备查。

3. 持卡人的权利与义务

持卡人的权利主要包括:(1)享有发卡银行所承诺的各项服务的权利,对不符服务质量可进行投诉。(2)申请人、持卡人有权知悉其选用的银行卡的功能、使用方法、收费项目、收费标准、适用利率及有关的计算公式。(3)持卡人有权在规定时间内向发卡银行索取对账单,并有权要求对不符账务内容进行查询或改正。(4)借记卡的挂失手续办妥后,持卡人不再承担相应卡账户资金变动的责任。

持卡人的义务主要包括:(1)向发卡银行提供真实的申请资料并按照发卡银行规定向其提供符合条件的担保。(2)遵守发卡银行的章程及《领用合约》的有关条款,不得恶意透支。(3)持卡人或保证人通讯地址、职业等发生变化,应当及时书面通知发卡银行。(4)不得以与商户发生纠纷为由拒绝偿付发卡行已经对外付出的款项。持卡人一旦在签购单上签字,就视为对发卡行作出了"付款"指令。发卡行付款后,借记卡持卡人承担其账户金额减少的后果,贷记卡持卡人则承担偿还欠银行款的义务。持卡人与商户发生的纠纷是消费合同项下的纠纷,只能与商户协商解决。

四、发卡银行与特约商户之间的法律关系

发卡银行要想使自己发行的信用卡被广泛受理,就必须选择一定数量的商家成为其特约商户,并与后者签订信用卡受理协议,明确各自的权利义务。

1. 权利与义务

在这个协议中,发卡银行的主要义务是:对特约商户提交的合格签购单予以付款;特约商户的主要义务是:按协议约定受理银行卡,在审查签名或者相关单证时保持合理的注意义务,并按照交易金额大小向发卡银行缴纳一定比例的手续费。

《银行卡业务管理办法》规定:商业银行办理银行卡收单业务应当按下列标准向商户收取结算手续费:(1)宾馆、餐饮、娱乐、旅游等行业不得低于交易金额的2%;(2)其他行业不得低于交易金额的1%。对于跨行交易,商业银行可以按照《银行卡业务管理办法》规定的比例,在发卡行与收单行之间分配结算手续费;也可以通过协商,采取机具分摊、相互代理、互不收费的方式。

2. 法律关系性质的争议

发卡银行与特约商户之间的法律关系的性质,学理上存在诸多争议。最常见的是委托代理说,但对于谁是委托人、谁是代理人也存在分歧。有的认为特约商户受发卡行委托,受理信用卡并提交相关单据办理结算事务,发卡银行是委托人,特约商户是受托人。有的则认为,发卡银行受特约商户的委托办理转账结算事宜,发卡行向持卡人请求还款时处于特约商户的受托人地位。

从操作实务看,通常是发卡银行主动约请商户受理信用卡,并将POS机安置在特约商户处。基于这个事实,发卡银行更像委托人,应该向受托人特约商户办理银行卡受理事务支付一定的报酬。但是现实中,特约商户不仅无权向银行收取处理委托事务报酬,反而须向发卡银行支付一定比例的结算手续费,这又与受托人地位相悖。

3. 无名合同

我们认为,我国现行《合同法》下的有名合同类型无法涵盖发卡银行与特约商户之间的合同关系。这是一种以特约商户承认银行卡支付工具为核心内容的无名合同。特约商户愿意承担受理信用卡的义务,其获得的对价是来自发卡银行的保证付款的承诺,这样就扩大了潜在的消费客户群,有利于增加营业收入。目前,对于该合同下发卡银行与商户各自权利义务的具体内容尚无法律规定,主要靠特约受理协议来明确。对于其中一些关键的法律点,如特约商户在审单时的注意义务标准,各家发卡银行的特约受理协议不完全一致,实践中容易产生纠纷。因此,有必要尽快通过立法或司法等途径对这类新型合同的主要条款给予明确。

五、担保人与发卡银行之间的法律关系

1. 信用卡担保的特点

在申请信用卡时,发卡银行有时会根据申请人的信用状况要求其提供担保,担保形式以保证居多,由第三方保证人为持卡人向发卡机构提供信用担保。

信用卡担保的特点是担保责任范围的不确定性,也就是说,担保人所担保的债务金额在签订担保合同时是不确定的,它取决于持卡人未来透支而无法偿还的金额。在一般担保合同中,标的债务是固定的,因此担保人对债权人的义务也是确定的。信用卡担保则不然。如果在信用卡的有效期内,持卡人根本没有什么透支,担保人也不会对发卡机构承担任何偿债的义务。如果持卡人的未偿透支额高达数万元,担保人就要代为偿还这数万元的债务及其有关的利息。如果信用卡丢失而没有及时挂失,被他人冒用,则担保人的责任范围就更难以把握了。

2. 信用卡担保责任范围的确定

如何确定信用卡的担保责任范围,目前存在着一定的争议。比较主流的观点是适用最高额担保的原理,认为信用卡担保实际上是对信用卡有效期内连续发生的债权提供的担保,最高额应为信用卡领用合约规定的最大透支限额。这种观点应该说比较合理,因为最大透支限额是发卡银行设定的信用风险范围,也是担保人能够合理预期的最大责任范围,这对于双方都是公平的。

对于超过透支限额的部分,银行可以通过授权制度来制止相关交易,或者采取及时止付信用卡的方式来防止损失的进一步扩大。目前信用卡联网技术的发展已经使银行可以做到这一点。如果银行在技术上完全有能力预防和制止持卡人的恶意透支行为,却由于自己的故意或过失没有去做,发卡银行就应当对因此受到的损失自行承担经济责任,不得向担保人求偿。当然,在少数情况下,银行由于技术或其他障碍,无法及时了解和追踪信用卡持卡人的使用情况,客观上不能及时制止持卡人的恶意透支行为时,信用卡担保人应当承担持卡人使用信用卡所产生的全部债务的清偿责任。

第四节　信用卡诈骗罪

一、概述

信用卡诈骗是近年来比较突出的一种金融犯罪,给银行以及正当持卡人造成了较大的损失。按照我国《刑法》第196条的规定,使用信用卡进行诈骗的犯罪,是指以非法占有为目的,利用信用卡为工具进行金钱诈骗,且数额较大的行为。主要的行为方式如下:(1)使用伪造的信用卡,或者使用以虚假的身份证明骗领的信用卡;(2)使用作废的信用卡;(3)冒用他人信用卡;(4)恶意透支。恶意透支是指持卡人以非法占有为目的,超过规定限额或者规定期限透支,并且经发卡银行催收后仍不归还的行为。

二、《刑法》的处罚

《刑法》第196条规定,信用卡诈骗活动,数额较大的,处5年以下有期徒刑或者拘役,并处2万元以上20万元以下罚金;数额巨大的或者有其他严重情节的,处5年以上10年以下有期徒刑,并处5万元以上50万元以下罚金;数额特别巨大或者有其他特别严重情节的,处10年以上有期徒刑或无期徒刑,并处5万元以上50万元以下罚金或没收财产。

第四编　资本市场法律制度

第十二章　股票发行法律制度

第一节　证券法概述

一、证券的概念与功能

1. 概念

广义上说，证券是各类经济权益凭证的统称。在民法中，"物"的一种就是有价证券，它不仅指股票、债券等，而且包括票据、提单等权益凭证。

狭义上的证券，仅指在证券交易所交易的权利凭证，表明持有者对证券上代表的经济利益的权利。其中最典型的是股票、债券和基金单位。

本书所称的"证券"即指狭义上的证券。

2. 功能

证券属于中长期的直接融资工具。筹资人通过发行这类证券，直接从投资人手中获得可以长期使用的资金。企业发展所需要的资金，也可以通过银行贷款或者自身积累等渠道获得，但银行贷款大多为短期融资，自身积累资金的速度也比较慢，因此，市场经济国家中，企业筹集中长期资金的主要手段就是发行股票或者债券。

通过发行证券，发行人与投资人之间建立了股权关系或者债权债务关系。投资人可以持有证券，以获得股息分红或利息；也可以通过在证券交易所进行证券交易，将证券转让给其他投资人，从而提前收回自己的投资。

二、证券法的概念

证券法是调整证券发行与交易的法律规范的总称。

证券发行与交易都是在专业化的证券市场中进行的。人们一般把发行活动所处的市场称为"一级市场",把证券转让、交易的市场称为"二级市场"。

证券法的核心内容体现了国家对证券发行与交易的监管,目的是保护参与证券市场的各方主体的利益,维持投资人对证券市场的信心。因此证券法通常又称为"证券监管法"。

三、我国《证券法》下的证券种类

学理上通常把证券分为股票、债券、基金等。

法律上对证券种类的规定与学理分类的目的不同。我国《证券法》对证券种类的规定,实际上也是对《证券法》适用范围的规定。依照2005年修改后的《证券法》第2条,股票、公司债券和国务院依法认定的其他证券的发行和交易,政府债券、证券投资基金份额的上市交易,适用《证券法》;证券衍生品种发行、交易的管理办法,由国务院依照《证券法》的原则规定。实践中,我国已经发行的证券衍生品种包括可转换公司债、认股权证、认沽权证等。其中,认股权证指持有人可以在未来一段时间内按照预先确定的价格从公司购买股票的权利凭证;认沽权证指持有人可以在未来一段时间内按照预先确定的价格向公司出售股票的权利凭证。

因此,现阶段我国《证券法》下的证券包括下列形式:(1)股票;(2)公司债券;(3)政府债券;(4)基金份额;(5)可转换公司债;(6)认股权证;(7)认沽权证。

此外,我国还存在金融机构发行的金融债券,国有大中型企业发行的企业债券以及一般企业发行的短期融资券。这些债券分别由中国人民银行、国家发改委进行审批监管,未纳入《证券法》的监管框架。

四、证券发行与交易的基本原则

按照《证券法》,证券发行与交易应当遵循公开、公正、公平的原则(简称"三公原则"),以及自愿、有偿、诚实信用的原则。

1. 公开、公正、公平原则

公开原则是证券法的核心,它要求在证券发行与交易中,发行人必须依法披露一切有关的信息资料,供投资者作投资决策时参考,不得含有虚假、误导性陈述及重大遗漏。公开原则的目的在于增强股票发行与交易的透明度,为投资者提供及时、充分、准确的信息,它不仅是投资者作出合理投资决策的前提,而且是社会公众和监管机构对发行人进行监管的重要手段。公开原则是公平、公正原则的前提,只有市场信息能够公开地发布和传播,投资者才能公平地作出自己的投资决策,才能防止出现各种证券欺诈行为,保证市场公正。

公平原则要求在证券的发行与交易中,发行人、投资者、证券公司和证券专业服务机构的法律地位平等,其合法权益受到同等的保护。公平原则强调的是机会均等、公平竞争,其目的在于保障投资者的平等投资机会及证券公司和证券专业服务机构的平等参与机会,使一切市场主体在相同法律条件下按照公平统一的市场规则从事各种活动。

公正原则要求监管机构在履行职责时,应当在公开、公平原则的基础上,依照法律授予的权限按法定程序进行,对一切监管对象给予公正待遇,公正合理地处理证券纠纷和争议。其目的在于禁止任何人在证券发行与交易中,通过特权和优势获取不当利益,损害他人的合法权益。公正原则是实现公开、公平原则的保障。

2. 自愿、有偿、诚实信用原则

自愿、有偿、诚实信用原则是民商法的基本原则在证券发行与交易的体现,它要求当事人诚实地从事证券发行与交易活动,不得从事证券欺诈行为,在不损害他人利益和社会利益的前提下,追求自己的利益。其目的是在当事人之间的利益关系和当事人与社会之间的利益关系中实现平衡,从而维持证券市场的正常秩序。

五、我国证券发行与交易的监管体制

1. 政府统一管理

所谓政府统一管理,是指由政府证券监管机构依法对证券发行与交易统一实施监督管理。我国政府证券监管机构最早是1992年10月成立的国务院证券管理委员会,由它对全国证券业和证券市场进行统一的宏观管理,同时成立了在国务院证券管理委员会指导、监督、检查和归口管理下的中国证券监督管理委员会(简称中国证监会),依法对证券市场进行监管。另外,还授权其他政府有关部门和地方人民政府发挥一定的管理职能。

但是,这一管理体制在实际运行过程中,暴露了一系列的问题,如国务院证券管理委员会名义上是主管机构,但不是国务院的部委机构,仅能起到协调作用,缺乏管理权威;中国证监会则是事业单位编制,在行使管理职权方面有一定的不便;同时,国务院证券管理委员会与中国证监会并存,导致职权行使中易产生权限不清的状况;各部门和地方政府的多头管理,降低了监管的效率,增加了监管的成本等。

为了克服上述弊端,国务院对证券管理体制进行了重大改革,将国务院证券管理委员会和中国证监会合并,并取消了其他部门和地方政府的管理权限。1998年12月29日通过并于1999年7月1日施行的《证券法》,进一步从法律上明确了由国务院证券监督管理机构即中国证监会依法对全国证券市场实行集中统一监管。

2. 证券监管机构的职责

根据《证券法》第179条,中国证监会在对证券市场实施监督管理中履行下列职责:

(1) 依法制定有关证券市场监督管理的规章、规则,并依法行使审批或者核准权;

(2) 依法对证券的发行、上市、交易、登记、存管、结算,进行监督管理;

(3) 依法对证券发行人、上市公司、证券交易所、证券公司、证券登记结算机构、证券投资基金管理公司、证券服务机构的证券业务活

动,进行监督管理;

(4) 依法制定从事证券业务人员的资格标准和行为准则,并监督实施;

(5) 依法监督检查证券发行、上市和交易的信息公开情况;

(6) 依法对证券业协会的活动进行指导和监督;

(7) 依法对违反证券市场监督管理法律、行政法规的行为进行查处;

(8) 法律、行政法规规定的其他职责。

中国证监会可以和其他国家或者地区的证券监督管理机构建立监督管理合作机制,实施跨境监督管理。

3. 证券监管机构的职权

根据《证券法》第180条的规定,中国证监会依法履行职责时,有权采取下列措施:

(1) 对证券发行人、上市公司、证券公司、证券投资基金管理公司、证券服务机构、证券交易所、证券登记结算机构进行现场检查;

(2) 进入涉嫌违法行为发生场所调查取证;

(3) 询问当事人和与被调查事件有关的单位和个人,要求其对与被调查事件有关的事项作出说明;

(4) 查阅、复制与被调查事件有关的财产权登记、通信记录等资料;

(5) 查阅、复制当事人和与被调查事件有关的单位和个人的证券交易记录、登记过户记录、财务会计资料及其他相关文件和资料;对可能被转移、隐匿或者毁损的文件和资料,可以予以封存;

(6) 查询当事人和与被调查事件有关的单位和个人的资金账户、证券账户和银行账户;对有证据证明已经或者可能转移或者隐匿违法资金、证券等涉案财产或者隐匿、伪造、毁损重要证据的,经国务院证券监督管理机构主要负责人批准,可以冻结或者查封;

(7) 在调查操纵证券市场、内幕交易等重大证券违法行为时,经国务院证券监督管理机构主要负责人批准,可以限制被调查事件当事人的证券买卖,限制的期限不超过十五个交易日;案情复杂的,可以延长十五个交易日。

证监会工作人员依法履行职责,进行调查或者检查时,不得少于二人,并应当出示合法证件。对调查或者检查中知悉的商业秘密,相关人员负有保密的义务。

六、证券行业自律管理机构及其职责

目前,我国证券发行与交易中的自律管理,主要通过下列自律性机构来实施:

1. 中国证券业协会

中国证券业协会是于1991年8月经中国人民银行批准,由中国证监会予以资格认定并经民政部核准登记的证券业全国性自律管理组织,属于社会团体法人。证券公司应当加入证券业协会。全体会员组成的会员大会是其最高权力机关,每两年召开一次,决定协会的重大事项。

根据《证券法》第176条的规定,证券业协会主要履行以下职责:

(1) 教育和组织会员遵守证券法律、行政法规;

(2) 依法维护会员的合法权益,向证券监督管理机构反映会员的建议和要求;

(3) 收集整理证券信息,为会员提供服务;

(4) 制定会员应遵守的规则,组织会员单位的从业人员的业务培训,开展会员间的业务交流;

(5) 对会员之间、会员与客户之间发生的证券业务纠纷进行调解;

(6) 组织会员就证券业的发展、运作及有关内容进行研究;

(7) 监督、检查会员行为,对违反法律、行政法规或者协会章程的,按照规定给予纪律处分;

(8) 证券业协会章程规定的其他职责。

2. 证券交易所

我国目前有上海和深圳两家证券交易所。根据《证券法》第102条,证券交易所是为证券集中交易提供场所和设施,组织和监督证券交易,实行自律管理的法人。证券公司必须成为证券交易所的会员,才能进入证券交易所参与集中交易。证券交易所的设立和解散由国务院决定,证券交易所总经理由中国证监会任免。

证券交易所的具体监管内容包括:① 对证券交易活动的监管;② 对会员的监管;③ 对上市公司的监管。监管的具体标准体现在上海、深圳两个交易所颁布的《上市规则》《交易规则》等规范文件中。

3. 中介机构

根据中国证监会和其他相关监管机关发布的规定,会计师事务所、律师事务所、资产评估机构等中介机构及其从业人员,依照国家有关规定,对公开发行股票的公司的财务报告、资产评估报告、招股说明书和法律意见书等进行审核鉴证,实行监督,并承担相应的法律责任。

第二节 股票发行概述

一、股票的概念与特征

1. 概念

股票是指股份有限公司在筹集资本时向出资人发行的股份凭证,代表着其持有者即股东对股份公司的所有权。

在我国证券市场中,股票不仅是公司筹集长期资金的最主要的工具,也是二级市场上交易最活跃、投资者参与最普遍的证券品种。因此,人们又把证券市场称为"股市"。

2. 特征

(1) 收益性。股票是股东权凭证,股东依其所持股份享有从公司领取股息或红利,获取投资的收益的权利。股票的收益性还表现在股票投资者可以获得价差收入或实现资产保值增值。

(2) 流通性。股票可依法定程序转让,具有高度的变现性。流通性以可流通的股票数量、股票成交量以及股价对交易量的敏感程度来衡量。

(3)非返还性。股票是一种无偿还期的有价证券,股东在一般情况下不得要求公司退还股金,只能到二级市场卖给第三者,以回收投资。股票的转让只意味着公司股东的改变,并不减少公司资本。从期限上看,只要公司存在,它所发行的股票就存在,股票的期限等于公司存续的期限。

(4)风险性。股票的收益取决于公司的经营状况和股票市场的行情,公司不保证支付固定的收益,股东自行承担投资风险。

二、股票的分类

1. 普通股和优先股

这是从公司法的角度,按股东承担风险程度和享有权利的不同,对股票进行的基本分类。

普通股是指在公司的经营管理、盈利及财产的分配上享有普通权利的股份。持有普通股的股东按股份比例享有公司决策参与权、利润分配权、优先认股权和剩余资产分配权,并承担公司经营亏损的风险。

优先股是公司在筹集资金时,给予投资者某些优先权的股份。这种优先权主要表现在两个方面:一是有固定的股息,不随公司业绩好坏而波动,并且可以先于普通股股东领取股息;二是当公司破产进行财产清算时,优先股股东对公司剩余财产有优先于普通股股东的索取权。但优先股股东一般不参加公司的红利分配,亦无表决权,不能借助表决权参加公司的经营管理。

目前我国《公司法》尚未承认优先股,因此在上海和深圳两个证券交易所上市的股票都是普通股。

2. 国家股、法人股和社会公众股

这是对我国证券市场的结构与发展轨迹有重大影响的一组分类。按照投资主体及资金来源的不同,我国上市公司的股票可分为国有股、法人股和社会公众股。

国有股是指代表国家投资的部门或机构以国有资产向公司投资形成的股份,包括以公司现有国有资产折算成的股份。我国大部分股份制企业都是由大中型国有企业改制而来的,因此,国有股在公司股权中占有较大的比重。

法人股是指企业法人或具有法人资格并按企业经营方式运作的事业单位和社会团体向公司非上市流通股权部分投资所形成的股份。根据法人股认购的对象,可将法人股进一步分为境内发起人股、外资法人股和募集法人股三类。

社会公众股是指我国境内个人和机构以其合法财产向公司可上市流通股权部分投资所形成的股份。

在上述三类股票中,由于社会公众股可以在证券交易所上市交易,而国有股、法人股不具有流通性,因此,社会公众股东与国有股东、法人股东等非流通股股东对上市公司价值成长的关注点不一致,彼此之间存在一定的利益冲突,形成我国证券市场特有的"股权分置"现象。它引发了诸多问题,如非流通股东对流通股东利益的损害,证券市场对公司股票的定价存在困难,收购、兼并等市场行为被扭曲等。因此,在2005年我国进行了股权分置改革(简称"股改"),将国有股、法人股分期分批转化为可流通股。同时,考虑到非流通股股东当初购买这类非流通股时付出的对价远低于流通股股东,股改政策要求非流通股股东在获得流通权的同时给予流通股股东一定的补偿。

3. 人民币普通股、境内上市外资股和境外上市外资股

这是我国证券市场中按照股票的投资对象及定价币种的不同所进行的一种分类。

人民币普通股又称为A股,是由我国境内的公司发行,供境内机构、组织或个人(不含港、澳、台投资者)以人民币认购和交易的普通股股票。

境内上市外资股又称为B股,它是以人民币标明面值,以外币认购和买卖,在境内上海、深圳证券交易所上市交易的股票,其投资者最初限于外国或者港澳台地区的自然人、法人和其他组织,以及定居在国外的中国公民等。近年来,B股市场对我国境内居民开放,后者可以其合法持有的外汇参与B股交易。

境外上市外资股是指股份有限公司向境外投资者发行的,以人民币标明面值,以外币认购,在境外公开的证券交易场所流通转让的

股票。其中,在香港市场发行并上市的股票称为 H 股。

我国企业境外发行并上市的往往是一些大型国有企业,资本规模大,公开募集资金比较多。由于上海、深圳两个证券交易所发展早期资金供给有限,人们担心这些大企业发行股票会造成市场资金失血而崩盘,因此大型企业转向境外市场募集资金。2005 年股权分置改革以后,我国资本市场发展迅猛,市场容量急剧扩大,因此一些已经在境外发行上市的大企业,如中石油、建设银行、神华集团等陆续回归 A 股市场再融资,令国内投资人也能分享到这些优质企业的成长盈利。

三、股票发行的概念与种类

1. 概念

股票发行是指筹资人按照法定程序从投资人处取得资金,并向投资人交付代表其投资权益的证券的过程。股票不同于一般的商品,是代表资本权益的凭证,所以其出售要遵循法定程序。在这个过程中涉及众多的当事人,法律规范股票发行的目的在于保护各参与方的合法权益。

股票发行过程的主要参与人如下图所示。

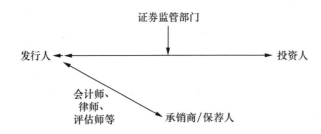

2. 分类

(1) 根据发行对象的范围,分为公开发行与非公开发行。

公开发行指面向不特定的投资大众进行的募集资金行为。依《证券法》第 10 条,有下列情形之一的,为公开发行:① 向不特定对象发行证券;② 向特定对象发行证券累计超过 200 人;③ 法律、行政法规规定的其他发行行为。公开发行必须符合法律、行政法规规定的条件,并依法报经国务院证券监督管理机构或者国务院授权的部门核准。未经依法核准,任何单位和个人不得公开发行证券。

非公开发行指面向少数特定的投资人进行的资金募集行为。按照法律规定,非公开发行不得采用广告、公开劝诱和变相公开方式。

(2) 根据是否存在发行中介,分为直接发行与间接发行。

直接发行又称自办发行,是指发行人不通过证券承销机构,自担风险办理发行事宜。其优点在于减少发行手续费,降低筹资成本。我国目前上市公司对大股东或特定机构投资人的定向非公开发行一般采取直接发行的方式。

间接发行指发行人委托证券承销机构发行证券的方式。依照《证券法》,我国上市公司公开发行证券必须采取间接发行方式,由证券承销机构办理发行事宜。

(3) 根据发行的时机,分为设立发行与增资发行。

设立发行通常指发行人为设立股份有限公司而向公众投资者发行股票的行为。我国《公司法》第 78 条规定了募集设立方式,即由发起人认购公司应发行股份的一部分,其余股份向社会公开募集或者向特定对象募集而设立公司。增资发行指已经设立的公司为增加资本而发行新的股份。

(4) 根据证券监管的目的,分为首次公开发行与上市公司发行新股。

这是我国目前证券监管制度采用的分类方式,与上面第(3)种分类有一定的交叉。首次公开发行(Initial Public Offering, IPO),指公司第一次向社会公开发行股票。首次公开发行意味着发行人公司第一次进入证券市场,投资大众对该公司还缺乏了解,因此需要更充分的信息披露以及更严格的监管。

上市公司发行新股,既可以向原有股东进行配售,也可以面向证券市场投资大众公开募集股份。前者称为配股,后者称为"增发"。由于发行人是已上市公司,投资人对它已经有了一定的了解,因此信息披露以及监管上较首次公开发行可略为简化一些。

第三节　股票发行的条件

法律上对股票发行条件的规定是证券市场准入制度的一部分,其目的是让有融资需求且规范经营的公司进入资本市场,同时尽可能排除"坏"企业到市场圈钱,防止其损害投资人的利益。根据我国现行证券监管法规,股票发行的条件依公开发行与非公开发行、首次发行与再融资等不同方式而有所不同。

一、首次公开发行股票的条件

1. *法律依据*

依照我国《证券法》第12条,设立股份有限公司公开发行股票,应当符合我国《公司法》规定的条件和中国证监会规定的其他条件。

《公司法》对于股份有限公司的发起人、资本、章程以及设立程序等都提出了一些基本要求。与公开发行股份条件相关的主要涉及募集设立公司的发起人及其所认购的股份两方面。《公司法》第79条规定:设立股份有限公司,应当有2人以上200人以下为发起人,其中须有半数以上的发起人在中国境内有住所。第85条规定:以募集设立方式设立股份有限公司的,发起人认购的股份不得少于公司股份总数的35%;但是,法律、行政法规另有规定的,从其规定。

中国证监会对于首次公开发行股票规定的条件,集中体现在2006年发布的《首次公开发行股票并上市管理办法》(以下简称《IPO管理办法》)中,包括主体资格、独立性、规范运行、财务与会计、募集资金运用等五个方面。该办法分六章共70条,对首次公开发行的条件、发行程序、信息披露、监管与处罚等都作出了非常详细的规定。下面结合《IPO管理办法》对公司首次公开发行股票的条件进行简要介绍。

2. *主体资格*

发行人应当是依法设立且合法存续的股份有限公司,持续经营时间应当在三年以上。为防止发行人通过合并、资产置换等方式规避"三年"考察期,《IPO管理办法》要求发行人最近三年内主营业务和董事、高级管理人员没有发生重大变化,实际控制人没有发生变更。

经国务院批准,有限责任公司在依法变更为股份有限公司时采取募集设立方式的,在衡量其IPO的主体条件时,持续经营时间自有限责任公司成立之日起计算。

3. 独立性

发行人应当具有完整的资产、业务体系以及直接面向市场独立经营的能力,与控制股东之间在人员、机构、财务、业务等方面保持独立性。

4. 规范运行

发行人已经依法建立健全股东大会、董事会、监事会、独立董事、董事会秘书制度,相关机构和人员能够依法履行职责,最近36个月内没有受到行政处罚或涉嫌犯罪。

5. 财务与会计

发起人有健全的财务会计制度和内部控制程序,资产质量良好,资产负债结构合理,具有持续盈利能力。《IPO管理办法》提出了一些具体的考核指标,如发行前股本总额不少于人民币3000万元;无形资产(扣除土地使用权、水面养殖权和采矿权等后)占净资产的比例不高于20%;最近三年连续盈利,且累计净利润、现金流量或营业收入达到了证监会规定的数量标准。

6. 募集资金运用

募集资金应当有明确的使用方向,原则上应当用于主营业务。除金融类企业外,募集资金不得用于购买、持有交易性金融资产和可供出售的金融资产,也不得用于对外贷款、委托理财等财务性投资,不得直接或者间接投资于以买卖有价证券为主要业务的公司。

募集资金投资项目应当符合国家产业政策、投资管理、环境保护、土地管理以及其他法律、法规和规章的规定。

二、上市公司公开发行新股的条件

1.《证券法》的基本要求

根据《证券法》第13条,上市公司公开发行新股,应当符合下列条件:(1)具备健全且运行良好的组织机构;(2)具有持续盈利能力,财务状况良好;(3)最近三年财务会计文件无虚假记载,无其他重大违法行为;(4)经国务院批准的国务院证券监督管理机构规定的其他条件。

2. 监管规则的细化

中国证监会2006年发布了《上市公司证券发行管理办法》,对《证券法》的上述要求给予了进一步的明确。例如,对于"具有持续盈利能力,财务状况良好",该办法要求最近三个年度连续盈利,且不存在可预见的重大不利变化。再如,针对一些上市公司只顾圈钱,不考虑回报股东的"劣迹",该办法对公司分红提出了强制性要求,拟公开发行新股公司"最近三年以现金或股票方式累计分配的利润不少于最近三年实现的年均可分配利润的20%"。此外,上市公司再融资应当有真实的项目投资资金需求,最近一期末不存在持有金额较大的交易性金融资产和可供出售的金融资产、借予他人款项、委托理财等财务性投资的情形,但金融类企业除外。

3. 对配股的特别要求

配股是上市公司为募集新的资金,对现有的股东按比例配售新股的行为。从理论上说,股东购买了股票,就是期待从公司获得股息红利等投资收益,但配股却意味着股东需要增加对公司投资。对于公众股东来说,他们虽然有权选择是否接受配股,但选择决定本身并不容易作出。股东面临着下面的困境:不参加配股,意味着自己的股权比例减少;参加配股,又担心进一步套牢在资金饥渴的公司中。

为保护公众股东的利益,《上市公司证券发行管理办法》要求拟配股公司除满足前述发行新股的条件外,还要符合下列规定:(1)控股股东应当在股东大会召开前公开承诺认配股份的数量;(2)拟配售股份数量不超过本次配售股份前股本总额的30%;(3)采用《证券法》规定的代销方式发行。

如果控股股东不履行认配股份的承诺,或者代销期限届满,原股东认购股票的数量未达到拟配售数量70%的,都属于配股失败。公司应当按照发行价并加算银行同期存款利息返还已经认购的股东。

4. 对增发的特别要求

增发是指已上市公司向不特定对象公开募集股份。按照《上市公司证券发行管理办法》,拟增发的公司应当是有合理的资金需求的盈利性企业。它们除符合前述公司发行新股的基本要求外,还应当符合下列规定:(1)最近三年加权平均净资产收益率平均不低于6%。(2)除金融类企业外,最近一期末不存在持有金额较大的交易性金融资产和可供出售的金融资产、借予他人款项、委托理财等财务性投资的情形。(3)发行价格应不低于公告招股意向书前20个交易日公司股票均价或前一个交易日的均价。

最后一项要求的目的是为了平衡新老股东之间的利益。增发的结果往往是公司增加了新的股东。如果增发价格过低,会稀释原有股东的股权价值;如果增发价格过高,就意味着新股东为老股东作贡献。只有增发价格与市场价格基本一致,才能使新老股东之间的利益达到一种平衡。

三、对上市公司非公开发行股票的要求

上市公司非公开发行股票,是指股票已经在证券交易所上市的公司,采用非公开方式,向特定对象发行股票募集资金的行为。

1. 特定对象

按照《上市公司证券发行管理办法》,非公开发行股票的特定对象应当符合下列规定:(1)特定对象符合股东大会决议规定的条件;(2)发行对象不超过10名;(3)发行对象为境外战略投资者的,应当经国务院相关部门事先批准。

2. 对非公开发行股票的约束

上市公司非公开发行股票,应当符合下列规定:(1)发行价格不低于定价基准日前20个交易日公司股票均价的90%;(2)非公开发行的股份自发行结束之日起,12个月内不得转让;控股股东、实际控制人及其控制的企业认购的股份,36个月内不得转让;(3)有真实的项目投资资金需求,募集资金使用符合规定;(4)非公开发行将导致上市公司控制权发生变化的,还应当符合中国证监会的其他规定。

第四节　股票发行审核程序

股票发行审核是证券市场准入监管的重要环节。从狭义上说,发行审核仅指证券监管部门对股票发行申请的审查核准。从广义上说,发行审核制度指公司在发行申请获得核准的整个过程中受到的来自公司治理、市场、政府等方面的约束,它与股票发行监管体制密切相关。我国 2000 年以前采用审批制和额度管理,发行审核程序复杂烦琐。2000 年以后实行核准制,并逐步发挥市场机制的作用,引入证券发行与上市保荐制度,因此发行审核程序也趋于公开、透明,更有效率。

一、公司股东大会批准发行事项

依照《公司法》,发行股票属于股东会或股东大会(以下简称股东大会)决议范围。因此,不论是 IPO 还是已上市公司再次发行新股,都需要由发行人公司董事会就股票发行的具体方案、募集资金投向及其他必须明确的事项作出决议,并提请股东大会批准。

股东大会决议的内容依 IPO 或再融资而略有不同。以 IPO 为例,其决议至少应当包括下列事项:(1) 本次发行股票的种类和数量;(2) 发行对象;(3) 价格区间或者定价方式;(4) 募集资金用途;(5) 发行前滚存利润的分配方案;(6) 决议的有效期;(7) 对董事会办理本次发行具体事宜的授权;(8) 其他必须明确的事项。

股东大会作出批准决议后,发行人应当按照中国证监会的有关规定制作申请文件,由保荐人保荐并向中国证监会申报。属于国家特殊监管行业的发行人,还应当提供相关管理部门对其公开发行股票并上市的意见。

二、股票发行的保荐

1. 保荐制度的目的

保荐是指证券经营机构依照法律和行业规范,尽职推荐发行人证券发行上市,并在上市后持续督导发行人履行规范运作、信守承诺、信息披露等义务的制度。这是我国内地借鉴香港创业板的做法，运用市场机制来规范证券发行、上市行为的制度创新，其目的有三：提高上市公司质量，提高证券经营机构执业水平，保护投资者的合法权益。

保荐制度采取机构与个人双重负责制。证券经营机构作为保荐机构，必须指定专人（后者在中国证监会登记注册，称为保荐人）对相关公司的股票、债券发行上市事项负责，保荐机构与保荐人共同承担法律责任。

2. 股票发行保荐的内容

（1）对发行人进行辅导

保荐机构在推荐发行人首次公开发行股票前，应当按照中国证监会的规定对发行人进行为期一年的辅导，以便发行人掌握上市公司规范运作的法律框架。保荐机构推荐其他机构辅导的发行人首次公开发行股票的，应当在推荐前对发行人至少再辅导六个月。发行人经辅导后符合公开发行股票的条件的，保荐机构方可推荐其股票发行上市。

（2）组织编制申请文件并出具推荐文件

保荐机构推荐发行人股票发行上市，应当按照法律、行政法规和中国证监会的规定，对发行人及其发起人、大股东、实际控制人进行尽职调查、审慎核查。在此基础上，保荐机构根据发行人的委托，组织编制包括招股说明书在内的申请文件，并出具推荐文件。

发行人公开发行募集文件中披露的事项，有些是中介机构出具专业意见支持的，如注册会计师出具无保留意见的财务报表，律师对发行人的土地权属出具的法律意见书等；有些则不涉及中介机构专业意见，如对公司业务范围和经营前景的描述。保荐机构对于后一类事项应当进行充分、广泛、合理的调查，对发行人提供的资料和披露的内容进行独立判断，直到有充分理由确信其判断与发行人公开发行募集文件的内容不存在实质性差异。对于有专业意见支持的事项，保荐机构也应当进行审慎核查，对发行人提供的资料和披露的内容进行独立判断。如果其判断与中介机构的专业意见存在重大差异，保荐机构应当对有关事项进行调查、复核，并可聘请其他中介机构提供专业服务。

在此基础上,保荐机构出具对发行人发行股票的推荐文件,承诺其有充分理由确信发行人申请文件和公开发行募集文件不存在虚假记载、误导性陈述或者重大遗漏。

(3) 提交申请文件,配合中国证监会对发行申请的审核

保荐机构需要指定保荐代表人与中国证监会进行专业沟通,组织发行人及其中介机构对中国证监会的意见进行答复,按照中国证监会的要求对涉及本次证券发行上市的特定事项进行尽职调查或者核查等。

(4) 承销股票并保荐上市

在发行申请被核准后,保荐机构担任发行人股票的主承销商,依照法律、法规以及承销合同的约定,办理公开发行股票的承销事宜,并在股票发行完毕后,向证券交易所推荐发行人股票上市。

三、股票发行申请文件的核准

1. 核准制

我国1998年12月颁布的《证券法》(2005年修订)规定,国务院证券监督管理机构依照法定条件核准股票发行申请,改变了此前实行的额度管理和审批制。有关核准程序的规定体现在《证券法》第二章"证券发行"以及中国证监会《IPO管理办法》、《上市公司证券发行管理办法》等监管规章中。

根据法律的要求,核准程序应当公开,依法接受监督。参与审核和核准股票发行申请的人员,不得与发行申请人有利害关系,不得直接或者间接接受发行申请人的馈赠,不得持有所核准的发行申请的股票,不得私下与发行申请人进行接触。

2. 审核机构

按照《证券法》第22条,国务院证券监督管理机构设发行审核委员会,依法审核股票发行申请。发行审核委员会由中国证监会的专业人员和所聘请的该机构外有关专家组成,以投票方式对股票发行申请进行表决,提出审核意见。

中国证监会根据《证券法》的授权,于2003年发布了《股票发行

审核委员会暂行办法》，对发行审核委员会的具体组成办法、组成人员任期、工作程序等作出了明确的规定。发行审核委员会共有25名委员，对每一项发行申请，由7名委员组成一个审核委员会进行审核。

3. 核准程序

（1）受理。中国证监会收到申请文件后，在5个工作日内作出是否受理的决定。

（2）初审。受理申请文件后，中国证监会相关职能部门首先对发行人的申请文件进行初审。初审部门将征求发行人注册地省级人民政府是否同意发行人发行股票的意见，并向国家发展和改革委员会就发行人的募集资金投资项目是否符合国家产业政策和投资管理的规定征求意见。

（3）审核。发行申请通过初审后，发行审核委员会7名委员开会对发行申请进行审核，提出审核意见。为贯彻《证券法》要求的公开性原则，消除发行审核过程中的寻租行为，中国证监会提前在其网站上公布发行审核委员会的工作日程及委员人选安排。委员们的投票表决以记名方式作出，对表决意见还需要附上书面理由。

（4）核准结果。中国证监会根据发行审核委员会的审核意见，作出予以核准或者不予核准股票发行的决定，并出具相关文件。不予核准的决定应当说明理由。

为提高行政效率，《证券法》要求证券监管部门自受理证券发行申请文件之日起3个月内作出核准或不核准的决定。实践中，如果发行人申请材料准备不充分，或部分内容有疑义，证券监管机关一般会要求发行人补充、修改申请文件后再提交，这中间耽误的时间不计算在"3个月"期限内。

四、股票发行审核决定的法律效果

1. 核准决定

核准决定表明发行人可以按照申请文件的条件发行股票。考虑到公开募集文件的时效性，特别是有关公司财务状况和业绩表现会随时间流逝而发生变化，法律上要求发行人自中国证监会核准发行之日起,在6个月内发行股票;超过6个月未发行的,核准文件失效。发行人须重新申请,经中国证监会核准后方可发行。

如果在发行申请核准后、股票发行结束前的这段时间中,发行人发生重大事项的,应当暂缓或者暂停发行,并及时报告中国证监会,同时履行信息披露义务。相关重大事项影响了发行条件的,应当重新履行核准程序。

2. 不予核准的决定

中国证监会作出不予核准的决定,是否属于一种特殊的行政处罚,我国《证券法》本身没有规定,学理上有很大争议。我们认为,不予核准的原因有些涉及财务造假等违法犯罪行为,有些则属于产业政策方面的特殊考虑,因此,不宜笼统地把不予核准的决定归入"处罚"之列。或许是为了避免法理上的困惑,《IPO管理办法》《上市公司证券发行管理办法》等监管规章采取了一种比较灵活的做法,规定:股票发行申请未获核准的,自中国证监会作出不予核准决定之日起6个月后,发行人可再次提出股票发行申请。

3. 核准决定的撤销

对于已作出的核准股票发行的决定,如果中国证监会发现不符合法定条件或者法定程序,尚未发行证券的,应当予以撤销,停止发行;已经发行尚未上市的,撤销发行核准决定,发行人应当按照发行价并加算银行同期存款利息返还证券持有人。

我国证券市场中发生过的撤销核准决定案是2002年的通海高科案。由吉电集团和江门高路华集团公司作为主要发起人的通海高科公司,经核准在A股市场上公开发行了1亿股股票。但通海高科公司的财务报表存在虚假,并不符合法定发行条件。中国证监会遂依法撤销了其对通海高科股票公开发行的核准决定。购买了通海高科股票的社会公众股东被赋予两种选择:一是由发行人返还募股资金及相应利息;二是按1:3.8的比例换购吉林电力股份有限公司的股份。

对于核准被撤销的,保荐人应当与发行人承担连带责任,但是能够证明自己没有过错的除外。发行人的控股股东、实际控制人有过错的,也应当与发行人承担连带责任。

五、未经核准发行股票的法律责任

股票发行核准属于证券一级市场的市场准入监管。未经核准发行股票,违反了市场准入规则,依照我国现行法律,相关机构和人员需要承担行政责任与刑事责任。

1. 行政责任

承担行政责任的主体包括发行人与承销商。根据现行法律规定,任何单位未经法定机关核准,擅自公开或者变相公开发行证券的,证券监管部门有权责令其停止发行,向认购人退还所募资金并加算银行同期存款利息,处以非法所募资金金额1%以上5%以下的罚款。对擅自公开或者变相公开发行证券而设立的公司,由相关监管部门予以取缔。对直接负责的主管人员和其他直接责任人员给予警告,并处以3万元以上30万元以下的罚款。

证券公司承销或者代理买卖未经核准擅自公开发行的证券的,责令停止承销或者代理买卖,没收违法所得,并处以违法所得1倍以上5倍以下的罚款;没有违法所得或者违法所得不足30万元的,处以30万元以上60万元以下的罚款。对直接负责的主管人员和其他直接责任人员给予警告,撤销任职资格或者证券从业资格,并处以3万元以上30万元以下的罚款。

2. 刑事责任

我国《刑法》第179条规定了擅自发行股票、公司、企业债券罪。对于未经国务院证券监管机构批准,擅自发行股票或公司、企业债券被认为是犯罪行为的,要处5年以上有期徒刑或者拘役,并处或单处非法募集资金金额1%以上5%以下罚金。单位犯本罪的,对单位判处罚金,并对单位直接责任人员和管理人员处5年以下有期徒刑或拘役。

第五节 股票发行认购与承销

股票发行申请经证券监管机关批准后,发行人委托承销商在证券一级市场中,向机构投资人询价,确定市场可接受的发行价格后,再采取网下配售、网上公开发行等方式向公众投资人发行股票,并将筹集到的资金交付发行人。股票发行与承销是一项市场化的专业活动,法律规制主要体现为公开、公平、公正、高效、经济的原则性要求。《证券法》第二章"证券发行"以及中国证监会2006年9月发布的《证券发行与承销管理办法》是我国目前在这个领域中最主要的法律依据。

一、股票发行的承销

1. 定义

股票承销是指证券公司依照其与发行人之间的承销协议,承办股票发行事宜,筹集发行人所需资金的行为。经办承销业务的证券公司又称为"承销商"。

《证券法》第28条规定:"发行人向不特定对象公开发行的证券,法律、行政法规规定应当由证券公司承销的,发行人应当同证券公司签订承销协议。"面向投资大众的公开发行股票,由于所募集的资金量大,承销商的参与必不可少。相对于发行人,承销商常常拥有庞大而高效的销售体系,而且知名承销商还具有良好的市场信誉及影响力,其对某一只股票的推介对于该股票的成功发行意义重大。我国实践中,由于担任主承销商的证券公司同时是该只股票的保荐人,因此它通过辅导、尽职调查、组织编制申请文件等工作,对于监督发行人依法规范运作、完成法定的信息披露等,都发挥着积极的作用。

与"承销"相对的是自办发行,即发行人不通过证券公司承销,而是自己将股票直接发售给投资人的方式。在我国,目前仅许可发行人在面向不多于10名现有股东的定向发行时,可以采取自办发行的方式。

2. 分类

根据承销商对股票发行结果的承诺程度,承销可分为代销和包销两种方式。

代销是指证券公司代发行人发售股票,在承销期结束时,将未售出的股票全部退还给发行人的承销方式。从法律关系上看,代销类似一种代理关系,承销商对股票能否完全发行出去不承担责任,发行人自己承担发行失败或者未能足额募集资金的风险。

包销是指证券公司将发行人的股票按照协议全部购入,或者在承销期结束时将售后剩余证券全部自行购入的承销方式。从法律关系上看,包销类似代理关系与买卖关系的结合,承销商承担了对发行人足额交付拟募集资金量的义务。

3. 承销团

依照《证券法》第 32 条的规定,向不特定对象公开发行的证券票面总值超过人民币 5000 万元的,应当由承销团承销。这一规定主要是为了分散单一承销商在筹资规模较大的证券发行交易中承担的市场风险。

承销团由主承销和参与承销的证券公司组成,后者又称为"分销商"。主承销商首先与发行人签订股票承销协议,再与各分销商签订承销团协议,对彼此之间的权利义务分配进行约定。

4. 承销协议

承销协议是发行人与承销商之间明确证券发行与承销过程中各自权利义务的法律文件。其主要内容如下:(1) 所发行证券的种类、数量、金额及发行价格;(2) 代销或包销的方式;(3) 承销期限及起止日期;(4) 募集资金交付方式及日期;(5) 承销费用和结算办法;(6) 违约责任;(7) 中国证监会规定的其他事项。

《证券法》第二章对承销协议中承销商的义务有一些强制性的规定,主要包括:

(1) 承销商应当对公开发行募集文件的真实性、准确性、完整性进行核查;发现有虚假记载、误导性陈述或者重大遗漏的,不得进行销售活动;已经销售的,必须立即停止销售活动,并采取纠正措施。

(2) 承销商对所承销的证券应当保证先行出售给认购人,不得为本公司预留所代销的证券和预先购入并留存所包销的证券。

(3) 承销期限:最长不得超过 90 日。

5. 发行失败

发行失败指股票未能充分发售出去,发行人预计的资金筹集计划未能实现。这只会发生在代销的情形下。依据我国《证券法》,股票发行采用代销方式,代销期限届满,向投资者出售的股票数量未达到拟公开发行股票数量70%的,为发行失败。

发行失败的原因很复杂,其中最主要的可能是发行人拟筹集资金所投向的项目不具有可行性,从而令筹资计划未获得市场的普遍认同。发行失败表明市场认为该股票风险较大,已经认购的投资人可能是一些不具有充分信息或判断能力的大众投资人。我国《证券法》为保护大众投资人的利益,规定在发行失败的情形下,发行人应当按照发行价并加算银行同期存款利息返还股票认购人。

二、股票发行价格的确定方式

1. 股票发行价格的监管

按照经济学原理,股票发行价格与任何一种商品价格一样,受市场供求关系影响,围绕其价值上下波动。但是,股票作为公司价值的单位形式,与普通商品,如蔬菜、家电、钢铁等不同,其价值不那么直观。而且,在股票发行价格上,发行人与投资人之间、老股东与新股东之间都存在一定的利益冲突。例如,发行人总是希望每一股尽可能筹集更多的资金,而投资人则希望每一元钱能获得更多的股份;老股东希望新增股份价格高一些,以便增厚自己股份所享有的净资产,新股东则希望价格低一些,以便分享公司原有的净资产。此外,承销商为承销费的目的,可能倾向于发行人或者老股东的立场,损害投资人或新股东的利益。凡此种种,都表明对于股票发行价格有监管的必要,以平衡各主体之间的利益关系。

实践中,我国在1999年前主要采取行政手段管理,中国证监会直接审批价格,按照"股票价格=市盈率×每股盈余"的定价方式,适用固定倍数的市盈率。1999年以后,我国逐步引入市场询价机制,发挥市场供求关系以及专业机构的作用,从直接管理价格本身走向对价格形成机制的管理,增加了监管的弹性。

2. 首次公开发行股票的询价制

按照《证券发行与承销管理办法》,公司首次公开发行股票,必须通过向特定机构投资者询价的方式确定股票发行价格。

首次公开发行股票标志着公司第一次进入资本市场,市场此前对该公司了解甚少,需要比较的专业机构参与价格协商过程,以便形成市场对该公司价格的合理判断。因此监管规则对询价对象、询价方式、询价程序等都提出了明确要求。

(1) 询价对象

接受询价的对象都是机构投资者,包括证券投资基金管理公司、证券公司、信托投资公司、财务公司、保险机构投资者、合格境外机构投资者以及经中国证监会认可的其他机构投资者。它们必须具备监管规则要求的资本金、专业人才队伍以及良好的信用记录,而且其业务范围包括股票投资。

(2) 询价程序

发行人及其主承销商在刊登首次公开发行股票招股意向书和发行公告后,以路演的方式向机构投资人和公众进行推介,并向询价对象询价。询价时应提供主承销商的独立研究部门编制的相关股票投资价值研究报告。

询价对象在发行人及主承销商公布的初步询价期间内提出自己的报价,其报价应遵循独立、客观、诚信的原则,不得与其他询价对象协商报价或者故意压低或抬高价格。

初步询价结束后,公开发行股票数量在4亿股以下,提供有效报价的询价对象不足20家的,或者公开发行股票数量在4亿股以上,提供有效报价的询价对象不足50家的,发行人及其主承销商不得确定发行价格,而应当中止发行。发行人及其主承销商如果重新启动发行工作的,应当及时向中国证监会报告。

初步询价获得足够数量的报价时,发行人和主承销商首先按照询价结果确定发行价格区间,然后在该价格区间内通过累计投标询价确定最终的股票发行价格。为简化在中小企业板上市的股票的发行程序,现行监管规则许可中小企业板股票的发行人及其主承销商根据初步询价结果直接确定发行价格,不需要再进行累计投标询价。

3. 上市公司发行新股的价格确定

上市公司发行新股时,现有股票在证券市场中的交易价格为人们判断该公司的合理价值提供了一个参照系。按照《上市公司证券发行管理办法》,上市公司向不特定对象公开发行新股(即增发),发行价格不得低于公告招股意向书前 20 个交易日公司股票均价或前一个交易日的均价。如果向特定对象非公开发行新股,发行价格不低于定价基准日前 20 个交易日公司股票均价的 90%。定价基准日为董事会决议公告日、股东大会决议公告日或者发行期首日三个日期之一,由发行人及保荐机构具体确定并公布。

三、股票发行的认购方式

1. 股票发行认购方式的监管

由于我国目前金融市场中流动性过剩,股票发行基本上都呈现供不应求状况,一级市场与二级市场之间存在一个比较大的溢价空间。因此,如果能在一级市场买到股票,几乎就意味着持有人肯定能在股票上市交易时赚上一笔。

根据《证券发行与承销管理办法》,股票发行与认购方式主要有网下对机构投资人的配售以及网上公开发行。不同的发行与认购方式直接影响到特定群体的投资人能否在一级市场获得股票。对股票发行与认购方式进行监管的目的是为了适度保护公众投资人的利益,维护不同群体的投资人之间的利益平衡。

2. 网下配售方式

网下配售是指不通过证券交易所技术系统,由主承销商自行组织实施的证券发行。

(1) 配售对象

在首次公开发行股票时,网下配售的对象是参与初步询价的机构投资者,包括其自营证券账户以及所管理的集合理财计划或基金账户。首次公开发行股票数量在 4 亿股以上的,还可以向战略投资者配售股票。战略投资者一般指与发行人业务联系紧密且欲长期持有发行公司股票的法人,如中国建设银行 IPO 选择了美国银行作为战略投资者,而中国银行 IPO 则选择了苏格兰皇家银行、瑞士银行等作为战略投资者。

上市公司增发新股时,可以确定参与网下配售的机构投资者范围、分类,并在发行公告中说明机构投资者的分类标准。

网下配售对象获得的股票有持有期限制,从 3 个月到 3 年不等,自股票上市之日起算。配售协议中约定的持有期满后方可上市流通。

（2）配售比例

首次公开发行股票数量少于4亿股的,发行人及其主承销商向机构投资者网下配售的数量不得超过发行总量的20%;公开发行股票数量在4亿股以上的,配售数量不超过向战略投资者配售后剩余发行数量的50%,且无持有期限制的公众股票数量不低于发行总量的25%。也就是说,在首次公开发行新股时,网下配售数量最多不超过发行总量的75%。

上市公司发行新股时,主承销商可以对参与网下配售的机构投资者进行分类,对不同类别的机构投资者设定不同的配售比例,对同一类别中的机构投资者则按相同的比例进行配售。如果未对机构投资者进行分类,则机构投资者的获配比率与参与网上申购的公众投资者的中签率相同,无特殊待遇。

上市公司向原股东配售股票的,配售比例应当相同,以维持股东之间的股权比例关系不变。增发股票或者发行可转换公司债券时,也可以全部或者部分向原股东优先配售,并在发行公告中披露优先配售比例。

3. 上网定价发行方式

上网定价发行方式,是指通过证券交易所技术系统进行的证券发行。

具体来说,主承销商利用证券交易所的交易系统,由主承销商作为新股的唯一"卖方",投资者在指定的时间内,按现行委托买入股票的方式进行新股申购。如果有效申购总量等于股票发行量时,投资者按其申购量认购股票;如果有效申购总量小于股票发行量,投资者按其有效申购量认购股票后,余额部分按承销协议办理;如果有效申购总量大于股票发行量,由证券交易所交易主机自动按每1000股或500股确定为一个申报号,连续排号,然后通过摇号抽签,每一中签号认购1000股或500股。

（1）网上发行的一般程序

申购当日(T+0):投资者通过证券交易申购,并由证券交易所反馈受理情况。如果此时发行价格尚未确定,参与网上发行的投资者按价格区间上限申购。若最终确定的发行价格低于价格区间上限,差价部分退还给投资者。

申购日后的第一天(T+1):证券登记结算公司将申购资金冻结在申购专户中。

申购日后的第二天(T+2):证券登记结算公司配合主承销商和会计师事务所对申购资金进行验资,并由会计师事务所出具验资报告,以实际到位资金作为有效申购进行连续配号,证券交易所将配号传送至各证券营业部,并公布中签率。

申购日后的第三天(T+3):主承销商组织摇号抽签,并于当日公布中签结果。证券交易所根据抽签结果进行清算交割和股东登记。

申购日后的第四天(T+4):对未中签部分的申购款予以解冻。

(2) 回拨机制

按照《证券发行与承销管理办法》,首次公开发行股票达到一定规模的,发行人及其主承销商应当在网下配售和网上发行之间建立回拨机制,根据申购情况调整网下配售和网上发行的比例。

以中国建设银行2007年9月回归A股市场发行90亿股为例,有关回拨机制的安排如下:在网下、网上均获得足额认购的情形下,若网上发行初步中签率低于3.5%且低于网下初步配售比例,在不出现网上发行最终中签率高于网下最终配售比例的前提下,从网下向网上发行回拨不超过本次发行规模5%(约4.5亿股)的股票。最终,由于网上申购资金量很大,初步中签率约为2.29%,因此发行人和主承销商从网下向网上全额回拨了4.5亿,以提高网上发行的中签率。回拨后,网下配售、网上发行总量分别占发行总规模的30%、70%;网下最终配售比例为2.83%,网上发行最终中签率为2.48%,公众投资人大体获得了与机构投资人相当的待遇。

第六节　股票发行的信息披露

股票是代表公司价值的有价证券,信息披露是帮助发行人之外的市场人士、投资人、监管者形成对拟公开发行股票价值的合理判断的基本途径。在发行阶段,发行人的信息披露除向发行审核部门提交规定的申请文件外,主要是按法律规定和中国证监会的要求制作并公布招股说明书及其摘要,保证投资人及时、充分、公平地获得法定披露的信息。

一、报送申请文件

根据《证券法》的有关规定,发行人报送的股票发行申请文件,必须真实、准确、完整。为股票发行出具有关文件的专业机构和人员,必须严格履行法定职责,保证其所出具文件的真实性、准确性和完整性。

设立股份有限公司公开发行股票,应当向国务院证券监督管理机构报送募股申请和下列文件:(1)公司章程;(2)发起人协议;(3)发起人姓名或者名称,发起人认购的股份数、出资种类及验资证明;(4)招股说明书;(5)代收股款银行的名称及地址;(6)承销机构名称及有关的协议。此外,依照本法规定聘请保荐人的,还应当报送保荐人出具的发行保荐书;法律、行政法规规定设立公司必须报经批准的,还应当提交相应的批准文件。

上市公司公开发行新股,应当向国务院证券监督管理机构报送募股申请和下列文件:(1)公司营业执照;(2)公司章程;(3)股东大会决议;(4)招股说明书;(5)财务会计报告;(6)代收股款银行的名称及地址;(7)承销机构名称及有关的协议。此外,依照《证券法》规定聘请保荐人的,还应当报送保荐人出具的发行保荐书。

二、招股说明书

招股说明书是股票发行环节最重要的信息披露文件,其编制和披露的主要法律依据是中国证券会发布的《公开发行证券的公司信息披露内容与格式准则第1号——招股说明书》。

1. 招股说明书

招股说明书中应披露对投资者作出投资决策有重大影响的所有信息。它通过对本次股票发行的基本安排以及发行人公司的基本状况的充分揭示,便利投资人作出是否购买股票的决策。

招股说明书的主要内容如下:(1)本次发行概况;(2)风险因素;(3)发行人基本情况;(4)业务和技术;(5)同业竞争与关联交易;(6)董事、监事、高级管理人员与核心技术人员;(7)公司治理;(8)财务会计信息;(9)管理层讨论与分析;(10)业务发展目标;(11)募集资金运用;(12)股利分配政策;(13)其他重要事项,如重大合同、对外担保等;(14)董事、监事、高级管理人员及有关中介机构声明。招股说明书后还附有各种备查文件,如发行保荐书、审计报告、法律意见书等。

招股说明书的有效期为6个月,自中国证监会核准发行申请前招股说明书最后一次签署之日起计算。招股说明书中引用的财务报表在其最近一期截止日后6个月内有效。特别情况下发行人可申请适当延长,但至多不超过1个月。

发行人及其全体董事、监事和高级管理人员应当在招股说明书上签字、盖章,保证招股说明书的内容真实、准确、完整。保荐人及其保荐代表人应当对招股说明书的真实性、准确性、完整性进行核查,并在核查意见上签字、盖章。

2. 招股说明书摘要

除招股说明书全文外,发行人及主承销商还应当编制并披露招股说明书摘要,向公众提供有关本次发行的简要情况。摘要须忠实于招股说明书全文,但不必包括招股说明书全文各部分的主要内容。实践中,摘要的篇幅不超过日报的一个整版,用简明扼要、通俗易懂的语言、图表或其他较为直观的方式准确披露发行人的情况。

招股说明书摘要的内容主要包括:(1)重大事项提示;(2)本次发行概况;(3)发行人基本情况;(4)募集资金运用;(5)风险因素和其他重要事项;(6)本次发行各方当事人和发行时间安排。附录中有若干备查文件。

由于招股说明书摘要通常是大众投资人阅读的主要信息披露文件,因此监管规则要求发行人在招股说明书摘要的显要位置对摘要的作用及局限性作出声明,提示投资者在作出认购决定之前,应仔细阅读同时刊载于指定网站的招股说明书全文;如果"投资者对本招股说明书及其摘要存在任何疑问,应咨询自己的股票经纪人、律师、会计师或其他专业顾问……中国证监会、其他政府部门对本次发行所作的任何决定或意见,均不表明其对发行人股票的价值或者投资者的收益作出实质性判断或者保证。任何与之相反的声明均属虚假不实陈述"。

3. 招股意向书

招股意向书,是我国目前实践中首次公开发行股票时采用的招股说明书的具体形式,它体现了 IPO 从定价发行转向询价制的改革对招股说明书的名称和形式的影响。由于发行人必须先披露招股文件才能开始进行路演、推介和询价,通过询价结果才能知道是否能够成功发行,发行价格是多少,因此,招股文件中无法事先确定发行价格、募集资金总额以及具体发行日期等,称之为"意向书"较为合适。

根据《证券发行与承销管理办法》,发行人披露的招股意向书除不含发行价格、筹资金额以外,其内容与格式应当与招股说明书一致,并与招股说明书具有同等法律效力。

此外,发行人及其主承销商应当在刊登招股意向书或者招股说明书摘要的同时,刊登股票发行公告,对发行方案、特别是询价安排、回拨机制等向投资者作出详细说明。

三、信息披露方式

1. 预披露

为了增加投资人对首次公开发行股票的发行人熟悉、了解和理解的时间,2005 年修改的《证券法》增加了"预披露"的要求,即发行人在向中国证监会提交申请文件后,按照中国证监会的规定预先披露有关申请文件。

依据《IPO 管理办法》,发行人在申请文件受理后、发行审核委员会审核前,将招股说明书(申报稿)在中国证监会网站(www.csrc.gov.cn)预先披露。发行人也可以将招股说明书(申报稿)刊登于其企业网站,但披露内容应当完全一致,且不得早于在中国证监会网站的披露时间。

预先披露的招股说明书(申报稿)不是发行人发行股票的正式文件,不能含有价格信息,发行人也不得据此发行股票。发行人应当在预先披露的招股说明书(申报稿)的显要位置声明:"本公司的发行申请尚未得到中国证监会核准。本招股说明书(申报稿)不具有据以发行股票的法律效力,仅供预先披露之用。投资者应当以正式公告的招股说明书全文作为作出投资决定的依据。"

2. 披露

依照现行法律法规,招股文件的披露渠道有三类:报刊、网络以及相关机构住所地。股票发行申请获得核准后,发行人应当在发行前将招股说明书摘要刊登于至少一种中国证监会指定的报刊,同时将招股说明书全文刊登于中国证监会指定的网站,并将招股说明书全文置备于发行人住所、拟上市证券交易所、保荐人、主承销商和其他承销机构的住所,以备公众查阅。

保荐人出具的发行保荐书、证券服务机构出具的有关文件,作为招股说明书的备查文件,也必须在中国证监会指定的网站上披露,并置备于发行人住所、拟上市证券交易所、保荐人、主承销商和其他承销机构的住所,以备公众查阅。

发行人也可以将招股说明书摘要、招股说明书全文、有关备查文件刊登于其他报刊和网站,但披露内容应当完全一致,且不得早于在中国证监会指定报刊和网站的披露时间。

四、虚假信息披露的法律责任

1. 法律责任的特点

虚假信息披露是股票发行过程中最主要的违法行为。它欺骗、误导了投资人的投资决策,破坏了市场定价机制的作用,扭曲了资本市场的资源配置功能。因此,各国证券法都对这种行为给予非常严厉的处罚。

股票发行阶段虚假信息披露的法律责任有两个特点:一是责任主体众多,发行人、发起人、保荐人/承销商、会计师、律师等中介服务机构等都可能因为与虚假信息有联系而承担法律责任,而且通常都是机构与个人双重责任制;二是责任形式多样,包括行政责任、民事责任与刑事责任。

2. 行政责任

(1) 发行人公司及其内部人员的责任

发行人作为股票发行主体和信息来源,对虚假信息披露承担第一位的责任。如果其披露的信息有虚假记载、误导性陈述或者重大遗漏的,由证券监管机构责令改正,给予警告,处以30万元以上60万元以下的罚款。

依照机构、个人双罚制原则,实际承担责任除发行人公司外,还包括直接负责的主管人员和其他直接责任人员,处罚种类包括警告以及3万元以上30万元以下的罚款。承担责任的依据除了《证券法》的规定外,还有发行人及其主管人员在发行文件中的声明与承诺。例如,招股说明书中通常都有如下条款:"发行人及全体董事、监事、高级管理人员承诺招股说明书及其摘要不存在虚假记载、误导性陈述或重大遗漏,并对招股说明书及其摘要的真实性、准确性、完整性承担个别和连带的法律责任","发行人公司负责人、主管会计工作的负责人、会计机构负责人保证招股说明书及其摘要中财务会计资料真实、完整"。

(2) 为股票发行提供服务的专业机构的责任

保荐人、会计师、律师、评估师等专业机构未勤勉尽责,出具的保荐书或专业意见书有虚假记载、误导性陈述或者重大遗漏的,由证券监管机构责令改正,给予警告,没收业务收入,并处罚款;情节严重的,暂停或者撤销相关业务许可。对直接负责的主管人员和其他直接责任人员给予警告,并处以3万元以上30万元以下的罚款;情节严重的,撤销任职资格或者证券从业资格。

3. 民事责任

根据《证券法》第69条,发行人公告的招股说明书、财务会计报告以及其他信息披露资料有虚假记载、误导性陈述或者重大遗漏,致使投资者在证券交易中遭受损失的,发行人应当承担赔偿责任;发行人的董事、监事、高级管理人员和其他直接责任人员以及保荐人、承销的证券公司,应当与发行人承担连带赔偿责任,但是能够证明自己没有过错的除外;发行人的控股股东、实际控制人有过错的,应当与发行人、上市公司承担连带赔偿责任。

最高人民法院于2002年12月发布了《关于审理证券市场因虚假陈述引发的民事赔偿案件的若干规定》(法释[2003]2号),对参与发行文件编制、披露的各相关主体的民事责任归责原则作了进一步的明确。其中,对发行人适用无过错责任原则;对发行人的董事、监事、高级管理人员和其他直接责任人员,保荐人、承销商、律师、会计师等中介机构及其直接责任人实行过错推定原则;对发行人的控股股东或实际控制人适用过错责任原则。

4. 刑事责任

根据《刑法》第160条,在招股说明书、认股书、公司、企业债券募集办法中隐瞒重要事实或者编造重大虚假内容,发行股票或者公司、企业债券,数额巨大、后果严重或者有其他严重情节的,处五年以下有期徒刑或者拘役,并处或者单处非法募集资金金额1%以上5%以下罚金。单位犯前款罪的,对单位判处罚金,并对其直接负责的主管人员和其他直接责任人员,处5年以下有期徒刑或者拘役。

此外,《刑法》第229条规定了承担资产评估、验资、验证、会计、审计、法律服务等职责的中介组织的人员故意提供虚假或重大失实的证明文件应承担的刑事责任。

第十三章 股票交易法律制度

第一节 证券交易概述

一、证券交易的意义

证券交易是指证券在特定市场中进行转让的活动。

股票、债券等有价证券作为长期融资工具,是信用经济高度发达的产物。但是,它同时也隐含着融资活动所固有的矛盾,即筹资者期望获得长期资金,而出资人则期望出借短期资金。出资人之所以偏好短期融资,除了对现金使用便利的需求外,还根源于资本市场中的信息不对称:证券只是虚拟的凭证,其本身没有价值,而是取决于发行证券的公司未来的价值,对于身处公司之外的投资人来说,这种远期收益具有相当大的不确定性,即存在投资风险。因此,如果没有证券的转让活动,出资人无法按照自己意愿或时间收回投资,则投资人可能从一开始就不会购买股票、债券等长期融资工具,社会经济发展所需要的长期融资也就无法实现了。

从这个意义上说,虽然证券发行是筹资人直接融资的途径,但证券交易是保持直接融资渠道畅通并存续下去的必不可少的条件。

二、证券市场的作用

1. 证券市场的形态

证券市场,从一开始就是证券集中交易的场所。世界上最著名的纽约证券交易所,就是从二百多年前美国纽约曼哈顿岛上的梧桐树下的交易发展起来的。我国早期的股票发行通常是在发行人企业所在城市进行,但发行完毕后进行交易,则都会选择到上海、深圳两个证券交易所去挂牌上市。

证券市场根据其物理形态,可以分为有交易大厅的证券交易所和无交易大厅的电子自动报价系统。前者如纽约证券交易所,我国上海、深圳证券交易所;后者如美国的纳斯达克市场以及我国在上个世纪90年代初运行的STAQ和NET两个法人股市场。它们都属于为证券集中交易提供服务的场所。

此外,我国证券市场发展的早期还出现过柜台交易,由证券公司的营业部对国债以及少数当地企业的股票提出报价,接受投资人的买卖。但是,柜台交易由于规模有限,不具有下面提到的证券市场的基本功能,因此它只是证券市场的一个补充,一般被称为"场外交易"。

2. 证券市场的功能

作为证券集中竞价交易的场所,证券市场的功能主要有四个方面:价格发现,提供流动性,惩罚机制与交易成本最小化。

价格发现指通过市场中众多参与者对特定证券品种的买卖竞价,市场能够不断逼近所交易证券的公平价格。市场参与者报价的基础是该证券的全部公开信息,信息披露越充分,市场定价越趋于合理。因此,为保障证券市场的价格发现功能的实现,需要用法律手段来强化信息披露,这也是整个证券交易法的核心内容。

流动性是指证券可以在不使投资人受损失的情况下迅速地转化为现金。市场提供流动性的前提是市场参与人数多,交投活跃。如果参与人数少,交投清淡,投资人需要等待较长时间,或者需要赔本才能迅速出售,这样的市场就缺乏流动性,交易呈现低迷状态。

惩罚机制是借助上市公司收购来实现的,它附属于证券市场提供流动性的功能。如果上市公司经营不善,投资人就会抛售股票,引起股价下跌。这样就会吸引竞争对手或者专业机构以较低价格收购该公司股票,重组该公司,从而淘汰原有管理层。这种惩罚机制的存在给筹资者很大的压力,促使其不断改进管理,提升公司长期价值,为投资者创造财富。

交易成本最小化有两个方面的含义。一是证券市场作为证券集中交易的场所,参与者众多,能够迅速、方便地找到买卖对手,交易成本比较小。这一点也与证券市场提供流动性的功能相关。二是证券市场经营者或监管者有意识地采取各种方法来降低交易成本,如实行准入限制、担保交收、治理市场欺诈行为等,提高参与者对市场的信心,从而吸引更多公司挂牌上市、更多投资者入市交易,在规模化的基础上进一步降低交易成本。

证券交易法律制度也是围绕着上述几个方面展开的,通过监管市场交易行为,保护投资人的利益,促使证券市场充分发挥其功能,实现社会资源的最优配置。

三、证券上市

证券上市指发行人发行的股票、债券等按照法定的条件和程序,在证券交易所或其他依法设立的证券交易场所公开挂牌交易的行为。

证券上市是证券发行市场与交易市场之间的桥梁。证券要实现从发行市场到交易市场的飞跃,必须借助上市行为。实践中,我国公司发行的股票有在境内上海、深圳两个证券交易所的A股市场上市交易的,有在境内上海、深圳两个证券交易所的B股市场上市交易的,也有到境外美国、英国、新加坡以及我国香港地区的交易所上市交易的。

不论对于发行人还是投资人,证券上市都意义重大。对于投资人来说,证券上市是以其自己理想的时间和价格转让证券的前提。证券上市流通,投资者一方面可以获得资本升值的套利机会,另一方面可以转移投资风险。对于发行人来说,证券上市不仅为进一步融资打开了通道,而且上市对公司本身也有一个广告效应。

从法律的视角看,各国或地区的证券交易所对于在本所挂牌交易的公司都有一些规范性要求,近年来尤其注重公司治理方面的完善。因此股票上市对于改进发行人公司的治理水平,促进公司的长远发展与投资者利益的保护具有积极的意义。

四、我国证券交易法律制度的渊源

我国《证券法》第三章规定了"证券交易"的一些基本法律原则。实践中,上海证券交易所、深圳证券交易所都制订了上市规则、交易规则、登记结算办法等一系列规范性文件,对于证券交易的有序进行、上市公司的日常监管等都提供了更加明确的法律指南。它们构成了我国证券交易法律制度的重要组成部分。

由于历史发展的原因,上海、深圳两家证券交易所在上市公司的类型方面各有侧重。上海证券交易所上市交易的主要是较大规模的公司或主流公司的股票,故又称为"主板市场"。深圳证券交易所在2000年以后主要转向中小企业板,以及未来的创业板市场,在上市标准方面也较上交所略为宽松。不过,两个交易所在交易规则体系的内容与要求上基本是一致的。本章对于我国股票交易制度的介绍以《证券法》为主,同时结合上海证券交易所(以下简称上交所)的上市交易规则进行讲解。

第二节 股票上市与退市

一、股票上市的条件

1. 法律规定

根据我国《证券法》第50条,股份有限公司申请股票上市,应当符合下列条件:

(1) 股票经国务院证券监督管理机构核准已公开发行;

(2) 公司股本总额不少于人民币3000万元;

(3) 公开发行的股份达到公司股份总数的25%以上;公司股本总额超过人民币4亿元的,公开发行股份的比例为10%以上;

(4) 公司最近3年无重大违法行为,财务会计报告无虚假记载。

同时,《证券法》许可证券交易所规定高于法律规定的上市条件,并报中国证监会批准。上海证券交易所2006年修订的《股票上市规则》并没有直接提高《证券法》第50条下的各项数量化标准,但是补充了拟上市公司在公司治理结构方面应达到的诸多要求。

2. 上市条件的确定

在域外证券市场,股票上市条件一般是证券交易所根据自己的定位和导向来自主确定的,因此各有各的特点。如纽约证券交易所和纳斯达克市场分别相当于美国的主板市场和创业板市场,二者在股票上市条件的宽严度、特别是盈利性要求方面就很不相同。纽约证券交易所要求是盈利性公司,而纳斯达克市场则不需要盈利,只是关注持续的经营记录和收入情况,以便容纳尚未盈利但具有良好发展前景的中小科技公司。

我国目前采取的做法是《证券法》统一规定股票上市的基本条件。与2005年前的要求相比,主要的变化是在上市条件中剔除了"三年连续盈利"的要求,以及将上市公司的最低股本从5000万降到了3000万元。这一趋向宽松的变化,可以看做是立法上考虑到了中小企业板或创业板上市标准比较低的因素。随着上海、深圳两个交易所分别往主板、创业板市场进一步发展,各自的特点更加突出后,或许我们不再需要《证券法》来规定统一的股票上市条件,而是由两个交易所各自确定了。

3. 股本规模与股权分散性要求

不论哪种定位的证券交易所,其上市条件中都有一些共性,那就是股本规模以及股权分散性的要求。这两个方面的指标与证券市场提供流动性的功能密切相关。当股本规模比较大,且股东人数比较多时,发生转让交易的概率会更高一些。成交越频繁,交易所获得的手续费收入越多,公司支付挂牌交易的费用也比较合算。相反,如果股东人数很少,交投低迷,对于交易所的资源和上市公司的支出都是一种浪费。

二、股票上市的程序

根据《证券法》以及现行证券交易所的上市规则,股票上市的程序大致包括以下五个步骤:提出申请,保荐人保荐,证券交易所审核,签署上市协议,公告上市。

1. 上市申请

公开发行股票的公司如果希望股票上市交易,应当向证券交易所提出申请,由证券交易所依法审核。

申请人应当向证券交易所报送下列文件:(1)上市报告书(申请书);(2)申请股票上市的股东大会决议;(3)公司章程;(4)公司营业执照;(5)依法经会计师事务所审计的公司最近三年的财务会

计报告;(6)法律意见书和上市保荐书;(7)最近一次的招股说明书;(8)证券交易所上市规则规定的其他文件,如中国证监会核准股票公开发行的决定,发行人的董事、监事和高级管理人员持有本公司股份的情况说明及在法定期限内不转让的承诺等。

2. 上市推荐

我国对股票上市实行上市推荐人制度,公司股票在上交所或深交所申请上市,必须由在中国证监会登记备案且为拟上市交易所会员的保荐机构推荐,并出具上市推荐书。

上市推荐书应包括下列内容:(1)发行公司概况;(2)申请上市的股票的发行情况;(3)保荐机构是否存在可能影响其公正履行保荐职责的情形的说明;(4)保荐机构按照有关规定应当承诺的事项;(5)对公司持续督导工作的安排;(6)保荐机构和相关保荐代表人的联系地址、电话和其他通信方式;(7)保荐机构认为应当说明的其他事项等。

上市保荐书应当由保荐机构的法定代表人(或者授权代表)和相关保荐代表人签字,注明日期并加盖保荐机构公章。

如果上市申请被交易所接纳,保荐机构应当持续督导上市公司履行规范运作、信守承诺、信息披露等义务。对于首次公开发行股票的公司,保荐人持续督导的期间为证券上市当年剩余时间及其后两个完整会计年度。如果属于上市公司发行新股,保荐人持续督导的期间为证券上市当年剩余时间及其后一个完整会计年度。

3. 上市审核

按照上海证券交易所《股票上市规则》,上交所设立上市委员会对上市申请进行审议,作出独立的专业判断并形成审核意见。上交所根据上市审核委员会的审核意见,作出是否同意上市的决定。需要说明的是,符合《证券法》第50条规定的上市条件只是在交易所上市的必备条件,并不保证发行人符合上述条件时,其上市申请一定能够获得交易所的同意。交易所有自由裁量权。对于交易所不予上市的决定,申请人可以申请复议一次。

交易所对上市申请的审核决定在收到发行人提交的全部申请文件后7个交易日内作出并通知发行人。出现特殊情况时,证券交易所可以暂缓作出是否同意上市的决定。

4. 签署上市协议

股票上市交易申请经交易所审核同意后,发行人应当与交易所签署上市协议。上市协议主要包括以下内容:(1)上市费用的项目和数额;(2)双方的权利与义务;(3)公司证券事务负责人;(4)上市公司定期报告、临时报告的报告程序;(5)股票停牌事宜;(6)协议双方违反上市协议的处理;(7)仲裁条款等。

5. 股票上市公告

签订上市协议后,拟上市公司应当在规定的期限内(目前为股票上市5日前)公告股票上市的有关文件,包括上市公告书、上市保荐书、法律意见书等,并将这些文件置备于指定场所供公众查阅。提出上市申请期间,未经交易所同意,拟上市公司不得披露有关上市申请的信息。

按照中国证监会发布的《公开发行证券的公司信息披露内容与格式准则第7号—股票上市公告书》,上市公告书中除说明即将挂牌股票的上市地点、简称、代码、核准文号外,还要介绍发行人基本情况、股票发行与股本结构、董事高管及核心技术人员、同业竞争与关联交易、财务会计资料等,并附有董事会的上市承诺和上市推荐人的意见。

三、暂停上市

暂停上市是指上市公司出现了《证券法》第55条所列的情况之一,由证券交易所决定暂停其股票上市交易。这些情况包括:

(1)公司股本总额、股权分布等发生变化不再具备上市条件;

(2)公司不按规定公开其财务状况,或者对财务会计报告作虚假记载,可能误导投资者;

(3)公司有重大违法行为;

(4)公司最近三年连续亏损;

(5)证券交易所上市规则规定的其他情形,如未能按期披露定期报告,经交易所给予一定时间的宽限后仍未披露的。

实践中,为了给投资者必要的预警,上海、深圳证券交易所在上市公司连续2年亏损后,或者因违法违规行为未在规定期限内改正后,对相关上市公司实行退市风险警示,股票简称前标注"ST",并且实行5%的日涨跌幅限制。

股票暂停上市只是一种短期内的状态,其结果有二:

其一,如果上市公司在交易所规定的期限内对《证券法》第55条下的情形进行了改正或者补救,满足了股票上市的条件,可以向交易所提出恢复上市的申请,并由具有恢复上市保荐资格的证券公司出具恢复上市保荐书。经交易所审查核准后,股票恢复上市交易。

其二,上市公司未能在交易所规定的期限内对《证券法》第55条下的情形进行改正或者补救,则股票终止上市交易。

四、终止上市

从广义上说,终止上市又称"退市",指上市公司股票终止在证券交易所挂牌交易。根据退市发生的缘由,退市可分为自愿退市与强制退市。前者指公司基于特定原因而由股东大会决议终止股票挂牌交易,后者是指公司因发生法定退市事由而被迫终止交易。

狭义的终止上市仅指强制退市。这也是我国《证券法》下的终止上市的含义。按照《证券法》第56条,上市公司有下列情形之一的,由证券交易所决定终止其股票上市交易:

(1) 公司股本总额、股权分布等发生变化不再具备上市条件,在证券交易所规定的期限内仍不能达到上市条件;

(2) 公司不按照规定公开其财务状况,或者对财务会计报告作虚假记载,且拒绝纠正;

(3) 公司最近三年连续亏损,在其后一个年度内未能恢复盈利;

(4) 公司解散或者被宣告破产;

(5) 证券交易所上市规则规定的其他情形。

按照现行证券交易所上市规则,公司股票被终止上市后将转入代办股份转让系统,以便股票持有人有机会转让股票。即将退市的公司需要与一家具有代办股份转让资格的证券公司(以下简称"代办机构")签订代办股份转让协议,委托其提供代办股份转让服务,并授权其办理证券登记结算系统股份退出登记、股份重新确认以及代办股份转让系统股份登记结算等事宜。

第三节 股票交易规则

在日常生活中,商品买卖通常是在一对一的买卖对家之间讨价还价进行。在证券市场挂牌交易的证券则不同,其特点是在有组织的市场框架中进行的集中竞价交易,而且在现代技术条件下多采用无纸化交易形式。因此,证券交易的过程比普通买卖活动复杂得多,需要遵守交易所在市场的一套特殊的交易规则。不同交易所的交易规则不完全一致,其中的法律关系的性质也略有不同。这里主要以上海证券交易所为例,简要介绍股票上市交易的基本规则。

一、交易市场的组织结构

1. 交易组织形式

(1) 交易所

证券交易所为证券集中交易提供交易场所及设施。交易场所及设施由交易主机、交易大厅、参与者交易业务单元、报盘系统及相关的通信系统等组成,并与交易所会员在全国各地的营业部的电脑网络相连接。根据《证券法》的要求,证券交易所应当为组织公平的集中交易提供保障,公布证券交易即时行情,并按交易日制作证券市场行情表,予以公布。

(2) 证券公司

我国的证券交易所实行会员制,只有会员或交易所认定的其他机构才有权入场交易。证券公司加入交易所成为其会员后,须向交易所申请取得相应的交易席位和交易权,成为"交易参与人"。这样就可以自营股票交易,也可以接受普通投资者的委托入场买卖股票。

(3) 证券登记结算机构

证券登记结算机构是为证券交易提供集中登记、存管与结算服务的专业机构。在我国,中国证券登记结算公司是中国证监会批准设立的、不以营利为目的的法人,下设上海分公司、深圳分公司,分别为两个证券交易所提供登记结算服务,具体负责证券账户的设立、证券的存管和过户、证券持有人名册登记、上市证券交易的清算和交收等,并接受与上述业务有关的查询。

2. 交易时间

我国证券交易所的交易时间为每周一至周五开市,每日分前、后两市,上午9:30至11:30为前市,下午1:00至3:00为后市,法定假日不开市。

交易市场开市后,因突发性事件而影响证券交易的正常进行时,交易所可以采取技术性停牌的措施;因不可抗力的突发性事件或者为维护证券交易的正常秩序,交易所可以决定临时停市。交易所的相关决定必须及时报告中国证监会。

在技术性停牌或者临时停市决定宣布之前已成交的股票买卖,仍然有效。

二、证券交易的开户登记

1. 一般程序

普通投资人进入证券市场买卖股票,必须首先办理开户登记,包括开立证券账户和资金账户,取得股东代码。开户登记实行实名制,由投资者持中国公民身份证或者中国法人的合法证件到证券公司营业部办理。证券公司对委托人的名册登记和开户事项负有保密的责任,未经委托人许可不得披露。

2. 投资人与证券公司之间的委托协议

由于交易所的会员交易的特点,投资人无法自己入场交易,必须与作为交易所会员的证券公司签订委托交易的协议,委托证券公司代为进场买卖股票、债券。投资人成为证券公司的客户或委托人。

对于证券公司与客户之间关系的法律性质,目前尚有争议。传统上认为它属于"行纪合同"或"经纪合同",即受托人以自己的名义进行交易,由委托人承担交易的结果。但这种解释仅适用于传统的交易形态,即经纪人代客户完成下单、交易、证券过户、资金交割、证券与资金的保管等全部活动,客户完全隐藏在经纪人背后,在交易所的系统中没有自己的独立身份,因此符合"受托人以自己名义进行交易,委托人承担交易后果"的特征。然而,在现代电子技术支持下的交易制度中,一部分交易环节(如证券的持有、过户)是以客户自己的名义进行的,并不完全符合"行纪合同"的特征。

实务中,人们为了避免陷入法律定性上的困惑,往往在客户与证券公司之间签订数个合同,如证券交易委托代理协议、指定交易协议、网上委托协议书等,把证券公司为客户提供的不同类型的服务分解开来,分别用合同形式确定每一类业务中投资人与证券公司各自的权利义务。

3. 证券账户

投资人开设了证券账户后,取得证券账户卡或股票账户卡。围绕着证券账户,形成了股民、证券公司、证券登记结算公司三者之间的法律关系。

我国实行证券直接持有体系,证券登记结算公司直接为股民设立证券账户,进行证券持有人名册登记以及证券的存管和过户,因此,学理上一般认为,证券账户代表着股民与证券登记结算公司之间建立了一种法律关系。

当然,实践中,股民并没有直接到证券登记结算公司开立证券账户,而是向证券公司营业部提交开户申请。根据《中国证券登记结算有限责任公司证券账户管理规则》,证券公司接受证券登记结算公司的委托,作为登记结算公司的代理机构受理股民的开户申请资料,办理开户事宜。同时,证券公司营业部也保存着客户证券账户的记录,并在每个交易日按照登记结算公司的清算结果调整相应的记录,进行账户管理。

4. 资金账户

《证券法》第139条规定:"证券公司客户交易结算资金应当存放在商业银行(以下简称存管银行),以每个客户的名义单独立户管理。"实务中的操作方式称为"客户证券交易资金第三方存管制度"。具体做法如下:投资人与证券公司、存管银行签订一份三方资金存管协议,投资人一方面在证券公司处开设证券资金台账,另一方面在存管银行(它通常是投资人结算账户的开户银行)开设证券交易资金管理账户,与前述的证券资金台账对应。证券公司管理的证券资金台账只是交易记录,没有实物资金。实物资金保存在证券交易资金管理账户中,由银行按照证券公司发出的清算交收指令进行划拨,不得提取现金。投资人自己需要提取资金时,必须先从证券交易资金管理账户中把资金转到普通的银行结算账户中,然后再提款。

这种设计的目的,在于引入银行对客户交易结算资金的监管制度,防范证券公司挪用投资人的交易结算资金。前些年,由于客户交易结算资金都存在证券公司的账户中,证券公司挪用客户资金进行股票承销、新股申购或者其他理财活动,因发生重大损失而无法归还,一度造成证券行业系统性风险。因此,2005年《证券法》修改时特别引入了客户交易资金第三方存管制度。

三、委托申报

投资人委托证券公司买卖股票,可以采取柜台委托的方式,也可以采取自助委托(即利用营业部大厅内的自助委托机报单)、电话委托或网上委托等方式。在现代技术条件下,后三种委托方式都是由投资人自己完成的,通过使用股东卡以及密码验证进入开户证券公司的委托报价系统,下达买卖指令。

一份完整的委托报价包括下列内容:证券账号(或股东代码)、股票代码、买进或卖出、数量、出价方式及价格的幅度、委托的有效期限。其中,出价方式分市价委托和限价委托。市价委托是委托人指令按交易市场当时的价格买进或卖出股票,证券商有义务以最有利的价格为委托人成交。限价委托是委托人指令按限定的价格买进或卖出股票,证券商在执行时,必须按限价或低于限价买进股票,按限价或高于限价卖出股票。委托报价的有效期一般为当日有效,即从委托之时起,到当日证券交易所营业终了的时间内有效。

目前我国尚未放开股票信用交易和股票的买空卖空。因此,投资人委托买入股票时,证券资金账户中必须有委托买入所需的全额款项;委托卖出股票时,其证券账户中须有足额的股票。实践中,证券公司的电脑系统对证券账户和资金账户实行前端控制,如果资金或股票不足,委托指令不会被接受。

四、成交规则

我国证券市场交易按价格优先、时间优先的原则竞价成交。

1. 竞价

根据现行证券交易规则,竞价交易分集合竞价和连续竞价两种方式。

集合竞价是指交易所主机将规定时间内接受的多宗买卖申报一次性集中撮合的竞价方式。例如,上海证券交易所每个交易日 9:15 至 9:25 为开盘集合竞价阶段,每只股票最终产生的一个价格作为当天的开盘价。这也是当日该股票的第一笔成交价格,集合竞价阶段所有符合成交条件的申报都按照这一价格成交。

连续竞价是指交易所主机对买卖申报逐笔连续撮合的竞价方式,这是正常交易时段内采用的竞价方式。上海、深圳两个交易所每日在 9:30 之后进入连续竞价阶段。集合竞价期间未成交的买卖申报,自动进入连续竞价。

2. 成交原则

证券竞价交易按照价格优先、时间优先的原则撮合成交。

成交时价格优先的原则为:较高价格买入申报优先于较低价格买入申报,较低价格卖出申报优先于较高价格卖出申报。

成交时时间优先的原则为:买卖方向、价格相同的,先申报者优先于后申报者。先后顺序按交易所主机接受申报的时间来确定。

3. 交易结果的确认与撤销

买卖申报经交易所主机撮合成交后,交易即告成立。买卖双方必须承认交易结果,履行清算交收义务。原则上,任何一方不能以操作错误(如填错了股票代码、买卖方向或者报价)为由,撤销已经被交易所主机撮合成交的交易。这是证券市场集中交易的一个特点,与通常的一对一买卖交易不同。我国《证券法》第 120 条规定,"按照依法制定的交易规则进行的交易,不得改变其交易结果。对交易中违规交易者应负的民事责任不得免除;在违规交易中所获利益,依照有关规定处理。"

不过,上交所在其《股票交易规则》保留了对于特殊情况造成的市场系统性失灵进行特殊处理权力。例如,因不可抗力、意外事件、交易系统被非法侵入等原因造成严重后果的交易,上交所可以采取适当措施或认定无效;对显失公平的交易,经交易所认定并经理事会同意,可以采取适当措施,并向证监会报告;违反交易规则,严重破坏证券市场正常运行的交易,交易所有权宣布取消,由此造成的损失由违规交易者承担。

投资人的委托如未能全部成交,在委托有效期内可继续执行,直至有效期结束。在委托未成交之前,投资人有权变更和撤销委托。

五、交易结算

1. 结算程序

股票买卖的集中竞价交易方式,导致买卖合同成交与履行分离:交易所开市时间内的"成交"只是成立了交易合同,证券与资金的交付要通过每日闭市后的交易结算程序来完成。买方需交付一定款项获得所购证券,卖方需交付一定证券获得相应价款。在这一钱货两清的过程中,证券的收付称为交割,资金的收付称为交收。

证券交易结算包括两个环节:一是清算,二是证券交割与资金交收。在清算环节中,证券登记结算公司接收证券交易所当日交易成交数据,按照净额结算原则对每个证券公司成交(买进、卖出)的证券数量与价款分别予以轧抵,计算出证券和资金的应收或应付净额。然后,各证券公司再根据证券清算的结果,在规定的时间内办理证券交割与资金交收。

2. 证券的过户登记

由于我国采用证券直接持有体系,投资者在证券登记结算公司以自己的名义开立证券账户,因此,证券登记结算公司在每日闭市后,根据交易所传来的交易结果,直接对买入股票或卖出股票的投资者的证券账户进行登记,完成证券的过户。

3. 资金的二级结算

证券交易资金实行二级结算:首先是证券公司与证券登记结算公司之间的净额结算,其次是证券公司和客户之间的结算。各证券公司均须在证券登记结算公司指定的银行开设结算账户,并保持必要的余额。每个交易日终了,证券公司接收到登记结算公司的清算结果和结算指令后,一方面办理与证券结算公司之间的交收,另一方面办理与自己客户之间的结算。

目前,我国证券登记结算公司与证券公司之间的资金结算实行"T+1日交收"制度,即证券公司当日(T日)清算确定的应付净额须于次日(T+1日)下午17:00之前划拨给登记结算公司,证券公司当日应收净额则由证券登记结算公司在次日17:00之前划到证券公司的账户中。

4. 证券登记结算公司作为中央交收对手

在我国目前实行的证券结算方式中,中国证券登记结算公司是参与市场交易的各会员券商的中央交收对手。每家证券公司都以证券登记结算公司为对手办理清算与交割、交收,投资者则由证券经纪商代为办理清算、交割、交收。各证券公司之间、进行买卖的投资者之间均不存在相互清算、交割、交收问题。

这样的制度设计,一方面是因为证券市场的集中竞价撮合交易,投资人并不知道自己的买卖对家是谁;另一方面也是为了避免因某一投资人或会员券商无法足额交付资金或证券时,引发市场的连锁反应。由证券登记结算公司作为所有交易参与者的合同履行对手,就可以隔离单个交易人违约的风险,维护证券市场的运行秩序。

从某种意义上说,证券登记结算公司作为中央交收对手,承担了担保交收的责任,其自身的履约能力对于维护整个证券交易市场的秩序至关重要。为此,我国《证券法》第167条、第168条特别规定了对证券登记结算公司的保障措施:(1)证券登记结算公司应当要求结算参与人提供交收担保,且在交收完成之前,任何人不得动用用于交收的证券、资金和担保物。(2)证券登记结算机构按照业务规则收取的、存放于专门的清算交收账户中的各类结算资金和证券,不得被强制执行。

六、停牌与复牌

停牌是指由于发生法律规定的事件,上市公司的股票暂停交易。复牌是指停牌的上市公司股票恢复交易。上市公司股票的停复牌,原则上由上市公司向证券交易所申请,并说明理由、计划停牌时间和复牌时间,对于不能决定是否申请停牌的情况,应及时报告证券交易所。证券交易所可根据实际情况决定股票及其衍生品种的停复牌。

停牌可分为例行停牌或因突发情形而停牌。

例行停牌的事由往往与常规信息披露有关,通过停牌给市场一个消化信息的时间。如公司于交易日公布中期报告、年度报告、临时报告,或者召开股东大会等。上海证券交易所《股票上市规则》对于上市公司各种例行停牌事由下的停牌与复牌时间都作出了明确规定。例如,上市公司于交易日披露年度报告的,公司股票及其衍生品种应当自当日上午开市时起停牌,10:30复牌。再如,上市公司于交易时间召开股东大会的,公司股票及其衍生品种应当自股东大会召开当日起停牌,直至披露股东大会决议公告的当日上午开市时复牌;如果股东大会决议公告的内容涉及否决提案的,直至披露公告的当日上午10:30复牌。股东大会决议公告披露日为非交易日的,则在公告披露后的第一个交易日开市时复牌。

因突发情形而停牌,比较常见的情形有:(1)公共传媒中出现上市公司尚未披露的重大信息,可能或者已经对公司股票及其衍生品种的交易价格产生较大影响的,公司股票及其衍生品种停牌,直至公司披露相关公告的当日上午10:30复牌。公告披露日为非交易日的,则在公告披露后的第一个交易日开市时复牌。(2)上市公司股票交易出现异常波动的,交易所对公司股票及其衍生品种应当停牌,直至公司披露相关公告的当日上午10:30复牌。(3)上市公司在财务报表、公司运作和信息披露等方面涉嫌违法,受到调查或者责令改正而未改时,交易所采取停牌措施等。

第四节　上市公司的持续信息披露

一、上市公司持续信息披露的含义与作用

股票上市后,上市公司应履行持续信息披露义务,按法律、法规和证券交易所的要求,公布定期报告和临时报告。其中,定期报告按

照《证券法》的规定包括年度报告和中期报告。中国证监会的监管规章中还要求上市公司披露季度报告。临时报告是上市公司因发生重大事件,如召开股东大会作出决议、公司收购、出售重大资产等,需要及时向证券市场披露所采取的报告形式。

上市公司持续信息披露的意义主要有两个方面:

第一,为证券市场合理估价公司股票提供信息,便利投资人作出相关的决策。公司股票一旦发行,除非出现《公司法》规定的回购情形,否则股东是无法要求公司偿还股票投资的金额,只能通过证券市场转让。转让价格取决于公司的价值,它是市场各方参与者通过对公司的资产状况、盈利能力、未来发展前景等方面信息进行综合分析基础上得出的。因此,上市公司的持续信息披露构成了股票价格的基础。虚假的信息披露也会扭曲股票的价格。

第二,对上市公司管理层的经营活动进行监管。通过要求上市公司定期披露公司经营情况,并且在发生重大事件时及时披露相关信息,可以在一定程度上约束上市公司的管理层的利己主义行为。信息披露制度也成为各国证券监管制度的核心内容。

二、定期报告的披露

定期报告的主要内容为上市公司在本期间的经营和管理情况。

1. 年度报告

按照《证券法》第 66 条的规定,上市公司和公司债券上市交易的公司,应当在每一会计年度结束之日起 4 个月内,向国务院证券监督管理机构和证券交易所报送年度报告,并予公告。

年度报告的主要内容包括:

(1) 公司基本情况;

(2) 主要会计数据和财务指标;

(3) 公司股票、债券发行及变动情况,报告期末股票、债券总额、股东总数,公司前 10 大股东持股情况;

(4) 持股 5% 以上股东、控股股东及实际控制人情况;

(5) 董事、监事、高级管理人员的任职情况、持股变动情况、年度报酬情况;

（6）董事会报告；

（7）管理层讨论与分析；

（8）报告期内重大事件及对公司的影响；

（9）财务会计报告和审计报告全文；

（10）中国证监会规定的其他事项。

按照《公司法》《证券法》的要求，上市公司的年度财务报表必须经过注册会计师审计。因此，年度报告附录中包括注册会计师的审计报告、经过审计的财务报表，以及对财务报表中重要项目进行解释说明的附注。

为了规范年度报告的信息披露，中国证监会根据《公司法》和《证券法》及相关法规规章，发布了《公开发行证券的公司信息披露内容与格式准则第2号〈年度报告的内容与格式〉》（目前的版本为2005年修订本），上市公司应当按照该准则的规定编制年度报告。

上市公司的年度报告除报送证监会及公司股票上市的证券交易所外，还应备置于公司所在地、证券交易所、有关证券公司营业网点，以供股东和投资者查阅。此外，公司还应当将年度报告摘要刊登在至少一种由中国证监会指定的全国性报刊上。

2. 中期报告

按照《证券法》第65条的规定，上市公司应当在每一会计年度的上半年结束之日起2个月内，向国务院证券监督管理机构和证券交易所报送中期报告，并予公告。

中期报告的主要内容包括：

（1）公司基本情况；

（2）主要会计数据和财务指标；

（3）公司股票、债券发行及变动情况、股东总数、公司前10大股东持股情况，控股股东及实际控制人发生变化的情况；

（4）管理层讨论与分析；

（5）报告期内重大诉讼、仲裁等重大事件及对公司的影响；

（6）财务会计报告；

（7）中国证监会规定的其他事项。

中期报告中的财务会计报表可以不经过审计。但是,如果上市公司拟在下半年进行利润预分配,或者提出发行新股等再融资申请的,其半年度财务报表必须由注册会计师审计。

为规范上市公司的中期报告编制与披露,中国证监会发布了《公开发行股票公司信息披露的内容与格式准则第3号〈半年报的内容与格式〉》,提出了许多具体要求。

3. 季度报告

根据中国证监会2006年发布的《上市公司信息披露管理办法》,季度报告应当记载以下内容:(1)公司基本情况;(2)主要会计数据和财务指标;(3)中国证监会规定的其他事项。

由于上市公司在第2季度末要编制中期报告,第4季度末要编制年度报告,因此实际编制季度报告只有两个季度,即1季度和3季度。按照监管规则的要求,上市公司应当在每个会计年度的第3个月、第9个月结束后的1个月内编制完成并披露。实践中,上市公司的年度报告与下一年度的第1季度报告的披露截止日相同,都是4月30日。为了避免出现年度报告内容间接通过次年第1季度报告泄露、从而无法得到全面、准确反映的情形,监管规则要求上市公司披露次年第1季度报告的时间不得早于上年年度报告的披露时间。

三、临时报告的披露

根据《证券法》第67条的规定,发生可能对上市公司股票交易价格产生较大影响的重大事件,投资者尚未得知时,上市公司应当立即将有关该重大事件的情况向国务院证券监督管理机构和证券交易所报送临时报告,并予公告,说明事件的起因、目前的状态和可能产生的法律后果。

上市公司发生的下列情况构成"重大事件":

(1)公司的经营方针和经营范围的重大变化;

(2)公司的重大投资行为和重大的购置财产的决定;

(3)公司订立重要合同,可能对公司的资产、负债、权益和经营成果产生重要影响;

（4）公司发生重大债务和未能清偿到期重大债务的违约情况；

（5）公司发生重大亏损或者重大损失；

（6）公司生产经营的外部条件发生的重大变化；

（7）公司的董事、1/3以上监事或者经理发生变动；

（8）持有公司5%以上股份的股东或者实际控制人，其持有股份或者控制公司的情况发生较大变化；

（9）公司减资、合并、分立、解散及申请破产的决定；

（10）涉及公司的重大诉讼，股东大会、董事会决议被依法撤销或者宣告无效；

（11）公司涉嫌犯罪被司法机关立案调查，公司董事、监事、高级管理人员涉嫌犯罪被司法机关采取强制措施；

（12）国务院证券监督管理机构规定的其他事项。

此外，证券交易所的上市规则要求上市公司在发生收购、重大关联交易、公司更换为其审计的会计师事务所、股东大会或董事会的决定被法院依法撤销等事件时，履行临时报告义务。当新颁布的法规或政策可能对公司的经营有显著影响，或者股票价格出现异常波动时，交易所也会要求上市公司及时对公众进行说明。

四、信息披露的基本要求

1. 披露内容要求

上市公司进行信息披露，必须符合真实、准确、完整的原则，不得有虚假记载、误导性陈述或者重大遗漏。上市公司董事、高级管理人员应当对公司定期报告签署书面确认意见。上市公司监事会应当对董事会编制的公司定期报告进行审核并提出书面审核意见。

2. 披露形式要求

上市公司及其他信息披露义务人依法披露信息，应当将公告文稿和相关备查文件报送证券交易所登记，并在中国证监会指定的媒体发布。同时，上市公司须将公告文稿和相关备查文件报送上市公司注册地的证监局，并置备于公司住所供社会公众查阅。

信息披露义务人在公司网站及其他媒体发布信息的时间不得先于指定媒体发布的时间，不得以新闻发布或者答记者问等任何形式代替应当履行的报告、公告义务,不得以定期报告形式代替应当履行的临时报告义务。

信息披露文件应当采用中文文本。同时采用外文文本的,信息披露义务人应当保证两种文本的内容一致。两种文本发生歧义时,以中文文本为准。

第五节 禁止的股票交易行为

一、禁止买卖股票的情况

根据我国《公司法》《证券法》的有关规定,在下列情况下禁止买卖股票:

(1) 证券交易所、证券公司、证券登记结算机构从业人员、证券监督管理机构工作人员和法律、行政法规禁止参与股票交易的其他人员,在任期或者法定限期内,不得直接或者以化名、借他人名义持有、买卖股票,也不得收受他人赠送的股票。任何人在成为上述人员时,其原已持有的股票必须依法转让。

(2) 为股票发行出具审计报告、资产评估报告、法律意见书等文件的专业机构和人员,在该股票承销期内和期满6个月内,不得买卖该股票。

(3) 为上市公司出具审计报告、资产评估报告、法律意见书等文件的专业机构和人员,自接受上市公司委托之日起至上述文件公开后的5日内,不得买卖该种股票。

(4) 发起人持有的本公司股份,自公司成立之日起1年内不得转让。公司公开发行股份前已发行的股份,自公司股票在证券交易所上市交易之日起1年内不得转让。

(5) 公司董事、监事、高级管理人员所持本公司股份,自公司股票上市交易之日起1年内不得转让;任职期间每年转让的股份不得超过其所持有本公司股份总数的25%;离职后半年内,不得转让其所持有的本公司股份。

(6) 上市公司的董事、监事、高级管理人员和持有公司5%以上股份的股东,将其所持有的公司股票在买入后6个月内卖出或在卖出后6个月内买入,由此获得的收益归该公司所有。此种收益又称为"短线收益",通常与内幕信息有关。

(7)除减少公司资本、与持有本公司股票的其他公司合并、用本公司股票奖励员工以及符合法定条件的异议股东股份回购外,上市公司不得回购自己的股票。

二、禁止内幕交易

1. 内幕交易的界定

内幕交易是指内幕人员以获取利益或者减少损失为目的,利用内幕信息进行证券发行、交易的活动。内幕交易包括下列行为:

(1)内幕人员利用内幕信息买卖证券或者根据内幕信息建议他人买卖证券;

(2)内幕人员向他人泄露内幕信息,使他人利用该信息进行内幕交易;

(3)非内幕人员通过不正当的手段或者其他途径获得内幕信息,并根据该信息买卖证券或者建议他人买卖证券;

(4)其他内幕交易行为。

内幕交易的实质是不公平地利用信息优势,先市场而动的交易行为,其获益模式通常表现为两种:或者是在好消息公布前买入股票以牟利,或者是坏消息公布前卖出股票而减少损失。在允许买空卖空股票交易的市场中,则可能是利用坏消息牟利。前新浪董事长姜丰年在美国被指控的内幕交易案,于新浪公布业绩不佳的财务报告前卖空股票,就属于这最后一种情形。

2. 内幕信息的界定

内幕信息是指为内幕人员所知悉的、涉及公司的经营、财务或者对该公司证券的市场价格有重大影响的尚未公开的信息,包括:

(1)公司的经营方针和经营范围发生重大变化;

(2)公司的重大投资行为和重大的购置财产的决定;

(3)公司订立重要合同,可能对公司的资产、负债、权益和经营成果产生重要影响;

（4）公司发生重大债务和未能清偿到期重大债务的违约情况；

（5）公司发生重大亏损或者重大损失；

（6）公司的生产经营的外部条件发生的重大变化；

（7）公司的董事、1/3以上的监事或者经理发生变动；

（8）持有公司5%以上的股份的股东或者实际控制人，其持有股份或者控制公司情况发生较大变化；

（9）公司减资、合并、分立、解散及申请破产的决定；

（10）涉及公司的重大诉讼，股东大会、董事会决议被依法撤销或者宣告无效；

（11）公司涉嫌犯罪被司法机关立案调查，公司董事、监事、高级管理人员涉嫌犯罪被司法机关采取强制措施；

（12）公司的分派股利或者增资计划；

（13）公司股权结构的重大变化；

（14）公司债务担保的重大变更；

（15）公司营业用主要资产的抵押、出售或者报废一次超过该资产的30%；

（16）公司的董事、监事、高级管理人员的行为可能依法承担重大损害赔偿责任；

（17）上市公司收购的有关方案；

（18）中国证监会认定的对证券交易价格有显著影响的其他重要信息。

内幕信息不包括运用公开的信息和资料，对证券市场作出的预测和分析。

3. *知情人员的界定*

知悉证券交易内幕信息的知情人员包括：

（1）发行人的董事、监事、经理及有关的高级管理人员；

（2）持有公司5%以上股份的股东及其董事、监事、高级管理人员，公司的实际控制人及其董事、监事、高级管理人员；

（3）发行人控股的公司及其董事、监事、高级管理人员；

（4）由于所任公司职务可以获取公司有关内幕信息的人员；

（5）证券监督管理机构工作人员以及由于法定的职责对证券的

发行、交易进行管理的其他人员;

(6)担任保荐、承销工作的证券公司、证券交易所、证券登记结算机构、证券服务机构的有关人员;

(7)中国证监会规定的有关人员。

4. 从事内幕交易的法律责任

目前我国对内幕交易行为主要追究行政责任和刑事责任。

(1)行政责任

根据《证券法》,证券交易内幕信息的知情人或者非法获取内幕信息的人,在涉及证券的发行、交易或者其他对证券的价格有重大影响的信息公开前,买卖该证券,或者泄露该信息,或者建议他人买卖该证券的,责令依法处理非法持有的证券,没收违法所得,并处以违法所得1倍以上5倍以下的罚款;没有违法所得或者违法所得不足3万元的,处以3万元以上60万元以下的罚款。单位从事内幕交易的,还应当对直接负责的主管人员和其他直接责任人员给予警告,并处以3万元以上30万元以下的罚款。

证券监督管理机构工作人员进行内幕交易的,从重处罚。

(2)刑事责任

根据《刑法》第180条,内幕人员和以不正当手段或者其他途径获得内幕信息的其他人员,在涉及证券的发行、交易或者其他对证券的价格有重大影响的信息尚未公开前,买入或者卖出该证券,或者泄露该信息,情节严重的,处5年以下有期徒刑或者拘役,并处或者单处违法所得1倍以上5倍以下罚金;情节特别严重的,处5年以上10年以下有期徒刑,并处违法所得1倍以上5倍以下罚金;单位犯前款罪的,对单位判处罚金,并对其直接负责的主管人员和其他直接责任人员,处5年以下有期徒刑或者拘役。

三、禁止操纵证券交易市场

1. 操纵证券交易市场的界定

操纵证券交易市场的行为是任何单位或者个人背离市场自由竞争和供求关系原则,人为地操纵证券价格,以诱使他人参与证券交易,为自己牟取私利、扰乱证券市场秩序的行为。

常见的操纵方式主要有：

（1）单独或者合谋，集中资金优势、持股优势或者利用信息优势联合或者连续买卖，操纵证券交易价格或者证券交易量；

（2）与他人串通，以事先约定的时间、价格和方式相互进行证券交易或者相互买卖并不持有的证券，影响证券交易价格或证券交易量；

（3）在自己实际控制的账户之间进行证券交易，影响证券交易价格或者证券交易量；

（4）以其他方法操纵证券交易价格。如利用电脑技术，侵入证券公司主机修改交易指令，人为地压低或者抬高证券价格；或者上市公司与市场主力配合，适机发布消息操纵本公司的股票价格等。

2. 操纵证券交易的法律责任

目前对操纵证券交易行为追究的法律责任主要是行政责任与刑事责任。

（1）行政责任

根据《证券法》，对于操纵证券市场的，由证券监管机关责令依法处理其非法持有的证券，没收违法所得，并处以违法所得1倍以上5倍以下的罚款；没有违法所得或者违法所得不足30万元的，处以30万元以上300万元以下的罚款。单位操纵证券市场的，还应当对直接负责的主管人员和其他直接责任人员给予警告，并处以10万元以上60万元以下的罚款。

对于证券公司、证券交易场所以及其他从事证券业的机构有操纵市场行为的，还可以根据不同情况，单处或者并处警告，限制或者暂停证券公司、证券交易场所及其他从事证券业的机构一定时期内从事证券业务，或者撤销上述机构证券经营业务许可或从事证券业务的许可。

（2）刑事责任

操纵证券交易情节严重的，根据《刑法》第182条，处5年以下有期徒刑或者拘役，并处或者单处罚金；情节特别严重的，处5年以上10年以下有期徒刑，并处罚金。单位犯该罪的，对单位判处罚金，对直接负责的主管人员和其他直接责任人员依照前述规定处罚。

四、禁止虚假陈述

1. 虚假陈述的界定

虚假陈述是指对证券发行、交易及其相关活动的事实、性质、前景、法律等事项作出不实、严重误导或者含有重大遗漏的、任何形式的虚假陈述或者诱导,致使投资者在不了解事实真相的情况下作出证券投资决定的行为。

根据违法行为主体的不同,虚假陈述包括:

(1) 发行人、上市公司在公开披露的招股说明书、上市公告书、公司报告及其他文件中作出虚假陈述;

(2) 证券交易所、证券公司、证券登记结算公司、证券服务机构及其从业人员,证券业协会、证券监管机关及其工作人员,在证券交易中作出的虚假陈述或者信息误导;

(3) 其他人员,如媒体从业人员、国家工作人员或其他人员等编造、传播虚假信息,扰乱证券市场的行为。

2. 虚假陈述的法律责任

虚假陈述的法律责任包括行政责任、刑事责任与民事责任。

(1) 行政责任

根据《证券法》和有关行政法规的规定,从事虚假陈述要承担以下行政法律责任:

发行人、上市公司或者其他信息披露义务人未按照规定披露信息,或者所披露的信息有虚假记载、误导性陈述或者重大遗漏的,由证券监督管理机构责令改正,给予警告,处以3万元以上60万元以下的罚款。对直接负责的主管人员和其他直接责任人员给予警告,并处以3万元以上30万元以下的罚款。控股股东、实际控制人指使从事违法行为的,依照前述规定处罚。

证券交易所、证券公司、证券登记结算公司、证券服务机构及其从业人员,证券业协会、证券监管机关及其工作人员,在证券交易中作出的虚假陈述或者信息误导的,责令改正,处以3万元以上20万元以下的罚款。属于国家工作人员的,还应当依法给予行政处分。

其他人员编造、传播虚假信息,扰乱证券市场的,由证券监督管理机构责令改正,没收违法所得,并处以违法所得 1 倍以上 5 倍以下的罚款;没有违法所得或者违法所得不足 3 万元的,处以 3 万元以上 20 万元以下的罚款。

(2) 刑事责任

根据《刑法》第 161 条,依法负有信息披露义务的公司、企业向股东和社会公众提供虚假的或者隐瞒重要事实的财务会计报告,或者对依法应当披露的其他重要信息不按照规定披露,严重损害股东或者其他人利益的,对其直接负责的主管人员和其他直接责任人员,处 3 年以下有期徒刑或者拘役,并处或者单处 2 万元以上 20 万元以下罚金。

根据《刑法》第 181 条的规定,编造并且传播影响证券交易的虚假信息,扰乱证券交易市场,造成严重后果的,处 5 年以下有期徒刑或者拘役,并处或者单处 1 万元以上 10 万元以下罚金。其中,证券交易所、证券公司及其从业人员,证券业协会、证券监管机关及其工作人员故意提供虚假信息,或者伪造、变造、销毁交易记录,诱骗投资者买卖证券,造成严重后果的,处 5 年以下有期徒刑或拘役,并处或者单处 1 万元以上 10 万元以下罚金;情节特别恶劣的,处 5 年以上 10 年以下有期徒刑,并处 2 万元以上 20 万元以下罚金。单位犯前述罪行的,对单位判处罚金,并对直接负责的主管人员和其他直接责任人员处以 5 年以下有期徒刑或拘役。

(3) 民事责任

目前,追究虚假陈述民事责任主要针对信息披露义务人,包括发行人、上市公司及为证券发行、交易服务的证券公司和中介服务机构。适用的法律规则是最高人民法院 2002 年 12 月发布的《关于审理证券市场因虚假陈述引发的民事赔偿案件的若干规定》。有关内容可参见本书第十二章第五节之"四、虚假信息披露的法律责任"。

五、禁止欺诈客户

1. 欺诈客户的界定

欺诈客户是指证券公司、证券登记结算公司及其从业人员在证券发行、交易及相关活动中诱使投资者买卖证券以及其他违背客户真实意愿、损害客户利益的行为，包括：

（1）违背客户的委托为其买卖证券；

（2）不在规定时间内向客户提供交易的书面确认文件；

（3）挪用客户所委托买卖的证券或者客户账户上资金；

（4）未经客户允许，擅自为客户买卖证券，或者假借客户的名义买卖证券；

（5）为牟取佣金收入，诱使客户进行不必要的证券买卖；

（6）利用传播媒介或者通过其他方式提供、传播虚假货物误导投资者的信息；

（7）其他违背客户真实意志，损害客户利益的行为，如接受客户全权委托，或者承诺给客户保底收益等。

2. 欺诈客户的法律责任

欺诈客户的法律责任包括行政责任、刑事责任与民事责任。

（1）行政责任

证券公司违背客户的委托买卖证券、办理交易事项，或者违背客户真实意思表示，办理交易以外的其他事项的，责令改正，处以1万元以上10万元以下的罚款。

证券公司、证券登记结算机构挪用客户的资金或者证券，或者未经客户的委托，擅自为客户买卖证券的，责令改正，没收违法所得，并处以违法所得1倍以上5倍以下的罚款；没有违法所得或者违法所得不足10万元的，处以10万元以上60万元以下的罚款；情节严重的，责令关闭或者撤销相关业务许可。对直接负责的主管人员和其他直接责任人员给予警告，撤销任职资格或者证券从业资格，并处以3万元以上30万元以下的罚款。

证券公司办理经纪业务，接受客户的全权委托买卖证券的，或者证券公司对客户买卖证券的收益或者赔偿证券买卖的损失作出承诺的，责令改正，没收违法所得，并处以5万元以上20万元以下的罚款，可以暂停或者撤销相关业务许可。对直接负责的主管人员和其他直接责任人员给予警告，并处以3万元以上10万元以下的罚款，可以撤销任职资格或者证券从业资格。

（2）刑事责任

鉴于前些年证券公司挪用客户交易结算资金引发的证券行业系统性风险，全国人大常委会2006年6月通过的《刑法修正案》(六)增加了对挪用客户资金行为的刑事责任，作为《刑法》第185条之一款。证券公司、证券登记结算机构等金融机构，违背受托义务，擅自运用客户资金或者其他委托、信托的财产，情节严重的，对单位判处罚金，并对其直接负责的主管人员和其他直接责任人员，处3年以下有期徒刑或者拘役，并处3万元以上30万元以下罚金；情节特别严重的，处3年以上10年以下有期徒刑，并处5万元以上50万元以下罚金。

（3）民事责任

证券公司或证券登记结算机构实施欺诈客户行为，给投资者造成损失的，应当依法承担赔偿责任。

第六节 上市公司收购

一、上市公司收购概述

1. 上市公司收购的含义

上市公司收购，是指收购人通过在证券交易所的股份转让或其他方式，持有一个上市公司的股份达到一定比例，从而获得对该公司的实际控制权的行为。

收购上市公司是证券市场中最引人注目的事件，有时甚至引起收购与反收购的大战，如我国证券市场中出现的"宝安收购延中实业风波"等。收购方获得上市公司控制权的途径有多种。我国《证券法》第85条规定："投资者可以采取要约收购、协议收购及其他合法方式收购上市公司。"

2. 上市公司收购方式

要约收购，指收购方在证券市场中向全体股东发出购买股票的要约。当有足够多的股东接受要约时，收购方从后者手中买进上市公司的股票，完成对公司的收购。

协议收购,指收购方与被收购公司的股东(主要是大股东)达成协议,从后者手中取得相当比例的股份,实现对公司的收购。

3. 上市公司收购的利弊

公司收购是一种商业经营战略,收购方的目的可能是为了扩大经营规模、提高生产效率,或者为了调整营业方向或者市场范围,或者是为了减少竞争。有时,收购是出于财务性的目的。当上市公司管理层怠于现状,不思进取,导致公司资产效率不能充分发挥时,收购方通过在市场上买入足额股票,取得公司控制权,然后撤换原管理层,改善经营,从而提升公司价值。这也是证券市场的惩罚功能的体现。从这些方面看,公司收购是有积极作用的。

在我国,对上市公司的收购除了上述两方面的目的外,还有一种情形是借壳上市,即非上市企业首先收购上市公司,然后把自己的资产逐步置入上市公司中,从而实现上市的目的。

公司收购也伴随着一些负面影响,如大量裁员,正常经营中断,企业陷入动荡等。另外,如果公司盲目扩张而大肆收购,不仅不能提高效率,反而因无法整合被收购公司的资源而陷于财务困境,甚至走向破产。

二、对上市公司收购进行监管的必要性

在证券市场中,对上市公司的收购通常会引起公司股票价格的剧烈波动,对投资人的利益有很大影响。当收购方提出一个报价时,公众股东面临困难选择,究竟是接受收购方的出价还是应该要求更高的价格。如果缺乏充分的信息,公众股东很难作出判断。

上市公司股份的分散性也导致公众股东很难作出理性的反应。例如,对于一个未体现股份真实价值的收购出价,如果分散的股东能够联合起来作出集体决定的话,他们一定会拒绝这个收购方案。但由于股权分散化,信息交流存在障碍或成本巨大,人们普遍存在"搭便车"心理,因此很难达成这样的决议。结果,那些本来打算拒绝收购方案的股东担心在收购结束、股价回落后,自己反而丧失了获利的机会,从而不得不接受收购方案。这也就是收购对股东形成的"强迫性"。

为了保护证券市场投资人的利益,各国证券法都对上市公司收购进行严格监管,要求相关各方充分披露信息,便于股东作出决策。同时,证券法还对各种收购方式规定了必要的程序和步骤,减轻对公众股东的"强迫性",以保护公众投资人的利益。

三、收购预警制度

1. 含义

收购预警制度是对持有上市公司股份达到一定程度的公司或个人施加的信息披露义务,以提醒证券市场中的公众股东,公司控制权可能在未来会发生变化。

我国现行立法把收购预警的标准定为5%。根据《证券法》第86条,投资者通过证券交易所的证券交易,持有一个上市公司已发行的股份达到5%时,或者通过协议、其他安排与他人共同持有一个上市公司已发行的股份达到5%时,应当在该事实发生之日起3日内,向中国证监会、证券交易所作出书面报告,通知该上市公司,并予公告。

书面报告和公告的内容包括:(1)持股人的名称、住所;(2)持有的股票的名称、数额;(3)持股达到法定比例或者持股增减变化达到法定比例的日期。

2. 信息披露期的法律效果

持有上市公司股份达到5%的投资者,在上述报告及公告期限内,不得再行买卖该上市公司的股票。

此后,投资者所持该上市公司股份比例每增加或者减少5%,应当依照再次进行报告和公告。在报告期限内和作出报告、公告后2日内,不得再行买卖该上市公司的股票。

四、要约收购

1. 要约收购的特点

在要约收购中,收购人向上市公司全体股东发出收购全部股份或者部分股份的要约。由于它公开了收购人的收购意图,因此公司股价往往会迅速飙升,而且公司管理层也可能采取一些阻挠措施。

这一切都使得收购人提出的收购报价必须付出足够的溢价才可能对公众股东有吸引力。因此,对收购人来说,要约收购比协议收购的代价更高。不到万不得已,收购人并不希望进行要约收购。

但是,对于公众股东来说,正是由于要约收购的公开性和潜在的对抗性,最有利于实现公众股东利益的最大化。因此,我国《证券法》强制要求在收购者在达到一定的持股比例后必须采取要约收购的形式。

2. 要约收购的临界点

根据《证券法》第88条,投资者通过证券交易所的证券交易持有一个上市公司已发行的股份达到30%时,或者通过协议、其他安排与他人共同持有一个上市公司已发行的股份达到30%时,如果继续进行收购的,应当依法向该上市所有股东发出收购上市公司全部或者部分股份的要约。

3. 收购要约的报告与公告

收购人发出收购要约前,必须先向中国证监会报送上市公司收购报告书,并载明下列事项:

(1) 收购人的名称、住所;
(2) 收购人关于收购的决定;
(3) 被收购的上市公司名称;
(4) 收购目的;
(5) 收购股份的详细名称和预定收购的股份数额;
(6) 收购期限、收购价格;
(7) 收购所需资金额及资金保证;
(8) 报送上市公司收购报告书时持有被收购公司股份数占该公司已发行的股份总数的比例。

收购人还应当将上市公司收购报告书同时提交证券交易所。

中国证监会发现上市公司收购报告书不符合法律、行政法规规定的,应当及时告知收购人,收购人不得公告其收购要约。如果收购人在报送上市公司收购报告书之日起15日内没有收到证监会的异议函,就可以公告其收购要约。

4. 收购期限

按照现行立法,收购要约约定的收购期限不得少于 30 日,并不得超过 60 日。在此期间,收购人不得撤销其收购要约。收购人需要变更收购要约的,必须事先向中国证监会及证券交易所提出报告,经批准后,予以公告。

收购人在收购期限内,不得卖出被收购公司的股票,也不得采取要约规定以外的形式和超出要约的条件买入被收购公司的股票。

5. 对公众股东的公平保护

收购上市公司部分股份的收购要约应当约定,当被收购公司股东承诺出售的股份数额超过预定收购的股份数额时,收购人将按比例进行收购,公平对待所有股东。收购要约提出的各项收购条件,适用于被收购公司的所有股东。

五、协议收购

1. 协议收购的特点

在协议收购中,收购人依照法律法规的规定同被收购公司的股东达成协议,进行股份转让,以取得公司的控制权。

在我国以往的证券市场实践中,协议收购主要发生在收购人取得国有股、法人股等非流通股的情形下。由于非流通股占上市公司股权比例较大(在股权分置改革之前达 2/3),而且持股成本比较低,因此收购人可以以比较低的对价获得股份转让,进而取得公司的控制权。这也是我国证券市场中协议收购远远多于要约收购的原因。2005 年开始的股权分置改革使非流通股分期分批获得了流通权,廉价非流通股不复存在,协议收购方式的意义有所降低。

2. 报告与公告

收购人以协议方式收购上市公司时,与被收购公司股东达成协议后,必须在 3 日内将收购协议向中国证监会及证券交易所作出书面报告,并予公告。在公告前不得履行收购协议。

3. 协议收购转为要约收购

30% 的持股比例是要约收购的临界点。按照我国《证券法》,采取协议收购方式的,收购人收购或者通过协议、其他安排与他人共同收购一个上市公司已发行的股份达到30%时,继续进行收购的,触发要约收购机制,收购人应当向该上市公司所有股东发出收购上市公司全部或者部分股份的要约。但是,中国证监会可以依法豁免协议收购人进行要约收购的义务。

六、收购结果

对上市公司的收购可能成功,也可能失败。其结果主要有以下几种:

第一,收购人提出的收购对价没有获得股东的认同,未取得足够的股票以控制公司,因此收购失败。

第二,收购方获得了预定比例的股票,取得了上市公司的控制权;同时,上市公司的股权分布依然符合上市条件(如25%的社会公众股东),继续维持其作为上市公司的地位。根据法律规定,收购人持有的被收购的上市公司的股票,在收购行为完成后的12个月内不得转让。

第三,收购期限届满,被收购公司股权分布不符合上市条件的,该上市公司的股票依法终止上市交易;其余仍持有被收购公司股票的股东,有权向收购人以收购要约的同等条件出售其股票,收购人应当收购。

第四,收购行为完成后,被收购公司不再具备股份有限公司条件的,应当依法变更企业形式。

收购交易完成后,收购人应当在15日内将收购情况报告中国证监会和证券交易所,并予公告。

第十四章 公司债券法律制度

第一节 公司债券概述

一、公司债券的概念与特点

公司债券是指公司依照法定程序发行的、约定在一定期限内还本付息的有价证券。和公司股票相比,公司债券具有以下特点:

(1) 债券是债权凭证,债券持有人享有对公司的还本付息请求权,不参与公司的决策经营;股票是股东权凭证,股东享有参与公司的经营管理权和利润分配权。

(2) 债券有偿还期限,股票没有偿还期限。

(3) 债券通常有固定的利率,与公司的经营业绩没有直接联系,收益比较稳定,风险比股票小。

(4) 在公司破产时,债券持有人享有优先于股东对公司剩余资产的索取权。

二、公司债券的种类

公司债券按照不同的标准,可以进行不同的分类。

(1) 以是否在公司债券上记载公司债权人的姓名为标准,公司债券可分为记名公司债券和无记名公司债券。记名公司债券,其支取本息要凭印鉴领取,转让时必须背书并到债券发行公司登记;无记名公司债券,其还本付息及流通转让仅以债券为凭,不需登记。

(2) 以公司债券能否转换为股票为标准,公司债券可分为可转换公司债券和非转换公司债券。

(3) 以是否提供还本付息的担保为标准,公司债券可分为有担保公司债券和无担保公司债券。

在我国金融市场中,根据法律依据的不同,还有企业债券与公司债券之分。企业债券是按照国务院发布的《企业债券管理条例》发行的债券,其发行主体主要是国有重点企业。公司债券是指按照《公司法》的规定发行的债券,发行主体为股份有限公司与有限责任公司。2006年以前,由于我国债券监管体制尚未理顺,实践中很少有公司债券,在证券市场上挂牌交易的绝大多数都是企业债券。

三、我国公司债券法律制度的发展

我国企业债市场(包括公司债)的年头要早于股票市场,1984年已经出现企业自发募集资金的活动。国务院1987年3月27日发布的《企业债券管理暂行条例》以及1993年发布的《企业债券管理条例》,确立了企业债券管理的法律框架,由国家计委会同财政部、中国人民银行进行管理。1993年12月《公司法》出台,规定了股份有限公司以及净资产规模较大的有限责任公司可以发行公司债券。自此,我国实践中呈现企业债券、公司债券并行的格局。

由于国家计委只管政府部门和国有企业的投融资安排,不管非国有企业的类似活动,所以,企业债券自一起步就限制在国有经济部门内。鉴于20世纪90年代中期一些地方发生了企业债券到期难以兑付本息的风险,国家计委上收了企业债券的审批权,从而形成了企业债券由国家计委(现为国家发改委)集中管理审批的格局。实践中,大型国企以经过政府审批的投资项目为基础提出发行债券申请,由发改委统一审批发行额度后发行上市。这种企业债券隐含着政府信用担保,并不是建立在企业信用基础上的真正意义的公司债。目前,在企业债券的管理体制方面,国家发改委控制大部分企业债的发行审批,而中国人民银行控制年限在一年内的企业债(又称短期融资券)的发行。债券交易市场也分为交易所市场和银行间市场两个割裂的市场。

另一方面,《公司法》的实施并没有带来公司债券蓬勃发展的局面。由于国家对融资规模的控制,我国企业的公司化转型主要着眼于发行股票并上市,很少使用公司债券这一融资工具。因此,公司债市场一直是我国证券市场的一条"短腿"。

2006年以来,我国开始大力发展资本市场,推进多层次资本市场体系建设,公司债券作为国外证券市场中最主流的融资工具也得到各方的关注。2007年8月14日,中国证监会发布了《公司债券发行试点办法》,从企业债中划出公司债这一块"试验田",试行市场化发行公司债的机制,引入信用评级,不强制要求提供担保,募集资金用途不再与固定资产投资项目挂钩。2007年9月,长江电力发行了公司债,成为我国第一支真正意义上的公司债,也标志着我国公司债市场进入一个新的发展阶段。

本章主要以我国《公司法》、《证券法》以及《公司债券发行试点办法》等为依据,介绍我国现行公司债券发行与交易管理的法律制度。

第二节 公司债券的发行与交易

一、公司债券的发行

1. 公司债券的发行条件

公司发行债券的条件原来在规定在《公司法》中,2005年《公司法》《证券法》的配套修改把它移到了《证券法》中,体现为第16条和第18条。

发行公司债券,必须符合下列条件:

(1) 股份有限公司的净资产额不低于人民币3000万元,有限责任公司的净资产额不低于人民币6000万元;

(2) 累计债券总额不超过公司净资产额的40%;

(3) 最近3年平均可分配利润足以支付公司债券一年的利息;

(4) 筹集的资金投向符合国家产业政策;

(5) 债券的利率不得超过国务院限定的利率水平;

(6) 国务院规定的其他条件。

按照《公司债券发行试点办法》,公开发行债券的公司必须是信用良好、治理规范的公司,不存在对已发行的公司债券或者其债务违约或者延迟支付利息,且仍处于继续违约状态的情形,发行前3年的财务报表不存在虚假记载,公司也无其他违法或损害投资人利益的纪录。

2. 公司债券的发行程序

按照我国现行立法,公司公开发行债券的程序与公开发行股票大体相同。

(1) 公司决议

拟发行公司董事会制订方案,由股东会或股东大会作出决议,对发行债券的数量、期限、募集资金的用途、向公司股东配售的安排等事项加以明确。

(2) 发行申请与保荐

公司董事会按照股东大会的授权,聘请保荐人对公开发行债券进行保荐。保荐人按照中国证监会的有关规定编制和报送募集说明书和发行申请文件,向中国证监会申报。注册会计师、律师、资产评估机构、资信评级机构等为债券发行出具专项文件,包括审计报告、资产评估报告、资信评级报告以及法律意见书等,作为发行申请文件的附件。

债券募集说明书自最后签署之日起六个月内有效。

(3) 发行核准

中国证监会收到申请文件后,五个工作日内决定是否受理。一旦决定受理,则首先由职能部门对申请文件进行初审,然后由发行审核委员会按照《发行审核委员会办法》规定的特别程序进行审核。最后,中国证监会作出核准或者不予核准的决定。

(4) 分期发行的安排

为方便公司按照市场状况灵活地筹集资金,现行监管法规允许公司在发行申请核准后分期发行债券。首期发行自中国证监会核准发行之日起 6 个月内进行,且发行数量应当不少于总发行数量的 50%;剩余数量应当在 24 个月内发行完毕。超过核准文件限定的时效未发行的,须重新经证监会核准后方可发行。

公司应当在发行公司债券前的 5 个工作日内,将经证监会核准的债券募集说明书摘要刊登在至少一种证监会指定的报刊,同时将其全文刊登在证监会指定的互联网网站。

二、公司债券的上市交易

按照《证券法》《公司法》的规定,公司债券可以转让,转让公司债券应当在依法设立的证券交易场所进行。其中,记名债券由债券持有人以背书方式或者法律、行政法规规定的其他方式转让。无记名债券由债券持有人在依法设立的证券交易场所中将该债券交付受让人即发生效力。目前,我国公司债券上市交易的主要场所是证券交易所。

1. 公司债券上市交易的条件

按照《证券法》第57条的规定,申请上市的公司债券必须符合下列条件:

（1）公司债券的期限为一年以上;

（2）公司债券实际发行额不少于人民币5000万元;

（3）公司申请债券上市时仍符合法定的公司债券发行条件,如股份有限公司净资产不低于3000万元,债券余额不超过净资产的40%等。

2. 上市程序

申请公司债券上市交易,应当向证券交易所报送市上市申请书、董事会决议、公司章程公司营业执照、公司债券募集办法、保荐文件等。

公司债券上市交易申请经证券交易所审核同意后,公司与交易所签订上市协议,并在规定的期限内公告公司债券上市文件及有关文件,置备于指定场所供公众查阅。

3. 公司债券上市交易规则

（1）上市公司债券交易利用证券交易所的股票交易系统进行操作,投资者买卖上市的公司债券,必须凭本人股票账户方可办理。

（2）公司债券每份面值为100元,交易时以1000元面值(即10份债券)为一交易单位,简称"一手",实行整数交易。这一点与股票有所不同。我国公司股票面值均为1元,最低交易单位"一手"为100元面值,即100股。实践中,曾发生投资人因按照股票面值与交易方式的惯例对买入、卖出企业债券进行报价,从而遭受重大损失的事例。

（3）公司债券交易实行集中公开竞价，成交时由电脑自动过户。
（4）公司债券的清算按净额交收的原则进行。

三、公司债券上市后的信息披露

公司公开发行债券并上市交易，与公开发行股票并上市一样，使该公司成为上市公司。为保护投资人的利益，《证券法》要求发行人及有关专业服务机构在债券存续期内履行信息披露的义务。

1. 定期报告

公司债券上市期间，发行人在每个会计年度的前 6 个月结束后的 60 日内，向证券交易所提交中期报告，在每个会计年度结束后 120 日内向证券交易所提交经注册会计师审计的年度报告，并在中国证监会指定的报刊上予以公告。

2. 临时报告

发行人发生可能对债券价格产生较大影响的重大事件时，须履行临时报告义务。重大事件主要包括：（1）发行新债券的决定；（2）发生重大债务或未能清偿到期重大债务的违约情况；（3）减资、合并、分立、解散、申请破产及其他涉及债券发行人主体变更的决定；（4）涉及担保人主体发生变更的情况；（5）涉及或可能涉及企业债务的重大诉讼；（6）国家法律、法规规定和证监会、交易所认为必须报告的其他事项。

3. 债券信用评估

公司债券上市期间，债券评估机构须跟踪公司债券信用状况，并及时在中国证监会指定的报刊上披露跟踪评估结果，以保持信用等级的有效性。

4. 兑付公告

债券到期前一周，发行人应按规定在证监会指定的信息披露报刊上公告债券兑付等有关事宜。

四、债券受托管理人制度

1. 意义

债券受托管理人制度是国际上通行的保护债券公众持有人的一

种制度,它是为了解决公开发行债券的情形下,债权持有人分散、难以有效制约发行公司,从而导致债权人利益受到损害的弊端而产生的制度。

《公司债券发行试点办法》第一次将债券受托管理人制度引入我国证券市场,作为我国发展公司债券市场的一项基础制度。该办法第23条规定:"公司应当为债券持有人聘请债券受托管理人,并订立债券受托管理协议;在债券存续期限内,由债券受托管理人依照协议的约定维护债券持有人的利益。"

发行债券的公司应当在债券募集说明书中约定,投资者认购本期债券视作同意债券受托管理协议。

2. 债券受托管理人的选任

债券受托管理人的人选为担任该次债券发行的保荐人的证券公司。中国证监会也可以认可其他机构,但为该次发行提供担保的机构不得担任本次债券发行的受托管理人。债券受托管理人应当为债券持有人的最大利益行事,不得与债券持有人存在利益冲突。

3. 债券受托管理人的职责

(1) 持续关注公司和保证人的资信状况,出现可能影响债券持有人重大权益的事项时,召集债券持有人会议;

(2) 公司为债券设定担保的,债券受托管理协议应当约定担保财产为信托财产,债券受托管理人应在债券发行前取得担保的权利证明或其他有关文件,并在担保期间妥善保管;

(3) 在债券持续期内勤勉处理债券持有人与公司之间的谈判或者诉讼事务;

(4) 预计公司不能偿还债务时,要求公司追加担保,或者依法申请法定机关采取财产保全措施;

(5) 公司不能偿还债务时,受托参与整顿、和解、重组或者破产的法律程序;

(6) 债券受托管理协议约定的其他重要职责。

4. 债券持有人会议

按照《公司债券发行试点办法》,发行债券的公司存在下列情况,可能影响债券持有人利益时,应当召开债券持有人会议:

(1) 拟变更债券募集说明书的约定;
(2) 拟变更债券受托管理人;
(3) 公司不能按期支付本息;
(4) 公司减资、合并、分立、解散或者申请破产;
(5) 保证人或者担保物发生重大变化等。

公司应当与债券受托管理人制订债券持有人会议规则,明确债券持有人通过债券持有人会议行使权利的范围、程序和其他重要事项。

第三节 可转换公司债券概述

一、可转换公司债券的概念和特点

1. 概念

可转换公司债券,简称可转换债券或可转债,按照中国证监会2006年发布的《上市公司证券发行管理办法》,是指发行人依照法定程序发行、在一定期间内依据约定的条件可以转换成股份的公司债券。它是一种无担保、无追索权、信用级别较低的、兼有债务性和股权性的中长期混合型融资和投资工具。

2. 特点

(1) 可转换债券是一种附认股权的债券,兼有债券和股票的双重特点。可转换债券在转换成股份前,享有债权人的权利和义务;而转换后则享有股东的权利和义务。

从其债券性质来看,它是股份有限公司依发行有价证券的方式与特定人或不特定人之间所成立的一种金钱债的关系,属于公司债券,具有公司债券所有的特点。例如,它同样需要定期支付利息,到期偿还本金,同样具有债券面值、期限以及付息方式等基本要素。

从其股票性质来看,一旦持有人选择将可转换债券转换为股份,则这部分债务便转换为资本的构成部分,债权也转变成股东权。

(2) 可转换债券是一种混合性的金融品种,它是公司债券与买入期权(或称"转股权"或"认股权")的组合体。其期权属性赋予投资人可以在一定期限内,依据本身的自由意志,选择是否可以约定的条件将持有的债券转换为发行公司的股票。具体而言,投资人可以选择持有债券至债券到期,要求公司还本付息;也可选择在约定时间内换股,享受股利分配或资本增值。这是可转换债券区别于其他一般性债券的根本性特征。

二、可转换债券的基本要素

可转换债券除具有公司债券的要素外,还具有自己特定的基本要素,具体包括基准股票、票面利率、转股价格、转股溢价比率、赎回、回售、转换期及转股价格的调整条件等内容。

1. 基准股票

基准股票又称正股,是指债券持有人可以将债券转换成的发行公司的某类股票。发行公司的股票可能有多种形式,如普通股、优先股。就中国公司而言,则有 A 股、B 股、H 股等多种形式。我国公司在境内发行的可转换债券,其基准股票为 A 股;在境外发行的可转换债券,其基准股票通常为 H 股。

2. 票面利率

可转换债券的票面利率通常要比普通债券的利率低,有时甚至还低于同期银行存款利率。因为可转换债券的收益除了利息之外,还有买入期权这一部分收益,一般情况下,该部分收益足以弥补利率差价。

3. 转换价格

转换价格是指可转换债券转换为每股股份所支付的价格。例如,一张面值 100 元的可转换公司债上标明的转换价格为"10 元/股"。这样,每张可转换债券就可以转换 10 股基准股票。转换价格是可转换债券的重要条款,它影响着投资人的收益、公司未来股权结构变动和效益增长、转股成功与否以及股票价格的市场变动等,是发行人和投资人最为关注的要素之一。转换价格通常随着公司股票拆细和股份发生变动等情况而相应作出调整。

4. 转股溢价比率

国际上,为保护原股东的利益,转股价格一般要高于可转换债券

发行时股票的二级市场价。而转股溢价比率就是表示转股价格与债券发行时的股价差异程度的指标,计算公式为:

转股溢价比率 = (转股价格 – 股票时价)/股票时价

国际上一般以发行前一段时间的股票收盘价的均价上浮一定幅度作为转股价格。转股溢价比率的经验数据,通常在5%—20%。

5. 赎回条款

赎回是指公司股票价格在一段时期内连续高于转股价格达到某一幅度时,公司按事先约定的价格买回未转股的可转换债券。

该条款的目的是发行公司希望减少因市场利率下调而给自己造成的利率损失。赎回实质上是一种买入期权,发行公司可以根据市场的变化而选择是否行使这种权利。它是发行公司向投资者转移风险的一种手段,可以起到保护发行公司和原有股东权益的作用。赎回条款一般包括以下几个要素:

(1) 不赎回期。这是指可转换债券从发行日至第一次赎回日的期间。不赎回期越长,股票增长的可能性就越大,赋予投资者转换的机会就越多,对投资者也就越有利。

(2) 赎回时间。不赎回期过后,便是赎回期。按照赎回时间的不同,赎回方式可以分为定时赎回和不定时赎回。定时赎回是指公司按照事先约定的时间和价格买回未转股的可转换债券;不定时赎回是指公司根据基准股票价格的走势,按事先的约定,以一定的价格买回未转股的可转换债券。

(3) 赎回价格。赎回价格是事先约定的,它一般为可转换债券面值的103%—106%,并且具有逐年下降的特点。

(4) 赎回条件。赎回条件是指标的股票的价格发生何种情况时公司可以行使赎回权利,这是赎回条款中最为重要的要素。按照赎回条件的不同,赎回可以分为无条件赎回(即硬赎回)和有条件赎回(软赎回)。无条件赎回是指公司在赎回期内按照事先约定的价格买回未转股的可转换债券,它通常和定时赎回有关;有条件赎回是指在标的股票价格上涨到一定幅度,并且在此基础上维持了一段时间之后,公司可按事先约定的价格买回未转股的可转换债券,它通常和不定时赎回有关。

一旦公司发出赎回通知,可转换债券持有人必须立即在转股和被强制性的赎回之间作出选择。由于公司的赎回价和可转换债券的实际价值之间往往有较大的差价,因此,在正常情况下,投资人会选择转股。可见,赎回条款可以强制可转换债券持有人行使转股权,从而加速转股,因此它又被称为加速条款。

6. 回售条款

回售是指公司股票价格在一段时期内连续低于转股价格达到某一幅度时或者在一定的条件下,可转换债券持有人有权按事先约定的价格将所持债券卖给发行人。

该条款的目的是为了降低投资风险以吸引更多的投资者。它是投资者向发行公司转移风险的一种方式,在一定程度上保护了投资者的利益。回售实际是一种卖出期权,它赋予投资者一种权利,投资者可以根据市场的变化而选择是否行使这种权利。回售条款一般包括以下几个要素:

(1) 回售时间。回售时间是事先约定的,它一般定在可转换债券偿还期的1/3处,对于10年以上的可转换债券,回售时间大多定在5年以上。

(2) 回售价格。回售价格是事先约定的,它一般比市场价格稍低,但远高于可转换债券的票面价格,这使得投资人即使在证券市场发生最坏的情况下,也能够有一个比较良好的收益。因此附有回售条款的可转换债券通常更受投资者的欢迎。

7. 转换期

转换期是指可转换债券可以转换为股票的期限。需要强调的是,转换期并不一定与可转换债券的存续期限相同。根据不同的情况,转换期通常有以下四种:(1) 发行后某日至到期日前;(2) 发行后某日至到期日;(3) 发行后至到期日前;(4) 发行后至到期日。在前两种情况下,发行公司锁定了一个特定的期限,在该期限内不受理转股事宜,目的是不希望过早地将负债变为资本金,从而稀释原有的股东权益。后两种情况下,虽然转换期与可转换债券的存续期间相同,但由于转股价格通常要高于当时基准股票的市场价格,因此投资者一般也不会立即行使转股权。

8. 转股价格的调整

可转换债券发行后,发行人可能会进行重大的资本或资产调整行为,而这种行为往往又会使股票价格产生较大幅度的波动。如果它引起股票价格上扬,那么可由赎回条款对投资者进行约束;如果它引起股票价格下跌,那么就得对转股价格进行调整,否则原定的转股价格就有可能远远高于当前的股价,使得转股不能进行。因此,在一定条件下,必须对转股价格进行调整。转股价格调整的原因一般有:

(1)公司进行股利分配,包括股票的分红利或送红股;
(2)股票的拆细;
(3)发行或配售低于转股价格的公司股票及认股权证;
(4)公司进行资产重组、并购等行为,造成每股权益下降等。

三、可转换债券的产生与发展

可转换债券发源于19世纪的美国。1843年,纽约一家公司首次向社会发行可转换公司债。20世纪20年代德国为诱导美国资本,60年代日本为获得低成本发展资金和进行海外筹资等,陆续开始大规模运用可转换债券。由此,可转换债券由普通法法系国家逐渐普及至民法法系国家。

20世纪60年代,由于欧美等国利率不断上升,一些公司为降低资金成本,逐渐青睐于利用可转换债券筹集资金,可转换债券成为国际资本市场上的新宠。在英国,投资银行家们发现,当资本市场资金缺乏以及公司自身经营处于高负债时,发行股票将无人认购,发行债券因支付较高利息对公司而言是不恰当也是不可能负担的。因此,专家们设计了转换权,发行可转换债券,以可转换为股票的期权来吸引投资者。目前,可转换债券的国际性市场主要有三个,即以伦敦为中心的欧洲市场,以瑞士为中心的瑞士市场和按11A规则运作的美国市场。

可转换债券双重法律性质被灵活运用,最典型的莫过于英国上个世纪60年代金融市场的实践。其时可转换债券风行的原因有两方面。一是当时公司所得税率提高,如果发行股票,分配给股东的红利是在交纳所得税之后;而发行可转换债券,支付给债券持有人的利息是在交纳所得税之前,即可列入成本从应纳所得税额中扣除。这样,利用可转换债券的方式发行新股,除可延缓公司股本稀释外,还可享受合法避税之利。二是当时企业兼并风潮的出现,但单纯使用现金收购或者股票收购都有一些缺陷。如果使用现金收购,对于收购方来说所需流动资金过大;对于目标公司股东来说,由于股票出售被视为一项潜在的应税事件,股票转换为现金表明已实现资本损益,因此需交纳资本收益税,这些往往使得购并成为不可能。另一方面,采用股票收购方式,目标公司的股东仍保留自己所有者地位,因此不会有纳税问题,但对收购方的不利影响是股本结构发生变动,有可能出现逆向收购;新增发股票则会改变原有的股权结构,导致股东权益的稀释、股权淡化,甚至使原有股东丧失对公司的控制权。综合考虑上述收购支付手段的不足,兼并方将目光移到了可转换债券这一品种上来,利用"债券＋认股权"的特点,既可避免支付更多现金而导致本企业的财务状况恶化,又可防止控股权的转移,还可以减轻税赋。

四、我国可转换债券及其立法的发展

我国最早的可转换债券是上市公司自主尝试的融资方式创新。1992年,中国证券市场发行了境内第一只可转换债券,即宝安转券。三年后,宝安转券因转换失败而导致债务人宝安公司斥资近5亿元进行兑付,对公司的财务状况造成了很大的压力。1994年,《公司法》对可转换债券作出了原则性规定,将其归于"公司债券"一章,并针对可转换债券的股票和债券双重性质,要求可转换债券的发行必须同时符合发行股票和债券的条件。1995年,南玻、中纺机B股可转债等,是境内企业海外发行可转换债券的开始。

1996年5月,国务院证券委员会提出要选择有条件的股份公司进行可转换债券的试点,开辟新的融资渠道。1997年3月,八届全国人大五次会议上提出,选择一些大型企业和企业集团,通过发行可转换债券筹集资金,作为促进国有企业改革和发展的重要措施之一。其后,国务院证券委员会于1997年3月发布了《可转换公司债券管

理暂行办法》,明确发行可转换债券的主体是上市公司及国有大型企业。此后三年内,发行可转换公司债券的企业被限定在国家确定的500家重点国有企业中未上市的公司当中,发行规模为40亿元,上市公司暂不列入试点范围。这样一来,可转换债券事实上变成未获得发行股票额度的大型国有企业进入证券市场融资的替代方式。中国证监会和深圳、上海证券交易所陆续制定了一些配套办法,如《重点国有企业发行可转换公司债券的实施意见》《上海证券交易所可转换公司债券上市交易规则》等。1998年8月开始,有五家国有企业发行了可转换债券,其中四家最终被转换为股票。

1998年《证券法》的颁布取消了股票发行的额度管理和审批制,使得可转换债券作为股票额度替代产物的意义基本丧失,可转换债券开始转向市场化发展阶段。2000年之后,一些上市公司也开始了发行可转换债券的尝试。中国证监会陆续发布了《上市公司发行可转换公司债券实施办法》和《关于做好上市公司可转换公司债券发行工作的通知》等。2006年,中国证监会又发布了《上市公司证券发行管理办法》取代上述监管规则,将可转换债券作为公司的一种常规融资工具进行规范。这对于我国可转换债券的健康发展产生了积极的影响。

第四节　可转换债券的发行、交易与转换

一、可转换公司债的发行

1. 可转换公司债券的发行条件

在我国,发行条件是法律上设定的市场准入门槛。可转换债券具有股票与债券的双重性,这也就对发行人提出了更高的要求,它既需要满足公开发行股票的条件,又需要满足公开发行债券的条件。

公开发行股票的条件详见于本书第十二章第三节,包括发行人应具有良好的治理结构、持续盈利的能力、发行前3年不存在财务报表虚假记载或其他违法行为等。此外,公开发行可转换债券的公司,还应当符合下列规定:(1)最近3个会计年度加权平均净资产收益

率平均不低于6%;(2)本次发行后累计公司债券余额不超过最近一期末净资产额的40%;(3)最近3个会计年度实现的年均可分配利润不少于公司债券一年的利息。

2. 发行程序

可转换债券的发行程序与公司债券发行程序基本相同,需要经过股东大会决议、委托证券公司提出发行申请并保荐、中国证监会核准、公开发行等环节。

按照现行监管法规,我国的可转换公司债券每张面值100元。债券的期限最短为一年,最长为六年。发行人应当委托具有资格的资信评级机构进行信用评级和跟踪评级。资信评级机构每年至少公告一次跟踪评级报告。除净资产高于人民币15亿元的公司外,其他公司公开发行可转换公司债券应当提供担保。

二、可转换债券上市交易

由于可转换债券存在转股的前景,因此其上市交易通常在发行人股票上市的证券交易所进行。按照我国上海证券交易所的交易规则,可转换债券的上市程序、交易规则、发行人的持续信息披露义务等与公司债券大同小异。此处仅就可转换债券交易的特殊之处进行介绍。

根据可转换债券中的转股权利能否独立转让,我国证券市场中的可转换债券有两种交易方式:一是转股权利附属于可转换债券统一转让,二是转股权可以与债券分离而单独转让。

1. 统一转让

公司一般发行的可转换债券,转股权利是债券的有机组成部分。债券持有人转让债券时,转股权随债券一起转让。受让人取得了可转换债券,也就相应地取得了转股权,可以根据基准股票的市价变化决定是否转换为股票。如果不转换,则持有人依照债券募集说明书的约定,到期获得债券的本金和利息。

2. 分离交易

在分离交易的可转换债券中,转股权从债券条款中抽离出来,以"认股权证"形式来表彰,这种认股权证可以在证券市场中单独交易。按照《上市公司证券发行管理办法》,上市公司发行的这种可转换公司债券称为"分离交易的可转换公司债券"。

分离交易的可转换债券在发行时,通常采取"每100元面值的债券附送××份认股权证"的方式。其中,认股权证上载明了行权价格、行权期间、行权比例等事项,其存续期间不超过公司债券的期限。购买了这种可转换债券的投资人可以继续同时持有债券与认股权证,并在合适的时机向发行人提交债券和认股权证,从而将债券转换成股票;也可以将认股权证或债券分别转让出去。如果投资人仅转让了认股权证,而继续持有债券,他就转化为普通的公司债券持有人。如果投资人仅转让了公司债券,而继续持有认股权证,他就如同在证券市场中购买权证的投资人一样,最终可能出现两种结果:如果股票市价高于认股价,认股权证持有人可以"行权",即按照认股权证上标明的认股价从发行人处购买股票;如果股票市场低于认股价,则他可以放弃行权。此时,认股权证就成为一张废纸。

由于分离交易的可转换公司债券实际上提供了"债券"和"认股权证"两只交易品种,具有多种获利的可能性,因此它比普通的可转换债券对投资人更有吸引力。但对于发行人来说,由于转股的权利被单独交易了,公司债券就不再具有转换成股票的前景,而是到期必须偿还本金和利息的,因此它对发行人的财务能力也提出了更高的要求。我国《上市公司证券发行管理办法》要求发行分离交易的可转换公司债券的公司必须具有比一般可转债发行人更多的净资产。

三、可转换债券转换股份及债券偿还

可转换债券期满后的结果有两种:持有人转股,或者发行人对未转股的债券进行偿付。公司发行可转换债券的募集说明书中需要对股份转换以及债券偿还事项作出明确的规定。我国《上市公司证券发行管理办法》中也有一些强制性规则,以公平保护债券持有人的利益。

1. 转换期

可转换公司债券自发行结束之日起6个月后方可转换为公司股票,转股期限由公司根据可转换公司债券的存续期限及公司财务状

况确定。在转换期内,持有人可以依据约定的条件随时转换股份。

2. 转换价格的确定及调整

为了平衡公司老股东与潜在新股东之间的利益平衡,我国监管规则要求发行人确定的转股价格不得低于募集说明书公告日前 20 个交易日该公司股票交易均价和前一交易日的均价。

募集说明书中应当约定转股价格调整的原则及方式。发行人在发行可转换公司债券后,因配股、增发、送股、派息、分立及其他原因引起公司股份变动的,应当同时调整转股价格。此时,发行公司应申请暂停转股并公告,待调整完毕后恢复转股交易。

此外,如果募集说明书约定转股价格向下修正条款的,应当同时约定:(1) 转股价格修正方案须提交公司股东大会表决,且须经出席会议的股东所持表决权的 2/3 以上多数同意。股东大会进行表决时,持有公司可转换债券的股东应当回避。(2) 修正后的转股价格不低于前项规定的股东大会召开日前 20 个交易日该公司股票交易均价和前一交易日的均价。

3. 转换申报

(1) 投资者根据持有的可转换债券的面值,按照转换价格,通过开户的证券营业部申报转换成公司股票的股份数量。

(2) 投资者申请转换股份的债券面值须是交易单位的整数倍数,申请转换成的股份须是整数股(每股面值 1 元)。不足转换 1 股的债券金额,到期还本付息。

可转换债券持有人请求转换股份时,所持债券面额不足转换 1 股股份的部分,发行人应当以现金偿还。

(3) 转股申请不能撤单。

(4) 投资者申请转换为公司股份的数量大于投资者实际持有的可转换债券能转换的股份数,证券交易所确认其最大的可转换股票部分进行转股,申请超过部分予以取消。

4. 转股登记及转股流通

(1) 转股登记

证券登记结算公司根据有效申报,对投资者账户的股票和可转换债券的持有数量做相应的变更登记。债券持有人于转股的次日成为发行公司的股东。

(2) 转股流通

可转换债券转换为股份后,发行人股票上市的证券交易所应当安排股票上市流通。通常的做法是:可转换债券申请转换公司股份的,投资者在申请的第二个交易日办理交割并确认后,其债券转换成功的股票便可上市流通。

5. 债券偿还

可转换债券到期后,对于未转股的股东,发行人应当按照可转换债券募集说明书的约定,于期满后5个工作日内偿还本息。

可转换债券发行人未按期偿还本息的,除支付本息外,还应当向债权人支付违约金。

第十五章　证券投资基金管理法律制度

第一节　证券投资基金概述

一、证券投资基金的概念与立法

1. 证券投资基金的概念

证券投资基金,是一种利益共享、风险共担的集合证券投资方式。通过公开发售基金份额募集设立的证券投资基金(以下简称基金),由基金管理人管理,基金托管人托管,为基金份额持有人的利益,以资产组合方式进行证券投资活动。这是一种间接证券投资方式,投资者通过购买基金来进行投资,投资对象包括各类有价证券、金融衍生品等。

基金业起源于英国,1868 年 11 月组建的"海外和殖民地政府信托投资"(Foreign and Colonial Government Trust)被公认为是世界上第一只基金,标志着基金业的开端。1924 年成立于美国的马塞诸塞投资信托基金被认为是真正现代意义上的投资基金。目前,世界基金市场主要集中在美国、欧盟和以日本为代表的亚太地区。证券投资基金在世界各国存在形态各不相同,有不同的称谓。在美国,投资基金被称为共同基金(Mutual Fund)。在英国和香港地区,投资基金被定义为"集合投资计划"(Collective Investment Schemes),主要采用单位信托形态(Unit Trust)。在日本和韩国,投资基金被称为"证券投资信托",即以有价证券投资为信托财产运用目的的信托。我国自 1992 年开始出现类似的投资方式,称为"证券投资基金"。近年来,随着我国证券市场在股权分置改革完成后逐步走出低谷,公众参与证券投资的热情高涨但缺乏必要的专业知识,因此,以"专家理财"、"代客投资"为特点的证券投资基金在我国进入了一个快速发展的时期。

2. 我国证券投资基金的法律依据

1997年11月5日经国务院批准、11月14日由国务院证券委员会发布实施了《证券投资基金管理暂行办法》(以下简称《暂行办法》)。这是我国对证券投资基金进行法律规范的第一个重要的法律文件。2003年10月28日,十届全国人大常委会第五次会议通过了《中华人民共和国证券投资基金法》(以下简称《证券投资基金法》),并于2004年6月1日正式实施,《暂行办法》随之被废止。

目前,我国规范证券投资基金行业的法律文件除《证券投资基金法》外,还包括中国证监会制定的配套行政规章,如《基金管理公司管理办法》《基金行业高级管理人员管理办法》《证券投资基金运作管理办法》《证券投资基金销售管理办法》《证券投资基金信息披露管理办法》以及《基金托管银行任职资格》等。此外,《基金管理公司内部控制指引》等规范性文件也对我国基金业的规范运作发挥着积极作用。

二、证券投资基金的特点

1. 证券投资基金的特点

证券投资基金作为一种投资方式,具有以下特点:

(1) 证券投资基金是由专家运作、管理的委托理财方式。

(2) 证券投资基金是一种间接的投资方式。

(3) 证券投资基金的投资起点和交易费用较低,方便中小投资者进行投资。

(4) 证券投资基金能够组合投资、分散风险。

(5) 证券投资基金流动性强,投资者可以方便地买卖基金。

2. 证券投资基金与股票、债券的区别

第一,投资者地位不同。股票持有人是公司的股东,有权对公司的重大决策发表自己的意见。债券的持有人是债券发行人的债权人,享有到期收回本息的权利。基金份额的持有人是基金的受益人,体现的是信托关系。

第二,收益情况不同。基金和股票的收益受经营状况、市场风险等影响,是不确定的;而债券的收益依合同事先约定,是确定的。

第三,投资方式不同。与股票、债券的投资者不同,证券投资基金是一种间接的证券投资方式,基金的投资者不直接参与有价证券的买卖活动,不直接承担投资风险,而是由专家具体负责投资方向的确定和投资对象的选择。

第四,投资回收方式不同。债券投资是有一定期限的,期满后收回本金。股票投资是无限期的,除非公司破产、进入清算,投资者不得从公司收回投资;如要收回,只能在证券交易市场上按市场价格变现。投资基金则要视所持有的基金形态不同而有区别:封闭型基金有一定的期限,期满后,投资者可按持有的份额分得相应的剩余资产,在封闭期内还可在交易市场上变现;开放型基金一般没有期限,投资者可随时向基金管理人要求赎回。

三、证券投资基金的种类

根据不同的标准,证券投资基金可划分为不同的种类。这里主要介绍四种分类方式。

1. 根据基金运作方式的不同,分为封闭式基金与开放式基金

采用封闭式运作方式的基金(以下简称封闭式基金),是指经核准的基金份额总额在基金合同期限内固定不变,基金份额可以在依法设立的证券交易场所交易,但基金份额持有人不得申请赎回的基金。

采用开放式运作方式的基金(以下简称开放式基金),是指基金份额总额不固定,基金份额可以在基金合同约定的时间和场所申购或者赎回的基金。

开放式基金和封闭式基金的主要区别如下:

(1)基金规模的可变性不同。封闭式基金均有明确的存续期限(我国规定不得少于5年),在此期限内已发行的基金份额不能被赎回。虽然在特殊情况下此类基金可进行扩募,但扩募应具备法定条件。因此,在正常情况下,基金规模是固定不变的。开放式基金所发行的基金份额是可赎回的,而且投资者在基金的存续期间内也可随意申购基金份额,导致基金的资金总额每日均在不断地变化,换言之,它始终处于"开放"状态。这是封闭式基金与开放式基金的根本

差别。

（2）基金份额的买卖方式不同。封闭式基金发起设立时，投资者可以向基金管理公司或销售机构认购；当封闭式基金上市交易时，投资者又可委托证券商在证券交易所按市价买卖。而投资者投资于开放式基金时，他们可以随时向基金管理公司或销售机构申购或赎回。

（3）基金份额的买卖价格形成方式不同。封闭式基金因在交易所上市，其买卖价格受市场供求关系影响较大。当市场供小于求时，基金份额买卖价格可能高于每份基金份额资产净值，这时投资者拥有的基金资产就会增加；当市场供大于求时，基金价格则可能低于每份基金份额资产净值。而开放式基金的买卖价格是以基金份额的资产净值为基础计算的，可直接反映基金份额资产净值的高低。在基金的买卖费用方面，投资者在买卖封闭式基金时与买卖上市股票一样，也要在价格之外付出一定比例的证券交易税和手续费；而开放式基金的投资者需缴纳的相关费用（如首次认购费、赎回费）则包含于基金价格之中。一般而言，买卖封闭式基金的费用要高于开放式基金。

（4）基金份额的投资策略不同。由于封闭式基金不能随时被赎回，其募集得到的资金可全部用于投资，这样基金管理公司便可据以制定长期的投资策略，取得长期经营绩效。而开放式基金则必须保留一部分现金，以便投资者随时赎回，而不能尽数用于长期投资，一般投资于变现能力强的资产。

2. 根据组织形态的不同，分为公司型投资基金和契约型投资基金

契约型投资基金也称信托型投资基金，是根据信托契约原理，由基金发起人和基金管理人、基金托管人订立基金契约而组建的投资基金。基金管理公司依据法律、法规和基金契约负责基金的经营和管理操作；基金托管人负责保管基金资产，执行管理人的有关指令，办理基金名下的资金往来；投资者通过购买基金份额，享有基金投资收益权。

公司型投资基金，是指具有共同投资目标的投资者依据公司法

组成以营利为目的、投资于特定对象(如各种有价证券、货币)的股份制投资公司。这种基金通过发行股份的方式筹集资金,是具有法人资格的经济实体。基金持有人既是基金投资者又是公司股东,按照公司章程的规定,享受权利、履行义务。

我国《证券投资基金法》所规定的便是契约型基金,尚未承认公司型基金。但公司型基金是国际上普遍的基金形式,尤其在基金业最为发达成熟的美国,其证券投资基金多为公司型基金。

3. 根据基金募集方式的不同,分为公募基金与私募基金

向社会大众公开募集设立的基金称为"公募基金",它对投资人的身份、职业、收入状况、最低投资额等没有限制。公募基金作为普通公众的投资理财工具,对投资大众的利益影响比较大,因此,受到的监管也比较严格。

私募基金是指针对特定投资人、以非公开发行方式募集设立的基金。法律上对特定对象在收入水平、最低投资额等方面都有一些限制。由于私募基金不公开募集,特定投资人往往是有经验或者财力雄厚的投资人,法律上的监管相对较少。我国目前在实践中已有类似的投资组织,但法律上还没有明确承认"私募基金"的合法地位。

4. 根据基金资产投资方向的不同,分为股票基金、债券基金、货币市场基金和混合基金等

每种基金的投资风格都可能不一样。有的偏重于股票,有的偏重于债券或货币市场短期票据,有的则是所谓兼顾股票、债券的混合型。由于股票、债券、货币市场票据的收益水平不同,风险也不同,因此基金投资风格的多样化也便于满足不同偏好的大众投资人的需要。

在我国,按照中国证监会的有关规定,基金合同和基金招募说明书应当载明基金的类别。各类基金的资产配置区别如下:

(1) 60%以上的基金资产投资于股票的,为股票基金;

(2) 80%以上的基金资产投资于债券的,为债券基金;

(3) 仅投资于货币市场工具的,为货币市场基金;

(4) 投资于股票、债券和货币市场工具,并且股票投资和债券投

资的比例不符合第(1)项、第(2)项规定的,为混合基金;

如果基金名称中显示投资方向的,应当有80%以上的非现金基金资产属于该投资方向确定的内容。

第二节 证券投资基金的法律关系

一、证券投资基金法律关系的性质

1. 契约型基金

我国现行立法把证券投资基金定位为"契约型基金"。《证券投资基金法》第3条规定:"基金管理人、基金托管人和基金份额持有人的权利、义务,依照本法在基金合同中约定。基金管理人、基金托管人依照本法和基金合同的约定,履行受托职责。基金份额持有人按其所持基金份额享受收益和承担风险。"

契约型基金最重要的两个法律文件是基金合同以及基金托管协议。其中基金合同规定基金管理人、基金托管人和基金份额持有人之间权利义务关系。基金托管协议由基金托管人与基金管理人签订,明确在基金资产的保管、投资运作、净值计算、收益分配、信息披露及相互监督等有关事宜中各自的权利、义务及职责。

2. 自益信托

契约型基金是依据信托法或信托法原理建立的,其法律关系本质上与信托法律关系一致,属于信托关系中的自益信托,即委托人同时也是受益人。契约型基金的法律主体包括基金管理人、基金托管人和基金份额持有人三方(以下简称为管理人、托管人和持有人)。管理人和托管人相当于信托关系中的受托人,持有人则既是委托人又是受益人。

信托关系中的核心和灵魂是委托人和受托人之间的信任关系,两方之间的权利义务关系除主要由信托契约约定之外,还存在受托人对委托人高度的忠实义务和注意义务。在证券投资基金法律关系中也是如此。《证券投资基金法》第9条明确规定:"基金管理人、基金托管人管理、运用基金财产,应当恪尽职守,履行诚实信用、谨慎勤勉的义务。"这是由投资基金这种"专家理财"运作方式决定的。投资者出于对管理人和托管人的信赖而购买基金份额,成为基金的持有人,管理人以自己的名义持有和运用资金,投资获得收益按照基金合同向持有人分配。管理人和托管人通过订立托管合同界定双方的权利义务,相互保持财产和资金运用权利的各自独立。

证券投资基金的法律关系主要体现在《证券投资基金法》和配套法规对三方主体各自的权利义务的规定中。

二、基金管理人

基金管理人在投资基金的运作中处于核心地位。管理人实际掌握控制基金的持有人的出资,根据自己的专业知识和获得的信息,基于自己的判断,以基金的名义进行投资活动。管理人的经营后果,无论利润与亏损都按照基金合同的约定在全体持有人之间分配。虽然持有人按照《证券投资基金法》的规定和基金合同的约定可以享有对管理人的监督权,但仅能就管理人是否违法违规监督,而不能针对其某项投资行为是否合理进行干预。实践中,大多数情况下持有人只能用脚投票,即卖出自己手中的基金份额。管理人作为信托关系中的受托人与作为委托人和受益人的持有人相比较,无论在信息占有上还是在专业知识上都处于绝对优势地位。

因此,我国的基金法和世界上大多数国家一样,规定管理人应当具有较高的设立门槛,在自有资金数额、组织管理水平、从业人员资格等方面都做了明确要求,以便尽可能保护基金持有人利益。

1. 基金管理人设立条件

按照《证券投资基金法》的规定,基金管理人由经证监会审核批准的基金管理公司担任。设立基金管理公司,应当具备下列条件:

(1) 有符合本法和《中华人民共和国公司法》规定的章程;

(2) 注册资本不低于1亿元人民币,且必须为实缴货币资本;

(3) 主要股东具有从事证券经营、证券投资咨询、信托资产管理或者其他金融资产管理的较好的经营业绩和良好的社会信誉,最近3年没有违法记录,注册资本不低于3亿元人民币;

(4) 取得基金从业资格的人员达到法定人数;

（5）有符合要求的营业场所、安全防范设施和与基金管理业务有关的其他设施；

（6）有完善的内部稽核监控制度和风险控制制度；

（7）法律、行政法规规定的和经国务院批准的国务院证券监督管理机构规定的其他条件。

基金管理人的经理和其他高级管理人员，应当熟悉证券投资方面的法律、行政法规，具有基金从业资格和3年以上与其所任职务相关的工作经历，并且其选任或者改任，应当报经证监会审核通过。

2. 基金管理人职责

按照《证券投资基金法》第19条的规定，基金管理人的职责包括：

（1）依法募集基金，办理或者委托经国务院证券监督管理机构认定的其他机构代为办理基金份额的发售、申购、赎回和登记事宜；

（2）办理基金备案手续；

（3）对所管理的不同基金财产分别管理、分别记账，进行证券投资；

（4）按照基金合同的约定确定基金收益分配方案，及时向基金份额持有人分配收益；

（5）进行基金会计核算并编制基金财务会计报告；

（6）编制中期和年度基金报告；

（7）计算并公告基金资产净值，确定基金份额申购、赎回价格；

（8）办理与基金财产管理业务活动有关的信息披露事项；

（9）召集基金份额持有人大会；

（10）保存基金财产管理业务活动的记录、账册、报表和其他相关资料；

（11）以基金管理人名义，代表基金份额持有人利益行使诉讼权利或者实施其他法律行为；

（12）国务院证券监督管理机构规定的其他职责。

3. 基金管理人禁止从事的行为

按照信托法原理，管理人对持有人负有忠实义务和注意义务。忠实义务针对的是管理人的道德风险，具体到基金操作中，管理人应以基金持有人的利益为唯一目的,不得使自身利益与持有人利益冲突。注意义务则要求管理人在处理基金事务中保持高度谨慎的态度。我国《证券投资基金法》规定,基金管理人的董事、监事、经理和其他从业人员,不得担任基金托管人或者其他基金管理人的任何职务,不得从事损害基金财产和基金份额持有人利益的证券交易及其他活动。

基金管理人不得有下列行为:

（1）将其固有财产或者他人财产混同于基金财产从事证券投资；

（2）不公平地对待其管理的不同基金财产；

（3）利用基金财产为基金份额持有人以外的第三人牟取利益；

（4）向基金份额持有人违规承诺收益或者承担损失；

（5）依照法律、行政法规有关规定,由国务院证券监督管理机构规定禁止的其他行为。

4. 基金管理人职责的终止

基金管理人职责终止的情形包括:

（1）被依法取消基金管理资格；

（2）被基金份额持有人大会解任；

（3）依法解散、被依法撤销或者被依法宣告破产；

（4）基金合同约定的其他情形。

基金管理人职责终止的,基金份额持有人大会应当在6个月内选任新基金管理人；新基金管理人产生前,由国务院证券监督管理机构指定临时基金管理人。

三、基金托管人

为了确保基金资产的安全运营以维护基金持有人的利益,世界各国对基金经营都采用基金运用和基金保管相分离、决策形成和决策执行相分离的原则。管理人负责基金资产的投资决策,并向托管人发出具体的投资指示。托管人负责持有、保管基金资产,根据管理人的投资指示处分基金财产。

这样,在管理人和托管人之间形成既相互合作,又相互监督、相互制衡的关系。托管人对持有人负有受托和保管义务,其在基金运作中的职责包括基金保管、指示执行和针对管理人的操作监督两大部分。

1. 基金托管人的设立条件

按照《证券投资基金法》的规定,基金托管人由依法设立并取得基金托管资格的商业银行担任。取得基金托管资格,应当具备下列条件,并经证监会和银监会核准:

(1) 净资产和资本充足率符合有关规定;
(2) 设有专门的基金托管部门;
(3) 取得基金从业资格的专职人员达到法定人数;
(4) 有安全保管基金财产的条件;
(5) 有安全高效的清算、交割系统;
(6) 有符合要求的营业场所、安全防范设施和与基金托管业务有关的其他设施;
(7) 有完善的内部稽核监控制度和风险控制制度;
(8) 法律、行政法规规定的和经国务院批准的国务院证券监督管理机构、国务院银行业监督管理机构规定的其他条件。

担任托管人的商业银行的基金托管部门的经理和其他高级管理人员应当熟悉证券投资方面的法律、行政法规,具有基金从业资格和3年以上与其所任职务相关的工作经历,其选任或者改任应当报经证监会审核通过。

为了维护持有人利益,《证券投资基金法》规定托管人与管理人不得为同一人,不得相互出资或者持有股份。

2. 基金托管人的职责

根据《证券投资基金法》第29条、第30条的规定,基金托管人应当履行下列职责:

(1) 安全保管基金财产;
(2) 按照规定开设基金财产的资金账户和证券账户;
(3) 对所托管的不同基金财产分别设置账户,确保基金财产的完整与独立;
(4) 保存基金托管业务活动的记录、账册、报表和其他相关

资料;

(5) 按照基金合同的约定,根据基金管理人的投资指令,及时办理清算、交割事宜;

(6) 办理与基金托管业务活动有关的信息披露事项;

(7) 对基金财务会计报告、中期和年度基金报告出具意见;

(8) 复核、审查基金管理人计算的基金资产净值和基金份额申购、赎回价格;

(9) 按照规定召集基金份额持有人大会;

(10) 按照规定监督基金管理人的投资运作。托管人发现管理人的投资指令违反法律、行政法规和其他有关规定,或者违反基金合同约定的,应当拒绝执行,立即通知管理人,并及时向证监会报告。

(11) 证监会规定的其他职责。

实践中,基金托管协议通常对基金托管人的权利、义务、职责等有更加详细而具体的规定。

3. 基金托管人职责的终止

基金托管人职责终止的情形包括:

(1) 被依法取消基金托管资格;

(2) 被基金份额持有人大会解任;

(3) 依法解散、被依法撤销或者被依法宣告破产;

(4) 基金合同约定的其他情形。

基金托管人职责终止的,基金份额持有人大会应当在6个月内选任新基金托管人;新基金托管人产生前,由证监会指定临时基金托管人。

四、基金持有人

证券投资基金中,投资人通过出资购买基金份额而成为基金的持有人。持有人的出资行为代表了对基金合同的认可,同时也完成了自己的核心义务。

1. 基金持有人的权利

持有人的核心权利为基于信托关系的受益权。投资基金所有的制度设计都是围绕着如何最好地实现持有人的受益权来展开的。

持有人的受益权是一种复合性权利。它既包括债权性质的权利,如对受托人的信托利益请求权,即请求分配投资收益的权利;也包括物权性质的权利,如对基金财产强制执行提出异议的权利,基金财产清算时的取回权;还包括既不是债权也不是物权的权利,如对基金事务的知情权和对管理人的监督权等。这都是为了平衡基金关系中委托人和受托人在信息、专业知识等方面的极其不对称地位,降低受托人违背诚信原则、侵害委托人利益的可能性。

按照《证券投资基金法》第70条的规定,基金份额持有人享有下列权利:

(1) 分享基金财产收益;
(2) 参与分配清算后的剩余基金财产;
(3) 依法转让或者申请赎回其持有的基金份额;
(4) 按照规定要求召开基金份额持有人大会;
(5) 对基金份额持有人大会审议事项行使表决权;
(6) 查阅或者复制公开披露的基金信息资料;
(7) 对基金管理人、基金托管人、基金份额发售机构损害其合法权益的行为依法提起诉讼;
(8) 基金合同约定的其他权利。

2. 基金持有人大会制度

《证券投资基金法》还规定了基金份额持有人大会制度,基金中的重大事项应当通过召开基金份额持有人大会审议决定,包括:

(1) 提前终止基金合同;
(2) 基金扩募或者延长基金合同期限;
(3) 转换基金运作方式;
(4) 提高基金管理人、基金托管人的报酬标准;
(5) 更换基金管理人、基金托管人;
(6) 基金合同约定的其他事项。

基金份额持有人大会由基金管理人召集;基金管理人未按规定召集或者不能召集时,由基金托管人召集。

代表基金份额10%以上的基金份额持有人就同一事项要求召开基金份额持有人大会,而基金管理人、基金托管人都不召集的,代表基金份额 10% 以上的基金份额持有人有权自行召集,并报中国证监会备案。

召开基金份额持有人大会时,召集人应当至少提前 30 日公告召开时间、会议形式、审议事项、议事程序和表决方式等事项。基金份额持有人大会不得就未经公告的事项进行表决。

基金份额持有人大会可以采取现场方式召开,也可以采取通信等方式召开。每一基金份额具有一票表决权,基金份额持有人可以委托代理人出席基金份额持有人大会并行使表决权。

基金份额持有人大会应当有代表 50% 以上基金份额的持有人参加,方可召开;大会就审议事项作出决定,应当经参加大会的基金份额持有人所持表决权的 50% 以上通过;但是,转换基金运作方式、更换基金管理人或者基金托管人、提前终止基金合同,应当经参加大会的基金份额持有人所持表决权的 2/3 以上通过。基金份额持有人大会决定的事项,应当依法报证监会核准或者备案,并予以公告。

第三节　证券投资基金的募集与交易

一、证券投资基金的募集

1. 公开募集

按照《证券投资基金法》的规定,基金由已成立的基金管理公司通过发布基金募集公告向社会公开募集。

向社会公众公开募集的基金由于涉及不特定的社会公众,其持有人往往人数众多。基金管理人的诚信状况、管理水平、经营业绩等不仅关系到每个基金持有人的经济利益,甚至关系整个行业,乃至整个社会的经济秩序的稳定。因此,《证券投资基金法》上对基金管理人募集基金的条件、程序等都做了较为严格的规定。

2. 募集基金应提交的文件

基金管理人依照《证券投资基金法》发售基金份额,募集基金,应当向证监会提交下列文件,并经证监会核准:

(1) 申请报告;

（2）基金合同草案；

（3）基金托管协议草案；

（4）招募说明书草案；

（5）基金管理人和基金托管人的资格证明文件；

（6）经会计师事务所审计的基金管理人和基金托管人最近三年或者成立以来的财务会计报告；

（7）律师事务所出具的法律意见书；

（8）国务院证券监督管理机构规定提交的其他文件。

3. 基金合同

在以上管理人应提交的文件中，最为核心的是基金合同。基金合同是一个由管理人事先拟定的，规定基金基本情况和管理人、托管人、持有人之间的权利义务等内容的格式合同。一般情况下，投资人只有选择接受和不接受的权利，而不可能单独协商变更。投资人对基金份额的购买行为视为对基金合同的接受。

基金合同应当包括下列内容：

（1）募集基金的目的和基金名称；

（2）基金管理人、基金托管人的名称和住所；

（3）基金运作方式；

（4）封闭式基金的基金份额总额和基金合同期限，或者开放式基金的最低募集份额总额；

（5）确定基金份额发售日期、价格和费用的原则；

（6）基金份额持有人、基金管理人和基金托管人的权利、义务；

（7）基金份额持有人大会召集、议事及表决的程序和规则；

（8）基金份额发售、交易、申购、赎回的程序、时间、地点、费用计算方式，以及给付赎回款项的时间和方式；

（9）基金收益分配原则、执行方式；

（10）作为基金管理人、基金托管人报酬的管理费、托管费的提取、支付方式与比例；

（11）与基金财产管理、运用有关的其他费用的提取、支付方式；

（12）基金财产的投资方向和投资限制；

（13）基金资产净值的计算方法和公告方式；

（14）基金募集未达到法定要求的处理方式；

（15）基金合同解除和终止的事由、程序以及基金财产清算方式；

（16）争议解决方式；

（17）当事人约定的其他事项。

4. 招募说明书

基金招募说明书是基金管理人向社会公开发布的，说明拟招募设立的投资基金基本情况和认购事项的书面文件，是吸引社会公众前来与之订立基金合同的要约邀请。发布基金招募说明书可以采用报纸、电视、网络等多种媒体和形式，可以采取宣传推介活动，但应当符合有关法律、行政法规的规定，对基金有关情况的介绍应当真实、准确、完整，不得有虚假陈述、记载等有悖诚信行为。

基金招募说明书应当包括下列内容：

（1）基金募集申请的核准文件名称和核准日期；

（2）基金管理人、基金托管人的基本情况；

（3）基金合同和基金托管协议的内容摘要；

（4）基金份额的发售日期、价格、费用和期限；

（5）基金份额的发售方式、发售机构及登记机构名称；

（6）出具法律意见书的律师事务所和审计基金财产的会计师事务所的名称和住所；

（7）基金管理人、基金托管人报酬及其他有关费用的提取、支付方式与比例；

（8）风险警示内容；

（9）证监会规定的其他内容。

5. 基金募集的期限与管理人责任

基金管理人募集基金应当在法定期限内完成，基金管理人应当自收到证监会核准同意募集基金的文件之日起6个月内进行基金募集。超过6个月开始募集，原核准的事项未发生实质性变化的，应当报证监会备案；发生实质性变化的，应当向证监会重新提交申请。实践中，证监会在核准设立基金的申请时，对基金募集的具体期限会有明确的要求。基金募集不得超过该期限，自基金份额发售之日起计算。

基金募集期限届满,封闭式基金募集的基金份额总额达到核准规模的80%以上,开放式基金募集的基金份额总额超过核准的最低募集份额总额,并且基金份额持有人人数符合证监会规定的,基金管理人应当自募集期限届满之日起10日内聘请法定验资机构验资,并自收到验资报告之日起10日内,向证监会提交验资报告,办理基金备案手续,并予以公告。为了保障投资人的利益,基金募集期间募集的资金应当存入专门账户,在基金募集行为结束前,任何人不得动用。

投资人缴纳认购的基金份额的款项时,基金合同成立;基金管理人依照《证券投资基金法》的规定向证监会办理基金备案手续后,基金合同生效。

基金募集期限届满,不能满足《证券投资基金法》规定的条件的,因而不能设立基金时,基金管理人应当承担下列责任:(1)以其固有财产承担因募集行为而产生的债务和费用;(2)在基金募集期限届满后30日内返还投资人已缴纳的款项,并加计银行同期存款利息。

二、证券投资基金的交易方式

基金的交易是指基金份额的转让。根据封闭式基金与开发式基金的不同特点,基金份额的交易分别采取交易所转让与申购、赎回等不同方式。

1. 封闭式基金的交易

封闭式基金在基金合同期限内,基金份额持有人不得向管理人申请赎回基金份额,但可以在依法设立的证券交易场所交易。因此,封闭式基金份额的交易与普通上市公司发行的股票的交易在法理上基本一致,适用的规则也很相似,证监会也采用类似的监管措施。

2. 开放式基金的交易

开放式基金份额的持有人并不向外转让自己的基金份额,而是根据基金合同的约定,在一定的时间和场所向基金管理人申购或者赎回基金份额。

基金管理人应当按时支付赎回款项,但是下列情形除外:

(1)因不可抗力导致基金管理人不能支付赎回款项;

(2)证券交易场所依法决定临时停市,导致基金管理人无法计算当日基金资产净值;

(3)基金合同约定的其他特殊情形。

发生上述情形之一的,基金管理人应当在当日报证监会备案。

因此,开放式基金应当保持足够的现金或者政府债券,以备支付持有人的赎回款项。具体比例由中国证监会规定。

第四节 证券投资基金的运作和监管

证券投资基金在我国产生时间不长,但发展迅速,并且还有着极大的发展空间。为了规范证券投资基金运作活动,保护投资人的合法权益,促进证券投资基金市场健康发展,中国证监会对基金的募集、基金份额的申购和赎回、基金财产的投资、基金收益的分配、基金份额持有人大会的召开以及其他的基金运作活动进行密切监管,要求基金运作活动应当遵守法律、行政法规和证监会的规定,遵循自愿、公平、诚实信用原则,不得损害国家利益和社会公共利益。基金行业的协会可以依据法律、行政法规、证监会的规定制定自律规则,对基金运作活动进行自律管理。

一、基金投资的有关规定

管理人的投资行为追求的是为持有人创造投资利润,也为自己创造基金合同约定的管理收益。但任何一只投资基金都涉及人数众多的投资人的切身利益,管理人的个人投资判断力都是有限的,而证券市场行情则是瞬息万变,风险不可预知,所以,为了分散投资风险,减少投资失败的可能性,在基金管理运作中应将保障持有人的资金安全放在追求收益之前。及时、真实、完整的信息披露义务是对管理人诚信方面的要求,而《证券投资基金法》和《证券投资基金运作管理办法》(以下简称《运作办法》)对基金投资领域、比例、数量等方面的要求是对其投资的稳健性的保障。

1. 投资方式和范围

基金管理人运用基金财产进行证券投资,应当采用资产组合的方式。资产组合的具体方式和投资比例,依照《证券投资基金法》和证监会的规定在基金合同中约定。

基金财产应当用于下列投资:(1)上市交易的股票、债券;(2)证监会规定的其他证券品种。

基金财产不得用于下列投资或者活动:

(1)承销证券;

(2)向他人贷款或者提供担保;

(3)从事承担无限责任的投资;

(4)买卖其他基金份额,但是国务院另有规定的除外;

(5)向其基金管理人、基金托管人出资或者买卖其基金管理人、基金托管人发行的股票或者债券;

(6)买卖与其基金管理人、基金托管人有控股关系的股东或者与其基金管理人、基金托管人有其他重大利害关系的公司发行的证券或者承销期内承销的证券;

(7)从事内幕交易、操纵证券交易价格及其他不正当的证券交易活动;

(8)依照法律、行政法规有关规定,由证监会规定禁止的其他活动。

按照《运作办法》的规定,基金名称显示投资方向的,应当有80%以上的非现金基金资产属于投资方向确定的内容。

2. 基金投资的风险控制

为分散风险考虑,基金管理人运用基金财产进行证券投资不得过于集中于某一只或某几只股票,以免因被投资公司经营突然恶化而导致基金财产遭受重大损失。现行监管规章对于基金投资的风险控制有如下一些限制性规则:

(1)一只基金持有一家上市公司的股票的市值不得超过基金资产净值的10%;

(2)同一基金管理人管理的全部基金持有一家公司发行的证券不得超过该证券的10%;

(3）基金财产参与股票发行申购，单只基金所申报的金额不得超过该基金的总资产，单只基金所申报的股票数量不得超过拟发行股票公司本次发行股票的总量；

(4）不得违反基金合同关于投资范围、投资策略和投资比例等约定；

(5）中国证监会规定禁止的其他情形。

完全按照有关指数的构成比例进行证券投资的基金品种可以不受以上第(1)项、第(2)项规定的比例限制。

基金管理人应当自基金合同生效之日起6个月内使基金的投资组合比例符合基金合同的有关约定。因证券市场波动、上市公司合并、基金规模变动等基金管理人之外的因素致使基金投资不符合以上第(1)项、第(2)项规定的比例或者基金合同约定的投资比例的，基金管理人应当在10个交易日内进行调整。

3．投资收益的分配

对证券投资基金监管的核心目的就是要保障投资者的合法利益，因此，《运作办法》还规定封闭式基金的收益分配，每年不得少于1次，封闭式基金年度收益分配比例不得低于基金年度已实现收益的90%。开放式基金的基金合同应当约定每年基金收益分配的最多次数和基金收益分配的最低比例。

二、证券投资基金信息披露

1．证券投资基金信息披露的意义

基金进行信息披露的意义主要有两方面。

一是对基金份额持有人的意义。基金作为专家理财的形式，基金份额持有人几乎不可能对基金的运作进行实质性的监督。在这种背景下，信息披露是实现对基金管理人、托管人的监督、最大限度地保障基金份额持有人利益的重要措施。通过公开化，使得基金管理人、托管人的行为受到公众和市场的检验。

二是对被投资公司的意义。基金作为实力雄厚的机构投资人，在股权分散的证券市场中越来越成为对被投资公司产生重大影响的一股力量。在一些国家的证券市场中，一些奉行积极行动主义的基金不满足于做一个消极的投资人,而是积极地参与被投资公司的公司治理,推动公司的规范运作。

2. 证券投资基金信息披露的内容

公开披露的基金信息包括:

(1) 基金招募说明书、基金合同、基金托管协议;

(2) 基金募集情况;

(3) 基金份额上市交易公告书;

(4) 基金资产净值、基金份额净值;

(5) 基金份额申购、赎回价格;

(6) 基金财产的资产组合季度报告、财务会计报告及中期和年度基金报告;

(7) 临时报告;

(8) 基金份额持有人大会决议;

(9) 基金管理人、基金托管人的专门基金托管部门的重大人事变动;

(10) 涉及基金管理人、基金财产、基金托管业务的诉讼;

(11) 依照法律、行政法规有关规定,由证监会规定应予披露的其他信息。

3. 证券投资基金信息披露的实质要求

基金管理人、基金托管人和其他基金信息披露义务人应当依法披露基金信息,并保证所披露信息的真实性、准确性和完整性。对公开披露的基金信息出具审计报告或者法律意见书的会计师事务所、律师事务所,应当保证其所出具文件内容的真实性、准确性和完整性。

基金信息披露义务人应当确保应予披露的基金信息在国务院证券监督管理机构规定时间内披露,并保证投资人能够按照基金合同约定的时间和方式查阅或者复制公开披露的信息资料。

公开披露基金信息,不得有下列行为:

(1) 虚假记载、误导性陈述或者重大遗漏;

(2) 对证券投资业绩进行预测;

(3) 违规承诺收益或者承担损失;

(4) 诋毁其他基金管理人、基金托管人或者基金份额发售机构；

(5) 依照法律、行政法规有关规定，由证监会规定禁止的其他行为。

三、基金合同的变更、终止与基金财产清算

1. 基金合同的变更

基金的变更事由主要包括：(1) 转换基金运作方式，如从封闭式基金转成开放式基金；(2) 延长封闭式基金存续期限；(3) 扩大封闭性基金的份额规模；(4) 更换基金管理人、基金托管人；(5) 提高基金管理人、基金托管人的报酬标准；(6) 变更基金投资目标、投资范围或投资策略；(7) 变更基金份额持有人大会程序；(8) 与其他基金的合并等。

基金合同属于一种民事合同，原则上可以由投资人和基金管理人协商变更合同具体内容。不过由于投资者人数众多，不可能管理人与每个投资者单独协商订立合同，实践中都是采用格式合同的形式，相应的，对合同内容的变更一般也是由管理人提出，由基金份额持有人大会表决。

根据《证券投资基金法》的规定，转换基金运作方式除按照基金合同的约定或者基金份额持有人大会的决议外，还需要经证监会核准。其中，封闭式基金扩募或者延长基金合同期限，还应当符合下列条件：(1) 基金运营业绩良好；(2) 基金管理人最近两年内没有因违法违规行为受到行政处罚或者刑事处罚；(3) 基金份额持有人大会决议通过；(4)《证券投资基金法》规定的其他条件。

2. 基金合同的终止

有下列情形之一的，基金合同终止：

(1) 基金合同期限届满而未延期的；

(2) 基金份额持有人大会决定终止的；

(3) 基金管理人、基金托管人职责终止，在6个月内没有新基金管理人、新基金托管人承接的；

(4) 基金合同约定的其他情形。

3. 基金财产清算

基金合同终止时,基金管理人应当组织清算组对基金财产进行清算。清算组由基金管理人、基金托管人以及相关的中介服务机构组成。清算组作出的清算报告经会计师事务所审计,律师事务所出具法律意见书后,报证监会备案并公告。

清算后的剩余基金财产,应当按照基金份额持有人所持份额比例进行分配。

第五节 法律责任

《证券投资基金法》规定了基金管理人、托管人以及为基金提供服务的律师、会计师等中介机构在基金募集、运作及清算各环节的法律责任,形成了一个包括行政责任、民事责任、刑事责任在内的完整的法律责任体系。

一、违法行为分类及责任形式

根据基金法律关系主体违法行为的性质和方式,可以分成以下几类:

1. 违反市场准入管理的责任

(1) 未经证监会核准,擅自募集基金的,责令停止,返还所募资金和加计的银行同期存款利息,没收违法所得,并处所募资金金额1%以上5%以下罚款;构成犯罪的,依法追究刑事责任。

(2) 未经批准,擅自设立基金管理公司的,由证券监督管理机构予以取缔,并处5万元以上50万元以下罚款;构成犯罪的,依法追究刑事责任。

(3) 未经证监会核准,擅自从事基金管理业务或者基金托管业务的,责令停止,没收违法所得;违法所得100万元以上的,并处违法所得1倍以上5倍以下罚款;没有违法所得或者违法所得不足100万元的,并处10万元以上100万元以下罚款;给基金财产或者基金份额持有人造成损害的,依法承担赔偿责任;对直接负责的主管人员和其他直接责任人员给予警告,并处3万元以上30万元以下罚款;

构成犯罪的,依法追究刑事责任。

2. 侵害基金财产的责任

(1) 基金管理人在基金募集期间动用募集的资金的,责令返还,没收违法所得;违法所得 50 万元以上的,并处违法所得 1 倍以上 5 倍以下罚款;没有违法所得或者违法所得不足 50 万元的,并处 5 万元以上 50 万元以下罚款;对直接负责的主管人员和其他直接责任人员给予警告,并处 3 万元以上 30 万元以下罚款;给投资人造成损害的,依法承担赔偿责任;构成犯罪的,依法追究刑事责任。

(2) 基金管理人、基金托管人未对基金财产实行分别管理或者分账保管,或者将基金财产挪作他用的,责令改正,处 5 万元以上 50 万元以下罚款;给基金财产或者基金份额持有人造成损害的,依法承担赔偿责任;对直接负责的主管人员和其他直接责任人员给予警告,暂停或者取消基金从业资格,并处 3 万元以上 30 万元以下罚款;构成犯罪的,依法追究刑事责任。

基金管理人、基金托管人将基金财产挪作他用而取得的财产和收益,归入基金财产。但是,法律、行政法规另有规定的,依照其规定。

3. 违反基金运作与管理规则的责任

(1) 基金管理人、基金托管人违反了《证券投资基金法》规定的禁止性行为,将其固有财产混同于基金财产,或者不公平地对待其管理的不同基金财产,或者利用基金财产为第三人牟取利益,或者向基金份额持有人违规承诺收益或者承担损失的,责令改正,没收违法所得;违法所得 100 万元以上的,并处违法所得 1 倍以上 5 倍以下罚款;没有违法所得或者违法所得不足 100 万元的,并处 10 万元以上 100 万元以下罚款;给基金财产或者基金份额持有人造成损害的,依法承担赔偿责任;对直接负责的主管人员和其他直接责任人员给予警告,暂停或者取消基金从业资格,并处 3 万元以上 30 万元以下罚款;构成犯罪的,依法追究刑事责任。

(2) 基金管理人、基金托管人违反了《证券投资基金法》有关投资方式和范围的规定的,责令改正,处 10 万元以上 100 万元以下罚款;给基金财产或者基金份额持有人造成损害的,依法承担赔偿责任;对直接负责的主管人员和其他直接责任人员给予警告,暂停或者取消基金从业资格,并处3万元以上30万元以下罚款;构成犯罪的,依法追究刑事责任。

基金管理人、基金托管人有前述行为,运用基金财产而取得的财产和收益,归入基金财产。但是法律、行政法规另有规定的除外。

(3) 基金管理人或者基金托管人不按照规定召集基金份额持有人大会的,责令改正,可以处5万元以下罚款;对直接负责的主管人员和其他直接责任人员给予警告,暂停或者取消基金从业资格。

4. 违反基金信息披露义务的责任

(1) 基金信息披露义务人不依法披露基金信息或者披露的信息有虚假记载、误导性陈述或者重大遗漏的,责令改正,没收违法所得,并处10万元以上100万元以下罚款;给基金份额持有人造成损害的,依法承担赔偿责任;对直接负责的主管人员和其他直接责任人员给予警告,暂停或者取消基金从业资格,并处3万元以上30万元以下罚款;构成犯罪的,依法追究刑事责任。

(2) 为基金信息披露义务人公开披露的基金信息出具审计报告、法律意见书等文件的专业机构就其所应负责的内容弄虚作假的,责令改正,没收违法所得,并处违法所得1倍以上5倍以下罚款;情节严重的,责令停业,暂停或者取消直接责任人员的相关资格;给基金份额持有人造成损害的,依法承担赔偿责任;构成犯罪的,依法追究刑事责任。

二、法律责任的分配与承担

1. 基金管理人与托管人之间民事责任的分配

基金管理人、基金托管人在履行各自职责的过程中,违反《证券投资基金法》的规定或者基金合同、基金托管协议的约定,给基金财产或者基金份额持有人造成损害的,应当分别对各自的行为依法承担赔偿责任;因共同行为给基金财产或者基金份额持有人造成损害的,应当承担连带赔偿责任。

2. 民事赔偿与行政罚款、刑事罚金之间的支付顺序

基金管理人、基金托管人应当承担民事赔偿责任和缴纳罚款、罚

金,其财产不足以同时支付时,先承担民事赔偿责任。

3. 承担法律责任的财产

基金管理人、基金托管人应当承担的民事赔偿责任和缴纳的罚款、罚金,以其固有财产承担。

第十六章 期货交易管理法律制度

第一节 期货交易概述

一、期货交易的概念

期货交易是一种集中交易标准化远期合约的交易形式,即交易双方在期货交易所通过买卖期货合约,并根据合约规定的条款约定在未来某一特定时间和地点、以某一特定价格买卖某一特定数量和质量的商品的交易行为。

期货交易的最终目的并不是商品所有权的转移,而是通过买卖期货合约,回避现货价格风险。

二、期货交易的主要特征

与现货交易相比,期货交易有一些典型特征。这里以商品期货为例归纳如下:

(1) 期货交易以在期货交易所内买卖期货合约的方式进行。交易当事人通过在一定价位上买入或卖出一定数量的合约来满足自己对特定期货品种的需要。

(2) 期货合约是由期货交易所制定的标准化合约。合约中的各项条款,如商品数量、商品质量、保证金比率、交割地点、交割方式以及交易方式等都是标准化的。合约中只有"价格"一项是通过市场竞价交易形成的。

(3) 实物交割率低。期货合约的完结并不一定必须实际交货,买卖期货合约者在规定的交割日期前任何时候都可以通过数量相同、方向相反的交易将持有的合约抵销,无须再履行实际交货的义务。因此,期货交易中实物交割量占交易量的比重很小,一般低于5%。

(4)期货交易实行保证金制度。交易者不需付出全额货款,只需付3%到15%的履约保证金。

(5)期货交易所为交易双方提供结算交割服务和履约担保,实行严格的结算交割制度,违约的风险很小。

三、期货交易的产生与发展

从历史上看,期货交易是由现货交易发展而来的。在13世纪比利时的安特卫普、17世纪荷兰的阿姆斯特丹和18世纪日本的大阪,就已经出现了期货交易的雏形。现代有组织的期货交易产生于美国芝加哥。1848年,芝加哥期货交易所(CBOT)开始从事农产品的远期买卖。为了避免农产品价格剧烈波动的风险,农场主和农产品贸易商、加工商一开始就采用了现货远期合约的方式来进行商品交换,以期稳定货源和销路,减少价格波动的风险。

随着交易规模的扩大,现货远期合约的交易逐渐暴露出一些弊端:一是由于现货远期合约没有统一规定内容,是非规范化合约,每次交易都需双方重新签订合约,增加了交易成本,降低了交易效率;二是由于远期合约的内容条款各式各样,某一具体的合约不能被广泛认可,使合约难以顺利转让,降低了合约的流动性;三是远期合约的履行以交易双方的信用为基础,容易发生违约行为;四是远期合约的价格不具有广泛的代表性,形不成市场认可的、比较合理的预期价格,使商品交易受到很大制约,市场发展受到限制。

为了减少交易纠纷,简化交易手续,增强合约流动性,提高市场效率,1865年,芝加哥期货交易所推出标准化的期货合约交易,取代了原有的现货远期合约交易,随后又推出履约保证金制度和统一结算制度。这样,为期货交易顺利进行所必需的制度基础都基本建立起来了。

四、期货交易市场的功能

1. 发现价格功能

自期货交易产生以来,发现价格功能逐渐成为期货市场的重要经济功能。所谓发现价格功能,是指在一个公开、公平、高效、竞争的期货市场中,通过期货交易形成的期货价格,具有真实性、预期性、连续性和权威性的特点,能够比较真实地反映出未来商品价格变动的趋势。

期货市场之所以具有发现价格功能,主要是因为期货价格的形成有以下特点:

第一,期货交易的透明度高。期货市场遵循公开、公平、公正原则,交易指令在高度组织化的期货交易所内撮合成交,所有期货合约的买卖都必须在期货交易所内公开竞价进行,不允许进行场外交易。交易所内自由报价,公开竞争,避免了一对一的现货交易中容易产生的欺诈和垄断。

第二,供求集中,市场流动性强。期货交易的参与者众多,如商品生产商、销售商、加工商、进出口商以及数量众多的投机者等。这些套期保值者和投机者通过经纪人聚集在一起竞争,期货合约的市场流动性大大增强,这就克服了现货交易缺乏市场流动性的局限,有助于价格的形成。

第三,信息质量高。期货价格的形成过程是收集信息、输入信息、产生价格的连续过程,信息的质量决定了期货价格的真实性。由于期货交易参与者大都熟悉某种商品行情,有丰富的经营知识和广泛的信息渠道及一套科学的分析、预测方法,他们把各自的信息、经验和方法带到市场上来,结合自己的生产成本预期利润,对商品供需和价格走势进行判断、分析、预测,报出自己的理想价格,与众多对手竞争。这样形成的期货价格实际上反映了大多数人的预测,具有权威性,能够比较真实地代表供求变动趋势。

第四,价格报告公开。期货交易所的价格报告制度规定,所有在交易所达成的每一笔新交易的价格,都要向会员及其场内经纪人及时报告并公之于众。通过发达的传播媒介,交易者能够及时了解期货市场的交易情况和价格变化,及时对价格的走势作出判断,并进一步调整自己的交易行为。这种价格预期的不断调整,最后反映到期货价格中,进一步提高了期货价格的真实性。

第五,期货价格的预期性。期货合约是不断地反映供求关系及其变化趋势的一种价格信号。期货合约的买卖转手相当频繁,这样连续形成的价格能够连续不断地反映市场的供求情况。

由于期货价格的形成具有上述特点,所以,期货价格能比较准确、全面地反映真实的供给和需求的情况及其变化趋势,对生产经营者有较强的指导作用。世界上很多生产经营者虽未涉足期货交易,也没有和期货市场发生直接关系,但他们都在利用期货交易所发现的价格和所传播的市场信息来制定各自的生产经营决策,例如,生产商根据期货价格的变化来决定商品的生产规模;在贸易谈判中,大宗商品的成交价格往往是以期货价格为依据来确定的。

2. 套期保值功能

套期保值,是指以回避现货价格风险为目的的期货交易行为。套期保值的基本形式有两种,即买入保值和卖出保值,两者是以保值者在期货市场上买卖方向来区分的。

(1) 买入保值。它是指交易者先在期货市场买入期货,以便将来在现货市场买进现货时不致因价格上涨而给自己造成经济损失的一种套期保值方式。这种用期货市场的盈利对冲现货市场亏损的做法,可以将远期价格固定在预计的水平上。买入套期保值,是需要现货商品而又担心价格上涨的客户常用的保值方法。

(2) 卖出保值。它是指交易者先在期货市场上卖出期货,当现货价格下跌时以期货市场的盈利来弥补现货市场的损失,从而达到保值目的的一种套期保值方式。卖出保值主要适用于拥有商品的生产商或贸易商,他们担心商品价格下跌使自己遭受损失。

套期保值交易之所以能有助于回避价格风险,达到保值的目的,是因为期货市场上存在一些可遵循的经济规律:

其一,同种商品的期货价格走势与现货价格走势基本一致。现货市场与期货市场虽然是两个各自独立的市场,但由于某一特定商品的期货价格和现货价格在同一时空内,会受相同的经济因素的影响和制约,因而一般情况下两个市场的价格变动趋势相同。套期保值就是利用这两个市场上的价格关系,分别在期货市场和现货市场做方向相反的买卖,取得在一个市场上出现亏损的同时,在另一个市场上盈利的结果,以达到锁定成本的目的。

其二,现货市场价格与期货市场价格随期货合约到期日的临近,存在两者合二为一的趋势。期货交易的交割制度,保证了现货市场价格与期货市场价格随期货合约到期日的临近而逐渐接近,最终合二为一。期货交易规定合约到期时,必须进行实物交割或差价结算。到交割时,如果期货价格与现货价格不同,例如期货价格高于现货价格,就会有套利者买入低价现货,卖出高价期货,或以低价买入的现货在期货市场上高价抛出,在无风险的情况下实现盈利。这种套利交易最终使期货价格与现货价格趋于相同。

正是上述经济原理的作用,使得套期保值能够起到为商品生产经营者最大限度地降低价格风险的作用,保障生产经营活动的稳定进行。

五、我国期货交易市场的发展与立法

20世纪80年代后期,随着计划经济体制逐步向社会主义市场经济体制过渡,价格调控出现滞后,为满足供求双方在组织生产和销售时对远期价格信息的需要,有关机构和专家开始从理论上对我国开展期货交易进行研究。1988年《政府工作报告》提出,要"加快商业体制改革,积极发展各类批发贸易市场,探索期货交易"。

1990年,以建立期货市场为目标的郑州粮食批发市场成立。之后,各地纷纷组建了带有期货交易性质的市场。1991年,深圳有色金属交易所最早以期货交易所形式进行期货交易,并推出了中国第一个商品期货标准合约——特级铝期货合约。在中国期货市场发展初期,由于没有明确行政主管部门,有关部门间缺乏协调,各自为政,配套法律、法规严重滞后,使得中国期货市场从一开始就出现了盲目发展的势头,表现为交易所数量过多、品种重复、法律滞后、管理运作不规范、盲目开展境外期货、地下期货和期货诈骗严重等。于是,在1993年,国家工商行政管理局颁布了《期货经纪公司登记管理暂行办法》,国家外汇管理局发布了《外汇期货业务管理试行办法》。然而,期货市场盲目发展的势头却愈演愈烈,为控制这种势头,1994年,国务院发出了《国务院办公厅转发国务院证券委关于坚决制止期货市场盲目发展若干意见请示的通知》;中国证监会、国家外汇管理局、国家工商行政管理局、公安部联合发出了《关于严厉查处非法外汇期货和外汇按金交易活动的通知》,中国证监会发布了《期货经营机构从业人员管理暂行办法》;1995年2月,中国证监会、财政部联合发布了《国债期货交易管理暂行办法》。

然而,期货市场盲目发展、监管不力的局面一直没有得到有效改观,1995年2月23日上海证券交易所爆发了"3.27"国债期货事件,市场参与者内幕交易、恶意透支达到疯狂的地步,市场一度完全失控。此一事件直接导致国务院决定暂停国债期货交易,并对期货行业进行整顿。到1997年年底,期货交易所由最初60多家减少到14家,对期货经纪机构进行了清理整顿,实行了许可证制度,各类期货经纪公司由近千家压缩到294家;取消了境外期货交易和外汇按金交易,禁止了以中远期合同为名的变相期货交易;停止了金融机构从事期货业务的资格,禁止了国有企事业单位从事的期货投机交易;停止了国债、钢材等20个期货品种的交易。1999年6月,国务院颁布了《期货交易管理暂行条例》。同年8月,中国证监会发布了《期货交易所管理办法》《期货经纪公司管理办法》《期货业从业人员管理办法》《期货经纪公司高级管理人员任职资格管理办法》等四个配套规章。至此,我国期货市场的法规体系初步建立,监管体系基本形成,过度投机得以遏制。

进入21世纪后,我国的期货交易进入规范发展期。2002年,中国证监会又先后修订了前述4个规章。2006年9月8日,中国金融期货交易所在上海成立。2007年3月,国务院通过了《期货交易管理条例》。中国证监会也在其后通过了新的《期货交易所管理办法》《期货公司管理办法》《期货从业人员管理办法》《期货公司董事、监事和高级管理人员任职资格管理办法》。这些条例和规章既对现行的期货制度进行了规范,也为市场需求日益强烈的新期货品种的出台留下了余地(如股指期货),标志着我国的期货交易和期货市场发展到了一个新的阶段。

然而,相对于金融法的其他领域,我国期货市场尚欠缺类似《证券法》、《投资基金法》这样的基本立法——《期货交易法》。《期货交易法》的缺位,使得目前期货市场上适用的法律、法规除上文中提及的规章及规范性文件外,主要是《民法通则》《合同法》《公司法》

等,这显然是不利于期货市场的健康发展的。我国期货市场要进入迅速发展阶段,《期货交易法》的出台是最为重要的制度基础。

第二节　期货交易的种类与交易过程

期货交易品种是指期货合约交易的标的物,如合约所代表的玉米、铜、石油等。根据交易品种,期货交易可分为两大类:商品期货和金融期货。

一、商品期货

商品期货是指标的物为实物商品的期货合约,如玉米期货、小麦期货或者金属期货等。商品期货历史悠久,种类繁多,主要包括农副产品、能源产品等几大类。

并不是所有的商品都适于做期货交易。在众多的实物商品中,一般而言只有具备下列属性的商品才能作为期货合约的上市品种:

第一,价格波动大。只有商品的价格波动较大,意图回避价格风险的交易者才需要利用远期价格先把价格确定下来。如果商品价格基本不变,比如实行垄断价格或计划价格,商品经营者就没有必要利用期货交易固定价格或锁定成本。

第二,供需量大。期货市场功能的发挥是以商品供需双方广泛参加交易为前提的,只有现货供需量大的商品才能在大范围进行充分竞争,形成权威价格。

第三,易于分级和标准化。期货合约事先规定了交割商品的质量标准,因此,期货品种必须是质量稳定的商品,否则,就难以进行标准化。

第四,易于储存、运输。商品期货一般都是远期交割的商品,这就要求这些商品易于储存、不易变质、便于运输,保证期货实物交割的顺利进行。

从上述特点来看,越是基础性的、原料性、不具有人为加工或修饰的商品,越容易成为标准化合约下的期货品种。市场筛选的结果最终集中到农产品、矿产品、天然能源产品等几个品种上。我国目前进行的商品期货交易,上市品种主要有铜、铝、大豆、小麦和天然橡胶等。

二、金融期货

1. 金融期货的特点

金融期货是指以金融工具为标的物的期货合约。金融期货作为期货交易的一种,具有期货交易的一般特点,但与商品期货相比较,其合约标的物不是实物商品,而是传统的金融商品,如证券、货币、汇率、利率等。

金融期货交易产生于20世纪70年代的美国市场。1972年,美国芝加哥商业交易所的国际货币市场开始了国际货币的期货交易,1975年芝加哥商业交易所开展房地产抵押券的期货交易,标志着金融期货交易的开始。现在,芝加哥商业交易所、纽约期货交易所和纽约商品交易所等都进行各种金融工具的期货交易,货币、利率、股票指数等都作为期货交易的对象。目前金融期货交易在许多方面已经走在商品期货交易的前面,占整个期货市场交易量的80%以上,成为西方金融创新成功的例证。

2. 金融期货的主要种类

与金融相关联的期货合约品种很多,目前已经开发出来的品种主要有三大类:

(1) 利率期货,指以利率为标的物的期货合约。世界上最先推出的利率期货是于1975年由美国芝加哥商业交易所推出的美国国民抵押协会的抵押证期货。利率期货主要包括以长期国债为标的物的长期利率期货和以3个月短期存款利率为标的物的短期利率期货。

(2) 货币期货,指以汇率为标的物的期货合约。货币期货是适应各国从事对外贸易和金融业务的需要而产生的,目的是借此规避汇率风险。1972年美国芝加哥商业交易所的国际货币市场推出第一张货币期货合约并获得成功,其后,英国、澳大利亚等国相继建立货币期货的交易市场,货币期货交易成为一种世界性的交易品种。目前国际上货币期货合约所涉及的货币主要有英镑、美元、德国马克、日元、瑞士法郎等。

（3）股票指数期货，指以股票指数为标的物的期货合约。股票指数期货是目前金融期货市场最热门和发展最快的期货交易。股票指数期货不涉及股票本身的交割，其价格根据股票指数计算，合约以现金清算形式进行交割。

我国20世纪90年代进行的国债期货可以视为是金融期货的雏形。近年来，随着我国经济的高速发展和金融市场改革的深化，对金融期货的需求也越来越强烈。经国务院同意，中国证监会批准，由上海期货交易所、郑州商品交易所、大连商品交易所、上海证券交易所和深圳证券交易所共同发起设立的中国金融期货交易所于2006年9月8日在上海成立。首批推出的期货品种是股票指数期货。这对于深化我国资本市场改革、完善市场功能具有重要意义。

三、期货合约及其主要条款

期货交易是以买卖期货合约的方式进行的。期货合约是指由期货交易所统一制定的、规定在将来某一特定的时间和地点交割一定数量和质量的实物商品或金融商品的标准化合约。

以商品期货为例，期货合约的标准化条款一般包括：

（1）交易数量和单位条款。每种商品的期货合约规定了统一的、标准化的数量和数量单位，统称"交易单位"。例如，美国芝加哥期货交易所规定小麦期货合约的交易单位为5000蒲式耳，每张小麦期货合约都是如此，如果交易者在该交易所买进一张（也称一手）小麦期货合约，就意味着在合约到期日需买进5000蒲式耳小麦。

（2）质量和等级条款。商品期货合约规定了统一的、标准化的质量等级，一般采用国际上普遍认可的商品质量等级标准。

（3）交割地点条款。期货合约为期货交易的实物交割指定了标准化的、统一的实物商品的交割仓库，以保证实物交割的正常进行。

（4）交割期条款。商品期货合约对进行实物交割的月份做了规定，一般规定几个交割月份，由交易者自行选择。

（5）最小变动价位条款。指期货交易时买卖双方报价所允许的最小变动幅度，每次报价时价格的变动必须是这个最小变动价位的整数倍。

（6）每日价格最大波动幅度限制条款。指交易日期货合约的成交价格不能高于或低于该合约上一交易日结算价的一定幅度，达到该幅度则暂停该合约的交易。

（7）最后交易日条款。指期货合约停止买卖的最后截止日期，每种期货合约都有一定的月份限制，到了合约月份的一定日期，就要停止合约的买卖，准备进行实物交割。

（8）其他条款，如违约责任等。

金融期货合约的条款与上述商品期货合约略有不同。金融期货所交易的是利率、汇率、股票指数等货币价值的表现形式，因此，一般不存在质量等级问题，交割也大都采用差价结算的现金交割方式，而非实物交割方式。

四、期货价格的形成

由于期货合约的标准化，期货交易实际上就是确定特定品种的期货价格并按照该价格买卖一定数量的期货合约的过程。

期货价格的频繁波动，是受多种因素影响而成的。例如，在大豆期货交易中，天气的好坏、种植面积的增减、进出口数量的变化都将在很大程度上影响价格的波动。在股票指数期货交易中，人们对市场利率升降、公司业绩好坏的预期，都会影响指数期货价格的变化。由于期货价格是由众多的交易者在交易所内通过集中竞价形成的，市场参与者的报价充分体现了他们对今后一段时间内，该商品在供需方面可能产生变化的预期，在这种价格预期下形成的期货价格，能够较为全面、真实地反映整个市场的价格预期，具有预期性和权威性。

与股票交易类似，期货市场上也是通过公开竞价方式来形成期货合约标的物的价格。期货市场的公开竞价方式主要有两种：一种是电脑自动撮合成交方式，另一种是公开喊价方式。在我国的期货交易所中，全部采用电脑自动撮合成交方式，在这种方式下，期货价格的形成必须遵循价格优先、时间优先的原则。

在期货交易中,期货价格中有开盘价、收盘价、最高价、最低价、结算价等概念。在我国交易所中,开盘价是指交易开始后的第一个成交价;收盘价是指交易收市时的最后一个成交价;最高价和最低价分别指当日交易中最高的成交价和最低的成交价;结算价是指全日交易加权平均价。

五、期货交易的过程

期货交易的全过程可以概括为建仓、持仓、平仓或实物交割。

1. 建仓

建仓也叫开仓,是指交易者新买入或新卖出一定数量的期货合约。在期货市场上,买入或卖出一份期货合约相当于签署了一份远期交割合同。如果交易者将这份期货合约保留到最后交易日结束,他就必须通过实物交割或现金清算来了结这笔期货交易。

2. 平仓

实践中,大多数期货市场参与者的主要目的是为了投资获利或者套期保值。因此,进行实物交割的是少数,大部分投机者和套期保值者都在最后交易日结束之前择机将买入的期货合约卖出,或将卖出的期货合约买回,即通过一笔数量相等、方向相反的期货交易来冲销原有的期货合约,以此了结期货交易,解除到期进行实物交割的义务。

这种买回已卖出合约,或卖出已买入合约的行为就叫平仓。

3. 持仓

建仓之后尚没有平仓的合约,叫未平仓合约或者未平仓头寸,也叫持仓。其中,买入期货合约后所持有的头寸叫多头头寸,简称多头。卖出期货合约后持有的头寸叫空头头寸,简称空头。不论是多头还是空头,交易者最终都需要选择下列两种方式之一来了结仓位:要么择机平仓,要么持仓至最后交易日并最终进行实物交割或现金结算。

第三节　期货交易所与经纪商管理制度

一、期货交易所

期货交易所是专门进行期货合约买卖的场所,一般实行会员制,即由会员共同出资联合组建,每个会员享有同等的权利承担同等的义务。交易所会员有权利在交易所内直接参加交易,同时必须遵守交易所的规则,交纳会费,履行应尽的义务。

会员制期货交易所是一种不以营利为目的的经济组织,主要靠收取交易手续费维持交易设施以及员工等方面的开支,费用节余只能用于与交易直接有关的开支,不得进行其他投资或利润分配。期货交易所的宗旨就是为期货交易提供设施和服务,不拥有任何商品,不买卖期货合约,也不参与期货价格形成。

我国《期货交易管理条例》第7条规定,期货交易所不以营利为目的,按照其章程的规定实行自律管理。可见,我国的期货交易所也是会员制期货交易所。

期货交易所对于期货交易的正常开展,具有十分重要的作用。

(1) 统一制定期货合约,将期货合约的条款统一化和标准化,使期货市场具有高度流动性,提高了市场效率。

(2) 为期货交易制定规章制度和交易规则,并保证和监督这些制度、规则的实施,最大限度地规范交易行为。

(3) 监督、管理交易所内进行的交易活动,调解交易纠纷,包括交易者之间的纠纷、客户同经纪人或经纪公司之间的纠纷等,并提供仲裁程序和仲裁机构(仲裁委员会)服务。

(4) 为交易双方提供履约及财务方面的担保。期货交易中的买方和卖方都是以期货交易所为对手的,不必考虑真正的成交对手是谁。这是由于期货交易机制要求交易所作为"买方的卖方和卖方的买方",承担最终履约责任,从而大大降低了期货交易中的信用风险。

(5) 提供信息服务,及时把场内所形成的期货价格公布于众,增加了市场的透明度和公开性。

(6) 为期货交易提供结算、交割服务,如向会员追缴和清退保证金、收取交割货款和提货单(仓单)等。

(7) 为期货交易提供一个专门的、有组织的场所和各种方便多样的设施,如先进的通信设备等。

这里需要特别说明一下结算所的法律地位。结算所是对每日在交易所形成的交易进行结算并提供担保的机构。结算所是由结算所会员组成的,而结算所会员是从交易所信誉良好、实力雄厚的会员中产生的。在期货业发展初期,结算所是交易所组织结构中的一个组成部分,后随着期货业不断发展,出于控制风险的需要,独立于交易所的结算所出现了。在我国,根据《郑州商品交易所结算细则》、《大连商品交易所结算细则》和《上海期货交易所结算细则》,结算机构是指交易所内设置的结算部。根据《中国金融期货交易所结算细则》,结算机构是指交易所内设置的结算部和会员的结算部门。因此,在现行的制度框架下,我国的结算所并不独立于交易所。

二、期货经纪商

期货经纪商,是指依法设立的,以自己的名义代理客户进行期货交易,并收取一定手续费的中介组织,一般称之为期货经纪公司。

实践中的期货公司,有的只充当期货经纪人的角色,有的还进行期货自营业务。作为交易者与期货交易所之间的桥梁,期货经纪公司具有如下职能:根据客户指令代理买卖期货合约、办理结算和交割手续;对客户账户进行管理,控制客户交易风险;为客户提供期货市场信息,进行期货交易咨询,充当客户的交易顾问等。

期货经纪商是客户和交易所之间的纽带,客户参加期货交易只能通过期货经纪商进行。由于期货经纪商代理客户进行交易,向客户收取保证金,因此,期货经纪商还负有保管客户资金的职责。为了保护投资者利益,增加期货经纪商的抗风险能力,各国政府期货监管部门及期货交易所都制定有相应的规则,对期货经纪商的行为进行约束和规范。我国也在《期货公司管理办法》中对期货经纪行为做了规定。

成立期货经纪公司,除应满足《期货交易管理条例》的有关规定外,还应符合《期货公司管理办法》的规定。《期货公司管理办法》对期货公司从事商品期货经纪业务和金融期货经纪业务的条件分别作了更为具体的规定。

根据《期货公司管理办法》,经纪业务规则主要有:

(1)期货公司应当按照审慎经营的原则,建立并有效执行风险管理、内部控制、期货保证金存管等业务制度和流程,保持财务稳健并持续符合中国证监会规定的风险监管指标标准,确保客户的交易安全和资产安全。

(2)期货公司应当遵循诚实信用原则,以专业的技能,勤勉尽责地执行客户的委托,维护客户的合法权益。期货公司应当避免与客户的利益冲突,无法避免时,应当确保客户利益优先。

(3)期货公司应当向客户充分揭示期货交易的风险,在其营业场所备置期货交易相关法规、期货交易所业务规则,并公开相关期货经纪业务流程、相关从业人员资格证明等资料供客户查阅。期货公司应当在期货经纪合同、本公司网站和营业场所提示客户可以通过中国期货业协会网站查询其从业人员资格公示信息。

(4)期货公司为客户提供互联网委托服务的,应当建立互联网交易风险管理制度,并对客户进行互联网交易风险的特别提示。

(5)期货公司应当按照时间优先的原则传递客户交易指令。

(6)期货公司应当在期货经纪合同中约定风险管理的标准、条件及处置措施。

(7)期货公司应当在每日交易闭市后为客户提供交易结算报告。期货公司应当在期货经纪合同、本公司网站和营业场所提示客户可以通过期货保证金安全存管监控机构查询服务系统,查询期货交易结算结果和有关期货交易的其他信息。

(8)期货公司应当制定并执行错单处理业务规则。

(9)期货公司应当建立客户资料档案,除依法接受调查和检查外,应当为客户保密。

(10)期货公司应当建立、健全客户投诉处理制度。期货公司应当将客户的投诉材料及处理结果存档。

（11）期货公司应当建立交易、结算、财务数据的备份制度。有关开户、变更、销户的客户资料档案应当自期货经纪合同终止之日起至少保存20年；交易指令记录、交易结算记录、错单记录、客户投诉档案以及其他业务记录应当至少保存20年。

第四节　期货交易的法律制度

期货市场是高风险的市场。期货交易属于金融衍生产品交易的一种。金融衍生产品作为从基础资产派生出来的金融工具，其共同特征是保证金交易，即只要支付一定比例的保证金就可以进行全额交易，不需实际上的本金转移；合约的了结一般也采用现金差价结算的方式进行，只有在满期日以实物交割方式履约的合约才需要买方交足货款。因此，期货交易像其他金融衍生产品交易一样具有资金杠杆效应：保证金越低，杠杆效应越大，收益可能更高，但风险也更大。

期货交易法律制度制度的目的在于控制期货市场的风险，维持市场正常交易秩序，保护市场参与者的根本利益。

一、期货保证金制度

1. 概念

在期货市场上，交易者需按期货合约价格的一定比率交纳一定资金作为履行期货合约的财力担保，方可参与期货合约的买卖，这种资金就是期货保证金（以下简称保证金）。

2. 分类

在我国，保证金按性质和作用的不同，可分为结算准备金和交易保证金两大类。结算准备金一般由会员单位按固定标准向交易所缴纳，为交易结算预先准备资金。交易保证金是会员单位或客户在期货交易中因持有期货合约而实际支付的保证金，它又分为初始保证金和追加保证金两类。

初始保证金是指交易者初次买卖合约时存入其保证金账户的一笔款项，它是根据交易额和保证金比率确定的，即初始保证金等于

"交易金额×保证金比率"。我国现行的最低保证金比率为交易金额的5%,股指期货合约最低交易保证金标准为10%。

交易者在持仓过程中,会因市场行情的不断变化而产生浮动盈亏(结算价与成交价之差),因而保证金账户中实际可用来弥补亏损和提供担保的资金会随时发生增减,浮动盈利将增加保证金账户余额,浮动亏损将减少保证金账户余额。保证金账户中必须维持最低的保证金额度叫维持保证金,维持保证金等于"结算价×持仓量×保证金比率×K"(K为常数,称维持保证金比率,在我国通常为0.75)。当保证金账面余额低于维持保证金时,交易者必须在规定时间内补充保证金以达到初始保证金水平,否则在下一个交易日,交易所或代理机构有权实施强行平仓,这部分需要新补充的保证金就称追加保证金。

3. 作用

期货交易保证金对于保障期货市场的正常运转具有重要作用:

(1) 保证金交易制度的实施,降低了期货交易成本,使交易者用5%的保证金就可从事100%的交易,发挥了期货交易的资金杠杆作用,促进了套期保值功能的发挥;

(2) 期货交易保证金为期货合约的履行提供了财力担保;

(3) 保证金是交易所控制投机规模的重要手段。

二、期货交易的涨跌停板制度

1. 概念

涨跌停板制度,也称"每日停板制度"、"每日价格最大波动幅度限制制度",是指期货合约在一个交易日中的成交价格不能高于或低于以该合约上一交易日结算价为基准的某一涨跌停板幅度,超过该范围的报价将视为无效,不能成交。

在涨跌停板制度中,前一交易日结算价加上允许的最大涨幅构成当日价格上涨的上限,称为涨停板;前一交易日结算价减去允许的最大跌幅构成价格下跌的下限,称为跌停板。涨跌停板的幅度有百分比和固定数量两种形式。

2. 作用

涨跌停板制度与保证金制度相结合,对于保障期货市场的运转、稳定期货市场的秩序以及发挥期货市场的功能具有十分重要的作用:

(1) 可以控制交易所、会员单位及客户的日常风险。

(2) 可以有效地减缓和抑制突发事件与过度投机行为对期货价格的冲击,给市场一定的时间来充分化解这些因素对市场造成的影响,防止价格的狂涨暴跌。

(3) 促使期货市场能更好地发挥价格发现的功能。

(4) 在出现过度投机和操纵市场等异常现象时,通过调整涨跌停板幅度,交易所可以在一定程度上控制风险。

三、每日无负债结算制度

1. 概念

每日无负债结算制度,也称"逐日盯市制度",是指交易所在每个交易日结束后,计算、检查保证金账户余额,通过及时发出追加保证金通知,使保证金余额维持在一定水平之上,防止负债现象发生的结算制度。

其具体执行过程如下:在每一交易日结束后,交易所根据当日成交情况计算出当日结算价,据此计算每个会员持仓的浮动盈亏,调整会员保证金账户的可动用余额。若调整后的保证金余额小于维持保证金,交易所便发出通知,要求会员在下一交易日开市之前追加保证金,若会员单位不能按时追加保证金,交易所将有权强行平仓。

2. 作用

(1) 这一制度对所有账户的交易及头寸按不同品种、不同月份的合约分别进行结算,保证每一交易账户的盈亏都能得到及时、具体、真实的反映,为及时调整账户资金、控制风险提供了依据。

(2) 这一制度能将市场风险控制在交易全过程中一个相对最短的时间之内。

四、限仓制度与大户报告制度

1. 限仓制度

限仓制度,是期货交易所为了防止市场风险过度集中于少数交易者和防范操纵市场行为,对会员和客户的持仓数量进行限制的制度。为了使合约期满日的实物交割数量不至于过大,引发大面积交割违约风险,一般情况下,距离交割月份越近,会员和客户的持仓限量越小。

限仓制度包括以下三方面内容:

(1) 根据保证金的数量规定持仓限量。限仓制度最原始的含义,就是根据会员承担风险的能力规定会员的交易数量。期货交易所通常根据会员和客户投入的保证金的数量,按照一定比例给出持仓限量,此限量即为该会员在交易中持仓的最高水平。

(2) 对会员的持仓量限制。为防止市场风险过度集中于少数会员,我国期货交易所一般对会员的持仓量进行了规定,例如,《中国金融期货交易所风险控制管理办法》规定,会员和客户的股指期货合约持仓限额具体规定如下:① 对客户某一合约单边持仓实行绝对数额限仓,持仓限额为 600 张;② 对从事自营业务的交易会员某一合约单边持仓实行绝对数额限仓,每一客户号持仓限额为 600 张;③ 某一合约单边总持仓量超过 10 万张的,结算会员该合约单边持仓量不得超过该合约单边总持仓量的 25% 等。对会员的超量持仓部分,交易所将进行强制平仓。此外,期货交易所还按合约离交割月份的远近,对会员规定了不同的持仓限额,距离交割期越近的合约,会员的持仓限量越小。

(3) 对客户的持仓量限制。为防止大户过量持仓,操纵市场,大部分交易所对会员单位所代理的客户实行编码管理,每个客户只能使用一个交易编码,交易所对每个客户编码下的持仓总量也有限制。

2. 大户报告制度

大户报告制度是与限仓制度相关的另外一个控制交易风险、防止大户操纵市场行为的制度。期货交易所建立限仓制度后,当会员或客户投机头寸达到了交易所规定的数量时,必须向交易所报告,报告的内容包括客户的开户情况、交易情况、资金来源、交易动机等,以便于交易所审查大户是否有过度投机行为或操纵市场行为以及大户的交易风险情况。

后 记

法律专业《金融法》自学考试教材的修改主要是因为金融法领域发展变化较快，近年来修改制定了《银行业监督管理法》《商业银行法》《信托法》《证券法》《期货交易管理条例》等多部重要的法律法规。

本教材由吴志攀和刘燕教授两人编著，体系上采用北京大学法学院多年教学中的传统分类方法，并结合自学考试的特点编写。

中国人民大学的徐孟洲教授、中国政法大学的管晓峰教授和华东政法大学的罗培新教授参加了审稿会，为本教材的修订定稿提出了宝贵意见，在此表示真诚的谢意。

全国高等教育自学考试指导委员会
法学类专业委员会
2008 年 3 月

全国高等教育自学考试

金融法自学考试大纲

全国高等教育自学考试指导委员会制定

出版前言

为了适应社会主义现代化建设事业对培养人才的需要,我国在20世纪80年代初建立了高等教育自学考试制度。高等教育自学考试是个人自学、社会助学和国家考试相结合的一种高等教育形式,是我国高等教育体系的重要组成部分。实行高等教育自学考试制度,是落实宪法规定的"鼓励自学成才"的重要措施,是提高中华民族思想道德和科学文化素质的需要,也是培养和选拔人才的一种途径。自学考试应考者通过规定的专业课程考试并经思想品德鉴定达到毕业要求的,可以获得毕业证书,国家承认学历,并按照规定享有与普通高等学校毕业生同等的有关待遇。经过二十多年的发展,高等教育自学考试已成为我国高等教育基本制度之一,为国家培养造就了大批专门人才。

高等教育自学考试是标准参照性考试。为科学、合理地制定高等教育自学考试的考试标准,提高教育质量,全国高等教育自学考试指导委员会(以下简称"全国考委")按照国务院发布的《高等教育自学考试暂行条例》的规定,组织各方面的专家,根据自学考试发展的实际情况,对高等教育自学考试专业设置进行了研究,逐步调整、统一了专业设置标准,并陆续制订了相应的专业考试计划。在此基础上,全国考委各专业委员会按照专业考试计划的要求,从培养和选拔人才的需要出发,组织编写了相应专业的课程自学考试大纲,进一步规定了课程学习和考试的内容与范围,使考试标准更加规范、具体和明确,以利于社会助学和个人自学。

近年来,为更好地贯彻党的十六大和全国考委五届二次会议精神,适应经济社会发展的需要,反映自学考试专业建设和学科内容的发展变化,全国考委各专业委员会按照全国考委的要求,陆续进行了相应专业的课程自学考试大纲的修订或重编工作。全国考委法学类专业委员会参照全日制普通高等学校相关课程的教学基本要求,结合自学考试法律专业考试工作的实践,组织编写了新的《金融法自学考试大纲》,现经教育部批准,颁发施行。

《金融法自学考试大纲》是该课程编写教材和自学辅导书的依据,也是个人自学、社会助学和国家考试的依据,各地教育部门、考试机构应认真贯彻执行。

全国高等教育自学考试
指导委员会
2005 年 7 月

Ⅰ 课程性质与设置目的

金融法是全国高等教育自学考试法学专业的一门选修课,设置这门课程的目的是为了帮助学生掌握金融法律知识,培养分析金融案件的能力,以及熟练运用所学专业知识从事金融案件的诉讼工作和法律法规的立法工作。

金融法是有关金融领域中的法律法规的总称。金融是一国经济体系的核心,资金融通渠道的畅通对于保障整个社会经济活动的顺利进行,促进社会的持续发展以及个人财富的增长都具有显著的意义。法律制度对于保障金融秩序的稳定发挥着不可替代的作用。涉及金融领域的法律的范围非常广泛,既包括全国人大办颁布的金融立法,如中国人民银行法、银行业监督管理委员会法、商业银行法、证券法、证券投资基金法,又包括中国人民银行总行、中国银监会、中国证监会等金融监管机关颁布的各种规章。另一方面,民法、合同法等也为金融服务市场中的交易行为提供了基本的法律框架。

本课程的基本要求是,系统掌握金融机构管理、金融服务市场管理、货币与外汇管理和证券市场管理的有关法律知识,结合《中国人民银行法》《中国银行业监督管理法》《商业银行法》《证券法》《证券投资基金法》《担保法》《外汇管理条例》《贷款通则》等法律法规和规章的条文,以及最高人民法院针对金融机构业务活动颁布的司法解释,学习分析金融案件的方法,培养分析金融案件的能力。

学习本课程,除了应当对我国的中央银行以及金融监管体制、商业银行及其他金融机构的运作、股票、基金、外汇、信用卡等金融品种的充分把握外,最关键的还是掌握金融法的独特调整方式,即金融监管法与合同法基本原则对金融交易活动的共同调整。其中,金融监管制度着眼于规范运作,防范金融市场风险,保护大众投资人的利益;而契约规则更关注交易本身的便捷、高效率的进行。二者的共同作用,才能维护金融市场中的公平、公正和公开的运作过程,使参与该过程的金融机构和大众得到公平和公正的交易结果。因此,对于每一类金融市场活动,都既应当了解金融监管法的要求,同时又需要关注金融交易的法律关系分析。

本课程的难点在于,金融法是一个综合性的研究领域,涉及金融机构运作、金融产品的交易以及金融市场的管理等多方面的法律法规。金融法所调整的金融关系内容很广,且技术性强。随着我国金融体制改革的深化与金融创新的发展,原有法律的修改以及新法的颁布都比其他法律部门快得多。从法学理论上进行解释或者总结都需要时间的沉淀。因此,金融法是一门生长中的法学分支,这对于自学者来说也是一个挑战。

金融法课程的应用性较强,需要有一些基础的金融背景知识。同时,学习金融法时也需要具有法律相关学科的知识,例如民法、行政法、经济法以及刑法中关于金融犯罪的知识等。

Ⅱ 课程内容与考核目标

（分章编写）

第一编 金融机构与监管法律制度

第一章 中央银行与银行业监管法律制度

学习目的和要求 通过本章的学习，了解《中国人民银行法》的一般概况，掌握中国人民银行的组织机构以及中国人民银行的业务，包括存款准备金制度、中国人民银行基准利率、再贴现和公开市场业务，理解中国人民银行和银监会对金融机构和金融市场的监管分工，明确监管目的、职责、措施以及范围等。

课 程 内 容

第一节 中央银行法概述

中国人民银行的概念。《中国人民银行法》的立法目的和过程。中国人民银行的地位和职责。中国人民银行的货币政策目标及立法规定的作用。货币政策的决定。

第二节　中国人民银行的组织机构

中国人民银行行长产生的程序、任期与职责。货币政策委员会及其职责。中国人民银行总行的组织机构。中国人民银行分支机构。

第三节　中国人民银行业务

中国人民银行四项货币政策工具。中国人民银行贷款操作及贷款的条件与用途。经理国库与清算业务。办理业务的限制性规定。

第四节　中国人民银行与银监会的监管分工

金融监管的目的与范围。银监会的设立。银监会的监管范围与职责。中国人民银行保留的监管职责。中国人民银行与银监会之间的监管合作。

第五节　银监会的监管与处罚措施

持续监管措施的形式。特别限制措施的必要性和形式。接管、重组与撤销权的行使。对违反金融监管行为的处罚措施。

第六节　中国人民银行与银监会的法律责任

法律责任的特点。中国人民银行工作人员的法律责任。银监会工作人员的法律责任。

考核知识点

（一）中国人民银行的组织机构
（二）中国人民银行的业务内容

（三）中国人民银行与银监会的监管职责和措施
（四）中国人民银行与银监会的法律责任

考 核 要 求

（一）中央银行法概述

识记：中国人民银行的概念。中国人民银行的货币政策目标的法律解释。货币政策的决定。

领会：中国人民银行法的立法目的。中国人民银行的地位和职责。立法规定货币政策目标的作用。

（二）中国人民银行的组织机构

识记：中国人民银行行长产生的程序、任期与职责。货币政策委员会及其职责。中国人民银行总行的组织机构。中国人民银行分支机构。

（三）中国人民银行业务

识记：经理国库与清算业务。办理业务的限制性规定。

领会：中国人民银行四项货币政策工具。中国人民银行贷款操作及贷款的条件与用途。办理业务限制性规定的理由。

应用：运用中国人民银行业务的限制性规定分析具体案件。

（四）中国人民银行与银监会的监管分工

领会：金融监管的目的与范围。中国人民银行保留的监管职责。中国人民银行与银监会之间的监管合作。

应用：分析银监会设立的理由。

（五）银监会的监管与处罚措施

识记：持续监管措施的形式。接管、重组与撤销权的行使。对违反金融监管行为的处罚措施。

领会：特别限制措施的必要性和形式。

应用：分析银监会的监管措施。

（六）中国人民银行与银监会的法律责任

识记：中国人民银行工作人员的法律责任。银监会工作人员的法律责任。

领会：法律责任的特点。

第二章　商业银行法律制度

学习目的和要求　通过本章的学习,了解商业银行的基本法律制度,熟悉商业银行设立的条件、程序与组织机构,了解商业银行的终止和清算,外资银行的概念,对外资银行的管理,对外国驻华代表机构的管理。理解商业银行的审慎经营与监管。掌握商业银行的业务。

课 程 内 容

第一节　商业银行法律制度概述

我国《商业银行法》的制定与立法目的。商业银行的法律定义和法律地位。商业银行的基本职能。我国现行的商业银行体系。商业银行与政府之间的关系。

第二节　商业银行的市场准入与退出

商业银行经营的特许制。商业银行经营许可证的限制。设立商业银行的条件。设立商业银行的程序。违法准入许可的法律责任。申请设立银行的分支机构。分行的营运资金。分支机构营业执照。银行的设立公告与连续营业。银行变更事项。银行变更的批准与公告。银行接管的意义。银行接管的程序。银行的终止和清算。

第三节　商业银行的业务范围与监管

商业银行的业务范围及其监管。商业银行的业务分类。银行经营分业限制的含义、环境、原因和变化。担保物处分期限的必要性。

质押物品保管义务。金融债券和境外借款业务管理。商业银行同业拆借业务的特点、利率及期限。

第四节　商业银行的审慎经营与监管

商业银行的经营原则。资本充足率监管。贷款余额限制。流动性资产余额限制。对同一借款人贷款限制。其他国家和地区法律对同一借款人的限定。关系人贷款限制。贷款的分类与不良贷款。贷款损失准备金。银行业的公平竞争。银行工作人员的纪律。商业银行内部的稽核监督。商业银行的外部监督。

第五节　外资银行监管的特别规定

外资银行的概念和法律地位。银行跨国经营的目的。外资银行进入我国市场的历史。我国引进外资银行的意义。外资银行监管立法目的。我国对外资银行监管的历史沿革。2006年《外资银行管理条例》的特点。对外资银行股东资格监管的基本要求和特别规定。对外国银行分行的特别规定。对外资银行经营人民币业务资格的特别规定。外国银行代表处的法律地位、设立条件与程序及监管。

考核知识点

（一）商业银行的设立
（二）商业银行的组织机构
（三）商业银行的接管与终止
（四）商业银行的业务
（五）商业银行的审慎经营
（六）对商业银行的监管
（七）外资银行概念
（八）外资银行的管理
（九）外资银行驻华代表机构的管理

考 核 要 求

（一）商业银行法律制度概述

识记：商业银行的法律定义。商业银行的法律地位。我国的政策性银行。

领会：商业银行法的立法目的。商业银行的基本职能。我国现行的商业银行体系。商业银行与政府之间的关系。

（二）商业银行的市场准入与退出

识记：商业银行经营许可证的限制。违反准入许可的法律责任。设立银行的分支机构。分行的营运资金。银行的设立公告与连续营业。银行变更事项。银行接管的程序。银行的清算。

领会：银行经营的特许制。设立商业银行的条件。设立银行的程序。分支机构营业执照。银行变更的批准与公告。银行接管的意义。银行的终止。

应用：根据商业银行设立条件，分析商业银行设立的过程。

（三）商业银行的业务范围与监管

识记：担保物处分期限及其必要性。质押物品保管义务。金融债券和境外借款业务的属性以及管理机构。商业银行同业拆借业务的特点、利率及期限。

领会：商业银行的业务范围及其监管。商业银行经营的分业限制的含义、原因、环境和变化。

应用：根据商业银行业务规则，分析商业银行的行为。

（四）商业银行的审慎经营与监管

识记：资本充足率。贷款余额限制。流动性资产余额限制。对同一借款人贷款限制。关系人贷款限制。贷款的分类与不良贷款。贷款损失准备金。

领会：商业银行的经营原则。银行业的公平竞争。银行工作人员的纪律。银行内部的稽核监督。商业银行的外部监督。

应用：运用商业银行的贷款限制规则分析商业银行的行为及责任。运用银行业公平竞争要求分析商业银行行为。

(五) 外资银行监管的特别规定

识记：外资银行的概念。外资银行的法律地位。外国银行代表处的法律地位。外国银行分行的最低营运资金要求。对外资银行股东资格管理的特别规定。对外资银行经营人民币业务资格的特别规定。

领会：银行跨国经营的目的。我国引进外资银行的意义。外资银行监管专门立法的目的。2006《外资银行管理条例》的特点。对外资银行股东资格的监管。对外国银行分行业务范围的限制以及理由。对外国银行代表处的监管。

第三章 其他金融机构管理法律制度

学习目的和要求 通过本章的学习,了解其他金融机构的概念和范围;掌握农村信用合作社、信托公司、金融租赁公司、财务公司以及金融资产管理公司这几类金融机构的概念、业务特点,了解对它们的主要管理规定。

课 程 内 容

第一节 概 述

其他金融机构的概念。其他金融机构的范围。对其他金融机构的立法与监管。

第二节 农村信用合作社

农村信用合作社的概念。农村信用合作社的发展历史。农村信用社的设立条件。农村信用社设立的程序。农村信用社的变更。农村信用社的股权设置。农村信用社的组织机构。农村信用社的业务范围与监督管理。农村信用社的接管及终止。

第三节 信 托 公 司

信托的概念。信托法律关系的构成。信托财产的独立性。受托人的权利与义务。信托业的产生。信托业务的主要种类。信托业的特点。我国信托业的发展。信托公司的设立条件。信托公司的业务范围与财产管理方式。信托公司的主要监管措施。

第四节 金融租赁公司

金融租赁的概念与特点。金融租赁的优势。我国金融租赁业的历史沿革。金融租赁的主要形式。金融租赁业务运作过程。金融租赁公司的设立条件、业务范围、主要监管措施及特殊经营规则。

第五节 财 务 公 司

财务公司的概念和特点。财务公司的主要种类。企业集团财务公司和外商投资财务公司在我国的发展。财务公司的设立条件、注册资本金与业务范围及主要监管措施。

第六节 金融资产管理公司

国有银行不良贷款问题及其解决方式。我国金融资产管理公司的发展。我国现行的金融资产管理公司的设立和组织机构。业务范围与经营管理。治理与监管。法律责任。

考核知识点

（一）其他金融机构的概念和范围
（二）农村信用合作社
（三）信托公司
（四）金融租赁公司
（五）财务公司
（六）金融资产管理公司

考核要求

（一）概述

识记：其他金融机构的概念。其他金融机构的范围。

（二）农村信用合作社

识记：农村信用合作社的概念。农村信用社的设立条件。农村信用社的变更。农村信用社的股权设置。农村信用社的组织机构、监督管理、接管及终止。

领会：农村信用社设立的程序。农村信用社的业务范围。

应用：分析农村信用社的性质特点、提供金融服务的特点。

（三）信托公司

识记：信托的概念。信托法律关系的构成。受托人的权利与义务。信托财产的独立性。信托业务的主要种类。信托公司设立条件。

领会：我国信托业的发展。信托业的特点。信托公司业务范围与财产管理方式。主要监管措施。

应用：分析运用信托法律关系的构成要件。

（四）金融租赁公司

识记：金融租赁的概念与特点。金融租赁公司业务范围。

领会：金融租赁的优势。金融租赁业务运作过程。金融租赁的主要形式。金融租赁公司的特殊经营规则规定。

应用：运用特殊经营规则分析金融租赁业务。

（五）财务公司

识记：财务公司的概念和特点、注册资本金来源、业务范围。

领会：财务公司的主要种类。企业集团财务公司和外商投资财务公司在我国的发展。

（六）金融资产管理公司

识记：我国现行的金融资产管理公司。金融资产管理公司注册资本金及其来源。业务范围。

领会:国有银行不良贷款问题及其解决方式。我国金融资产管理公司的发展。债转股。金融资产管理公司处置不良贷款形成的最终损失的解决。

第二编 银行业务管理法律制度

第四章 银行与客户之间的法律关系

学习目的和要求 通过本章的学习,了解银行客户和账户的基本概念;理解银行与客户之间的契约关系的法律含义,银行对客户的权利、义务的内容和客户对银行权利、义务的内容,从而学会分析银行与客户契约关系的基本问题。

课 程 内 容

第一节 银行客户与账户

银行客户的含义。银行账户的基本分类。账户实名制的基本要求和意义。实名制的技术保障。单位结算账户的法律规定和分类。限制开户数量的原因。单位开户限制的未来变化。

第二节 银行与客户之间的法律关系

银行与客户之间契约关系的定义和法律性质。银行与客户间契约关系的法律规制。银行与客户关系的基本原则。银行与客户法律关系的成立。银行与客户法律关系的终止。

第三节 银行的权利与义务

银行收费权的法律规定和争议。服务收费与竞争。银行的抵销权。银行保密义务的含义与例外。银行工作人员的保密义务。银行的保证支付义务。银行结算纪律。银行营业时间的法律意义。

第四节 客户的权利与义务

客户的权利。客户的义务。

考核知识点

（一）银行客户与账户
（二）银行与客户的契约关系
（三）银行的权利
（四）银行的义务
（五）客户的权利与义务

考 核 要 求

（一）银行客户与账户
识记：银行客户的含义。银行账户的基本分类。
领会：账户实名制的基本要求和意义。单位结算账户的分类。限制开户数量的原因。
（二）银行与客户之间的法律关系
识记：银行与客户间契约关系的法律规制。银行与客户关系的基本原则。银行存款账户中货币资金的所有权。
领会：银行与客户之间契约关系的法律性质。契约关系发生的时间。契约关系终止的形式。
应用：运用银行与客户间法律关系成立和终止的条件分析简单的银行与客户间的法律关系。
（三）银行的权利与义务
识记：银行收费权的法律规定。银行保密义务的含义与例外。银行的保证支付义务。银行结算纪律。

领会:银行的抵销权。银行保证支付义务的绝对性。营业时间的法律意义。

应用:根据法律的有关规定,解释银行保密义务的相对性。

(四) 客户的权利与义务

识记:客户的权利。客户的义务。

领会:客户的谨慎义务。

第五章 存款与储蓄法律制度

学习目的和要求 通过本章的学习,了解单位存款管理制度的主要内容;理解存款关系的法律性质和特点;掌握存款的概念、分类与形式,我国储蓄存款管理的主要内容及存单纠纷相关法律问题的处理规则。

课 程 内 容

第一节 概 述

存款的概念与分类。存款的形式。存款关系的法律性质和特点。我国储蓄存款管理制度的发展。

第二节 单位存款管理制度

单位存款的概念。单位存款管理制度的主要内容。禁止"公款私存"和"私款公存"。

第三节 储蓄存款的有关规定

储蓄合同与管制利率。利率调整与自动转存。代取、提前支取和挂失的规定。查询、冻结、扣划个人存款的规定。存款人死亡后,存款提取、过户的规定。《刑法》中关于非法吸收公众存款的规定。

第四节 存单纠纷的法律问题

存单的概念与法律性质。存单的种类。存单的用途。存单纠纷的背景。一般存单纠纷。以存单为表现形式的借贷纠纷案件。一般存单纠纷的处理规则。以存单为表现形式的借贷纠纷的处理规则。以伪造、变造、虚开存单进行质押的处理规则。

考核知识点

（一）存款的概念、分类与形式
（二）存款关系的法律性质
（三）单位存款管理制度的主要内容
（四）代取、提前支取和挂失的规定
（五）查询、冻结、扣划个人存款的规定
（六）存款人死亡后，存款提取、过户的规定
（七）非法吸收公众存款的概念
（八）一般存单纠纷的处理规则
（九）以存单为表现形式的借贷纠纷的处理规则
（十）以伪造、变造、虚开存单进行质押的处理规则

考 核 要 求

（一）概述
识记：存款的概念与分类。存款的形式。储蓄原则。
领会：存款关系的法律性质和特点。
（二）单位存款管理制度
识记：单位存款的概念。现金坐支。
领会：禁止"公款私存"和"私款公存"。
（三）储蓄存款的有关规定
识记：非法吸收公众存款的概念。
领会：储蓄合同与管制利率。代取、提前支取和挂失的规定。查询、冻结、扣划个人存款的规定。存款人死亡后，存款提取、过户的规定。
应用：运用储蓄存款管理的法律规定，解释银行与储户的存储

关系。

(四) 存单纠纷的法律问题

识记:存单的概念与法律性质。存单的种类。存单的用途。

领会:一般存单纠纷。以存单为表现形式的借贷纠纷案件。

应用:运用以伪造、变造、虚开存单进行质押的处理规则来分析相应的存单纠纷。

运用一般存单纠纷的处理规则以及以存单为表现形式的借贷纠纷的处理规则来分析具体的存单纠纷案件。

第六章　贷款法律制度

学习目的和要求　通过本章的学习,了解贷款的概念、法律性质、基本原则、种类与程序;理解贷款合同的履行、债权保全、贷款利率和利息;重点掌握借款人、贷款人的权利与义务。

课 程 内 容

第一节　概　　述

贷款的概念和法律性质。贷款法律制度。贷款活动的基本原则。

第二节　贷款种类与业务流程

贷款种类。贷款业务的一般程序。

第三节　贷款合同的内容

借款人的权利与义务。贷款人的权利与义务。贷款利率和利息。

第四节　贷款合同的履行与债权保全

利息的支付。贷款的展期。提前归还贷款。逾期归还贷款。债权保全。《刑法》中的贷款犯罪。

考核知识点

(一)贷款的概念、法律性质与贷款活动的基本原则

（二）贷款的种类

（三）贷款的业务流程

（四）贷款合同的主要内容

（五）贷款合同的履行

（六）贷款债权的保全

考 核 要 求

（一）概述

识记：贷款的概念。法律调整贷款活动的方式。

领会：贷款与民间借贷的区别。贷款的法律性质。贷款活动的基本原则。

（二）贷款种类与业务流程

识记：贷款的种类，包括短期贷款，中期贷款，长期贷款；信用贷款，担保贷款，票据贴现；自营贷款，委托贷款；银团贷款。

领会：贷款业务的一般流程。

（三）贷款合同的主要内容

识记：借款人。贷款人。

领会：借款人的权利与义务。对借款人的限制。贷款人的权利与义务。对贷款人的限制。短期贷款利率与中长期贷款利率的确定方式。

（四）贷款合同的履行与债权保全

识记：高利转贷罪。贷款诈骗罪。

领会：对贷款展期的限制。展期贷款的利率。提前归还贷款的含义。提前归还贷款的处理原则。逾期归还贷款的违约责任。贷款债权保全的重要性。借款人法律地位的变化及对贷款合同的影响。

本章的综合应用：分析贷款合同当事人的权利义务以及违约时的法律责任。

第七章 信贷担保法律制度

学习目的和要求 通过本章的学习,了解信贷担保的作用、原则、性质和种类;了解各种信贷担保形式的运作方式,熟悉保证、抵押、质押方式的法律特征及其在实践中的运用;重点掌握保证责任、保证合同无效时的处理原则、最高额抵押、抵押权的实现等内容。

课程内容

第一节 概 述

信贷担保的作用。担保法律制度。担保的原则与性质。担保的形式与分类。

第二节 保 证

保证和保证人。保证合同和保证方式。保证责任。保证合同无效时的处理原则。

第三节 抵 押

抵押和抵押物。抵押合同和抵押物登记。抵押的效力。抵押权的实现。最高额抵押。

第四节 质 押

动产质押。权利质押。

第五节 留置与定金

留置的概念。银行业务中的留置。定金。

考核知识点

（一）信贷担保的作用、担保的原则与性质、形式与分类
（二）保证
（三）抵押
（四）质押
（五）留置与定金

考 核 要 求

（一）概述

识记：担保的概念。反担保的概念。

领会：信贷担保的作用。担保的原则。担保的性质。担保的形式与分类。

（二）保证

识记：保证的概念。一般保证。连带责任保证。保证人的抗辩权。

领会：保证人的资格以及禁止作为保证人的主体。共同保证人。保证的方式。保证范围。债权转让对保证的影响。债务转让对保证的影响。主协议变更对保证的影响。保证期间。物的担保与人的担保并存时的处理。保证人的补偿权利。

应用：保证合同无效时的处理规则。

（三）抵押

识记：抵押的概念。最高额抵押。

领会：法定的可以设定抵押的财产。房屋与土地同时抵押的原则。禁止抵押的财产。抵押合同。禁止流质条款。抵押的登记与生

效。办理抵押登记的部门。抵押担保的范围。抵押物孳息的处理。出租物设定抵押。抵押物的转让。禁止抵押权再抵押。抵押物保值。抵押权与债权同时存在。抵押权实现的方式。抵押权人清偿顺序。新增财产的处理。国有土地使用权的拍卖。代位追偿。抵押物灭失。最高额抵押合同的定义。

(四) 质押

识记:动产质押与权利质押的概念

领会:质押合同的主要内容。禁止流质条款。质押担保范围。质押物孳息的处理。质权人的保管责任。质物返还与质权消灭。可用于质押的权利形式。权利质押的登记。权利质押的先期处理。权利出质后的转让。

(五) 留置与定金

识记:留置的概念。定金的概念。

领会:留置担保的实现。留置权消灭。银行业务中的留置。定金合同与比例。金融业务中的定金担保。

第三编　货币市场法律制度

第八章　人民币管理法律制度

学习目的和要求　了解人民币的法律地位；理解人民币的发行原则和发行程序；了解人民币保护的方式。

课　程　内　容

第一节　人民币概述

人民币的法偿性。人民币使用范围的特点。法偿货币的支持。人民币的发行原则。人民币的发行权。人民币的发行程序。残损人民币的兑换和销毁。

第二节　人民币的保护

人民币的保护。人民币图样的保护。禁止代币票券。

考核知识点

（一）人民币的法律地位

（二）人民币的发行

（三）残损人民币的兑换

（四）人民币的保护

（五）人民币图样的保护和禁止代币票券

考 核 要 求

(一) 人民币概述

领会:人民币的法偿性。人民币使用范围的特点。法偿货币的支持。人民币的发行原则。人民币的发行权。人民币的发行程序。

(二) 人民币的保护

领会:人民币保护的方式。残损人民币的兑换和销毁。人民币图样保护。禁止代币票券。

第九章 外汇管理法律制度

学习目的和要求 通过学习本章,了解外汇的定义、作用,外汇管理的必要性和消极影响;掌握我国外汇管理体制的主要原则和内容。

课 程 内 容

第一节 外汇管理概述

外汇的定义和范围。外汇的作用。外汇管理的意义。我国实行外汇管理的必要性。外汇管理的消极影响。

第二节 我国的外汇管理制度的基本框架

我国的外汇管理体制。我国外汇管理法律制度。外汇管理基本原则。

第三节 外汇储备管理制度

外汇储备的含义。外汇储备的来源。外汇储备对应的债务特征及其意义。改善外汇储备管理的必要性。外汇储备管理制度改革。国家外汇投资公司的法律性质。国家外汇投资公司的资本金注入。国家外汇投资公司的业务范围及运行方式。

第四节 经常项目与资本项目管理制度

经常项目的含义。境内机构经常项目管理。资本项目的含义。

直接投资项下的外汇管理。证券投资项下的外汇管理。对外债的管理。对个人外汇的管理。

第五节　外汇担保管理

外汇担保的概念。外汇担保管理的必要性。外汇担保人资格。外汇担保对象范围。外汇担保限额。外汇担保的审批。外汇担保合同的登记。

第六节　对违反外汇管理行为的处罚

逃汇行为及其处罚。套汇行为及其处罚。扰乱金融行为及其处罚。

考核知识点

（一）外汇的作用和外汇管理的意义
（二）我国外汇管理体制及外汇管理原则
（三）外汇储备管理的意义及制度
（四）经常项目和资本项目的含义及管理
（五）外汇担保管理的必要性及制度
（六）违反外汇管理的行为及处罚

考 核 要 求

（一）外汇管理概述
识记：外汇的定义和种类。
领会：外汇的作用。外汇管理的意义。我国实行外汇管理的必要性。外汇管理的消极影响。
（二）我国的外汇管理制度的基本框架
领会：我国的外汇管理体制。我国外汇管理法律制度。外汇管理基本原则。

(三) 外汇储备管理制度

识记:外汇储备的含义。

领会:我国外汇储备的来源。外汇储备对应的债务特征及其意义。改善外汇储备管理的必要性。外汇储备管理制度改革。国家外汇投资公司的法律性质、资本金注入、业务范围及其运作方式。

(四) 经常项目与资本项目管理制度

识记:经常项目的含义。资本项目的含义。

领会:境内机构经常项目管理方式。直接投资项下外汇管理。证券投资项下外汇管理。对外债的管理。对个人外汇的管理。

应用:根据经常项目和资本项目管理的相关规则,分析企业经营中涉及的主要用汇项目的管理方式。

(五) 外汇担保管理

识记:外汇担保的概念。

领会:外汇担保管理的必要性。外汇担保人资格及担保对象范围。对外汇担保的监管程序。

(六) 对违反外汇管理行为的处罚

领会:逃汇行为及其处罚。套汇行为及其处罚。扰乱金融秩序行为及其处罚。

应用:对违反外汇管理行为的案例进行分析。

第十章 利率与汇率管理法律制度

学习目的和要求 通过对本章的学习,了解我国利率管理和汇率管理的现状;理解各类利率的区分及其管理;把握我国利率管理改革的意义和前景;了解人民币汇率制度;把握我国汇率管理改革的前景。

课 程 内 容

第一节 利率管理的必要性

利率的概念和种类。利率管理的必要性。

第二节 我国的利率管理制度

利率主管机关及其权限。商业银行及其他金融机构的利率管理。我国的货币市场基准利率。

第三节 人民币汇率定值管理

汇率的概念。人民币汇率定值的基础。人民币汇率定值管理的主要考虑因素。

第四节 人民币汇率制度

人民币汇率制度。中国人民银行对汇率的管理调节。人民币汇率的公布。人民币汇率的标价方法和价格种类。

考核知识点

（一）我国利率管理的必要性
（二）我国利率管理的种类
（三）利率管理制度
（四）人民币汇率定值管理
（五）人民币汇率制度

考 核 要 求

（一）利率管理的必要性
识记：利率的概念和种类。
领会：利率管理的必要性。
（二）我国利率管理制度
识记：货币市场基准利率的概念。我国的货币市场基准利率。
领会：利率主管机关及其权限。商业银行及其他金融机构的利率权限。
（三）人民币汇率定值管理
识记：汇率的概念。
领会：人民币汇率定值的基础。人民币汇率定值管理的主要考虑因素。
（四）人民币汇率制度
识记：人民币汇率的标价方法。
领会：人民币汇率制度的主要内容。

第十一章　银行卡法律制度

学习目的和要求　通过本章的学习,了解银行卡的概念、种类、银行卡法律制度的作用、我国信用卡业务的管理规则、《刑法》中的信用卡诈骗罪;掌握银行卡当事人之间的法律关系。

课 程 内 容

第一节　概　　述

我国银行卡的概念与发展。我国银行卡的种类。银行卡法律制度。

第二节　我国信用卡业务管理规则

业务管理。银行卡计息与免息。信用卡申领、销户与挂失。信用卡业务的风险控制。

第三节　银行卡当事人之间的法律关系

银行卡业务中的法律关系。持卡人与特约商户之间的法律关系。持卡人和发卡银行之间的法律关系。发卡银行与特约商户之间的法律关系。担保人与发卡银行之间的法律关系。

第四节　信用卡诈骗罪

概述。《刑法》的处罚。

考核知识点

（一）银行卡的概念、种类
（二）信用卡业务管理规则
（三）银行卡当事人之间的法律关系
（四）信用卡诈骗罪

考核要求

（一）概述

识记：贷记卡。借记卡。

领会：银行卡的概念。银行卡的分类。健全银行卡法律制度的必要性。

（二）信用卡业务管理规则

领会：贷记卡刷卡消费的优惠措施。透支利息。申领信用卡的资格与程序。信用卡挂失。信用卡业务的风险控制。

（三）银行卡当事人之间的法律关系

领会：持卡人与特约商户之间的法律关系。持卡人和发卡银行之间的法律关系的性质。发卡银行的权利与义务。持卡人的权利与义务。发卡银行与特约商户之间的法律关系。担保人与发卡银行之间的法律关系。

（四）信用卡诈骗罪

领会：信用卡诈骗罪。

本章的综合应用：运用银行卡法律关系的原理，分析信用卡消费、担保以及恶意透支案件。

第四编　资本市场法律制度

第十二章　股票发行法律制度

学习目的和要求　通过本章的学习,掌握证券与证券法的概念,了解证券的功能和种类,证券发行与交易的基本原则以及我国证券市场监管制度。掌握股票的概念、特征、种类,股票发行的概念和种类。理解股票发行的条件和审核程序,对发行和承销方式进行监管的必要性,以及股票发行中的信息披露制度,并能够对证券虚假发行的案件进行简单的分析。

课　程　内　容

第一节　证券法概述

证券的概念和功能。证券法的概念。我国《证券法》下的证券种类。证券发行与交易的基本原则。我国证券发行与交易的监管体制。证券行业自律管理机构及其职责。

第二节　股票发行概述

股票的概念和特征。股票的分类。股票发行的概念和种类。

第三节　股票发行的条件

股份公司首次公开发行股票的条件。上市公司公开发行新股的条件。对上市公司非公开发行股票的要求。

第四节　股票发行审核程序

公司股东大会批准发行事项。股票发行的保荐。股票发行申请文件的核准。股票发行审核决定的法律效果。未经核准发行股票的法律责任。

第五节　股票发行认购与承销

股票发行的承销制度。股票发行价格的确定方式。股票发行的认购方式。

第六节　股票发行的信息披露

发行人向审核部门报送的申请文件。招股说明书的基本内容。信息披露方式。虚假信息披露的法律责任。

考核知识点

（一）证券的基本知识
（二）我国证券法的基本原则与证券监管体制
（三）股票及股票发行的不同种类
（四）股票发行的条件
（五）股票发行的审核程序
（六）股票发行的承销制度和发行认购方式
（七）股票发行的信息披露要求和法律责任

考 核 要 求

（一）证券法概述
识记：证券的概念和功能。证券法的概念。我国《证券法》下的证券种类。

领会:证券发行与交易的基本原则。我国证券发行与交易的监管体制。证券行业自律管理机构及其职责。

(二)股票发行概述

识记:股票的概念。股票的特征。股票发行的概念。

领会:股票的分类。股票发行的分类。

(三)股票发行的条件

领会:股份公司首次公开发行股票的条件。上市公司公开发行新股的条件。对上市公司配股的特别要求。对上市公司增发的特别要求。对上市公司非公开发行股票的要求。

(四)股票发行审核程序

领会:股票发行保荐制度的内容。股票发行申请文件的审核机构与核准程序。股票发行核准决定的撤销。

应用:未经核准发行股票的法律责任。

(五)股票发行认购与承销

领会:股票发行承销的分类。承销团。承销协议。承销商的主要义务。发行失败。网下配售方式。上网定价发行方式。

(六)股票发行的信息披露

领会:招股说明书的基本内容。招股意向书。信息披露方式。

应用:证券发行中虚假信息披露的法律责任,区分不同责任主体以及不同的责任形式。

第十三章　股票交易法律制度

学习目的和要求　通过本章的学习,了解证券交易的意义和证券市场的作用。掌握股票上市的条件和上市的程序,暂停上市和终止上市的情形。了解股票的交易规则,理解上市公司持续信息披露制度的作用及基本要求。掌握法律禁止的各种股票交易行为及相应的法律责任。了解对上市公司收购进行监管的必要性,理解收购预警制度,掌握要约收购和协议收购的基本要求。

课　程　内　容

第一节　证券交易概述

证券交易的意义。证券市场的功能。证券上市的概念。我国证券交易法律制度的渊源。

第二节　股票上市与退市

股票上市的条件。股票上市的程序。股票暂停上市。股票终止上市。

第三节　股票交易规则

交易市场的组织结构。证券交易的开户登记制度。委托申报制度。成交规则。交易结算规则。股票的停牌与复牌制度。

第四节　上市公司的持续信息披露

上市公司持续信息披露制度的含义和作用。定期报告的披露方式。临时报告的披露方式。信息披露的基本要求。

第五节　禁止的股票交易行为

禁止买卖股票的情况。禁止内幕交易的法律制度。禁止操纵证券交易市场的法律制度。禁止虚假陈述的法律制度。禁止欺诈客户的法律制度。

第六节　上市公司收购

上市公司收购的概述。对上市公司收购进行监管的必要性。收购预警制度。要约收购和协议收购的基本制度。收购结果。

考核知识点

（一）证券交易的基本知识
（二）股票上市与退市制度
（三）股票交易的基本规则
（四）上市公司的持续信息披露义务的法律制度
（五）法律禁止的股票交易行为及相应的法律责任
（六）上市公司收购的基本制度和立法监管

考 核 要 求

（一）证券交易概述

领会：证券交易的意义。证券市场的功能。证券上市的概念。我国证券交易法律制度的渊源。

(二)股票上市与退市

领会:股票上市的条件。股票上市的程序。股票暂停上市的情形。股票终止上市的情形。

(三)股票交易规则

领会:交易市场的组织结构。证券交易的开户登记制度。委托申报制度。成交规则。股票的停牌与复牌制度。

(四)上市公司的持续信息披露

领会:上市公司持续信息披露的含义、作用和基本要求。定期报告的披露方式。临时报告的披露方式。

(五)禁止的股票交易行为

领会:禁止买卖股票的情况。内幕交易的界定与法律责任。操纵证券交易市场的界定与法律责任。禁止虚假陈述的界定与法律责任。禁止欺诈客户的界定与法律责任。

(六)对上市公司的收购

识记:要约收购。协议收购。

领会:对上市公司收购进行监管的必要性。收购预警制度。不同收购结局的法律意义。

应用:应用要约收购和协议收购的基本要求,分析一个简单的上市公司收购交易。

第十四章　公司债券法律制度

学习目的和要求　通过本章的学习,了解公司债券的概念、特点和种类,公司债券的发行条件和程序,上市交易的条件与程序。领会公司债券的受托管理人制度,包括管理人的选任、职责及债券持有人会议规则。掌握可转换公司债的基础知识,包括概念、特点及基本要求,了解可转换债券的发行条件、发行程序、交易方式以及转换股份和债券偿还的规则。

课 程 内 容

第一节　公司债券概述

公司债券的概念和特点。公司债券的种类。我国公司债券法律制度的发展。

第二节　公司债券的发行和交易

公司债券的发行条件和发行程序。公司债券上市交易的条件、上市程序和上市交易规则。公司债券上市后的信息披露制度。债券受托管理人制度。

第三节　可转换公司债券概述

可转换公司债券的概念和特点。可转换公司债券的基本要素。可转换公司债券的产生和发展。我国可转换公司债券及其立法的发展。

第四节　可转换公司债券的发行、交易与转换

可转换公司债券的发行条件与发行程序。可转换公司债券上市交易方式。可转换债券转换股份及债券偿还规则。

考核知识点

（一）公司债券的基础知识
（二）公司债券发行与交易的法律制度及债券受托管理人制度
（三）可转换公司债券的概念和特点
（四）可转换公司债券的发行与交易的法律制度及转换股份和债券偿还的规则

考核要求

（一）公司债券概述
识记：公司债券的概念。企业债券的概念。
领会：与公司股票相比，公司债券的特点。我国公司债券法律制度的发展。
（二）公司债券的发行和交易
领会：公司债券的发行条件。公司债券的发行程序。分期发行的安排。公司债券上市交易的条件。债券信用评估。债券受托管理人制度的意义。债券受托管理人的选任。债券受托管理人的职责。债券持有人会议制度。
（三）可转换公司债券概述
识记：可转换公司债券的概念、基本要素。
领会：可转换公司债券的特点。
（四）可转换公司债券的发行、交易与转换
识记：可转换公司债券的期限。转股期限。

领会：可转换公司债券的发行条件。可转换债券上市交易方式。转股权利的统一转让与分离交易。可转换债券转股价格的确定。可转换债券的偿还。

第十五章　证券投资基金管理法律制度

学习目的和要求　通过本章的学习,掌握证券投资基金的概念、特点和种类;领会证券投资基金的法律关系的性质,以及基金管理人、基金托管人和基金持有人各自的法律地位及权利义务。了解证券投资基金募集与交易的基本规则。理解证券投资基金运作与监管的法律制度,违反《证券投资基金法》的法律责任。

课 程 内 容

第一节　证券投资基金概述

证券投资基金的概念。证券投资基金的法律依据。证券投资基金的特点。证券投资基金的种类。

第二节　证券投资基金的法律关系

证券投资基金法律关系的性质。基金管理人的设立条件、职责、禁止从事的行为及其职责终止的情形。基金托管人的设立条件、职责及其职责终止的情形。基金持有人的权利和基金持有人大会制度。

第三节　证券投资基金的募集和交易

证券投资基金募集应提交的文件。基金合同和招募说明书的有关规定。基金募集的期限和管理人责任。证券投资基金交易的方式。

第四节　证券投资基金的运作和监管

证券投资基金的投资方式和范围。证券投资基金的风险控制和投资收益分配规则。证券投资基金的信息披露制度。基金合同变更、终止与基金财产清算制度。

第五节　法 律 责 任

违法行为的分类及责任形式。法律责任的分配与承担。

考核知识点

（一）证券投资基金的基本制度
（二）证券投资基金法律关系中有关三方主体的基本制度
（三）证券投资基金募集和交易的基本制度
（四）证券投资基金的运作规则和监管
（五）违反《证券投资基金法》的法律责任

考 核 要 求

（一）证券投资基金的概述
识记：证券投资基金的概念。证券投资基金的法律依据。
领会：证券投资基金的特点。证券投资基金的种类。
（二）证券投资基金的法律关系
识记：基金管理人的设立条件。基金托管人的设立条件。
领会：证券投资基金法律关系的性质。基金管理人的职责、禁止从事的行为及其职责终止的情形。基金托管人的职责。基金持有人的权利。基金持有人大会制度。
（三）证券投资基金的募集和交易
识记：基金合同。基金合同的成立和生效。基金募集的期限。

领会:证券投资基金交易的方式。

(四)证券投资基金的运作和监管

识记:证券投资基金的投资方式和范围。基金合同的变更。

领会:证券投资基金的风险控制和投资收益分配规则。证券投资基金信息披露的意义。

(五)法律责任

识记:违法行为的分类及责任形式。

领会:法律责任的分配与承担。

本章综合运用:运用基金投资运作规则和法律责任规则进行案例分析。

第十六章　期货交易管理法律制度

学习目的和要求　通过本章的学习,了解期货交易的概念、种类及主要特征,理解期货价格的形成以及期货交易市场的功能,明确期货交易所、期货经纪商的法律地位,理解防范期货市场风险的法律制度的基本内容。

课 程 内 容

第一节　期货交易概述

期货交易的概念。期货交易的主要特征。期货交易的产生与发展。期货交易市场的功能。我国期货交易市场的发展与立法。

第二节　期货交易的种类与交易过程

商品期货。金融期货。期货合约及其主要条款。期货价格的形成。期货交易的过程。

第三节　期货交易所与经纪商管理制度

期货交易所。期货经纪商。

第四节　期货交易的法律制度

期货保证金制度。期货交易的涨跌停板制度。每日无负债结算制度。限仓制度与大户报告制度。

考核知识点

（一）期货交易的概念、特征、期货交易市场的功能
（二）期货交易的种类
（三）期货交易的过程
（四）期货交易所管理
（五）期货经纪商管理
（六）期货交易的法律制度

考 核 要 求

（一）期货交易的概念、特征、期货交易市场的功能
识记：期货交易的概念、特征。
领会：期货交易市场的功能。
（二）期货交易的种类与交易过程
识记：商品期货的概念。金融期货的概念和种类。期货合约的概念。
领会：期货交易的过程。
（三）期货交易所与期货经纪商
识记：期货交易所的概念。期货经纪商的概念。
领会：期货交易所的法律地位和作用。对期货经纪商进行管理的意义。
（四）期货交易的法律制度
识记：保证金制度。涨跌停板制度。每日无负债结算制度。限仓制度。大户报告制度。
领会：上述几种制度对防范期货交易风险，保障期货市场安全的作用。

Ⅲ 有关说明与实施要求

为了使本大纲的规定在个人自学、社会助学和考试命题过程中得到落实,对一些要求作以下说明:

一、关于"课程内容与考核目标"中的有关内容的说明

1. 大纲与教材的关系。大纲是学习和考核金融法课程的依据,教材是学习金融法知识基本内容、体系以及范围的依据。大纲是根据教材总结出来的,教材的内容丰富具体,相当于"肌肉",大纲相当于"骨干",两者不可分离,学习时要互相结合起来。

2. 大纲中列举的考核知识点,在教材中都可以找到,并且对这些知识点进行了详细的解释。

3. 对考核目标的说明:

(1) 本课程要求学习和掌握的内容都应该作为考核的内容,这些都是金融法的基本内容,复习时的面应该宽一些。

(2) 大纲的考核要求中列举的三个层次的概念应作以下理解:

所谓"识记",是指课程内容中的基本概念、原理和运作过程知识,应该能够准确表述。

所谓"领会",是指在识记的基础上,对围绕基本概念、原理和运作过程的相关知识、相互关系和互动原理与影响要能够理解。

所谓"应用",是指结合识记与领会的基础知识、原理和互动关系,能够分析金融案件中的问题,并解决这些问题。

二、关于学习教材与主要参考书

学习教材:《金融法》,全国高等教育自学考试指导委员会组编,吴志攀、刘燕主编,北京大学出版社2008年版。

参考书目:考生应自备重要的金融法规的文本,包括《中国人民

银行法》《商业银行法》《证券法》《证券投资基金法》《担保法》等;参看《金融法典型案例解析》(第一辑、第二辑),吴志攀、唐浩茳主编,中国金融出版社 2000 年及 2004 年版。

三、自学方法指导

1. 系统、全面地学习教材,从整体上掌握金融法的基本概念、基础知识、基本原理和基本的分析问题的方法。学习与研究金融法与其他学科有所不同,我们要从金融机构管理、金融服务市场管理、货币与外汇管理和证券市场管理等领域的运作过程出发,理解法律对相关金融活动进行监管的目的。

2. 由于《金融法》的实践性比较强,所以,在学习过程中应当结合我国金融市场发展与改革的实践。金融实务很技术化,如果不了解一些技术细节,进行法律问题的分析就比较困难。因此,做到理论联系实际很重要。学员也可以通过观察日常与银行打交道的业务流程,如办理个人开户、贷款、存款、持卡消费,或者参与证券市场投资,购买股票或基金等个人理财活动来获得对金融法律实践的切身理解。

3. 学习本课程,还要结合立法机关颁布的各种有关法律法规原文,特别是《中国人民银行法》《商业银行法》《证券法》《证券投资基金法》和《担保法》等。

4. 学习的过程中还要关注司法部门对金融案件的审判,从新闻媒体,如《经济与法》栏目等对热点金融案件的报道中分析案件所反映的法律问题。

四、对社会助学的要求

1. 社会助学单位应该根据大纲规定的考试内容和考核目标,认真研究指定教材,从整体上掌握本课程的体系和要求。

2. 为了从整体上掌握本课程内容,学习时要结合金融市场的运作、国家金融政策以及金融法律法规条文。学习时要全面,不可押题。

3. 社会助学单位在辅导学习时,要对国家新颁布的金融法律法规同时进行辅导。

五、关于命题考试的规定

1. 本课程考试,采取闭卷考试的方法。考试时间为150分钟。考试时要求携带准考证、身份证或其他有效证件,携带考试用书写工具。

2. 本大纲各章规定的基本知识点以及相关的知识,都属于考试的内容。考题命题应覆盖到章。

3. 试卷设计时,对不同层次考核要求的比例大致为:"识记"占25%,"领会"占35%,"应用"占40%。

4. 试卷中还要合理安排试题的难易程度,具体程度可以分为四个档次:容易、较容易、较难和难,各个档次的比例建议为:2:3:3:2。

5. 考试命题的主要题型有:名词解释题、单项选择题、简答题、论述题以及案例分析题。各种题型具体形式参考本大纲附录。

Ⅳ 附录:题型举例

一、名词解释

1. 资本充足率
2. 关系人贷款
3. 套汇
4. 内幕信息

二、单项选择(请选择一个最适当的答案,并将该答案的字母填在括号内)

1. 商业银行的质押贷款所接受的担保是( )。
（A）不转移质押物的担保
（B）转移质押物的担保
（C）由其他单位提供的担保
（D）用房产提供的担保

三、简答题

1. 什么是证券投资基金？它与大众投资者有什么区别？

四、论述题

1. 论述我国对外国银行分行业务范围的限制及其理由。

五、案例分析题

(略)

后　记

中国人民大学的徐孟洲教授、中国政法大学的管晓峰教授和华东政法大学的罗培新教授参加了审稿会,为本教材的修订定稿提出了宝贵意见,在此表示衷心的感谢。

全国高等教育自学考试指导委员会
法学类专业委员会
2007 年 12 月